Perspectivas da cidadania no Brasil Império

*Organização de José Murilo de Carvalho e
Adriana Pereira Campos*

Perspectivas da cidadania no Brasil Império

CIVILIZAÇÃO BRASILEIRA
Rio de Janeiro
2011

Copyright © José Murilo de Carvalho e Adriana Pereira Campos (orgs.), 2011

PROJETO GRÁFICO
Evelyn Grumach e João de Souza Leite

CIP-BRASIL. CATALOGAÇÃO-NA-FONTE
SINDICATO NACIONAL DOS EDITORES DE LIVROS, RJ

P537   Perspectivas da cidadania no Brasil Império/José Murilo de Carvalho, Adriana Pereira Campos (organizadores); [tradução Edna Parra Candido].
– Rio de Janeiro: Civilização Brasileira, 2011.

Inclui bibliografia
ISBN 978-85-200-1033-4

1. Brasil – História – Império, 1822-1889. 2. Brasil – Política e governo, 1822-1889. 3. Cidadania – Brasil – História – Século XIX. 4. Estado Nacional. I. Carvalho, José Murilo de, 1939-. II. Campos, Adriana Pereira.

11-4899

CDD: 981.04
CDU: 94(81).043

Todos os direitos reservados. É proibido reproduzir, armazenar ou transmitir partes deste livro, através de quaisquer meios, sem prévia autorização por escrito.

Texto revisado segundo o novo Acordo Ortográfico da Língua Portuguesa.

Direitos desta edição adquiridos
EDITORA CIVILIZAÇÃO BRASILEIRA
Um selo da
EDITORA JOSÉ OLYMPIO LTDA.
Rua Argentina, 171 – Rio de Janeiro, RJ – 20921-380 – Tel.: 2585-2000

Seja um leitor preferencial Record.
Cadastre-se e receba informações sobre nossos lançamentos e nossas promoções.

Atendimento e venda direta ao leitor:
mdireto@record.com.br ou (21) 2585-2002

Impresso no Brasil
2011

Sumário

APRESENTAÇÃO 9

PARTE I
Cidadania: Estado e representação

CAPÍTULO I
O Brasil no século XIX: parte do "império informal britânico"? 15
Leslie Bethell

CAPÍTULO II
A involução da participação eleitoral no Brasil, 1821-1930 37
José Murilo de Carvalho

CAPÍTULO III
Cidadania e representação em tempos revolucionários:
A Banda/Província Oriental, 1810-1820 59
Ana Frega

CAPÍTULO IV
Deputados da Regência: perfil socioprofissional, trajetórias e tendências políticas 87
Marcello Basile

CAPÍTULO V
A Imprensa e o Ministério: escravidão e Guerra de Secessão nos jornais do Rio de Janeiro (1862-1863)   *123*
Silvana Mota Barbosa

CAPÍTULO VI
O Brasil separado em reinos? A Confederação Caramuru no início dos anos 1830   *149*
Marco Morel

PARTE II
Cidadania: ideias e culturas

CAPÍTULO VII
Nação, cidadania e religião em Portugal nos séculos XIX-XX (1820-1910)   *175*
Miriam Halpern Pereira

CAPÍTULO VIII
O governo de d. João: tensões entre ideias liberais e as práticas do Antigo Regime   *203*
Lúcia Maria Bastos P. Neves

CAPÍTULO IX
"A opinião pública tem sido o molho do pasteleiro": o *Caramurú* e a conservação   *227*
Gladys Sabina Ribeiro

CAPÍTULO X
Para além de uma amizade literária: cartas de João do Rio para João de Barros (1912-1921)   *263*
Lúcia Maria Paschoal Guimarães

SUMÁRIO

CAPÍTULO XI
Observando a observação: sobre a descoberta do clima histórico e a emergência do cronótopo historicista, c. 1820   *281*
Valdei Lopes de Araújo

CAPÍTULO XII
Livros e cidadania no Rio de Janeiro do século XIX   *305*
Tânia Maria Tavares Bessone da Cruz Ferreira

CAPÍTULO XIII
A trajetória de José Joaquim Vieira Couto (1773-1811): cultura política, heterodoxia e crise do Império Português   *329*
Alexandre Mansur Barata

PARTE III
Cidadania: direito e economia

CAPÍTULO XIV
Questões de etiqueta jurídica: se, como e por que a história constitucional é uma história jurídica   *355*
António Manuel Hespanha

CAPÍTULO XV
Juízes de paz, mobilização e interiorização da política   *377*
Adriana Pereira Campos e Ivan Vellasco

CAPÍTULO XVI
Política sem cidadania: eleições nas irmandades de homens pretos, século XVIII   *409*
Mariza de Carvalho Soares

CAPÍTULO XVII
Um jovem negro no pós-abolição: do Ventre Livre à Marinha de Guerra   *435*
Álvaro Pereira do Nascimento

CAPÍTULO XVIII
Finanças e comércio no Brasil da primeira metade do século XIX: a atuação da firma inglesa Samuel Phillips & Co., 1808-1831   *461*
Carlos Gabriel Guimarães

CAPÍTULO IXX
Fogo!...fogo!...fogo!: incêndio, vida urbana e serviço público no Rio de Janeiro oitocentista   *487*
Anita Correia Lima de Almeida

Apresentação

Fruto de dois seminários, um nacional, outro internacional, este é o terceiro livro produzido por um grupo de pesquisadores que trabalha junto desde 2003. Pertencentes a nove universidades federais e estaduais do Rio de Janeiro, de Minas Gerais e do Espírito Santo, esses pesquisadores dedicam-se a revisitar os temas do Estado, da nação e da cidadania no século XIX brasileiro. Seu trabalho se tornou possível graças ao apoio financeiro concedido, mediante concorrência pública, pelo Programa de Apoio a Núcleos de Excelência (Pronex), financiado conjuntamente pelo Conselho Nacional de Desenvolvimento Científico e Tecnológico (CNPq) e pela Fundação Carlos Chagas Filho de Amparo à Pesquisa do Estado do Rio de Janeiro (Faperj). Os dois primeiros livros, também editados pela Civilização Brasileira, intitularam-se *Nação e cidadania no Império: novos horizontes* (2007) e *Repensando o Brasil do Oitocentos: cidadania, política e liberdade* (2009). Um quarto volume sairá ainda este ano pela editora FGV, contendo as comunicações apresentadas em seminário realizado em Lisboa, no início de 2010, em cooperação com o Instituto Superior de Ciências do Trabalho e da Empresa (ISCTE), pertencente ao Instituto Universitário de Lisboa. Em 2010, foram ainda publicadas pela editora Alameda uma coletânea organizada por Gladys Sabina Ribeiro e Tânia M. Bessone Ferreira, e uma dissertação de mestrado e uma tese de doutorado de autoria de alunos dos professores envolvidos no projeto, premiadas em concurso público. Devem-se incluir ainda mais 15 livros sobre a história social e política do século XIX de autoria ou organização independente dos pesquisadores do grupo. São 22 livros em sete anos, uma produção inegavelmente abundante, evidência da fecundidade intelectual do grupo.

Essa produção, somada ao trabalho de outros pesquisadores de outras universidades e de outros estados, revela um robusto movimento historiográfico voltado para o século XIX. Desde o período joanino até a Proclamação da República, passando pela Independência, pelo Primeiro Reinado, pelas revoltas regenciais, pelo Regresso Conservador, pela implantação e funcionamento do Segundo Reinado, pelo tráfico, escravidão e abolição, pelas guerras externas, pelo mundo das ideias e da cultura, tudo tem sido submetido a novo escrutínio por um número cada vez maior e mais diversificado de historiadores. É, sem dúvida, um longo caminho percorrido desde que Sérgio Buarque de Holanda organizou o tomo II da *História geral da civilização brasileira*, com cinco volumes sobre o Império, publicados pela Difusão Europeia do Livro (Difel) na década de 1960. Pelo menos duas gerações de pesquisadores já sucederam aos autores da *História geral*. A primeira surgiu a partir da década de 1970, quando começaram ser defendidas as primeiras dissertações e teses escritas nos moldes da moderna pós-graduação introduzida ao final da década de 1960. A segunda compõe-se de alunos da primeira e começou a produzir nos anos 1990, impulsionada pela multiplicação por todo o país dos centros de pós-graduação, dos congressos, das revistas de História. Uma terceira geração já desponta, composta dos recém-doutores formados já no século XXI. Com isso, a historiografia sobre o século XIX atingiu o mesmo vigor, se não um vigor maior, do que a da Colônia e aumentou a distância em relação à da Primeira República, que ainda não conseguiu despertar grande interesse. Não há nesse diagnóstico nenhum julgamento de valor, não se afirma que hoje se faz melhor. Mas, certamente, hoje se faz muito mais e de maneira muito mais ampla, sistemática e aprofundada.

O grupo responsável por este livro faz parte desse amplo movimento de renovação dos estudos do oitocentos. Mas possui algumas características que talvez o distingam de outros. Ele reúne pesquisadores da segunda e terceira gerações mencionadas acima, já tendo entre seus orientandos representantes da terceira geração. Formado com a imodesta pretensão de não se limitar a acrescer o número de trabalhos sobre o século XIX, buscou também trazer renovação e inovação. Tendo em mente essa finalidade, estabeleceu para si algumas diretrizes. A mais importante

APRESENTAÇÃO

delas foi a diversidade. À variedade de instituições e gerações envolvidas acrescentou-se a de temas e abordagens. Buscou-se combinar pesquisadores dedicados aos vários campos em que se divide hoje a historiografia, o econômico, o social, o político, o cultural. A diversidade também se aplicou aos esquemas interpretativos. Buscou-se evitar a monotonia interpretativa que por algum tempo dominou nossa historiografia. Um dos critérios de admissão ao grupo foi a diversidade das abordagens. O que contava em primeiro lugar era a dedicação ao tema e a qualidade da pesquisa. A premissa epistemológica, com perdão do pedantismo, embutida nessa diretriz era que pesquisas de qualidade podiam mais facilmente conversar entre si e ter melhores condições de fazer avançar o conhecimento do que pesquisas marcadas por apriorismos teóricos rígidos e pelo culto acrítico aos gurus do momento. Procedimento ainda comum entre nós, esses apriorismos e esse culto muitas vezes bloqueiam mais do que impulsionam a compreensão dos fenômenos históricos. Incentivou-se a prática historiográfica de aproximação do objeto da pesquisa com uma bateria de perguntas em vez de uma resposta pré-fabricada. A expectativa era a de que a convivência dessas diversidades, promovida nos vários seminários internos, levasse a um crescente entrosamento entre os pesquisadores, afinasse e precisasse uma linguagem comum e fizesse, assim, conversar os departamentos estanques em que a historiografia tem sido dividida. O produto dessa conversa, assim previa a expectativa, poderia ser o surgimento de novas perspectivas de análise, novos conceitos, novas interpretações, novas hipóteses.

Como sempre, mais fácil é planejar do que executar. Não se pode dizer que o trabalho do grupo tenha, até agora, revolucionado a historiografia do oitocentos, pelo menos no que tem aparecido na produção escrita, que é a que importa para o público. Possíveis inovações mais profundas ainda se confinam às salas de conferência. Mas é de justiça reconhecer que houve várias conquistas e avanços. Conseguiu-se um crescente entrosamento entre os pesquisadores e o desenvolvimento de uma linguagem comum, livre de jargões escolásticos. Teve também início a conversa entre as especializações. Mais ainda, o tema da cidadania foi seguramente aprofundado e ampliado para além de suas fronteiras usuais. Ele foi sendo vinculado a múltiplas dimensões da vida social. A cidadania foi detectada e examinada na atuação da imprensa e na produção de panfletos, sobretudo na Independência, no Primeiro Reinado e na Regência; nas revoltas e nos movimentos políticos, legais ou revolucionários; na escravidão e em suas metástases; na participação política para além das eleições; nas ideias sociais, políticas e jurídicas, sobretudo a partir da década de 1860; na atuação da polícia e do judiciário; nas relações entre Igreja e Estado; na cultura popular; e mesmo nos negócios.

Este volume oferece nova amostra dos trabalhos do grupo. Dele constam quase todos os temas listados acima, vistos sempre pelo ângulo da cidadania concebida em termos amplos. A primeira parte cobre a dimensão política e mais tradicional da cidadania, trazendo estudos sobre eleições, representação, congresso, grupos políticos. A segunda abrange a dimensão até agora menos explorada da cultura, incluindo aí o mundo da literatura e das ideias. A terceira abre o leque para o campo do direito e suas práticas, para a economia, a abolição e a Igreja. Por estranho que possa parecer, o capítulo sobre os bombeiros no Rio de Janeiro não foge ao tema da cidadania. Serviço público é um direito social dos cidadãos e um dever do Estado.

O livro incorpora ainda contribuições de estudiosos de outros países interessados no mesmo período histórico, cumprindo um dos objetivos do projeto, o de levar o diálogo para além das fronteiras nacionais. Há uma análise da influência da Grã-Bretanha no Brasil oitocentista, feita pelo professor inglês Leslie Bethell; um estudo das relações entre cidadania e religião em Portugal, da professora portuguesa Miriam Halpern Pereira; um texto sobre a representação política na Banda Oriental, da professora uruguaia Ana Frega; e uma contribuição teórica sobre história do direito, do conhecido especialista português professor António Manuel Hespanha. O fato de que esses textos puderam ser distribuídos sem esforço entre as três partes temáticas em que se divide o livro indica a possibilidade de diálogo e acrescenta mais um desafio.

José Murilo de Carvalho
Adriana Pereira Campos

PARTE I Cidadania: Estado e representação

CAPÍTULO I # O Brasil no século XIX: parte do "império informal britânico"?

Leslie Bethell*

*Professor emérito de História da América Latina da Universidade de Londres, *fellow* emérito do St. Antony's College da Universidade de Oxford; senior scholar do Woodrow Wilson International Center for Scholars, em Washington DC, e pesquisador associado do Centro de Pesquisa e Documentação de História Contemporânea do Brasil (CPD), da Fundação Getulio Vargas, no Rio de Janeiro.

Depois do fim das Guerras Napoleônicas, em 1815, até o início da Primeira Guerra Mundial, em 1914, a Grã-Bretanha exerceu uma hegemonia global, só desafiada nas décadas finais do período pela ascendência da Alemanha na Europa e na África e a emergência dos Estados Unidos como uma potência regional no México, na América Central e no Caribe. A Royal Navy, a Marinha Real inglesa, *ruled the waves* (governava todos os mares); a Inglaterra, *the first industrial nation* (a primeira nação industrial), *the workshop of the world* (a oficina do mundo), forneceu a maior parte dos bens manufaturados para todo o mundo; a Inglaterra possuía mais da metade de toda a frota mercante do mundo; e City, o bairro financeiro de Londres, era a principal fonte de capital do mundo.

Em defesa dos seus interesses econômicos globais, com a missão de civilizar o mundo — e numa tentativa de excluir as outras potências imperiais europeias —, a Grã-Bretanha construiu um "segundo império". (O chamado primeiro império terminou em grande parte com a perda das colônias na América do Norte — com a exceção do Canadá — e a independência dos Estados Unidos em 1783.) O Império Britânico expandiu-se no século XIX no Oriente Médio, na África e na Ásia. Em 1914, um quarto da superfície terrestre e um quarto da população mundial (450 milhões) formavam o Império Britânico, isto é, eles estiveram sob o governo e a administração direta da Grã-Bretanha em várias formas: domínios, colônias, protetorados, mandatos e territórios.[1]

Durante o século XIX todas as periferias do mundo foram incorporadas na expansão da economia global capitalista dominada pela Grã-Bretanha. E muitos países independentes ficaram sob sua influência, até mesmo sob seu controle indireto, tendo suas soberanias limitadas e políticas domésticas e externas determinadas em parte pelas exigências da Grã-Bretanha. A ideia de que em qualquer discussão envolvendo o Império Britânico e o imperialismo britânico no século XIX e na primeira metade do século XX é importante fazer uma distinção entre império formal — no qual um determinado território e população passaram para o controle político-administrativo, legal-constitutional do Estado imperial — e outras formas de subordinação e influência, até o controle político indireto que restringiu a soberania, constitui uma longa história. Lenin, por exemplo, em 1916 descreveu a Pérsia, a Turquia, o Egito e a China como "países semicoloniais".

A expressão "império informal" foi aparentemente inventada por C.R. Fay em seu *Imperial Economy and its Place in the Formation of Economic Doctrine,* 1600-1932 (Oxford, Clarendon Press, 1934) e repetida no seu capítulo "The Movement Towards Free Trade, 1820-53", em *Cambridge History of British Empire, volume II, The Growth of the New Empire 1783-1870* (1940). Foi utilizada, principalmente com relação à África, em um artigo pioneiro e muito influente de J. Gallagher e R.E. Robinson, "The Imperialism of Free Trade", na revista *Economic History Review* (1953) e no livro *África and the Victorians: the Official Mind of Imperialism* (1961) dos mesmos autores.[2] E foi utilizada pela primeira vez com relação à América Latina no século XIX em um artigo de H.S. Ferns, "Britain's Informal Empire in Argentina, 1806-1914", na revista de história marxista *Past and Present* (1953) e em seu livro *Britain and Argentina in the Nineteenth Century* (1960).[3] O conceito tem tido uma vida longa e interessante, mas sempre foi alvo de críticas que alegam ser ele analiticamente impreciso e quase sempre vulnerável a uma pesquisa empírica especial. O historiador britânico D.C.M (Christopher) Platt e seus colaboradores, em vários artigos e livros sobre a América Latina e especialmente a Argentina publicados nas décadas de 1960 e 1970, mostraram-se particularmente determinados (embora não totalmente convincentes) nos esforços de miná-lo e desacreditá-lo.[4]

O BRASIL NO SÉCULO XIX: PARTE DO "IMPÉRIO INFORMAL BRITÂNICO"?

I

Depois da invasão britânica do Rio da Prata em 1806-7 — um ano antes da transferência da Corte portuguesa para o Rio de Janeiro, numa tentativa tanto de libertar quanto de conquistar a América Espanhola —, uma invasão que foi, pelo menos no seu começo, totalmente não autorizada e que, de qualquer maneira, só durou um ano e meio e resultou na expulsão das forças britânicas — a Inglaterra não demonstrou nenhum interesse em construir ou assumir as obrigações políticas e militares de um império na América do Sul. No século XIX, a Grã-Bretanha só tinha duas *Crown colonies* na América do Sul — a Guiana Inglesa (em conflito com a Venezuela e o Brasil) e as Ilhas Falkland/Malvinas (em conflito com a Argentina) — e uma na América Central — Honduras Britânicas/Belize. E principalmente por isso, a América do Sul, depois da dissolução dos impérios americanos de Espanha e Portugal entre 1808 e 1825, foi a única região do mundo a permanecer em grande parte livre de um império, britânico ou de qualquer potência europeia, no século XIX.

Entretanto, até o início da Primeira Guerra Mundial em 1914 (em parte até a Grande Depressão de 1929), a Grã-Bretanha era o ator externo dominante na economia e, em menor grau, na política da América do Sul. Portanto, o argumento é que as repúblicas hispano-americanas independentes e o império independente do Brasil foram parte do "império informal britânico" no "longo século XIX".

Durante todo o longo século XIX a Grã-Bretanha era o principal parceiro comercial da América do Sul. Ela fornecia a maioria dos produtos manufaturados e bens de capital importados. Navios britânicos transportavam a maioria das exportações aos mercados do mundo. E City, o bairro financeiro de Londres, era a fonte da maioria dos empréstimos aos governos e a maioria do capital privado investido. Mas para justificar o uso do conceito império informal, o predomínio britânico no comércio e nas finanças de um Estado independente porém mais fraco — a hegemonia econômica — é necessário, mas não suficiente. O que é preciso também é algum exercício de influência política e talvez algum uso de força, coerção ou ameaça de coerção, pelo Estado imperial que viesse a limitar a soberania de um outro Estado formalmente independente. Não apenas as ações dos indivíduos britânicos com mentalidade imperialista (como bem lembrou Edward Said, imperialismo é um estado mental).[5] Há muitos exemplos nas ações imperialistas de diplomatas britânicos na América do Sul. E não apenas as demonstrações ocasionais das forças navais (*gunboat diplomacy*) feitas para proteger as vidas, as liberdades e as propriedades ameaçadas dos cidadãos britânicos, ou para manter abertos os portos e rios ao comércio britânico (isto é, os mercados), ou recolher dívidas públicas e privadas. Há muitos exemplos desses na história da América do Sul. O que é preciso, a meu ver, é o exercício de poder consistente e permanente ou, no mínimo, prolongado sobre a política interna e externa de um Estado formalmente independente, e tão forte que seja capaz de coagir a fazer o que, sem essa pressão, ele absolutamente não faria — isto é, adotar políticas de interesses econômicos, geopolíticos e ideológicos do poder imperial —, restringindo a soberania da nação mais fraca e dependente.

II

Na historiografia sobre o império informal britânico na América do Sul, a Argentina recebeu, e continua a receber, maior atenção.[6] Mas talvez o Brasil seja um caso mais interessante, especialmente durante a primeira metade do século XIX.

Nos anos 1808-1850 a Inglaterra geralmente supria a metade de todas as importações do Brasil (Portugal, França e Estados Unidos apenas 10% cada). Das importações inglesas, 75% eram têxteis, mas também havia produtos em vidro, porcelana, talheres, utensílios domésticos, mobília, pianos, roupa, remédios etc. O Brasil era o terceiro mercado dos ingleses no mundo — perdendo apenas para os Estados Unidos e a Alemanha. As *commercial houses*, estabelecimentos dos comerciantes ingleses de Londres, Liverpool e outras cidades do norte da Inglaterra, existiam principalmente para importar e distribuir os têxteis e os bens de consumo ingleses, mas também exportaram a maior parte dos produtos primários brasileiros — açúcar (20% das exportações brasileiras em meados do século), algodão (de 5% a 10%, depois 20% durante a Guerra Civil nos Estados Unidos) e café (de 50% a 60%). As exportações brasileiras — que aumentaram com o crescimento da economia brasileira, e especialmente da agricultura baseada na mão de obra escrava, depois da maior inserção do Brasil na economia internacional — foram embarcadas para os mercados internacionais em navios das companhias de navegação inglesas. Entretanto, a Grã-Bretanha nunca foi o mercado principal. O café, por exemplo, foi exportado para os Estados Unidos e a Europa.

A grande maioria dos empréstimos concedidos ao governo brasileiro veio da Inglaterra. N.M. Rothschild & Son fez cinco empréstimos de 500 mil a 2 milhões de libras, equivalentes a 5,1 milhões, na década de 1820, depois da independência. As *commercial houses* inglesas também investiram modestamente em comércio interno, terras, mineração etc., e até a chegada dos bancos comerciais ingleses na década de 1860, prestaram valiosos serviços financeiros às comunidades inglesas e aos clientes locais brasileiros no comércio e na agricultura.

Mas, para justificar o Brasil como parte do império informal britânico, onde está o exercício de poder britânico consistente e prolongado sobre a política interna e externa brasileira, tão forte que seja capaz de coagir a fazer o que, sem essa pressão, ele (o Brasil) absolutamente não faria — adotar políticas de interesses econômicos, geopolíticos e ideológicos do poder imperial —, restringindo a soberania nacional?

Talvez os tratados de comércio e pela abolição do tráfico de escravos impostos a Portugal e ao Brasil pela Grã-Bretanha contra os interesses desses em troca da proteção, no caso português, e reconhecimento da independência, no caso brasileiro, possam ser entendidos nesse sentido.

Os fundamentos da preeminência inglesa no Brasil — política, comercial e financeira — no século XIX foram estabelecidos no período em que a Corte portuguesa esteve no Brasil (1808-1821) e nas circunstâncias da formação do Brasil como um Estado independente (1822-1825). A Inglaterra, a potência hegemônica da época, estava presente na criação do Brasil e por isso passou a usufruir de benefícios e privilégios.

Quando, durante as Guerras Napoleônicas, em novembro de 1807, Napoleão determinou o fechamento da última brecha no sistema — o bloqueio continental — contra o comércio inglês com a Europa — que era Portugal —, a Grã-Bretanha, por razões geopolíticas e econômicas, assumiu o papel decisivo na decisão da Corte portuguesa de se transferir para o Brasil. Ela renovou as garantias existentes para preservar a integração territorial do Reino e a continuidade da dinastia dos Braganças e as estendeu para incluir a proteção da Corte no Brasil e a defesa e libertação de Portugal dos franceses. Em retorno, Portugal abriria os portos do Brasil ao comércio internacional. O beneficiário principal imediato da Carta Régia de janeiro de 1808 evidentemente foi a Inglaterra. O número de navios que entraram no Rio neste ano foi mais de quatro vezes maior do que em 1807 — a maioria deles de origem inglesa. Já em agosto de 1808, de 150 a 200 comerciantes e agentes comerciais formaram um núcleo de uma próspera comunidade inglesa no Rio de Janeiro.[7]

A Inglaterra não ficou satisfeita com a abertura dos portos do Brasil. Queria o mesmo tipo de direitos preferenciais de que desfrutara em Portugal desde os meados do século XVII. E d. João, dependente da Marinha inglesa para a defesa do Brasil e o resto do Império Português de ultramar e do Exército inglês para a libertação de Portugal, não pôde resistir à pressão e às exigências britânicas. As figuras mais poderosas na Corte nesse período eram o embaixador britânico e sexto visconde de Strangford, o lorde irlandês Percy Clinton Sydney Smythe, que só tinha 28 anos; e o almirante Sir Sidney Smith, comandante da frota inglesa na Baía de Guanabara (e em Portugal mais um irlandês, o general William Carr Beresford, comandante das tropas britânicas e portuguesas). Strangford declarou, com seu exagero típico: "*I have entitled England to establish with the Brazils the relation of sovereign and subject and to require obedience to be paid as the price of protection*" (Eu garanti que a Inglaterra estabelecesse com o Brasil a relação de soberano e súdito e exigisse obediência em troca de proteção).[8]

Em fevereiro de 1810 foi assinado o Tratado de Navegação e Comércio, fixando uma tarifa máxima baixa sobre os produtos ingleses importados pelo Brasil e concedendo aos comerciantes ingleses o direito de residir no Brasil com propriedades, igrejas, cemitérios e hospitais próprios e, mais significativo, o direito de nomear juízes/magistrados especiais responsáveis pelos casos envolvendo os súditos britânicos no Brasil (isto é, um sistema de justiça paralelo).

A transferência da Corte portuguesa para o Rio de Janeiro em 1807-8 também ofereceu à Inglaterra uma rara oportunidade de forçar concessões de Portugal sobre o tráfico de escravos. Em 1807, depois de uma luta de 20 anos, a Grã-Bretanha tinha abolido o tráfico de escravos e imediatamente adotou uma política de promover a abolição internacional. Pelo artigo 10 do Tratado de Aliança e Amizade de 1810, o governo português comprometeu-se a limitar o tráfico aos seus territórios e prometeu tomar medidas gradativas para sua extinção — contra os interesses dos fazendeiros brasileiros e comerciantes portugueses e brasileiros. Em 1815, num tratado assinado durante o Congresso de Viena, Portugal declarou o tráfico ao norte do equador ilegal e confirmou sua determinação de abolir todo o tráfico. E em 1817, numa convenção adicional ao Tratado de 1815, Portugal deu à Marinha britânica o direito e os instrumentos para suprimir o tráfico ilegal em alto-mar — principalmente o *right of search*, o direito de arrestar e capturar navios negreiros e, se estivessem com escravos ilegais, mandá-los aos tribunais especiais (*mixed commission courts*) em Freetown, Serra Leoa e no Rio de Janeiro para julgamento e para a libertação dos escravos.[9]

A influência política da Inglaterra na Corte de d. João diminuiu depois de 1815, mas a revolução liberal em Portugal em 1820, a volta de d. João a Lisboa em 1821 e a declaração da independência do Brasil em 1822 criaram novas oportunidades para a Inglaterra confirmar e consolidar sua ascendência econômica e política sobre o Brasil. O governo do novo Império brasileiro precisava de reconhecimento internacional, e principalmente do reconhecimento da Inglaterra, a potência hegemônica global depois das Guerras Napoleônicas. Como Felisberto Caldeira Brant Pontes, o futuro marquês de Barbacena e representante do imperador d. Pedro I em Londres, escreveu: "*With the friendship of England we can snap our fingers at the rest of the world*" (Se tivermos a amizade da Inglaterra, poderemos ignorar o restante do mundo).[10]

Reconhecimento é o objetivo básico de qualquer novo Estado, mas especificamente, no caso brasileiro, era importante por três razões: para impedir alguma tentativa de d. João em Lisboa, apoiada pelas potências europeias reacionárias da Aliança Sagrada, de restaurar sua autoridade sobre o Brasil; para fortalecer a própria autoridade do imperador d. Pedro I contra elementos não só legalistas, mas republicanos e separatistas; e para o acesso ao mercado financeiro internacional pelos empréstimos necessários ao novo Estado.

O governo inglês tinha interesse no reconhecimento da independência do Brasil o mais rápido possível por várias razões. Em primeiro lugar, o Brasil era uma monarquia, por isso um antídoto aos "males da democracia universal" no continente, como George Canning, o chanceler inglês, disse numa referência aos Estados Unidos e às repúblicas independentes da América espanhola. Em segundo, o Brasil podia ser uma ponte entre o Novo Mundo e o Velho Mundo. Mais importante e imediato, o tratado comercial anglo-português de 1810 — a base da ascendência econômica da Inglaterra no Brasil — teria de ser renovado em 1825. E, finalmente, isso era talvez uma oportunidade única de alcançar um progresso significativo na questão do tráfico de escravos, que era fundamental na política externa da Grã-Bretanha desde 1807.

Um diplomata britânico — Sir Charles Stuart — negociou em nome de Portugal o reconhecimento da independência do Brasil em agosto de 1825. Pelos serviços prestados, o Brasil assinou com a Inglaterra para os próximos dois anos um tratado do comércio transferindo todos os privilégios britânicos no Brasil obtidos após 1808, incluindo a tarifa máxima baixa nas importações britânicas e juizados especiais britânicos no Brasil — e também um tratado pela abolição do tráfico de escravos. Em circunstâncias normais seria quase impossível conseguir a abolição do tráfico do governo brasileiro independente considerando a dependência da economia e da sociedade brasileira da escravidão e a dependência do sistema da escravidão na continuidade do tráfico. Mas em 1826, após dura barganha, um tratado afinal foi assinado, pelo qual o tráfico de escravos brasileiro seria considerado ilegal depois de um prazo de três anos após a ratificação (março de 1827) e o direito de busca em alto-mar por parte da Marinha Real britânica foi estendido a todas as embarcações brasileiras suspeitas de transportar escravos, tanto ao sul como ao norte do equador. Todo navio apreendido seria julgado por um dos dois tribunais especiais (*mixed commision courts*) anglo-brasileiros estabelecidos no Rio de Janeiro e em Freetown, Serra Leoa — e os escravos africanos liberados. O tratado pela abolição do tráfico, admitiu Robert Gordon, o embaixador inglês, "cedeu ao nosso pedido em oposição a opiniões e desejos de todo o Império".[11] Os dois tratados foram o preço pago pelo novo governo imperial pela amizade britânica e especialmente pelo reconhecimento português, britânico e internacional de sua independência.

O tratado de comércio anglo-brasileiro de 1827, que, segundo José Honório Rodrigues, transformou o país num "protetorado inglês",[12] sempre foi impopular no Brasil. Resultado da intervenção e pressão política num momento de fragilidade e dependência, a tarifa máxima limitou as receitas do governo brasileiro, que era 80% dependente da alfândega, e, porém, a independência fiscal do governo. (A Inglaterra não ofereceu qualquer reciprocidade às importações principais brasileiras — algodão, açúcar e café — no mercado inglês.) E os direitos extraterritoriais dos ingleses no Brasil se tornaram incompatíveis com a soberania nacional do Brasil independente. Quando o diplomata inglês Henry Ellis chegou ao Rio de Janeiro em novembro de 1842 para renovar o tratado — que iria expirar após 15 anos de sua ratificação — encontrou uma imprensa e opinião pública *absurdly violent and impertinent* (absurdamente violenta e impertinente) em oposição à *enslaving Brazil with treaties* (escravização do Brasil com tratados).[13] O jornalista Justiniano José da Rocha escreveu na revista *O Brasil* em dezembro: "Se há hoje no país ideia vulgarizada e eminentemente popular é a de que a Inglaterra é o nosso mais cavioso e mais pertinaz inimigo."

Depois de um intervalo de dois anos permitido pelo acordo, o Brasil, em 1844, revogou o tratado de comércio com a Inglaterra. E a Inglaterra não resistiu muito porque o tratado não era mais necessário (se é que o foi alguma vez) pela dominação britânica no comércio e nas finanças brasileiros nos meados do século XIX.

Por duas décadas após o tráfico de escravos tornar-se ilegal, em 1830, a demanda pela mão de obra escrava no Brasil continuou — e cresceu com a expansão da fronteira de café — e sucessivos governos brasileiros mostraram-se pouco dispostos ou capazes de aplicar a lei brasileira de novembro de 1831 contra o tráfico. Evidentemente, foi uma lei "para inglês ver" (essa é a mais convincente explicação da origem dessa expressão). O tráfico — agora totalmente ilegal — aumentou, apesar de todos os esforços da Marinha britânica, até um pico de 60 mil escravos importados em 1848. (Mais de 500 mil chegaram ao Brasil nas décadas de 1830 e 1840; um milhão desde 1800.)[14]

Quando em meados da década de 1840 o governo brasileiro decidiu não só revogar o tratado comercial com a Inglaterra mas também o tratado para a abolição do tráfico de escravos, que foi considerado contra os interesses nacionais (ou os interesses dos senhores de escravos) e a soberania nacional, ou aquela parte do tratado que forneceu aos navios de guerra ingleses o direito de capturar navios negreiros ilegais no altomar, a reação do governo britânico foi decisiva, provavelmente ilegal e finalmente violenta. Ele introduziu o Slave Trade Brazil Act de 1845, o famoso Bill Aberdeen. No futuro, sob uma interpretação do tratado de 1826, a Inglaterra pôde tratar o tráfico brasileiro como pirataria e navios capturados puderam ser julgados e seus escravos liberados nos tribunais britânicos do Admiralty (Ministério da Marinha) estabelecidos em Santa Helena, Serra Leoa e Cabo da Boa Esperança. Mas o tráfico de escravos no Brasil só foi abolido quando o governo britânico intensificou a força naval na costa brasileira e aplicou o Bill Aberdeen nas águas territoriais e nos portos brasileiros em 1850. Os dois países chegaram perto da guerra. O governo brasileiro — na verdade o primeiro governo desde a independência capaz de fazê-lo — foi forçado a promulgar uma nova lei contra o tráfico e fazê-la cumprir. O chanceler Paulino Soares de Souza declarou que o Brasil não podia mais resistir às ideias do mundo moderno. Na verdade, o Brasil não podia resistir à Royal Navy.

Os tratados entre Portugal e Inglaterra, e Brasil e Inglaterra pela abolição do tráfico de escravos nas primeiras três décadas do século XIX, a pressão diplomática britânica pela realização das obrigações portuguesas e brasileiras sob os tratados, o uso da força naval britânica em alto-mar pela supressão do tráfico ilegal e, finalmente, a ação da Marinha britânica contra os navios negreiros nas águas territoriais brasileiras em 1850, forçando o governo brasileiro a suprimir o tráfico, poderiam ser entendidos como o melhor exemplo, talvez o *único* exemplo, do exercício do poder imperial britânico que pode justificar o uso do conceito "império informal britânico" no caso do Brasil no século XIX. E a pressão diplomática e a ação naval britânica da Inglaterra contra o Brasil foram uma causa humanitária — a abolição do tráfico de escravos e, por fim, a abolição da escravidão nas Américas e no mundo.[15]

III

Entre 1850 e 1914 as relações comerciais e financeiras entre a Grã-Bretanha e o Brasil se consolidaram. A Grã-Bretanha continuou sendo o principal parceiro comercial do Brasil. Até a década de 1970, 50% — e ainda em 1900 mais de 35% — das importações do Brasil eram inglesas: têxteis e bens de consumo manufaturados, como antes, mas agora também bens de capital (maquinaria industrial, agrícola e ferroviária) e matérias-primas, como o carvão (exportado principalmente pela Wilson Sons & Co., de Cardiff, País de Gales). Companhias inglesas de exportação (por exemplo, E. Johnston & Co., Philipp Brothers & Co. no setor de café) e companhias de navegação, agora com navios de vapor, foram responsáveis por grande parte das exportações de produtos agrícolas brasileiros, principalmente café (de 60% a 70% das exportações brasileiras) e agora borracha da Amazônia. Porém a Grã-Bretanha importou apenas 40% das exportações brasileiras na década de 1870 e menos de 15% na primeira década do século XX, principalmente porque os ingleses em geral não consumiam café.

Durante todo o Império, e até os meados da década de 1890, quase todos os investimentos estrangeiros no Brasil, portfólio e privado direto (o último modesto até a década de 1860, porque a agricultura brasileira para exportação não foi muito intensiva em capital), foram britânicos. Em 1905 ainda 75% foram britânicos (e 65% em 1913).[16]

Em 1855 N.M. Rothschild tornou-se o agente financeiro *exclusivo* do governo imperial, responsável por todos os empréstimos no mercado financeiro londrino. Dois grandes empréstimos, totalizando 3,8 milhões de libras, foram feitos em 1863 e um de 7 milhões de libras, em 1865 (na véspera da Guerra do Paraguai). Rothschild foi responsável pelo *funding loan* (empréstimo consolidado) de 1898 (8 milhões de libras), um grande empréstimo ao governo federal em 1901, por vários empréstimos aos governos estaduais e municipais na primeira década do século XX e pelo *funding loan* de 1914 (15 milhões de libras).[17] A Inglaterra permaneceu sendo o principal credor da dívida pública brasileira. Na véspera da Primeira Guerra Mundial, 85% da dívida pública estrangeira era em libras.

O investimento direto privado foi principalmente para o desenvolvimento da rede de estradas de ferro: a Recife & São Francisco Railway, a Bahia & São Francisco Railway, a Minas & Rio Railway e, sobretudo, a São Paulo Railway Company (de Santos até Jundiaí), chamada *A Inglesa*, que foi fundamental para a expansão da fronteira de café em São Paulo e uma das maiores obras de engenharia do mundo durante o período vitoriano. Mas não havia apenas investimentos privados britânicos nas estradas de ferro: também nos portos; nos serviços urbanos — transporte, água e esgoto no Rio de Janeiro, em Salvador e São Paulo; em gás no Rio, Salvador, São Paulo, Santos, Fortaleza, Belém, Porto Alegre etc.; nas fábricas de têxteis (com maquinaria importada de Glasgow), de milho (por exemplo, o Rio Flour Mills & Granaries, estabelecido em 1886), de cerveja etc.; e no setor bancário e de seguros — por exemplo, o London & Brazilian Bank, fundado no Rio de Janeiro em 1863, que teve até a década de 1880 filiais em todas as cidades, de Manaus e Belém até Curitiba e Porto Alegre.[18] Em 1913, 30% de todos os ativos bancários e 60% dos ativos dos bancos estrangeiros foram ingleses.

Nas décadas de 1850 e 1860 o governo britânico continuou a tratar o Brasil com arrogância — como uma de suas colônias. O embaixador brasileiro em Londres, Sérgio de Macedo, escreveu numa carta ao lorde Clarendon, o chanceler inglês, em 1854: "*It was always with a threat on its lips that the English government spoke to Brazil*" (Foi sempre com uma ameaça nos lábios que o governo inglês falou com o Brasil).[19] Mas depois da intervenção britânica pela abolição do tráfico em 1850, não houve nenhum exemplo da intervenção direta política por parte da Inglaterra no Brasil.

O BRASIL NO SÉCULO XIX: PARTE DO "IMPÉRIO INFORMAL BRITÂNICO"?

Existe um mito de que na Guerra do Paraguai (1864-1870) o Brasil foi o instrumento dos interesses capitalistas britânicos. A Grã-Bretanha queria destruir a tentativa nacionalista/socialista paraguaia de abrir o Paraguai aos produtos e capitais ingleses e exportar o algodão paraguaio. As maquinações imperialistas da Inglaterra foram responsáveis pela entrada do Brasil, Estado cliente, neocolônia, na guerra. A Inglaterra era o quarto aliado na Guerra da Tríplice Aliança. Isso era o grande tema dos historiadores latino-americanos marxistas das décadas 1970 e 1980. Mas não existe prova suficiente para sustentar esse argumento, como apontei em outros escritos.[20]

O governo britânico não esteve envolvido na abolição de escravidão no Brasil em 1888, embora, como a correspondência entre Joaquim Nabuco e os dirigentes da British and Foreign Anti-Slavery Society demonstra, a opinião pública britânica tenha sido mobilizada contra a continuação da escravidão no Brasil e, se não foi decisiva, foi muito influente.[21] E o governo britânico não foi envolvido na queda do Império e na proclamação da República em 1889. Tentou extrair um novo tratado de comércio que poderia diminuir as tarifas sobre produtos ingleses no mercado brasileiro em troca do reconhecimento da República — mas sem sucesso.[22]

Não havia nenhuma intervenção política significativa britânica, certamente nenhuma tentativa de coerção no Brasil nas últimas décadas do longo século XIX, mas há exemplos de um tipo diferente da intervenção — em nome dos credores ingleses em favor de políticas monetárias e fiscais ortodoxas, isto é, reajustamento doméstico para equilibrar o orçamento e estabilizar o câmbio. Nesse sentido, os *funding loans* de 1898 e 1914 tinham, na expressão do final do século XX, *conditionalities*. Esse assunto merece ser mais pesquisado.

Gostaria de introduzir mais um argumento no debate. Em algum momento na década de 1970 a situação, já bastante confusa, ficou ainda mais complicada com a introdução da teoria da dependência no debate sobre império informal na América Latina. É claro que havia uma assimetria do poder, um desequilíbrio de poderes econômicos e políticos entre a Inglaterra e os países latino-americanos, como o Brasil. O Brasil era "dependente" da Inglaterra nas importações de produtos manufaturados e bens de capital, comunicações, empréstimos, investimentos, navegação e, em menor grau, em mercados para suas exportações. E os benefícios do relacionamento eram sem dúvida desiguais. Mas era exploração? Essa dependência da Inglaterra reforçou, se não de fato gerou, as restrições estruturais impostas ao desenvolvimento econômico independente do Brasil, principalmente na área industrial, a acumulação de capital pela industrialização? É um argumento apresentado principalmente pelos historiadores, sociólogos e economistas latino-americanos dependentistas nas últimas décadas do século XX.

Deve-se lembrar que depois das dificuldades do período pós-independência (os tratados de comércio e contra o tráfico), as elites políticas e econômicas brasileiras (elites colaboracionistas, se assim o quiserem) acolheriam a "penetração" econômica britânica e buscaram de maneira bastante entusiástica seguir o modelo de modernização capitalista através de empréstimos externos, investimentos estrangeiros diretos, crescimento baseado em exportações agrícolas, livre comércio e integração nos mercados mundiais. A imagem dos ingleses como "imperialistas" melhorou muito na segunda metade do século XIX. E não existe resistência local significativa, o que é normal nas situações do império, incluindo império informal.

DOIS COMENTÁRIOS FINAIS

Em primeiro lugar, num império, formal ou informal, a dominação econômica e política é normalmente reforçada pela influência cultural na sociedade "colonizada". No seu livro *Os ingleses no Brasil: aspectos da influência britânica sobre a vida, a paisagem e a cultura do Brasil*, de 1948, Gilberto Freyre examinou brilhantemente a influência das pequenas comunidades britânicas no Rio de Janeiro, em Salvador e no Recife — diplomatas, oficiais navais e representantes das *commercial houses*, mas também juízes, advogados, farmacêuticos, alfaiates, carpinteiros, sapateiros, chapeleiros, relojoeiros etc. — e as importações de bens de consumo manufaturados britânicos na vida social privada/

cotidiana brasileira, especialmente de classe média urbana emergente, na primeira metade do século XIX.[23] E uma consequência da mudança nas relações econômicas entre a Grã-Bretanha e o Brasil nas últimas décadas do Império foi o crescimento das comunidades britânicas no Brasil. Ao fim do Império, 1.500 britânicos residiam no Rio, centenas em Salvador, Recife, Santos/São Paulo e poucos em Manaus, Belém e São Luís. E o caráter das comunidades mudou no sentido de que elas incluíram agora administradores e engenheiros das companhias de estradas de ferro e serviços públicos urbanos, bancários, trabalhadores especializados na construção das estradas de ferro, nas fábricas de têxteis etc. Mas o impacto da Inglaterra e das comunidades inglesas na sociedade e na cultura brasileiras foi limitado. A influência francesa talvez tenha sido maior sobre as elites, intelectuais e artistas. A influência portuguesa foi reforçada no Rio de Janeiro com a nova imigração das últimas décadas do século XIX e a influência italiana — e espanhola — começou em São Paulo com a imigração europeia em massa depois de 1870.

Em segundo lugar, o império, formal e informal, existiu para excluir a competição. Mas o predomínio britânico no Brasil foi contestado nas décadas finais do longo século XIX pela França, Bélgica, especialmente Alemanha e finalmente pelos Estados Unidos. Um exemplo: em 1901, as exportações alemãs e norte-americanas juntas para o Brasil foram dois terços das britânicas; em 1912, as exportações britânicas foram três quartos das alemãs e norte-americanas juntas.[24] E podemos lembrar que as missões militares pela modernização das Forças Armadas brasileiras no período antes da Primeira Guerra Mundial foram francesas e alemãs, não inglesas.

De qualquer maneira, a Primeira Guerra Mundial destruiu a ordem internacional, política e econômica e a hegemonia britânica global do "longo século XIX". Entre a Primeira e a Segunda Guerra Mundial os Estados Unidos superaram a Inglaterra como a principal nação industrial e credora do mundo. O século XIX era o século inglês; o século XX tornou-se o século americano. Na América Latina especialmente, os Estados Unidos aumentaram seu comércio e seus investimentos. A Grã-Bretanha fortaleceu seus vínculos comerciais e financeiros com o

Império (formal) e especialmente com os Domínios (Canadá, Austrália, Nova Zelândia e África do Sul), à custa da América Latina, com exceção da Argentina (até o período pós-guerra).

No Brasil, durante a Primeira Guerra Mundial e depois dela, o declínio relativo da Grã-Bretanha acelerou-se. A participação britânica no mercado brasileiro caiu até 20% durante a década de 1920 e 10% na década de 1930. O mercado britânico pelas exportações brasileiras caiu de menos 10% até 3% ou 4% na década de 1920 e recuperou-se só até 5% na década de 1930. Os investimentos britânicos no Brasil não caíram, mas não cresceram na década de 1920. Em 1930, a Grã-Bretanha continuou como o investidor principal e responsável pela maior parte da dívida externa brasileira, mas durante a década de 1930 e a Segunda Guerra Mundial (e imediatamente ao pós-guerra) os investimentos britânicos caíram drasticamente.

A Primeira Guerra mais ou menos destruiu a posição da Alemanha no Brasil, que só se recuperou na década de 1930, até ser destruída mais uma vez na Segunda Guerra Mundial. Ao contrário, a Primeira Guerra fortaleceu a presença econômica dos Estados Unidos no Brasil. Os Estados Unidos, que sempre foram o principal mercado para a dominante exportação brasileira, o café, substituíram a Grã-Bretanha no primeiro lugar como fonte de importação de bens de consumo e de capital. Gradativamente, Nova York substituiu Londres como a fonte principal de capital. E a Segunda Guerra Mundial fortaleceu também as relações políticas, militares e culturais entre os Estados Unidos e o Brasil. A transição hegemônica no Brasil, da Grã-Bretanha para os Estados Unidos, estava completa.

Notas

1. Sobre o Império Britânico no século XIX, ver P.G. Cain e A.G Hopkins, *British Imperialism*, vol. 1, 1688-1914 (Londres, 1993); A. Porter (ed.), *The Oxford History of the British Empire*, vol. 3, *The Nineteenth Century* (Oxford, 1999); e John Darwin, *The Empire Project: the Rise and Fall of the British World-System, 1830-1970* (Cambridge, 2009).

2. Ver também Ronald Robinson, "The Excentric Idea of Imperialism, with or without Empire", *in*: Wolfgang J. Mommsen e Jurgen Osterhammel (eds.), *Imperialism and After: Continuities and Discontinuities* (Londres, 1986).
3. Também, mais tarde, H.S. Ferns, "Argentina: Part of an Informal Empire?", *in*: Alistair Hennessy e John King (eds.), *The Land that England Lost. Argentina and Britain: a Special Relationship* (Londres, 1992).
4. Ver, por exemplo, "The Imperialism of Free Trade: Some Reservations", *Economic History Review*, 21/2, 1968; "Further Objections to an 'Imperialism of free trade'", *Economic History Review*, 26/1, 1973; *Finance, Trade and Politics in British Foreign Policy, 1815-1914* (Oxford, 1968); *Business Imperialism, 1840-1930: an Inquiry Based on British Experience in Latin America* (Oxford, 1977).
5. E também discursos imperialistas dos políticos e estadistas britânicos. Um bom exemplo é o de lorde Palmerston, ministro das Relações Exteriores, em setembro de 1850: "*These half-civilized governments, such as China, Portugal, Spanish America, require a dressing down every 8 or 10 years to keep them in order. Their minds are too shallow to receive an impression that will last longer than some such period, and warning is of little use. They care little for words and they must not only see the stick but actually feel it upon their shoulders.*" ["Esses governos semicivilizados, tais como os da China, de Portugal e da América Espanhola, requerem uma reprimenda a cada oito ou dez anos para que se mantenham em ordem. Suas mentes são muito rasas para receber uma impressão que dure tanto tempo, e precavê-los é de pouca utilidade. Eles pouco ligam para palavras; não basta que vejam a vara; devem senti-la nos ombros."]. Citado em R. Hyam, *Britain's Imperial Century, 1815-1914: a Study of Empire and Expansion* (Londres, 1983), p. 119.
6. Ver, por exemplo, A.S. Thompson, "Informal Empire? An Exploration in the History of Anglo-Argentine Relations, 1810-1914", *Journal of Latin American Studies*, 24/2, 1992, e A.G. Hopkins, "Informal empire in Argentina: an Alternative View", *Journal of Latin American Studies*, 26/2, 1994. Os quatro principais artigos — de Alan Knight, David Rock, Colin M. Lewis e Charles Jones — no mais recente estudo sobre o império informal britânico na América Latina, Matthew Brown (ed.), *Informal Empire in Latin America. Culture, Commerce and Capital* (Oxford, 2008), são sobre a Argentina. Sobre América Latina, ver Alan Knight, "Britain and Latin America", *in*: Porter, *Oxford History of British Empire*, vol. 3, op. cit., e Rory Miller, *Britain and Latin America in the Nineteenth and Ttwentieth Centuries* (Londres, 1993). Para uma visão geral da historiografia, ver R.M. Miller, "Informal Empire in Latin America", *in*: R. Louis (ed.), *The Oxford History of the British Empire*, vol. V, *Historiography* (Oxford, 2001).
7. Ver *John Luccock, Notes on Rio de Janeiro and the Southern Parts of Brazil Taken During a Residence of Ten Years in that Country from 1808 to 1818* (Londres, 1820).

8. Citado em Alan K. Manchester. *British Preeminence in Brazil: its Rise and Decline*. Chapel Hill: University of North Carolina Press, 1933, p. 67. Disponível em português: *Preeminência inglesa no Brasil*. São Paulo: Brasiliense, 1973.
9. Sobre esses tribunais internacionais, ver Leslie Bethell. "The Mixed Commissions for the Suppression of the Transatlantic Slave Trade in the Nineteenth Century". *Journal of African History,* vii (1966), p. 79-93; Jenny S. Martinez. "Anti-slavery Courts and the Dawn of International Human Rights Law". *The Yale Law Journal* (2008), p. 550-641.
10. Alan Manchester. *British Preeminence*, op. cit., p. 193, nota 25.
11. Leslie Bethell. *The Abolition of the Brazilian Slave Trade* Cambridge: Cambridge University Press, 1970, p. 62. Disponível em português: *A abolição do tráfico de escravos no Brasil*. (Rio de Janeiro: Editora Expressão e Cultura/Editora da Universidade de São Paulo, 1976); *A abolição do comércio brasileiro de escravos* (Brasília: Senado Federal, 2002). Bethell, *Abolition*, op. cit., 232.
12. José Honório Rodrigues. *Aspirações nacionais. Interpretação histórico-política.* São Paulo, 1965, p. 84.
13. Bethell. *Abolition*, op. cit., p. 232.
14. Idem. Apêndice: "Estimates of Slaves Imported into Brazil, 1830-1855".
15. Joaquim Nabuco, em seu primeiro texto sobre a escravidão, escreveu: "A aplicação do Bill Aberdeen é um ultraje à nossa dignidade de povo independente", mas, continuou, "a vergonha é nossa", porque o Brasil deixou à Inglaterra "o papel de defensor da humanidade". O original, *A escravidão* (1870), com 230 páginas manuscritas, foi doado ao Instituto Histórico e Geográfico Brasileiro pela viúva de Nabuco, Evelina, em 1924. O texto foi publicado na *Revista do Instituto Histórico e Geográfico Brasileiro* em 1949. Estou ciente de que sob o manto do humanitarismo existiam também interesses econômicos e políticos na política britânica contra o tráfico de escravos no século XIX.
16. Ver Marcelo de Paiva Abreu. "British Business in Brazil: Maturity and Demise (1850-1950)". *Revista Brasileira de Economia*, 54 (4), out.-dez. 2000, p. 386-389.
17. Ver Marcelo de Paiva Abreu, "Brazil as a debtor, 1824-1931", *Economic History Review* LIX/4, 2006, pp. 765-787; Caroline Shaw. "Rothchilds and Brazil: an Introduction to Sources in the Rothschild Archive". *Latin American Research Review*, 40/1, 2005, pp. 165-85.
18. Ver David Joslin. *A Century of Banking in Latin America* (Londres, 1963); Geoffrey Jones. *British multinational banking*, 1830-1990 (Oxford, 1993).
19. Manchester. *British Preeminence*, op. cit., p. 288.
20. Leslie Bethell. "O imperialismo britânico e a Guerra do Paraguai". *In*: Maria Eduarda Castro Magalhães Marques (ed.). *A Guerra do Paraguai: 130 anos depois*. Rio de Janeiro: Relume Dumará, 1995, pp. 131-64; *Estudos Avançados* 9/24 (1995).

The Paraguayan War (1864-1870). Londres: Institute of Latin American Studies, 1996. Ver também Francisco Doratioto. *Maldita guerra. Nova história da Guerra do Paraguai*. São Paulo, 2002.

21. Leslie Bethell e José Murilo de Carvalho (orgs.). *Joaquim Nabuco e os abolicionistas britânicos: Correspondência 1880-1905*. Rio de Janeiro: Topbooks e Academia Brasileira de Letras, 2008; Londres Institute for the Study of the Americas, 2009.
22. Joseph Smith. "Limits of Diplomatic Influence: Brazil versus Britain and the United States, 1886-1894". *History*, 2007, p. 472-95.
23. Sobre a comunidade britânica em Salvador, ver Louise H. Guenther. *British Merchants in Nineteenth-Century Brazil: Business, Culture and Identity in Bahia, 1808-1850*. Oxford: Centre for Brazilian Studies, 2004.
24. Abreu *British Business in Brazil*, op. cit., p. 396.

CAPÍTULO II **A involução da participação eleitoral no Brasil, 1821-1930**

José Murilo de Carvalho*

*Professor emérito da Universidade Federal do Rio de Janeiro.

A participação eleitoral no Brasil apresentou durante o século XIX uma curva descendente, em descompasso com o que se passava em países europeus onde ela era lenta mas ascendente. A curva sofreu uma inflexão abrupta em 1881, quando foi aprovada a eleição direta, recuperou-se ligeiramente em 1891, com a eliminação do censo, e se manteve estacionária até 1930, final da Primeira República. Apresento aqui os principais dispositivos legais responsáveis pelo percurso regressivo e discuto algumas possíveis explicações. Começo com a apresentação da legislação, passo, a seguir, às estatísticas eleitorais e, finalmente, à discussão do fenômeno.[1]

LEGISLAÇÃO

Colônia

A prática do voto para escolha de autoridades municipais era comum no Império Português. Ela foi regulada pelas Ordenações Afonsinas de 1446, pelas Manuelinas de 1521 e, finalmente, pelas Filipinas de 1603. A mesma prática era também comum nas irmandades religiosas. O que ainda não se sabe ao certo, por falta de investigação, é o alcance da franquia eleitoral nessas eleições municipais. Sabe-se que nas irmandades todos votavam, inclusive mulheres e analfabetos.[2] O Título LXVII do Código Filipino estabelecia eleições indiretas, votando na primeira rodada "homens bons e povo", sem definir o que fossem. Ao certo, sabe-se que entre os homens bons no Brasil estavam nobres, burocratas, proprietários e comerciantes. Eles podiam votar e ser votados. Povo muito provavelmente incluía todos os homens adultos livres, fossem ou não alfabetizados, que podiam votar, mas não ser votados.

As práticas eleitorais na colônia, como em todos os assuntos, afastavam-se da legislação. Há registros de queixas sobre eleição de pessoas não qualificadas e reivindicações de que só homens bons votassem.[3] Mas sabe-se pouco sobre o número de pessoas que de fato votavam. Com segurança, no entanto, pode-se dizer apenas que a prática do voto não era novidade na colônia e que muitas câmaras municipais foram atuantes, sobretudo nos três anos que precederam a independência. Houve então dezenas de reuniões abertas das câmaras, o equivalente dos *cabildos abiertos* da tradição espanhola, nas quais se votaram petições com milhares de assinaturas a serem enviadas a d. Pedro. As petições eram assinadas por Câmara e Povo, ou Clero, Nobreza e Povo.[4]

Transição

As instruções de 7 de março de 1821 para as eleições às cortes portuguesas foram copiadas, com algumas adaptações, dos artigos 28 a 103 da Constituição de Cádiz, restabelecida na Espanha em 1820. A eleição envolvia um processo complicado em quatro graus, com diferentes níveis de exigências. No primeiro grau, no entanto, a franquia era ampla, incluía "todos os cidadãos domiciliados e residentes no território da respectiva freguesia", excluindo-se apenas os eclesiásticos seculares.[5] Essa definição correspondia aos *vecinos,* ou moradores da tradição política espanhola. As mesmas disposições valiam para a segunda rodada em que votavam os compromissários de freguesia. Para os graus seguintes da eleição, eleitores paroquiais e eleitores de comarca, só se acrescia a exigência de 25 anos de idade e residência na paróquia. Não havia exigência de renda, escolaridade ou condição social, exceto a de homem livre. Não havia exclusão explícita das mulheres, mas a prática não as admitia. Tratava-se quase que de um voto universal masculino. Não se dispõe de dados sobre quantas pessoas votaram nessas eleições, mas sua legislação foi, sem dúvida, a mais liberal da história do país até a Constituição de 1988.

As mesmas regras serviram para a eleição dos procuradores de província que, no entanto, não chegaram a se reunir. Veio a seguir, em junho de 1822, a convocação da Assembleia Geral Constituinte e Legislativa brasileira. As instruções foram publicadas a 19 desse mesmo mês. Seguiam ainda o modelo de Cádiz, mas com algumas alterações. Pelo lado liberal, reduzia a eleição a dois graus em vez de quatro: votantes elegiam os eleitores de paróquia que, por sua vez, elegiam os deputados. Pelo lado restritivo, excluíam-se filhos-família, assalariados (com exceções) e o clero regular, mas não havia referência a renda ou escolaridade. O eleitor, por sua vez, deveria ter 25 anos, ser probo e honrado e dispor de "decente subsistência", não se definindo os critérios para verificar a decência. Não há também dados disponíveis sobre o número de votantes nessas eleições.

Após a Independência

As primeiras normas eleitorais brasileiras são as que constam da Constituição de 1824. Feito pelo Conselho de Estado, o documento manteve a eleição em dois graus, exceto para vereadores e juízes de paz, que seriam escolhidos diretamente pelos votantes. Em matéria de franquia eleitoral, retirou o veto aos assalariados, mas manteve a exclusão dos religiosos e introduziu a dos criados de servir, além de aumentar a idade para 25 anos, salvo algumas exceções. Sobretudo, o texto constitucional registrou pela primeira vez a exigência de uma renda líquida anual, de qualquer procedência, de 100$ para os votantes e 200$ para os eleitores. Libertos podiam votar, mas não ser eleitos. Analfabetos continuaram a poder votar, em contraste com a Constituição portuguesa de 1822, que os excluía.

Desde a Constituição de 1824 até a lei de 1881, as únicas mudanças que tiveram a ver com o alcance da cidadania política verificaram-se na primeira lei eleitoral do país, a 19 de agosto de 1846, votada por uma câmara liberal. Foram duas as mudanças. A primeira foi a exclusão do direito do voto dos praças de pré do Exército, da Armada e da Força Policial e dos marinheiros dos navios de guerra. O motivo da restrição foi provavelmente a participação intensa da tropa nas revoltas regenciais. Essa exclusão foi a de mais longa duração em nossa história. Resquícios dela ainda estão presentes na Constituição de 1988, que proíbe o voto dos recrutas durante o tempo de serviço. A segunda mudança visou à exigência de renda. Os deputados decidiram que a renda de 100$ deveria ser avaliada em prata, o que significava dobrá-la para 200$. O motivo alegado foi a desvalorização do mil-réis, que caíra de 43,2 dinheiros para 27 dinheiros.[6] O novo valor não foi alterado até o final do Império. Essa alteração merece comentário mais longo, pois há muito exagero na avaliação de sua importância como obstáculo à participação eleitoral. Pesquisas recentes mudaram radicalmente essa crença.

Uma renda anual de 200$ era uma exigência muito modesta na época. Bastam alguns exemplos para demonstrar isso. Dados para o início da década de 1870 referentes à capital do país indicam que uma costureira ganhava 420$, cozinheira e lavadeira, entre 220$ e 420$, e o aluguel de um escravo ficava em 200$.[7] Na mesma cidade, em 1880, 87% dos votantes da paróquia de Irajá eram trabalhadores rurais, pescadores, artesãos, empregados. Cálculos feitos por Richard Graham com base em dados oficiais de 1870 e 1872 (ano do primeiro censo nacional) indicam que uma média de 50,6% dos homens adultos livres se qualificava para votar nas 1.157 paróquias do país.[8] Em algumas províncias, como a de Alagoas, esse número subia para 86,5%. Dados coletados por Herbert Klein para as paróquias urbanas do município de São Paulo para o ano de 1880 mostram que 19% dos votantes registrados ganhavam 200$ e 46% ganhavam 300$. Segundo o mesmo autor, em quatro paróquias rurais da província de São Paulo, 82,6% dos votantes registrados ganhavam o mínimo de 200$.[9]

Pode-se mesmo argumentar, como o faz Mircea Buescu, que não apenas era baixo o censo exigido, mas ainda que ele se reduziu ao longo do século, tendo em vista uma inflação de 200% entre 1824 e 1881. Essa desvalorização da moeda significa que os 100$ exigidos pela Constituição equivaleriam a 300$ em 1881, renda superior ao máximo de 200$ exigidos a partir de 1846. A ser assim, o mais conhecido comentador da Constituição, José Antônio Pimenta Bueno, não estava muito longe da verdade quando observou em 1857: "Ora, no Brasil quase que é preciso ser mendigo para não possuir tal rendimento [200$], ou pelo menos ser homem perfeitamente vadio e inútil." Segundo ele, excluídas as mulheres, o voto estabelecido pela Constituição era quase universal.[10]

A grande virada na legislação eleitoral no que se refere à extensão da franquia verificou-se em 1881. Desde 1866, o jornal *Opinião Liberal* colocara em seu programa de reformas a introdução do sufrágio direto e generalizado. A queda de Zacarias de Góes e Vasconcelos em 1868 e a subida dos conservadores como o visconde de Itaboraí foram seguidas da dissolução da câmara liberal e progressista e da eleição de outra totalmente conservadora. O fato exacerbou a reação contra a interferência do governo nas eleições. Como antídoto, liberais e radicais encamparam a ideia da eleição direta. Ela aparece, então, no Programa do Centro Liberal de 1869 e na quarta conferência radical pronunciada por Francisco Rangel Pestana em 18 de abril do mesmo ano.[11] A discussão sobre o tema continuou durante a década de 1870, agora com a adesão de conservadores frustrados e irritados com as reformas realizadas pelo ministério de Rio Branco, sobretudo com a aprovação da Lei do Ventre Livre.

Depois de dez anos de governos conservadores, os liberais foram chamados em 1878 com a missão específica de introduzir o voto direto. O imperador consultou os presidentes das duas Câmaras e ambos tinham concordado que a reforma era aspiração geral. Por terem sido os primeiros a levantar o tema, d. Pedro encarregou-os de encaminhar a reforma chamando o visconde de Sinimbu para a presidência do Conselho. A câmara conservadora foi dissolvida e a máquina do governo foi usada para eleger outra unanimemente liberal. Mas Sinimbu descobriu que se havia consenso sobre a adoção da eleição direta, discordava-se quanto à maneira de a realizar. Para alguns, tinha de ser por reforma constitucional; para outros, por lei ordinária. O Conselho de Estado, consultado em abril de 1881, votou por cinco a dois pela lei ordinária. Mas Sinimbu optou pela reforma constitucional. Seu projeto foi aprovado na Câmara, mas barrado no Senado. Os senadores não se opunham à lei, mas não gostavam do método. Lembravam-se da reforma constitucional de 1834, que foi feita sem o concurso do Senado e do Poder Moderador. Temiam eles que a Câmara se aventurasse a reformar outros dispositivos constitucionais, entre eles os que regiam o próprio Senado, eventualmente para acabar com a vitaliciedade dos senadores, outro item havia muito na agenda liberal.

Perturbado ainda por divisões internas e desgastado externamente pela Revolta do Vintém, o Ministério pediu demissão. Outro liberal, Saraiva, aceitou substituir Sinimbu sob a condição de fazer a reforma por lei ordinária, único meio, segundo ele, de conseguir o apoio do Senado. Não tinha, como disse ao se apresentar às Câmaras, escrúpulos constitucionais. O imperador concordou e o novo projeto foi aprovado nas duas Câmaras sem maiores dificuldades.

O resultado foi a eliminação dos votantes com sua exclusão quase total do direito do voto. Foram dois os mecanismos utilizados para conseguir esse objetivo. O primeiro teve a ver com a renda. Foi mantido o censo de 200$, que, como vimos, não era particularmente excludente. No entanto, a regulamentação da lei introduziu exigências muito rígidas para a prova de renda. Na prática anterior, a renda era aferida por declaração oral do votante, ou por testemunho também oral de alguma autoridade. O processo era quase sempre tumultuado, mas permitia ampla participação. Com a nova lei, a oralidade foi abolida. A prova de renda tinha de ser feita mediante declarações escritas de autoridades ou de empregadores. O segundo mecanismo foi mais drástico: introduziu-se pela primeira vez na história do país a exigência de alfabetização, a ser posta em prática na qualificação que se faria em 1882. Quem quisesse votar deveria apresentar um requerimento por escrito e assinado, anexando toda a documentação exigida na lei. Em um país com 81% da população livre analfabeta, pode-se imaginar o tamanho da barreira representada por tais exigências. De positivo, o regulamento de 1882 reduziu a idade máxima para 21 anos e permitiu que libertos e não católicos fossem eleitos.

Depois da lei de 1881, a única alteração de importância na legislação eleitoral até o final da Primeira República foi a eliminação, registrada na Constituição de 1891, da exigência de renda. O principal obstáculo, a alfabetização, foi mantido pelo novo regime. A Tabela 1 resume a legislação pertinente à franquia eleitoral.

Tabela 1 — Restrições ao direito do voto, votantes, 1824-1891*

Ano	Idade	Alfabetização	Renda	Emprego
1821	21	Não	Não	Não
1822	20	Não	Não	Assalariados, ordens religiosas
1824	25 (21)	Não	100$	Criados de servir, filhos-família, ordens religiosas
1846	25(21)	Não	200$	Idem
1881	25(21)	**Sim**	200$	Mais: praças de pré e serventes de repartições públicas
1882	**21**	Sim	200$	Idem
1891	21	Sim	**Não**	Mais: mendigos

*As alterações são indicadas em negrito.

Estatísticas eleitorais

Leis no Brasil, como se sabe, são tentativas de regulamentação, ou metas a serem atingidas em algum momento futuro. A legislação eleitoral não era exceção. E aqui o problema do pesquisador é muito complexo, ao contrário da relativa facilidade apresentada pelo levantamento da legislação. As estatísticas eleitorais do século XIX são pobres, apesar da regularidade em que se deram as eleições. A ausência de eleições presidenciais era uma desvantagem, pois elas facilitam a coleta de dados nacionais periódicos, como se sucedeu na República. Restavam as eleições legislativas nos três níveis de governo, cujos números têm de ser garimpados nos anais das respectivas câmaras. Essa garimpagem consome muito tempo e até hoje só foi feita de maneira muito seletiva. A melhor fonte disponível são os títulos de eleitor, introduzidos em 1875, mas que têm sido pouco explorados. O exame das estatísticas se resume, então, a dados esparsos, embora razoavelmente confiáveis.

A Tabela 2 resume os dados para o período coberto neste artigo. Note-se que as fontes variam: anais do Congresso para as eleições regenciais, o censo de 1872, anais da Câmara para eleições de deputados e anuários estatísticos para as eleições presidenciais.

Tabela 2 — Participação eleitoral no Brasil, anos selecionados

Ano	Votantes (1.000)	% da população total
1835	300*	10*
1872	1,098**	10,8 (13,0)**
1886	117***	0,8
1894	345****	2,2
1906	294	1,4
1922	833	2,9
1930	1,890	5,6
1945	6,201	13,4

*Fonte: *Anais da Câmara*, 1835. Dados estimados. Votantes na eleição do regente Feijó.
**Fonte: *Censo de 1872*. Votantes registrados. Entre parênteses, % dos votantes na população livre.
***Fonte: *Organizações e programas ministeriais*. Eleitores nas eleições de deputados gerais.
****Fonte: *Anuários Estatísticos*. Daqui em diante, votantes nas eleições presidenciais.

Observa-se que os dados de 1872 referem-se a votantes registrados; os outros, aos que de fato votaram. No entanto, como a lei de 1846 estabelecia multas para quem não votasse, pode-se supor que um bom número de registrados de fato comparecia às urnas. Segundo dados de Richard Graham, a maioria dos registrados votava.[12] Se estimarmos essa maioria, digamos, em 80%, o número de votantes em 1872 seria de 878 mil, ou seja, 8,8% da população total, 10,4% da população livre e 41% da população masculina de 25 anos ou mais. O surpreendente nos dados é que, apesar das reduções da franquia introduzidas depois de 1821, os 13% de votantes registrados em relação à população livre ou mesmo os 10,8% em relação à população total de 1872 representavam números altos, se os compararmos com os países europeus à época, com exceção de Portugal, conforme indica a Tabela 3. Nessa perspectiva comparada, fica claro que a situação brasileira estava longe de apresentar um quadro negativo, por mais precária que fosse. Nos Estados Unidos, a participação era bem mais alta. Em 1888, 18% da população votou para presidente.

Tabela 3 — Votantes registrados na Europa, países e anos selecionados

País	Ano	Votantes registrados como % da população total
Portugal	1864-1877	10,0
	1878-1894	18,5
Suécia	1866-1906	5,0-8,0
Reino Unido	1832-1866	c. 3,0
	1867-1883	c. 7,0
Holanda	1848-1886	2,5
	1887-1895	6,5
Bélgica	1848-1892	2,0
Itália	1861-1880	c. 2,0
Espanha	1865	2,6

Fonte: Tabela montada com dados coligidos por Pedro Tavares de Almeida. Eleições e caciquismo no Portugal oitocentista (1868-1890). Lisboa: Difel, 1991, pp. 205-216.

O segundo ponto que salta à vista é o efeito dramático da lei de 1881. Uma franquia eleitoral que se comparava vantajosamente com a de países europeus sofreu um retrocesso que por décadas colocou o país em situação de grande retardamento. Em termos absolutos, os 1.097.689 votantes registrados em 1872, 10,8% da população total, ficaram reduzidos aos 96.411 eleitores que votaram na primeira eleição direta de 1881. Esse número subiu para 117.671 na eleição de 1886, a última do Império, representando 0,81% da população total, medida pelo censo de 1890. Foi uma queda de quase 90%. Em outros termos, 980 mil brasileiros deixaram de participar do processo eleitoral, mesmo que fosse como votantes em eleições primárias.

Dados para a província do Rio de Janeiro confirmam o desastre (Tabela 4).

Tabela 4 — Eleitores registrados, província do Rio de Janeiro

Ano	Eleitores/votantes registrados
1880	72.517
1881	10.848
1882	1.064
1883	815
1884	1.174

Fonte: Neila Ferraz Moreira Nunes, "Eleições e poder no Império. A experiência eleitoral em Campos dos Goitacazes (1870-1889)". Dissertação de mestrado, Iuperj, 2001, p. 118.

O retrocesso na participação eleitoral durou 64 anos. Só em 1945 é que foram superados os números de 1872. A proclamação da República, apesar da retórica, pouco alterou a situação, apesar da eliminação do requisito de renda. Como mostra a Tabela 2, até 1920 a participação nas eleições presidenciais não chegou a 3% da população, crescendo para 5,6% na última eleição da Primeira República. Na capital da República, na primeira eleição presidencial realizada em 1894, somente 1,3% dos cariocas votou. Nacionalmente, mesmo em eleições acirradas, como a de 1910, disputada entre Rui Barbosa e o marechal Hermes, os dados não variaram muito, como mostra a Tabela 5.

Tabela 5 — Participação eleitoral, 1910

População total	30.635.605
Eleitores registrados como % da população	5,0
Votantes como % dos eleitores registrados	60,3
Votos válidos como % dos votantes	89,9
Votos válidos como % da população	2,7

Fonte: José Murilo de Carvalho, "Os três povos da República", in: Maria Alice Rezende de Carvalho (org.). *República no Catete*. Museu da República: Rio de Janeiro, 2001, p. 74.

A batalha eleitoral

A redução legal e real da amplitude do voto foi acompanhada de um declínio também na intensidade de envolvimento das pessoas no processo eleitoral. Votava menos gente e com menos interesse. A documentação sobre os distúrbios eleitorais pode ser encontrada facilmente nos relatórios dos presidentes de província, dos chefes de polícia e seus delegados. Francisco Belisário, no livro já citado, também faz descrição pormenorizada das táticas empregadas pelas facções em luta. Outro clássico sobre o assunto é o livro de João Francisco Lisboa que descreve as práticas eleitorais no Maranhão da década de 1840. Estudos recentes confirmam essas visões.[13]

As fraudes aconteciam, sobretudo, na qualificação dos votantes e no ato de votar. Até 1846, a informalidade do processo tornava as eleições regenciais verdadeiras batalhas, decididas no grito, se não no cacete. As eleições de 1842 ficaram conhecidas exatamente por esse nome: Eleições do Cacete. Arbitrariedades, falsificação de documentos, ameaças e intimidações, violência explícita, uso de cabalistas, fósforos, capoeiras e capangas, tudo era possível. As imagens tinham de ser retiradas das igrejas onde se davam as eleições para evitar que fossem usadas como projéteis. A legislação foi aos poucos reduzindo a informalidade e introduzindo certa ordem no processo. Foi particularmente importante a introdução, em 1875, do título de eleitor.

O tumulto e as fraudes pareciam o retrato da desmoralização do sistema representativo. Mas o mesmo fenômeno se verificava em todos os países que adotavam o processo de votação para escolha de dirigentes. No Brasil e na América hispânica o fenômeno era mais do que compreensível, dados a pouca experiência da população, a estrutura social e os baixos índices de escolaridade. Não se trata de defender eleições tumultuadas e se os legisladores agiam corretamente quando tentavam tornar a competição mais civilizada. No entanto, é preciso evitar anacronismo. Na época, no Brasil como em outros países, tumultos indicavam também um intenso envolvimento dos votantes no processo eleitoral e, portanto, também uma forte competição política. Votando ou simplesmente se envolvendo nas agitações, muitos cidadãos tomavam conhecimento do processo político, saíam de sua idiotia privada e, lentamente, iam entendendo o sentido da coisa. Em suma, o processo era pedagógico e foi assim entendido por José de Alencar, mas não pelos defensores da eliminação dos votantes.

As fraudes continuaram depois da lei de 1881. Elas continuaram e aumentaram República adentro, como já mostrei em outros lugares.[14] O típico da República é que o aumento da fraude vem acompanhado de redução da agitação eleitoral. As eleições se tornaram mais fraudulentas e, ao mesmo tempo, mais tranquilas, sobretudo no interior do país. O principal instrumento da fraude passou a ser o bico de pena, graças ao qual as atas eram feitas à revelia dos votantes. Boa parte da já diminuta participação eleitoral podia ser devida a essa técnica. Quanto mais tranquila e concorrida a eleição, mais fraudada. O processo todo foi resumido por Lima Barreto em *A República dos Bruzundangas*: "De há muito os políticos práticos tinham conseguido quase totalmente eliminar do aparelho eleitoral este elemento perturbador — o voto."[15]

Por que excluir votantes?

A posição inicial de liberais e radicais advogava a eliminação do votante sem, necessariamente, reduzir a participação. Na VIII Conferência Radical, em maio de 1869, Silveira Martins pedia o voto direto para garantir a liberdade do povo diante do governo, sem especificar como efetivá-la. Mas em conferência no mesmo ano no Clube Radical Pernambucano, Sinfrônio Coutinho já pede o voto direto generalizado com a exclusão dos analfabetos, justificando-a com o argumento de que a instrução é essencial para que o voto não seja devassado.[16] Pelo lado conservador, o apoio à eleição direta veio como consequência da aprovação da Lei do Ventre Livre. Apesar de ter sido feita por um gabinete e uma câmara conservadores, houve forte reação dos cafeicultores do Rio de Janeiro, de Minas Gerais, de São Paulo e do Espírito Santo, que atribuíam sua aprovação a pressões do governo sobre o eleitorado e os deputados. Aprovada a lei, a Câmara votou uma moção de desconfiança ao gabinete. Logo depois, a Câmara foi dissolvida e outra foi eleita, agora governista. O porta-voz dessa posição foi Francisco Belisário, cujo livro foi publicado um ano depois da aprovação da Lei do Ventre Livre. Segundo ele, a influência do governo nas eleições era possibilitada pelo grande número de votantes que não tinham condições de resistir às pressões. A solução seria a eleição direta com a eliminação do votante.

Por ocasião da discussão da lei de 1881, quase não havia discordância entre os dois partidos quanto à necessidade, à urgência e ao conteúdo da lei. Consulta prévia feita por Sinimbu ao Conselho de Estado, por exemplo, mostrara que todos os conselheiros, à exceção de um, apoiavam a renda do eleitor estabelecida na Constituição, isto é, 200$ avaliados em prata, ou, 400$. Apenas o conservador José Ildefonso de Sousa Ramos, visconde de Jaguari, optou pela renda do votante, isto é, 100$ avaliados em prata, equivalentes a 200$. Um dos argumentos a favor da renda dos eleitores, mencionado pelo visconde de Abaeté, era de natureza prática, pois evitaria a necessidade de reforma constitucional. Mas outros conselheiros, como o liberal José Pedro de Carvalho, eram contra reduzir o censo, com receio de que se repetissem as "eleições tumultuárias" de vereadores e juízes de paz. A mesma preocupação com a qualidade do eleitorado apareceu em quase todas as respostas ao quesito da alfabetização. Com exceção do visconde de Muritiba, todos os conselheiros optaram pela exclusão dos analfabetos. A alfabetização seria uma garantia da existência de eleitores conscientes e independentes.[17]

Havia acordo entre a maioria dos conservadores e dos liberais quanto à convicção de que o voto indireto falsificava o sistema representativo. Concordavam também que a razão da falsificação era o votante. Segundo Francisco Belisário, as eleições primárias quase equivaliam ao sufrágio universal, uma vez que o salário de um diarista variava entre 1$ e 2$, superior à renda mínima anual de 200$. A consequência era, segundo ele, que os votantes eram a "turbamulta, ignorante, desconhecida e dependente". O votante de política "só sabe do seu voto, que ou pertence ao Sr. Fulano de tal por dever de dependência [...], ou a quem lho paga por melhor preço, ou lhe dá um cavalo, ou roupa a título de votar à freguesia". A máxima parte deles não tinha consciência do direito que exercia e não ia à urna sem constrangimento ou pagamento. O mal do sistema estava, ainda segundo Belisário, na eleição dos eleitores. Era ela a principal causa "da intervenção do governo, dos abusos das autoridades locais, das violências, das fraudes, da desmoralização e finalmente da descrença política". Isto é, a principal causa da falsificação do sistema representativo. O anseio de todos os candidatos era serem apoiados pelo governo, ninguém se dizia candidato dos eleitores. A solução era adotar o voto direto com exigência de alfabetização e de pagamento de algum imposto direto. Isso não implicava violação de direitos porque o voto não era direito, mas obrigação.[18]

A justificativa principal da reforma era, então, tanto para liberais como para conservadores, a presença de um eleitorado incapaz de resistir às pressões que os ministérios exerciam por meio de seus agentes, presidentes de província, chefes de polícia, delegados, subdelegados, oficiais da Guarda Nacional e mesmo juízes de direito e municipais. Poucos liberais tiveram a coragem de denunciar a eliminação dos votantes como antiliberal. Entre eles estavam Joaquim Nabuco, José Bonifácio, o Moço, e Saldanha Marinho. Para esses poucos, a culpa não era dos votantes, mas de seus corruptores, as sumidades políticas, os candidatos, as classes superiores.[19] Talvez a posição mais sensata tenha sido a do conservador José de Alencar. Partidário do sufrágio universal, achava, no entanto, que no Brasil o sistema indireto tinha permitido uma grande expansão do voto. Escrevendo em 1868, criticou os liberais da época que defendiam o voto direto vinculado a aumento do censo e profetizou o que iria acontecer 13 anos depois: "Inexplicável aberração! Pugnam pelo sistema representativo, e o destroem; querem a eleição popular, e excluem dela o povo; apreciam os movimentos generosos da multidão, e põem à margem essa mesma multidão de cujos entusiasmos tudo confiam."[20]

Com os conservadores concordava o biólogo francês Louis Couty, professor da Escola Politécnica. Escrevendo em 1884, concluía que no Brasil não havia povo, significando com isso, naturalmente, que não havia povo político. De 12 milhões de habitantes, um milhão seriam índios; um milhão e meio, escravos; 500 mil, proprietários de escravos; seis milhões, marginalizados; e dois milhões, comerciantes e empregados. Não havia no Brasil, como na França, a massa de eleitores capaz de pensar, votar e impor ao governo um curso de ação.[21]

Outra razão para a redução da franquia eleitoral já fora exposta no Congresso Agrícola de 1878. Fazendeiros denunciaram o alto custo do sistema eleitoral então vigente. Júlio César de Moraes Carneiro, conhecido posteriormente como padre Júlio Maria, fazendeiro em Mar de Espanha, Minas Gerais, afirmou que os proprietários tinham de manter nas fazendas milhares de ociosos apenas para fins eleitorais. Albino Antônio de Almeida, fazendeiro em Resende, Rio de Janeiro, pediu abertamente a eleição direta com censo elevado.[22] Os lavradores paulistas propuseram que os locadores de serviço nacionais a quem se concedesse isenção do serviço militar fossem privados do direito do voto. O custo monetário da eleição de primeiro grau foi também lembrado por Francisco Belisário, que falou nas fortunas que se dilapidavam nesse pleito incerto em que a compra do voto era um meio poderoso de vitória.[23]

O argumento contra a participação ampla foi ainda reforçado pela sobrevivência de concepções do antigo regime sobre a natureza das eleições. Nas Ordenações Filipinas, o voto era uma obrigação cívica, e não um direito. Elas proibiam aos candidatos fazer campanha e aos eleitos recusar o cargo. A legislação imperial herdou em parte essa concepção. Pimenta Bueno fala de direitos políticos garantidos pela Carta, mas esclarece que eles não são direitos individuais ou naturais, e sim "uma importante função social".[24] Francisco Belisário recorre à autoridade do influente liberal francês Edouard Laboulaye para defender a mesma posição de que o voto é uma função social e requer qualificações do eleitor.

O objetivo dos defensores da lei de 1881, é preciso dizer, foi em boa parte atingido. O Congresso teve sua posição fortalecida frente aos gabinetes. A legislatura que votou a lei era 100% liberal. A primeira após a lei tinha 39% de conservadores. Desapareceram as legislaturas unânimes. Acrescendo-se a isso a tendência do imperador de restringir cada vez mais o uso do Poder Moderador para dissolver a Câmara, tem-se a irônica situação de um regime que avançava na direção da prática de um autêntico parlamentarismo ao mesmo tempo que caminhava para seu fim. O Parlamento fortaleceu-se à custa de sua representatividade, à custa de se afastar do grosso do eleitorado.

Competição política e voto

Resta uma pergunta a ser respondida. Por que, apesar da eliminação da exigência de renda na legislação republicana, não houve aumento substancial da participação eleitoral? A manutenção da exigência de alfabetização era, sem dúvida, um poderoso instrumento de exclusão, mas não pode explicar toda a queda na participação, pois os que votavam eram em menor número do que os adultos alfabetizados. A taxa de alfabetização, que era de 15% ao final do Império, chegou a 24,5% em 1920. Entretanto, entre 1894 e 1922, a participação eleitoral da população cresceu apenas de 2,2% para 2,9%. Na eleição presidencial de 1906, votaram menos pessoas, em termos absolutos, do que na eleição do regente Feijó em 1835. Na eleição presidencial de 1919, apenas 1,5% votou e na seguinte, a de 1922, apesar de muito disputada, o comparecimento não passou de 2,9%, quando mais de 10% da população estavam aptos a votar. O caso da capital da República é ainda mais escandaloso. Em 1894, na primeira eleição popular presidencial, o eleitorado potencial da cidade era de 20% da população, ou 118.704 pessoas. Mas apenas 7% desse eleitorado votou: 7.857 pessoas, 3% da população. Em 1920, os alfabetizados chegavam, na capital, a 61% da população. Cerca de 20% da população tinha condições legais de votar. No entanto, na eleição de 1922, apenas 2,2% o fizeram.

Os estudos eleitorais têm enfatizado as barreiras legais como fator de participação. Fica, no entanto, claro pelos dados acima que outros fatores impediam as pessoas de votar ou as desencorajavam. Ocorre-me que, nesse assunto, mais do que a instalação da República, tenha sido importante a implantação do federalismo. Antes de 1881, havia fraude com participação popular. Depois de 1881 e, sobretudo, depois do federalismo, passou a haver fraude sem participação. Antes, a malsinada ralé envolvia-se nas eleições, agitava-se, discutia, brigava e até votava. A partir da lei, ela foi quase totalmente excluída. E, a partir da República e da implantação do federalismo, cresceram as fraudes, mas, concomitantemente, diminuiu ainda mais o conflito e aumentou a desmobilização.

Não digo que o federalismo reduziu diretamente a participação. Ele o fazia de modo indireto, via impacto nos partidos e na competição política. No sistema centralizado imperial, não havia partidos provinciais, apenas nacionais. Por outro lado, o sistema semiparlamentar de governo permitia a rotação dos partidos no poder. Daí a possibilidade de se manter certo grau de competição política de alto a baixo do sistema. Uma facção provincial fora do poder podia sempre aspirar a voltar, pois não existiam máquinas provinciais e não era esmagada permanentemente pela máquina central. Um novo ministério traria novo presidente da província, novo chefe de polícia, novas autoridades subalternas. O livro de João Francisco Lisboa fornece uma excelente descrição desse processo.

Na República federativa, após uma década de instabilidade, o sistema estabilizou-se sob o influxo da política dos estados de Campos Sales. Formaram-se, então, os partidos estaduais e desapareceram os nacionais. Com maior ou menor êxito, todos os estados criaram seus partidos republicanos, que passaram a dominar a política de maneira permanente, sem rodízio no poder. O êxito maior foi o de Minas Gerais, com o PRM.

O mesmo se deu em São Paulo até as vésperas da revolução de 1930. O Rio Grande do Sul viveu sob o domínio de seu partido republicano até a década de 1920. Menor êxito tiveram Bahia e Goiás. Mas neles mudanças só se verificaram em meio a rebeliões e intervenções federais. A ausência de competição desmobilizava agentes eleitorais e eleitores. Menos conflito, menos mobilização. Para os coronéis, era o melhor dos mundos: podiam manter o poder sem os custos eleitorais de que se queixavam os fazendeiros em 1878.

Aumento de competição só começou a haver após as rebeliões militares da década de 1920. Em 1930, já votaram 5,6% da população. Mas o grande avanço na participação eleitoral somente se verificou a partir de 1946, quando a Constituição introduziu o voto obrigatório para homens e mulheres alfabetizados e voltaram à cena os partidos nacionais (e, com eles, a competição política).

Após um início promissor em 1822, mudanças na lei, no sistema partidário e na competição política atrasaram em meio século a formação do povo político no Brasil, em descompasso com o que se passava em outros países. Do antigo regime, em que o voto era dever de poucos, passou-se ao novo regime, em que o voto era um direito de poucos.

Notas

1. Retomo neste trabalho ideias já abordadas por mim em outras oportunidades. Introduzo, no entanto, novas informações e interpretações e algumas correções.
2. Ver, por exemplo, *Compromissos de irmandades mineiras do século XVIII*. Belo Horizonte: Claro Enigma/Instituto Cultural Amilcar Martins, 2007.
3. Ver Walter Costa Porto. *O voto no Brasil. Da colônia à 6ª. República*. Rio de Janeiro: Topbooks, 2002, pp. 11-43; João Batista Cortines Laxe. *Câmaras municipais (histórico)*. São Paulo: Obelisco, 1963; e Rodolfo Garcia. *História política e administrativa do Brasil (1500-1810)*. Rio de Janeiro: José Olympio, 1975, cap. 5.
4. Exemplo de constante negociação das câmaras com os governadores das capitanias pode ser encontrado em José João Teixeira Coelho. *Instrução para o governo da capitania de Minas Gerais*. Belo Horizonte: Fundação João Pinheiro, 1994. Para o

período da independência, ver *As Câmaras Municipais e a Independência*. Brasília: Conselho Federal de Cultura e Arquivo Nacional, 1973, 2 v.

5. As instruções podem ser encontradas em Francisco Belisário Soares de Souza. *O sistema eleitoral no Império* (com apêndice contendo a legislação eleitoral no período 1821-1889). Brasília: Senado Federal, 1979, pp. 163-176. Não havendo indicação em contrário, todas as referências à legislação eleitoral remetem a essa fonte. Para uma análise dos debates sobre as leis eleitorais na transição da independência, ver Lúcia Maria Bastos P. Neves. "Las elecciones en la construcción del imperio brasileño: los limites de una nueva práctica de cultura política luso brasileña (1820-1823)". *In* Antonio Annino (org.). *Historia de las elecciones en Iberoamérica, siglo XIX*. México: Fondo de Cultura Económica, 1995, pp. 381-408.

6. Ver Mircea Buescu. "No centenário da Lei Saraiva". *RIHGB*, 330 (jan.-mar. 1981), p. 184.

7. Buescu, "No centenário", pp. 179-86. Dados semelhantes foram encontrados para a capital para o ano de 1876 por Maria Yedda Linhares, que examinou 15.958 listas eleitorais. Ver seu artigo "As listas eleitorais do Rio de Janeiro no século XIX". *Revista Brasileira de Estudos Políticos*, 48 (jan. 1979), p. 141. Ver também Herbert S. Klein. "A participação política no Brasil no século XIX: os votantes de São Paulo em 1880". *Dados-Revista de Ciências Sociais*, 38, 3 (1995), pp. 379-607.

8. Richard Graham. *Clientelismo e política no Brasil do século XIX*. Rio de Janeiro: UFRJ, 1997, p. 461.

9. Klein, op. cit., 1995, p. 184.

10. José Antônio Pimenta Bueno. *Direito público brasileiro e análise da Constituição do Império*. Brasília: Senado Federal, 1978, p. 192.

11. Sobre as conferências radicais, ver José Murilo de Carvalho. "As conferências radicais do Rio de Janeiro: novo espaço de debate". *In* José Murilo de Carvalho (org.). *Nação e cidadania no Império: novos horizontes*. Rio de Janeiro: Civilização Brasileira, 2007, pp. 17-41.

12. Richard Graham, op. cit., pp. 147, 418.

13. Francisco Belisário, *O sistema eleitoral*, caps. II, III e IV; João Francisco Lisboa. *Jornal de Timon. Partidos e eleições no Maranhão*. Introdução e notas de José Murilo de Carvalho. São Paulo: Companhia das Letras, 1995. Primeira edição de 1864/65. Para estudos recentes, ver Ercídia Facuri Coelho Lambert. "A construção da ordem burocrática imperial: as eleições através dos relatórios do Ministério do Império (1833-1889)". Tese de doutorado, USP, 1986. Ver também Richard Graham, op. cit.

14. Discuti as eleições na Primeira República em *Os bestializados*. São Paulo: Companhia das Letras, 1987, cap. III, e em "Os três povos da República". *In* Maria Alice Resende de Carvalho (org.). *República no Catete*. Rio de Janeiro: Museu da República, 2001, pp. 61-87.

15. Lima Barreto. *Os Bruzundangas*. São Paulo: Brasiliense, 1956, p. 113. A primeira edição é de 1917.
16. *Opinião Liberal*, 21/7/1869, pp. 1-3 e 24/12/1869, pp. 2-3.
17. Ver sessão de 7/11/1878. Em Senado Federal. *Atas do Conselho de Estado*. Brasília: Senado Federal, 1973, vol. X, p. 137-169.
18. Francisco Belisário, op. cit., 1979, p. 33, 19, 24, 132.
19. Em José Murilo de Carvalho. *A construção da ordem e teatro de sombras*. Rio de Janeiro: Civilização Brasileira, 2006, pp. 395-96.
20. J. de Alencar. *Systema representativo*. Rio de Janeiro: Garnier, 1868, p. 104.
21. Ver Louis Couty. *A escravidão no Brasil*. Rio de Janeiro: Fundação Casa de Rui Barbosa, 1988, p. 102. Em clamoroso erro de tradução, a expressão francesa "*le Brésil n'a pas de peuple*" foi vertida como "o Brasil não é povoado".
22. *Congresso Agrícola. Coleção de documentos*. Rio de Janeiro: Fundação Casa de Rui Barbosa, 1988. Edição fac-similar da de 1878, pp. 147, 138, 186.
23. Francisco Belisário, op. cit., p. 40.
24. Pimenta Bueno, op. cit., p. 463.

CAPÍTULO III Cidadania e representação em tempos revolucionários: A Banda/ Província Oriental, 1810-1820

Ana Frega*

Tradução de Edna Parra Candido

*Doutora em História pela Universidad de Buenos Aires. Professora titular e diretora do Departamento de História do Uruguai da Facultad de Humanidades y Ciencias de la Educación, Universidad de la República, Montevidéu, Uruguai. A realização deste trabalho se inscreve nos projetos de pesquisa I+D desenvolvidos com apoio da Comisión Sectorial de Investigación Científica (CSIC), da Universidad de la República e do Fondo "Profesor Clemente Estable", da Agencia Nacional de Investigación e Innovación (ANII). E-mail: anafrega@fhuce.edu.uy

INTRODUÇÃO

A crise revolucionária iniciada em 1810 abriu um extenso período de enfrentamentos em que, sob a égide da bandeira da soberania do povo, dos povoados e da nação, diferentes alianças de grupos políticos e sociais procuraram a formação de governos estáveis. Como expôs José Carlos Chiaramonte, a América espanhola não era concebida como uma unidade com distinções internas, mas sim uma reunião de distritos, reinos, domínios, organizados em diferentes divisões administrativas. Em seus estudos sobre as mudanças surgidas com a revolução no Vice-Reinado do Rio da Prata, esse historiador centrou a análise no que denominou "regiões-províncias", conformadas em torno de uma cidade e sua jurisdição.[1]

Este trabalho se situa em um território particular do Vice-Reinado do Rio da Prata: a Banda Oriental. O espaço geográfico que esse nome identificava era uma área fronteiriça com os domínios de Portugal no Brasil, que podia ter como pontos de referência o rio da Prata, o rio Uruguai ou o rio Paraná.[2] A Constituição da Província Oriental, durante a revolução e a chefia do "cidadão José Artigas, chefe dos orientais e protetor das cidades livres", trouxe à luz um projeto que defendeu a "soberania particular dos povos" e propôs a união sobre bases coligadas, em oposição às posturas centralistas e unitárias do governo com sede em Buenos Aires.[3] Nesse âmbito, o artiguismo (referência a José Artigas) apelou para o cidadão virtuoso e defendeu a representação com mandato imperativo como garantia da soberania dos povos.

Dessa forma, os significados de cidadão/cidadania remeteram a uma configuração territorial em construção e que desafiava as pretensões dos grupos dirigentes na antiga capital do vice-reinado. A representação, nesse contexto, referia-se aos novos sujeitos soberanos — os povos — e não à nação, que, em todo caso, era delineada como resultado da associação ou união voluntária daqueles.

UMA ZONA EM DISPUTA

A historiografia nacionalista postulou que o arco formado pelo rio Uruguai e o rio da Prata delimitava uma unidade geográfica que prefigurava a nação e o Estado uruguaios. As abordagens para fundamento da história regional, ao contrário, demonstraram que as configurações possíveis eram múltiplas, uma vez que abordavam o espaço como uma construção social. Nessa perspectiva, a apropriação — "territorialização" — de uma porção da superfície terrestre deve ser enfocada como um processo, impulsionado por grupos sociais, associado a projetos políticos, que se contrai ou se expande segundo a correlação de forças políticas e sociais em cada conjuntura.[4]

As áreas ao leste do rio Uruguai e a norte do rio da Prata eram objeto de controvérsia por parte dos impérios ibéricos havia muito tempo. A assinatura do Tratado de Santo Ildefonso, em 1777, marcou um ponto de inflexão, mas não fez cessarem os enfrentamentos. A fixação da "faixa e término que parte e divide os Reinos, por fazerem uma fronteira ao outro" — tal a definição de fronteira no *Diccionario de la lengua castellana* de 1732 —, não era uma questão de pilotos e geógrafos. Os planos espanhóis para assegurar as áreas fronteiriças, entre elas a fundação de povoados, como a encabeçada por Félix de Azara em Batoví, em 1800, que contou com o então capitão de Blandengues [soldados armados] José Artigas como ajudante, foram desbaratados por uma nova incursão lusitana em 1801.[5] Como pode ser apreciado no plano firmado pelo engenheiro do Exército Agustín Ibañez y Bojons, datado, em Madri, de 10 de março de 1804, as áreas ao sul do rio Ibicuy até o riacho Negro tinham sido tomadas pelos portugueses "depois da Paz, mas de um modo difícil de se averiguar a verdade". Calculava em umas dez mil léguas quadradas os territórios que a Espanha tinha perdido e denunciava que os campos ao sul do rio Negro, na zona do Cerro Largo, tinham sido "saqueados pelos portugueses"[6] (ver mapa). Apesar dos planos para reverter a situação, que combinavam expedições armadas com povoamento da fronteira,[7] no início da revolução no rio da Prata, diversos informes davam conta de "que algumas tropas portuguesas entraram, efetivamente, em território espanhol e ocuparam o distrito situado entre os rios Ibicuy e Cuareim".[8]

Além do conflito fronteiriço com Portugal, o controle da Banda Oriental era disputado pelos grupos hispano-crioulos radicados em Buenos Aires e Montevidéu, que também procuravam expandir-se para a "zona de fazendas dos povos missionários", localizada a norte do rio Negro. Após a incorporação da Colônia de Sacramento ao domínio espanhol, as atividades mercantis do porto de Montevidéu evidenciaram um forte crescimento — no ritmo de disposições de abertura comercial e do incremento do contrabando — que permitiu ampliar sua importância no complexo portuário riopratense.[9] A Câmara Municipal de Montevidéu e as Juntas de Comerciantes e Latifundiários realizaram diversas gestões. Favorecidos pela debilidade da Coroa espanhola, tentavam conseguir a instalação de um consulado e a expansão da jurisdição do governo de Montevidéu, sob a forma de um governo de intendência que incluísse ao menos os territórios a leste do rio Uruguai até os limites com o Brasil. Para a historiografia de corte nacionalista, esses conflitos se inscrevem nas origens da nacionalidade.[10] Entretanto, mais do que nacionalistas — todos se concebiam partes integrantes da nação espanhola —, essas ações eram de recorte regionalista.

A revolução teve como consequência a reestruturação da Banda Oriental. Às disputas de limites entre as Coroas da Espanha e de Portugal, ou entre as autoridades e corporações montevideanas com seus pares da capital vice-real, somou-se a conformação dos partidários da Regência espanhola, enviando expedições militares para obter o reconhecimento e sua autoridade naquelas povoações que estavam sob a jurisdição da intendência de Buenos Aires. A insurreição teve como cenário o meio rural e os centros povoados do campo, avançando sobre a sede do governo. Além da greta que se abriu em relação aos títulos e às hierarquias, que implicava na confrontação entre espanhóis europeus e espanhóis americanos, as características do levantamento de 1811, na Banda Oriental, questionavam as relações com os centros político-administrativos coloniais em ambas as margens do rio da Prata.

O congresso celebrado em abril de 1813 em Tres Cruces, acampamento das forças orientais na linha sitiada por Montevidéu, solveu o tema da constituição da Província Oriental. Foram fixados como limites o rio Uruguai a oeste, o rio da Prata ao sul e a fortaleza de Batorí, Santa Teresa, a leste, requerendo os territórios que, segundo se dizia, estavam "injustamente" em poder de Portugal: Sete Povos das Missões, Batón, Santa Tecla, São Rafael e Taquarembó.[11] A configuração da Liga ou Sistema das Cidades Livres avançou nessa direção, a partir de 1814, ao obter o apoio dos vilarejos de Entre Rios e, em princípios de 1815, das províncias de Santa Fé e Córdoba.

O Diretório das Províncias Unidas teve de reconhecer essa diminuição territorial da antiga intendência de Buenos Aires. Com data de 7 de março de 1814, resolveu "que todas as vilas do nosso território, com suas respectivas jurisdições, que se encontram na Banda Oriental do Uruguai e Oriental e Setentrional do Rio da Prata formem, daqui por diante, uma das Províncias Unidas com denominação de Oriental do Rio da Prata".[12] Em 1815, entre as cláusulas de uma proposta de conciliação com a Província Oriental, os comissionados do Diretório declararam: "Buenos Aires reconhece a independência da Banda Oriental do Uruguai, renunciando aos direitos que pelo antigo regime lhe pertenciam."[13] Das páginas da *Gazeta de Buenos Aires* se concebiam "as províncias orientais" como "as únicas que se podiam considerar mais aptas a subsistir de modo independente, pela natureza de seus recursos, por sua posição geográfica e pelo espírito marcial de seus bravos moradores".[14] Embora o articulista não o assinalasse, é possível que o plural — províncias orientais — incluísse os territórios a leste do rio Paraná, que em outras ocasiões tinham sido "deixados em liberdade" para escolher entre o Sistema dos Povoados Livres e as Províncias Unidas. O controle de Santa Fé, ao contrário, era considerado estratégico: comunicava-se com o Paraguai, com o interior e com o oeste do antigo vice-reinado (centro do comércio de erva-mate e couros, assim como de mulas à Audiência de Charcas, lugar de passagem do exército do Norte); era território limítrofe de Buenos Aires e se podia chegar por terra ou pelo rio Paraná.

Em meados de 1816, ante a comunicação do Congresso de Tucumán acerca da declaração de independência das Províncias Unidas, realizada no dia 9 de julho, José Artigas respondeu que fazia mais de um ano que a Banda Oriental tinha hasteado "seu Estandarte Tricolor" e jurado sua independência absoluta e respectiva".[15] Nesse contexto se produziu uma nova incursão de tropas luso-brasileiras no território oriental, assentada, entre outros motivos, na busca das "fronteiras naturais", de ampla aceitação na opinião pública brasileira.[16] As pretensões territoriais de Portugal estavam escudadas na "pacificação da margem esquerda do rio da Prata", tal como eram denominadas as forças militares comandadas por Carlos Federico Lecor. Contava com a aquiescência das autoridades de Buenos Aires e o apoio das elites hispano-orientais, descontentes com a radicalização do artiguismo.

Nas Províncias Unidas, as autoridades pressionaram a Província Oriental exigindo dessa que reconhecesse a autoridade do Diretório como condição prévia ao envio de auxílios para sua defesa. Esse reconhecimento, ademais, debilitaria a força do Sistema da População Livre como aliança alternativa contra o "centralismo portenho". De forma paralela, no plano discursivo e diplomático, foi enviado um ofício ao chefe do Exército lusitano, recordando-lhe os alcances do armistício entre o Supremo Poder das Províncias do Rio da Prata e o enviado de S.M.F. (26-V-1812), "sob cuja segurança se encontrava compreendido o território oriental", e se protestou contra o avanço militar "forçando as fronteiras da Banda Oriental".[17] Em dezembro de 1816, após o fracasso de gestões anteriores e o rápido avanço lusitano na costa leste, o cabido governador de Montevidéu enviou dois comissionados — Juan Francisco Giró e Juan José Durán — dotando-os de plenos poderes, para se apresentarem ante Pueyrredón. Em 8 de dezembro resolveram, de comum acordo, que o território da "Banda Oriental do Rio da Prata juraria obediência ao Congresso e ao Supremo Diretor do Estado, erigiria a bandeira das Províncias Unidas e procederia ao envio de deputados, conjunto de decisões que foi terminantemente recusado por Artigas e pelas autoridades em Montevidéu.[18] É interessante anotar que, em sua alegação, Giró teria advertido ao novo enviado de Montevidéu, Victorio García de Zúñiga, que os tratados compreendiam somente a antiga jurisdição do governo de Montevidéu, "ficando, naquele momento, excluídas as outras províncias de Entre Rios, Correntes e Missões e ainda aquela parte da margem esquerda do Uruguai que fica entre o rio Negro e a fronteira portuguesa". Para García de Zúñiga aquilo era uma "monstruosidade pela divisão que se faz de territórios orientais, nas quais o general Artigas exerce uma jurisdição indivisível".[19] O delegado de Artigas em Montevidéu, Miguel Barreiro, protestou ante o Supremo Diretor: "Até agora não se revela mais do que o interesse particular da incorporação desta província. Isso cabalmente seria o que se exigiria para nos protegermos de qualquer nação estrangeira." E agregava: "Nunca se pode dar à dissidência [entre a Província Oriental e as Províncias Unidas] outro caráter que o acidental, ficando muito claro que jamais poderíamos cair no delírio de querer constituir sós uma nação."[20]

Após a ocupação lusitana da cidade-porto de Montevidéu, em janeiro de 1817, a Câmara enviou uma comissão ao Rio de Janeiro. Participavam do comitê o intendente procurador do prefeito, "representante de toda a margem oriental do rio da Prata", e o presbítero Dámaso A. Larrañaga, que, entre outros títulos, ostentava o de vigário-geral e comissário da Santa Cruzada nas três províncias "desta Banda Oriental do Paraná". O apoio a Portugal se sustentava na conservação de sua "existência política" diante do "terror e da anarquia", mas é interessante anotar que se mantinham as definições territoriais obtidas sob a proteção do chefe dos Orientais, tanto na jurisdição da Câmara Municipal quanto na eclesiástica. Em suas instruções se prevenia a esses que solicitassem "extinguir o degradante Estado de Colônias e elevar todo aquele território deste lado do rio da Prata à alta categoria de Reino, com o nome de Reino Cisplatino, unindo-o ao poderoso Reino Lusitano". Pretendia-se, além disso, obter um compromisso da Coroa portuguesa para a manutenção dos cônegos e a forma de eleição praticada com o artiguismo, a conservação das leis, dos usos e costumes, o exercício de, ao menos, as duas terceiras partes dos empregos por parte dos "filhos do país", o respeito de certos direitos individuais e a liberdade de comércio, indústria e agricultura, entre outros aspectos.[21] A comissão retornou sem resposta. Ainda que a nova denominação — Cisplatina — tentasse se distanciar do "tempo dos orientais", os pontos solicitados expressavam o interesse em conservar a autonomia da província que se tinha obtido, precisamente, sob a cooperação de Artigas. Em princípios de 1820 se produziu a capitulação dos chefes militares e dos prefeitos que mantinham resistência, ficando a província sob o domínio luso-brasileiro.[22]

A CONCEPÇÃO REPUBLICANA DO CIDADÃO

O processo revolucionário gerou uma transformação no significado do conceito de "cidadão". Como já ressaltado por vários autores, no Antigo Regime aparecia associado ao habitante de uma cidade: aquele "que goza de seus privilégios e está obrigado aos seus tributos", tal como se referia a primeira edição do *Diccionario de la lengua castellana* (1729).[23] Em 1780 foi acrescentada uma nova acepção: "o mesmo que homem bom", ou seja, "do estado geral" ou estado comum.[24]

Tratava-se de um sujeito corporativo, que intervinha na escolha de autoridades ou estava habilitado para ser eleito. A cidadania não se estendia ao meio rural, onde não havia eleições nem autoridades elegíveis.[25] Entretanto, ora por considerar um portador de privilégios e obrigações, ora por reconhecer um homem comum, o conceito não continha os elementos igualadores que apareceram na "era das revoluções", quando "cidadão" se contrapôs a súdito, como forma de expressar os direitos políticos do indivíduo e no qual, em oposição à divisão de classes, postulou-se a liberdade e igualdade dos homens.

No rio da Prata confluíram para tal diversas vertentes, entre as quais se destacam o direito natural e de gentes, as ideias de Jean Jacques Rousseau em *O contrato social*, os textos emanados da Revolução Americana (a Constituição de Massachusetts de 1780, a Constituição dos

Estados Unidos, entre outras) ou da Revolução Francesa (a emblemática Declaração Universal dos Direitos do Homem e do Cidadão, de 1789, para citar algumas). Mariano Moreno impulsionou na Junta de Maio "o sagrado dogma da igualdade": "Minha superioridade só existe no ato de exercer a magistratura, que me foi confiada: nas demais funções da sociedade sou um cidadão, sem direito a outras considerações, que sejam merecidas por minhas virtudes.[26]

Na edição de *O contrato social* de Rousseau "para instrução dos jovens americanos", o fundador da *Gazeta de Buenos-Ayres* assinalava que, para avançar na "feliz revolução nas ideias" que se estava produzindo, era necessário mostrar "a cada cidadão [...] as vantagens da constituição" e interessá-lo "em sua defesa como na de um bem próprio e pessoal".[27] Essas ideias, entretanto, pareceram demasiadamente extremas. Logo após o afastamento de Mariano Moreno, o prefeito de Buenos Aires ordenou, em fevereiro de 1811, a devolução dos exemplares ao impressor, por entender que "a obra não era de utilidade para a juventude e mais ainda, que poderia ser prejudicial".[28]

Os editais das expedições militares que a Junta de Maio enviou ao Alto Peru e ao Paraguai testemunham esse novo significado igualador, mais ainda quando os destinatários pertenciam a comunidades de origem ameríndia. "Os índios devem ser reputados com igual opção que os demais habitantes nacionais [...] pela igualdade de direitos de cidadãos", expressava Juan José Castelli diante das ruínas de Tiahuanaco, no primeiro aniversário da formação da Junta de Maio.[29] Manuel Belgrano, por sua vez, em fins de 1810, dirigia-se de Itapúa aos "naturais dos povos das Missões", comunicando "a sábia providência da excelentíssima Junta para que lhes repute como irmãos nossos".[30]

A discussão sobre a "classificação" dos cidadãos, na expressão de Bernardo de Monteagudo, permite avançar na relevância da transformação do conceito na antiga capital do vice-reinado. Nas páginas da *Gazeta de Buenos-Ayres* de fevereiro de 1812, Monteagudo defendeu critérios que mostravam as semelhanças e diferenças com o antigo habitante. A cidadania se relacionava com o lugar de residência ("um ano no território das Províncias Unidas") e com a inscrição no registro civil. Os homens maiores de 20 anos, que não estivessem "sob o domínio de outro", que comprovassem saber ler e escrever e que tivessem algum tipo de profissão (liberal ou operariado), salvo os que se encontrassem sob a desonra "por um crime público plenamente provado", podiam ser considerados cidadãos. A esses se somariam os agricultores e "gente do campo". Também poderiam alcançar as prerrogativas de cidadãos aqueles estrangeiros ou simples domiciliados que se destacassem por seu heroísmo na guerra interna e externa "contra os agressores da liberdade" ou praticassem um sacrifício notável "para o bem da constituição".[31] O serviço das armas se apresentava como um caminho à cidadania. Nos projetos constitucionais — não aprovados — por ocasião da reunião de uma assembleia geral constituinte, em Buenos Aires, em 1813, retomaram-se algumas dessas ideias. Segundo ressaltou Oreste Cansanello, "a qualidade inaugural do homem livre, natural americano, com atividade lucrativa lícita e domicílio estabelecido, permitia alcançar o estado de residente e habilitava para ser cidadão."[32] Cabe assinalar que no rio da Prata também se produziu um uso generalizado — e até mesmo banalizado — do termo cidadão, substituindo inclusive a tradicional apresentação do requerente como residente na prática judicial.

Em 1815, o Estatuto Provisório reconheceu entre as prerrogativas dos cidadãos o ser "membro da soberania do povo" e ter voto ativo e passivo nos casos e formas ali estabelecidos. Cabe assinalar, por exemplo, o sufrágio ativo para os "nascidos no país que sejam originários de qualquer linha da África, cujos adultos mais velhos tenham sido escravos."[33] As eleições se multiplicaram na década de 1810, ainda que seja possível observar, em algumas práticas eleitorais, a subsistência de traços próprios do Antigo Regime.[34] Os cidadãos eram portadores de direitos políticos.

No movimento encabeçado por José Artigas, na Banda Oriental, a apelação aos "cidadãos" com esse novo significado foi expressa com clareza no ofício dirigido à Junta do Paraguai, em 7 de dezembro de 1811.[35] Fosse como referência a um lugar particular — "cidadãos da vila de Mercedes, como parte desta província" —, fosse como portadores de direitos que ninguém estava autorizado a usurpar — "cidadãos heroicos rompendo as correntes e revestindo-se do caráter que lhes concedeu a natureza" —, as frases prestavam contas da vontade política dos "homens livres". A comunicação tinha como marco uma possível aliança com a Junta paraguaia. Toda essa conjuntura fazia parte da reação ante o armistício assinado em outubro de 1811 entre o governo revolucionário, com sede em Buenos Aires, e o governo hispanista de Montevidéu, pelo qual se reconhecia que o vice-rei Francisco Javier de Elio teria jurisdição sobre os territórios a leste do rio Uruguai e alguns povoados da margem ocidental desse rio, como Gualeguay, Gualeguachú e Arroyo de la China. Artigas denunciava o fato nestes termos:

> Acaso [o governo de Buenos Aires] ignorava que os orientais tinham jurado do fundo de seus corações um ódio irreconciliável, um ódio eterno, a toda classe de tirania; [...] que enfrentariam a própria morte antes de degradar o título de cidadãos, que tinham selado com seu sangue; ignorava sem dúvida o governo, até onde se elevavam esses sentimentos, e por uma desgraça fatal, não tinham nele os orientais um representante de seus direitos imprescritíveis; seus votos não tinham podido chegar puros até ali.[36]

Cidadania e representação se reforçavam mutuamente. Como cidadãos, tinham direito de ser representados no novo governo, cuja legitimidade derivava precisamente dessa origem. A ratificação do armistício foi censurada duramente — "estes mesmos cidadãos unidos àquelas correntes por um governo popular [...]" —, colocando em evidência as diferentes leituras da reassunção da soberania.[37]

O artiguismo impulsionou a "soberania particular dos povos" como "dogma e objeto único da Revolução".[38] A noção reconhecia diferentes origens, permitia diversas leituras e foi edificada vinculando conflito e negociação com o centro revolucionário em Buenos Aires. No congresso celebrado em abril de 1813, diante de Montevidéu, os "residentes emigrados daquela parte, os habitantes de seus extramuros e os deputados de cada um dos povoados da Banda Oriental do Uruguai" deliberaram de comum acordo sobre as ideias fundamentais em torno das quais residia a soberania e quais deviam ser os passos para edificar-se a nova organização política.[39] Nas Instruções dadas aos deputados eleitos para a Assembleia Geral Constituinte, reunida em Buenos Aires, foi contemplada a união dos povos da Banda Oriental do Uruguai sob uma autoridade comum e, em termos gerais, o direito de os povos se constituírem em províncias. Para que a união entre esses municípios e províncias do antigo vice-reinado fosse firme e estável, deveria ser edificada a partir do reconhecimento das soberanias particulares. Em outras palavras, tratava-se de uma associação voluntária na qual esses corpos conservavam todo poder ou direito não delegado expressamente, assim como a capacidade de ratificar ou recusar atos executados por seus representantes. Também se fazia referência à "liberdade civil", a que deveria ser promovida "em toda a sua extensão imaginável".[40] A alteração de significado do termo cidadão se estendia também ao seu derivado. Enquanto no *Diccionario de la lengua castellana* (1729) se entendia por civil "o que concerne ao direito de cidade, de seus moradores e cidadãos", com suas conotações categoriais e corporativas, no documento resultante do congresso havia a referência aos indivíduos que tinham realizado um pacto social. Tal como tinha escrito William Paley em seus *Principles of moral and political philosophy* — de circulação nos meios intelectuais platenses e ofertado nas livrarias de Buenos Aires —, entendia-se por liberdade civil "aquele estado em que o homem não é refreado por nenhuma lei a não ser por aquela que conduz em grande maneira à pública felicidade", ou seja, uma liberdade conforme o interesse da comunidade.[41]

O caráter igualitário e quase universal do termo cidadão foi expresso simbolicamente na recusa de outros títulos e distinções que o de "um simples cidadão", tal como comunicou por meio de ofício José Artigas ao prefeito de Montevidéu.[42] Os cidadãos tinham como principal dever o de servir à república. A revolução devia sustentar-se na virtude. Os magistrados, por sua posição social, deveriam dar o exemplo. Em consequência dos resultados de uma pesquisa sobre a atuação dolosa dos integrantes da Comissão de Propriedades Alheias, verificou-se que alguns de seus membros acabaram conduzidos algemados ao quartel-geral em Purificação, Artigas escreveu ao presidente do Consulado de Comércio: "Então conhecerão os cidadãos e os magistrados que a revolução não autoriza crimes e que, ainda nos contrastes, como na tranquilidade, os homens devem ser virtuosos para não serem responsabilizados."[43]

Apesar de ser possível os chefes militares utilizarem o título de cidadão, pelo fato de que "era uma espécie de licença para atuar em política",[44] no caso de José Artigas o apelo ao caráter de cidadão reforçava os aspectos igualitaristas de um programa elaborado na luta. A convocatória aos "povos de índios" encerrava demandas que transcendiam todo o relativo à política e foram vistas pelos grupos dirigentes como uma ameaça à ordem social. A reivindicação da igualdade de direitos continha antigos conflitos étnicos e também pelo controle dos recursos do lugar, tal como expressou o cacique guarani Domingo Manduré ao recordar "o direito que acompanha todos os povos de ser livres": "Queridos irmãos, parece-me ser tempo de abrirmos os olhos e nos livrarmos de 'mandões' e de unir nosso pensar a uma verdadeira defesa."[45] Na versão dos partidários do Superior Governo, com sede em Buenos Aires, os convocados por Manduré se propunham conseguir "que morressem todos os homens brancos".[46] O caso dos escravos foi diferente. As deliberações abolicionistas no rio da Prata foram graduais: proibição do tráfico de escravos, "liberdade de ventres", liberdade após certo número de anos de serviço militar.[47]

A REPRESENTAÇÃO DA SOBERANIA[48]

Ainda que se tratasse da soberania do povo, dos povos ou da nação, havia acordo sobre a necessidade de uma representação da sociedade perante o Estado. Evidente que a partir dali começavam as diferenças. Na lógica tradicional, a realidade representada era a dos "corpos", quer se definissem esses em função da posição social ou territorial, tendo os deputados mandato imperativo. Em termos modernos, representava-se a "nação", um ente abstrato formado por indivíduos livres e iguais, tendo os deputados mandato livre.

Em 8 de março de 1813, Carlos María de Alvear propunha, em Buenos Aires, que se declarasse "que os deputados dos povos são deputados da nação e que, uma vez constituídos na Assembleia Geral, seu imediato representado é a totalidade dos estados unidos coletivamente". A Assembleia assim o aprovou, ressaltando que os deputados, ainda que não perdessem a denominação do povo que os tinha nomeado, não poderiam "de nenhuma maneira atuar em comissão".[49] Duas medidas complementaram esse decreto: as renúncias dos deputados deveriam ser apresentadas à Assembleia e não ao corpo que os tinha elegido; os povos tinham o "direito incontestável" de solicitar à Assembleia, por causas justificadas, a remoção dos deputados, ficando assentado o que aquela resolvesse.[50]

O decreto arremetia contra as formas tradicionais de representação. Uma deputação era uma "missão que se dá a alguns sujeitos de um corpo ou comunidade para praticar algum ato ou exercer uma função em seu nome", tal como anotava o *Diccionario de la lengua castellana*, em 1732. Deviam atuar segundo instruções precisas e em permanente consulta com aqueles que lhes tinham conferido o poder. Esse era o sentido das "Instruções" de abril de 1813 já mencionadas. A eleição de um deputado substituto de um município de Maldonado para a Assembleia Constituinte de Buenos Aires, em meados daquele ano, facultou a oportunidade para fixar posições com clareza. O artigo 23 das "Instruções reservadas" dadas ao novo deputado expressavam: "Não se apresentará na Assembleia Constituinte como deputado da nação, mas sim como tal representante deste município."[51] Essa ênfase no caráter imperativo do mandato era, ademais, uma forma de garantir que cidadãos "ilustres" do lugar, muitas vezes renitentes ao conteúdo social da proposta, elevassem as posições artiguistas. Isso se depreende, por exemplo, desta missiva de Artigas: "Já escrevo a [Gorgonio] Aguiar que esteja preparado e que [Dámaso A.] Larrañaga pode ser o eleito. Antes lhe confesso que não tinha em quem fazer recair a eleição, e só deleitava minhas esperanças à identidade de instruções."[52]

O RENOVADO PODER DAS CÂMARAS MUNICIPAIS

A ruptura dos laços que uniam os espanhóis com o seu monarca deixou de pé associações preexistentes, os povoados, dos quais prefeitos eram a sua expressão representativa. A organização do primeiro governo provincial, em 1813, estabeleceu-se sobre essas bases. Tal como indica a ata, em 21 de abril de 1813, "a multidão de cidadãos que estavam reunidos por si e em representação da província", no alojamento do cidadão "José Artigas", determinou a criação de "um corpo municipal entendido em administração da justiça e demais negócios da economia interior do país".[53]

Um projeto de constituição provincial datado de 1813 permitiu uma aproximação ao papel outorgado aos cabidos na nova ordem política. Tal projeto chegou às mãos do encarregado de negócios espanhol no Rio de Janeiro, Andrés Villalba, no começo de 1815. Seus autores são desconhecidos.[54] Ainda que dois terços de seu arrazoado retomassem, com pequenas variações, textos políticos da revolução anglo-americana — especialmente a Constituição de Massachusetts de 1780 —, no capítulo 3º, "Sobre os Representantes", indicava:

> Art. 1º. Para que todos os cidadãos desta província fundada sobre os princípios de igualdade, felicidade e segurança da vida obtenham os meios de deter o despotismo de algum membro corrompido da sociedade; toda população congregada nesta união tem direito a ter uma representação legítima, sem a qual nada poderá ser resolvido pelo Senado. Portanto, as câmaras municipais serão os verdadeiros órgãos da população e assim seus indivíduos serão eleitos em praça pública e em voz alta por cada habitante que tenha direito a votar em todo o distrito que abrace cada jurisdição [...].[55]

Sintetizavam-se nesse artigo as finalidades do governo, o princípio do consentimento e o caráter eletivo da representação. No artigo 2º dispunha-se que quando "o poder legislativo se juntasse" concorreriam "três indivíduos de cada câmara e reunidos todos formarão o Tribunal de Representantes". No capítulo 5º, "Sobre o Poder Judiciário", mencionavam-se as funções judiciais e de registro de propriedade, população etc. que deviam cumprir os prefeitos "como verdadeiros representantes das cidades". Essa ampliação dos poderes e funções do prefeito ia além das Cortes de Cádiz, onde se tinha generalizado a instituição municipal, mas não lhe tinham outorgado as funções legislativas aqui expostas.

A organização da Província Oriental em 1815 revelou os enfrentamentos e a instabilidade das alianças que sustentavam o chefe dos Orientais. A autoridade de Artigas em seu quartel-general, ao norte do rio Negro (Paysandú primeiro e logo Purificación), assimilada às atribuições de um "capitão-general" da província e, ao sul, o prefeito de Montevidéu, com poderes de "governador", configuravam o governo municipal. Em meados do ano se tinha frustrado a realização de um congresso de "deputados dos estados" que deveria encarregar-se da organização política da província.[56]

Ao se aproximar a época de permuta do corpo municipal, foi determinada uma modificação na eleição, de forma a contemplar a legitimidade baseada na vontade popular e garantir a continuidade das mudanças iniciadas. Era preferida a manutenção de uma instituição que gozava de respeitabilidade e contava com uma tradição de "representante municipal da população", cuja integração colegiada podia ser uma garantia contra o despotismo.[57] Entre os fundamentos, Artigas indicava o seu delegado em Montevidéu, Miguel Barreiro, a dificuldade de "encontrar sujeito de toda essa confiança e que o povo fosse capaz de encontrá-lo", assim como a necessidade de fixar para esse um salário, "para que não vivesse exposto a fraquezas", em momentos em que o município não tivesse recursos. Talvez o motivo mais importante pelo qual Artigas se inclinava à manutenção da instituição municipal se referisse ao conflito político-social existente e as dificuldades para compor uma aliança estável que organizasse o governo municipal:

> Sempre será mais difícil o complô, e como não é maior a confiança que até o presente me têm inspirado, tampouco me atrevo a depositar a confiança em alguém que, enfim, pudesse nos deixar descontentes. Eu nunca o elegeria sem o conhecimento do povo e neste caso seria mais justo nosso receio obrando a intriga e má intenção que devemos supor nos outros.[58]

A permanência dos mecanismos de cooptação e a resistência à convocatória popular contrastavam com o perfil geral do novo governo distrital. O cabido governador para o ano de 1816 se formou no resultado da decisão de eleitores provenientes dos prefeitos submetidos à sua jurisdição e os correspondentes aos quartéis da cidade e extramuros de Montevidéu. O caráter eletivo das autoridades se estendeu aos prefeitos dos municípios principais do estado e aos prefeitos dos chamados "municípios menores". Dessa forma, o cabido governador era também um cabido representante do conjunto de vilas, povoados, lugares e suas respectivas jurisdições. A "soberania dos povos" retomava o seu caráter de "corpos morais", com seus "direitos iguais e diferentes", diversamente das tendências individualistas que se baseavam na quantidade de habitantes para fixar o número da representação.

"LIBERDADE E UNIÃO"

Como foi assinalado, o artiguismo recolhia antigos reclamos dos municípios de ordem política, territorial ou socioeconômica contra a capital do vice-reinado, que se tinham acrescido depois de 1810. A revolução não deveria esgotar-se em uma mudança de pessoas, nem na submissão a um novo governo. Na alocução inaugural pronunciada no congresso de abril de 1813, Artigas tinha sustentado que reconhecer o governo supremo por pacto, "de nenhum modo se assemelha a uma separação nacional".[59] O tratado de concórdia entre o cidadão chefe dos Orientais e o excelentíssimo governo de Buenos Aires, proposto em 16 de junho de 1815 aos deputados Blas José Pico e Bruno Francisco Rivarola, retomava esses passos:

Art. 1º. Será reconhecida a Convenção do Distrito Oriental do Uruguai estabelecida em ata do Congresso de 5 de abril de 1813 de seguinte teor — A Banda Oriental do Uruguai entra no rol para formar o Estado denominado Estados Unidos do Rio da Prata. Seu pacto com os demais distritos é o de uma aliança ofensiva e defensiva. Todo Estado tem igual dignidade, iguais privilégios e direitos e cada um renunciará ao projeto de subjugar o outro. A Banda Oriental do Uruguai está em pleno gozo de toda a sua liberdade e seus direitos; entretanto, fica sujeita desde já à constituição que organize o congresso geral do Estado legalmente reunido tendo por base a liberdade.[60]

O convênio fracassou diante da negativa dos deputados a admitir que as províncias de Córdoba e Santa Fé mantivessem sua declaração a favor do Sistema das Cidades Livres. Sua proposta se limitava a oferecer a "independência" da Banda Oriental, como foi mencionado acima, e deixar em liberdade de escolha Correntes e Entre Rios. No interior da Banda Oriental, por sua parte, as elites hispano-crioulas, com sede em Montevidéu, recusavam o crescente peso do artiguismo nas "comunidades baixas da sociedade" — expressão do chefe da estação naval britânica, William Bowles —, assim como medidas sobre divisão de terras e gado ou proteção dos "naturais", que expressavam certo igualitarismo social.

Essas posições não impediam que o movimento encabeçado por José Artigas apontasse a Revolução de Maio como o início de um processo de mudança histórica, do qual fazia parte. Na convocatória realizada pelo cabido governador em 1816, se clamava as províncias a comemorarem a "regeneração política de nossa sociedade", celebrando as Festas Maias no "7º aniversário de nossa feliz revolução".[61] Além de vincular simbolicamente os "bons americanos" da Província Oriental, as festas tencionavam abarcar "todos as cidades da união". A conjuntura era propícia tanto pelos triunfos federais em Santa Fé, os primórdios de um movimento confederacionista em Buenos Aires ou as expectativas diante da convocatória para um novo congresso, quanto pelos rumores sobre uma possível invasão portuguesa, que reforçavam a necessidade da união política. Um folheto reuniu a *Descripción de las Fiestas Cívicas, celebradas en la capital de los pueblos Orientales*, assim como a *Oración Inaugural* lida na abertura da Biblioteca Pública, por seu diretor, Dámaso A. Larrañaga.[62] Em ambos os textos, distribuídos entre as cidades da Banda Oriental e do Sistema de Cidades Livres, eram reforçadas as ideias de "feliz concórdia das paixões", "pacífica alegria" e se convocava a "cessarem já as odiosas discórdias". Ainda que a união pudesse estar carregada de significados diferentes em função dos projetos de construção de uma nova ordem, compartilhava-se a ideia de que o contrário — a desunião e a divisão — debilitava as forças patriotas e colocava em risco a causa "americana". Larrañaga esboçou alguns rumos divergentes nesse marco de celebrações. Esses podiam ser observados entre as Províncias Unidas do Rio da Prata, que comemoravam em 25 de maio o dia em que "a América do Sul se glorificava por ter proclamado seus direitos" e alguns "dignos orientais", que entendiam na celebração dessa data "a usurpação de [sua] glória", dado que Montevidéu tinha sido "o primeiro povoado da América do Sul que proclamou os seus direitos, formou sua junta e se colocou no nível de todas as cidades da Europa". Nessa mesma linha de pensamento, o flamante diretor da Biblioteca Pública assinalava que "outros arrebatados de seu marcial orgulho queriam que celebrássemos somente o 18 de Maio, dia memorável pela ação das Pedras, a vitória mais decidida, dirigida pelo novo Washington [Artigas], que ainda tão gloriosamente nos preside nesta longa luta".[63]

A invocação aos americanos não era exclusivamente territorial, uma vez que aludia às origens do movimento revolucionário, mas tinha um sentido político. Os cargos públicos foram a eles reservados e em mais de uma ocasião se produziram fricções ao acometer contra as posições dos notáveis do lugar. Em São Fernando de Maldonado, por exemplo, diante da notificação de uma resolução nesse sentido, o prefeito respondeu com este decreto: "Ficam todos os habitantes desta cidade com o nome de americanos, pois a ninguém, por espanhol que seja, não pronunciando nem trabalhando contra a grande causa dos orientais e geral do país, não deve ser considerado inimigo."[64] De forma paralela, alguns habitantes que se apresentavam como "a reduzida porção dos americanos decididos em prol da justa independência da tirana servidão" reclamavam contra a usurpação de cargos que exerciam os "inimigos".[65] No Estado Oriental, à diferença dos Estados Unidos, não foi exigido dos estrangeiros que requeressem declaração de cidadania. Por isso torna-se singular essa solicitação de Manuel de Amenedo y Montenegro, espanhol europeu, padre da paróquia de São Carlos desde 1781, que aderiu à revolução desde a primeira hora. Em 2 de setembro de 1816, quando uma das colunas do Exército lusitano avançava na região e as relações entre o Sistema dos Estados Livres e o Diretório dos Estados Unidos se tornavam tensas, Amenedo solicitou uma representação ao sr. delegado, cabido e governo intendente, com o fim de que o declarassem "cidadão benemérito dos Estados Orientais" e expedissem o título correspondente.[66] Renunciava, de fato, à carta de cidadão dos Estados Unidos do Rio da Prata obtida em 1813, logo após ter oferecido "testemunho autêntico de sua decisão ao reconhecer e sustentar, como a sua única pátria a que Vossa Senhoria representa pela união e vontade das cidades e dos estados unidos".[67] Cabe anotar o uso do plural, talvez indicando que a carta de cidadania informava a pertença a uma entidade maior — a República Oriental, como figurava nas patentes de corsários, por exemplo — e não a um estado, parte integrante do mesmo. Por sua vez, o nome "orientais" aludia a uma posição política mais do que a um lugar geográfico, denominando uma corrente dentro da revolução rioplatense associada à defesa das ideias "federais".

Em 1817, diante do avanço português e o agravamento das tensões com o governo da antiga capital, Artigas convocou todos os estados cidadãos a se pronunciarem, por escrito, sobre "as verdadeiras causas" da situação atual do estado. O "cidadão" Manuel de Amenedo Montenegro encabeçou as assinaturas da ata dessa reunião dos habitantes da vila de São Carlos, datada de 31 de outubro de 1817, na qual trataram do que era conveniente à "conservação de ditos estados": "todos de uma só vez gritaram união com os estados unidos e nosso cidadão Artigas".[68]

Em abril de 1820, depois da derrota das tropas orientais em Taquarembó e a ruptura com os estados de Entre Rios e Santa Fé, reuniram-se em congresso os chefes militares e representantes políticos das províncias de Missões, Correntes e Oriental. A ata registra que renovaram a sua aliança "ofensiva e defensiva pela liberdade e independência destes estados" e convocaram outras a se somarem à liga.[69] Apesar desse último esforço, poucos meses mais tarde Artigas entrou em território paraguaio, onde permaneceu até a sua morte, em 1850.

* * *

A derrota do artiguismo marcou o fim da etapa radical da revolução. A confluência de grupos com interesses diversos e inclusive antagônicos que tinha caracterizado o levantamento em 1811 rapidamente tinha dado lugar a um realinhamento de forças políticas e sociais. José Artigas, mediador entre poderes díspares, não chegou a — ou não procurou — estabelecer uma base de poder territorial limitada à Banda Oriental. Em contraposição, a manutenção da "ordem", a aceitação de hierarquias, categorias e posições sociais — com exceção da condição dos espanhóis europeus — e o convencimento de que se precisava de uma força "externa" como garantia para a estabilidade firmaram a busca de alianças por parte das novas ou renovadas elites dirigentes. As propostas apresentadas pelos deputados do conselho montevideano à Corte portuguesa, em 1817, resumem as aspirações desse grupo, coincidentes com outros projetos monárquicos ou de "independência moderada" que foram esboçados no Prata, a partir da crise da Coroa espanhola.

Notas

1. José Carlos Chiaramonte. *Ciudades, provincias, estados: Orígenes de la nación argentina (1800-1846)*. Buenos Aires: Ariel, 1997.
2. Sobre as discussões acerca dos limites territoriais do que seria o Estado Oriental do Uruguai, ver Ariadna Islas. "Límites para un estado. Notas controversiales sobre las lecturas nacionalistas de la Convención Preliminar de Paz de 1828". *In*: Ana Frega (coord.). *Historia regional e independencia del Uruguay*. Montevidéu: Ediciones de la Banda Oriental, 2009, pp. 169-216.

3. Ana Frega. *Pueblos y soberanía en la revolución artiguista. La región de Santo Domingo Soriano desde la colonia a la ocupación portuguesa*. Montevidéu: Ediciones de la Banda Oriental, 2007.
4. Arturo Taracena. "Propuesta de definición histórica para región.". *Estudios de Historia Moderna y Contemporánea de México*, n° 35, janeiro-junho de 2008, p. 181-204.
5. Veja-se Fernando da Silva Camargo. *O Malón de 1801: a Guerra das Laranjas e suas implicações na América Meridional*. Passo Fundo: Clio Livros, 2001.
6. Mapa que acompanha a "Demostración general de nuestra América en el Virreinato desde la última campaña con los portugueses del Brasil". Archivo General de Indias (AGI), Signatura MP, Buenos Aires 211.
7. Entre outros pode ser mencionado o informe de Francisco Requena, datado em Madri, em 25 de abril de 1804, que apoiava uma expedição que chegasse às Missões Orientais subindo o Paraná, sob o pretexto de abrir uma nova comunicação entre o Peru e Buenos Aires pelos rios Bermejo e Pilcomayo. AGI, Buenos Aires, arquivo 40. (Agradeço a Inés Cuadro por ter me proporcionado acesso a este documento.) Também, nos anos 1808 e 1809, José Artigas distribuiu áreas na zona da *Cuchilla de Haedo* e os extremos dos rios Tacuarembó Grande e Tacuarembó Chico. Lucía Sala; Julio C. Rodríguez; Nelson de la Torre. *Evolución económica de la Banda Oriental*. Montevidéu: Ediciones Pueblos Unidos, 1967, p. 175-176.
8. "Lord Strangford a Marqués de Wellesley", Rio de Janeiro, 23 de julho de 1810. Universidad de Buenos Aires, Facultad de Filosofía y Letras. *Mayo Documental*. Buenos Aires: Eudeba, 1965, t. XII, p. 232-233. Os comandantes de fronteira informaram à Junta estabelecida em Buenos Aires e o Marquês de Casa Irujo, representante espanhol perante a corte portuguesa, realizou uma reclamação formal.
9. Fernando Jumar. "Colonia del Sacramento y el complejo portuario rioplatense, 1716-1778". *In*: Hernán A. Silva. *Los caminos del Mercosur. Historia económica regional. Etapa colonial*. México: Instituto Panamericano de Geografía e Historia, 2004, p. 102-199. Sobre a função de Montevidéu como porto de Buenos Aires, veja-se Arturo Bentarcur. *El puerto colonial de Montevidéu*. Montevidéu: Facultad de Humanidades y Ciencias de la Educación, 1998, t. I.
10. Veja-se, por exemplo, Pablo Blanco Acevedo. *El gobierno colonial en el Uruguay y los orígenes de la nacionalidad*. Montevidéu: Biblioteca Artigas, 1975 (1ª ed.: 1929), e Juan E. Pivel Devoto. *Raíces coloniales de la revolución oriental de 1811*. Montevidéu: Monteverde, 1952.
11. Cópia das Instruções dadas aos deputados orientais na Assembleia Constituinte reunida em Buenos Aires, em 13 de abril de 1813, publicada na Comissão Nacional Archivo Artigas (adiante CNAA). *Archivo Artigas*. Montevidéu: Monteverde, 1974, t. XI, pp. 103-104.

12. *Gazeta Ministerial del Gobierno de Buenos-Ayres*, 12 de março de 1814, p. 443.
13. Tratado de paz e amizade proposto pelos deputados de Buenos Aires [Blas José Pico e Bruno Francisco de Rivarola] enviados para tratar com plenos poderes sobre a pessoa do general dos Orientais, d. José Artigas, Paysandú, em 7 de junho de 1815, publicado em CNAA, 1994, t. XXVIII, p. 233-235.
14. *Gazeta de Buenos-Ayres*, 14 de dezembro de 1816, pp. 348-349.
15. Carta-ofício de José Artigas a Juan Martín de Pueyrredón, Purificación, 24 de julho de 1816, publicado no CNAA, 1987, t. XXI, p. 308.
16. João Paulo G. Pimenta. *Estado e nação no fim dos impérios ibéricos no Prata (1808-1828)*. São Paulo: Hucitec/Fapesp, 2002, pp. 135-137.
17. "Exordio. Comunicaciones oficiales relativas a la agresión de los portugueses". [*Gazeta*] *Extraordinaria de Buenos-Ayres*, 1º de dezembro de 1816. O ofício de Pueyrredón a Lecor está datado do Palácio do Governo, em Buenos Aires, em 31 de outubro de 1816.
18. A documentação foi publicada em Juan E. Pivel; Rodolfo Fonseca. *La diplomacia de la Patria Vieja (1811-1820)*. Montevidéu: Ediciones del Instituto Artigas del Servicio Exterior, 1990, pp. 285-322.
19. Carta de Victorio García de Zúñiga a Miguel Barreiro, Buenos Aires, 19 de dezembro de 1816, publicada na CNAA, 2000, t. XXXII, pp. 96-98.
20. Ofício de Miguel Barreiro ao Supremo Diretor de las Provincias Unidas de Sud América, Montevidéu, 27 de dezembro de 1816, publicado no CNAA, 2000, t. XXXII, pp. 123-125.
21. Petição dos deputados do cabido de Montevidéu, Gerónimo Pío Bianqui e Dámaso A. Larrañaga, ao rei de Portugal, Rio de Janeiro, fevereiro de 1817, publicado em Juan E. Pivel; Rodolfo Fonseca, pp. 348-352.
22. Ana Frega. "Después de la derrota. Apuntes sobre la recomposición de los liderazgos rurales en la campaña oriental a comienzos de la década de 1820". *In* Raúl Fradkin; Jorge Gelman (orgs.). *Desafíos al orden. Política y sociedades rurales durante la Revolución de Independencia*. Rosario: Prohistoria Ediciones, 2008, pp. 131-152.
23. Ver, entre outros, José Carlos Chiaramonte, op. cit., pp. 75-80, e Javier Fernández Sebastián (dir.). *Diccionario político y social del mundo iberoamericano. La era de las revoluciones. 1750-1850*. Madri: Fundación Carolina, Sociedad Estatal de Conmemoraciones Culturales, Centro de Estudios Políticos y Constitucionales, 2009, pp. 179-304.
24. Real Academia Española. *Diccionario de la lengua castellana*. Madri: Joachim Ibarra, 1780, pp. 232 e 531.
25. Oreste Cansanello. "Ciudadano/vecino". *In*: Noemí Goldman. *Lenguaje y revolución. Conceptos políticos clave en el Río de la Plata, 1780-1850*. Buenos Aires: Prometeo, 2008, pp. 19-34, pp. 21-22.

26. "Orden del día" de 6 de dezembro de 1810, *Gazeta Extraordinaria de Buenos-Ayres*, 8 de dezembro de 1810, pp. 33-38.
27. Mariano Moreno. "El editor a los habitantes de esta América". *In*: *Del Contrato Social o Principios del Derecho Político*. Obra escrita por el ciudadano de Genebra Juan Jacobo Rosseau [...] se ha reimpreso en Buenos-Ayres para instrucción de los jóvenes americanos [...] en la Real Imprenta de Niños Expósitos Año de 1810. Reimpressão fsl mimeo em Augusto Maillé (org.). *La Revolución de Mayo a través de los impresos de época*, t. III, 1809-1810. Buenos Aires: Comisión Nacional Ejecutiva del 150º Aniversario de la Revolución de Mayo, 1966, pp. 321-326.
28. *Actas del Extinguido Cabildo de Buenos Aires*, série IV, t. IV, p. 373, citado em Augusto Maillé, op. cit., p. 537.
29. Citado em Noemí Goldman. *¡El pueblo quiere saber de qué se trata! Historia oculta de la Revolución de Mayo*. Buenos Aires: Sudamericana, 2009, p. 122.
30. Citado em Guillermo Wilde. *Religión y poder en las Misiones de Guaraníes*. Buenos Aires: SB, 2009, p. 315-317.
31. "Clasificación", *Gazeta de Buenos-Ayres*, 14 de fevereiro de 1812, p. 96 e "Continuación del artículo de ciudadanía", *Gazeta de Buenos-Ayres*, 28 de fevereiro de 1812, pp. 102-103.
32. Oreste Cansanello, op. cit., pp. 24-25.
33. Estatuto provisório elaborado pela Junta de Observação, Buenos Aires, 5 de maio de 1815, publicado na Biblioteca Virtual Miguel de Cervantes, http://www.cervantesvirtual.com/servlet/SirveObras/01372764246806832200802/p0000001.htm#I_5_.
34. José Carlos Chiaramonte; Marcela Ternavasio; Fabián Herrero. "Vieja y nueva representación en los procesos electorales en Buenos Aires, 1810-1820". *In*: Antonio Annino (coord.). *Historia de las elecciones en Iberoamérica, siglo XIX*. Buenos Aires. FCE, 1995, pp. 19-63.
35. CNAA, 1965, t. VI, pp. 73-82.
36. *Ibidem*.
37. *Ibidem*.
38. Assim manifestava o ponto 8 das instruções dadas a Tomás García de Zúñiga, em fevereiro de 1813, em missão ante o governo de Buenos Aires para buscar uma solução definitiva para os conflitos que gerava a orientação proposta pelo chefe do Exército de Operações, Manuel de Sarratea. CNAA, 1968, t. IX, p. 249.
39. A documentação das diferentes instâncias do congresso encontra-se publicada no CNAA, 1974, t. XI, pp. 63-200.
40. "Instrucciones que se dieron a los Representantes del Pueblo Oriental para el desempeño de su encargo en la Asamblea Constituyente fijada en la Ciudad de Buenos Aires", cópia autenticada por José Artigas, "Delante de Montevideo", em 13 de abril de 1813, publicada em ibidem, pp. 103-104.

41. A tradução citada foi publicada em *El Independiente*. Buenos Aires, em 21 de fevereiro de 1815, p. 86. Agradeço a Wilson González por me ter proporcionado acesso a uma cópia dessa fonte. O texto original em inglês declara: "*Civil Liberty is the not being restrained by any Law, but what conduces in a greater degree to the public welfare.*" William Paley. *The Principles of Moral and Political Philosophy*. [1ª ed. 1785]. Boston: John West, 1801, p. 335. Versão digital em http://books.google.com.
42. Ofício de Artigas ao cabido de Montevidéu, Purificación, 24 de fevereiro de 1816, publicado no CNAA, 1987, t. XXI, p. 201-202.
43. Ofício datado de 16 de outubro de 1815. CNAA, 1987, t. XXI, p. 115.
44. Cristóbal Aljovín de Losada. "*Ciudadano y vecino* en Iberoamérica, 1750-1850: Monarquía o República". *In*: Javier Fernández Sebastián, op. cit., pp. 179-198.
45. Domingo Manduré ao corregedor, cabido e oficial de Yapeyú, Acampamento de Arapey, 8 de setembro de 1813, publicado no CNAA, 1974, t. XI, pp. 392-394.
46. Hilarión de la Quintana ao Poder Executivo das Províncias Unidas, acampamento no "Paso del Yuqueri Grande", em 13 de setembro de 1813, publicado em ibidem, pp. 369-371.
47. Ana Frega. "Caminos de libertad en tiempos de revolución. Los esclavos en la Provincia Oriental Artiguista, 1815-1820". *História Unisinos*, v. 4, nº 2, 2000, pp. 29-57.
48. Retomam-se nesta parte linhas de trabalho iniciadas em Ana Frega, 2007, capítulos 4 e 5.
49. Emilio Ravignani. *Asambleas Constituyentes Argentinas*. Buenos Aires: Instituto de Investigaciones Históricas/Facultad de Filosofía y Letras, 1937, t. I., pp. 20-21.
50. Veja-se Ariosto González. *Las primeras fórmulas constitucionales en los países del Plata (1810-1814)*. 2ª ed. aumentada. Montevidéu: Barreiro y Ramos, 1962, p. 185.
51. Instruções reservadas, Maldonado, 8 de julho de 1813, publicadas no CNAA, 1974, t. XI, pp. 157-160.
52. Carta de Artigas a León Pérez, "Delante de Montevideo", 2 de julho de 1813, publicada em *ibidem*, pp. 154-155.
53. CNAA, 1974, XI, pp. 121-122.
54. Ariosto González, op. cit., pp. 347-379.
55. CNAA, 1974, t. XII, pp. 277-290.
56. Ofício de Artigas ao cabido de Montevidéu, publicado no CNAA, 1987, t. XXI, p. 8.
57. Veja-se Marcela Ternavasio. *Gobernar la revolución. Poderes en disputa en el Río de la Plata, 1810-1816*. Buenos Aires: Siglo XXI, 2007.
58. Ofício de José Artigas a Miguel Barreyro, Purificación, 24 de dezembro de 1815, publicado no CNAA, 1989, t. XXII, pp. 217-218.
59. CNAA, 1974, t. XI, pp. 67-70.
60. CNAA, 1994, t. XXVIII, pp. 231-233.

61. *Libro copiador de correspondencia del Cabildo de Santo Domingo Soriano.* Archivo General de la Nación, Montevidéu (AGN), Fondo Archivo General Administrativo, Libro 68 ter.
62. CNAA, 1992, t. XXVI, pp. 353-388.
63. *Ibidem*, p. 378.
64. Decreto datado em 7 de julho de 1815, publicado no CNAA, 1990, t. XXIII, pp. 456-458.
65. CNAA, 1990, t. XXIII, pp. 173-175.
66. Carlos Seijo. "Apuntes sobre San Carlos y su iglesia colonial". *Revista Sociedad Amigos de la Arqueología*, t. III, 1929, pp. 231-234.
67. *Ibidem*, pp. 242-244.
68. *Villa de San Carlos y su jurisdicción. Documentos diversos*, AGN, Fondo Administración de Justicia, Caja 16. Cabe assinalar que "nosso cidadão Artigas" está escrito com outra tinta e fora da margem. O documento foi publicado no CNAA, 2003, t. XXXIV, pp. 152-155.
69. Ata datada em Costa de Ávalos, em 24 de abril de 1820, publicada em Oscar Bruschera. *Artigas*. 2ª ed. Montevidéu: Biblioteca de Marcha, 1971, pp. 184-185.

CAPÍTULO IV **Deputados da Regência: perfil socioprofissional, trajetórias e tendências políticas**

Marcello Basile*

*Doutor em História Social (PPGHIS-UFRJ). Professor adjunto de História do Brasil da Universidade Federal Rural do Rio de Janeiro — Instituto Multidisciplinar. Pesquisador do Centro de Estudos do Oitocentos/Pronex-Faperj-CNPq: Dimensões da Cidadania no Século XIX, coordenado por José Murilo de Carvalho.

1. O PARLAMENTO E A RUA

Uma das principais características que marcaram os anos finais do Primeiro Reinado e o início do período regencial foi a efervescente mobilização política. A intensa atividade verificada na imprensa, nas associações e nos movimentos cívicos e contestatórios de rua[1] encontrava ampla ressonância nos espaços oficiais de representação política. Embora aí os debates fossem mais circunscritos e contidos, num ambiente de austeridade preservado tanto quanto possível das ideias e ações mais radicais observadas nas arenas informais da esfera pública,[2] Câmara e Senado não escapavam das pressões advindas do clamor público. Essas se manifestavam tanto na imposição de temas à agenda política como na própria presença popular em massa nas sessões legislativas, levando a rua até o Parlamento. Já em 1829, o reverendo inglês Robert Walsh ficou impressionado com o grande concurso de pessoas na Câmara dos Deputados em dias de sessão:

> Quando cheguei, a rua estava cheia de gente, parecendo todos muito agitados, discutindo em grupos vários assuntos [...] As escadas de acesso às galerias estavam cheias de gente que subia e descia; as próprias galerias estavam superlotadas, não me sendo possível conseguir um lugar de onde pudesse ver e ouvir os debates. As pessoas à minha volta estavam interessadas tão intensamente no que se discutia que não respondiam as perguntas que lhes eram dirigidas.

As galerias da Câmara, segundo o viajante, comportavam de duzentas a trezentas pessoas e "estão sempre cheias de gente, às vezes da mais humilde condição social".[3] Situação parecida testemunhou outro britânico, o negociante John Armitage, em 1830, por ocasião do impasse entre as duas câmaras quanto à Lei do Orçamento; a comissão de deputados que se dirigiu ao Senado para solicitar a reunião da Assembleia Geral "foi saudada com aclamações; foram tirados os cavalos de suas carruagens, e essas puxadas em triunfo pela populaça", e, durante os quatro dias de sessão geral, "um grande concurso de povo se reunia em torno do edifício, dando vivas aos deputados liberais, e mesmo insultando alguns senadores, à sua saída da Câmara".[4] Ambos os viajantes ficaram impressionados também com a eloquência dos oradores, particularmente a do líder *moderado* Bernardo Pereira de Vasconcellos, "o Mirabeau do Brasil", o "Franklin da América do Sul".[5] Havia, assim, um ambiente propenso à exaltação dos ânimos, a ponto de que "a própria palavra 'constituição', pronunciada na Assembleia, é como uma faísca atirada sobre material inflamável"; bastava também falar em democracia para se observar o mesmo efeito: "uma alusão a ela, por vaga que seja, desperta imediata atenção".[6]

As manifestações da plateia, todavia, assumiam muitas vezes ares de reivindicação e protesto, descambando para atitudes hostis aos legisladores. As atas das sessões registram vários pequenos tumultos provocados pelo público das galerias. Gritos, discussões, ofensas, batidas de pés e até escarradas e moedas atiradas sobre os parlamentares não raramente interrompiam os trabalhos, gerando reações indignadas. Chegou-se a recorrer à retirada forçada dos espectadores, ao emprego de dois fiscais de galeria e à elaboração de um edital que determinava silêncio absoluto da plateia, proibindo qualquer manifestação de aprovação ou desaprovação durante as sessões, vedava a entrada de indivíduos armados ou mesmo portando bengala, estabelecia uso obrigatório de casaca ou sobrecasaca e ordenava a distribuição de senhas (limitadas a duzentas).[7] Tais medidas, no entanto, não logravam resguardar o Parlamento do alarido incômodo das ruas. Era em meio a esse clima, de intensa pressão e agitação populares, que se realizavam os debates e as deliberações parlamentares em fins do Primeiro Reinado e durante a Regência.

2. OS REPRESENTANTES DA NAÇÃO: PROSOPOGRAFIA E TRAJETÓRIAS POLÍTICAS

Havia cem cadeiras na Câmara dos Deputados na 2ª legislatura (1830-1833),[8] número que na 3ª (1834-1837) passou para 104.[9] Somando-se, todavia, os deputados eleitos aos suplentes que em algum momento assumiram vaga, chegava-se ao total de 123 representantes naquele primeiro período e 130 no segundo, em um conjunto de 198 diferentes indivíduos (descontados os que fizeram parte de ambas as legislaturas). Esses três universos é que serão aqui discriminados, confrontados e analisados, tomando-se por base o perfil socioprofissional de seus integrantes (origem, faixa etária, grau de escolaridade, formação, instituição formadora, ocupação e emprego público), acrescido de comentários sobre a trajetória política seguida até então (tendências partidárias, experiência parlamentar prévia, cargos no Executivo e obtenção de comendas honoríficas e títulos nobiliárquicos).[10] Vejamos primeiro os dados referentes aos locais de nascimento, conforme especificados na tabela a seguir.

Chama atenção, em primeiro lugar, a primazia absoluta dos deputados nascidos na Bahia — província cuja bancada era a segunda colocada (cerca de 13%) em termos de representação nacional — tanto no somatório geral como nas duas legislaturas (média em torno de 19%). Já os naturais de Minas Gerais — que tinha a maior e mais forte bancada da Câmara, com cerca de 20% do total e representantes que vinham sobressaindo politicamente desde a abertura do Parlamento, em 1826, ascendendo ao poder com a instauração da Regência — ficavam em segundo lugar, empatados no cômputo geral com os pernambucanos, que possuíam a terceira maior bancada. Aliás, se Minas Gerais, São Paulo e Rio de Janeiro — províncias do Centro-Sul que, juntas, detinham relativo controle da Câmara e do governo regencial — tinham em torno de 37% da representação nacional, os deputados ali nascidos não passavam de 23%; o que denota o potencial da região de atrair e de promover politicamente indivíduos provenientes de outras localidades. Vale notar também a ampla presença de nativos de Portugal, ocupando a quarta posição geral (com quase 10% do total), embora tenha havido grande redução — de mesmo índice percentual — da primeira para a

Tabela 1 — Origem geográfica dos deputados regenciais

Local	Legislatura de 1830-1833 N°	%	Legislatura de 1834-1837 N°	%	Geral N°	%
Bahia	21	21,21	19	18,10	30	19,23
Minas Gerais	14	14,14	19	18,10	21	13,46
Pernambuco	13	13,13	15	14,29	21	13,46
Portugal	14	14,14	5	4,76	15	9,62
São Paulo	8	8,08	9	8,57	13	8,33
Ceará	8	8,08	7	6,67	12	7,69
Rio de Janeiro	7	7,07	7	6,67	12	7,69
Maranhão	4	4,04	6	5,71	8	5,13
Rio Grande do Sul	1	1,01	4	3,81	4	2,57
Paraíba	1	1,01	3	2,86	4	2,57
Pará	2	2,02	1	0,95	3	1,92
Goiás	1	1,01	2	1,90	2	1,28
Sergipe	1	1,01	2	1,90	2	1,28
Espírito Santo	1	1,01	1	0,95	2	1,28
Piauí	1	1,01	1	0,95	2	1,28
Rio Grande do Norte	1	1,01	1	0,95	1	0,64
Mato Grosso	1	1,01	0	0	1	0,64
Alagoas	0	0	1	0,95	1	0,64
Santa Catarina	0	0	1	0,95	1	0,64
França	0	0	1	0,95	1	0,64
Total	99	100 (80,49)	105	100 (80,77)	156	100 (78,79)
Não identificado	24	19,51	25	19,23	42	21,21
Total geral	123	100	130	100	198	100

segunda legislatura, refletindo o processo de nacionalização crescente da elite política imperial, acelerado após a Abdicação.[11]

O segundo aspecto enfocado no perfil prosopográfico dos deputados regenciais é a faixa etária e a média de idade, conforme indicadas na tabela a seguir.

Tabela 2 — Faixa etária dos deputados regenciais

Faixa etária	Legislatura de 1830-1833 N°	Legislatura de 1830-1833 %	Legislatura de 1834-1837 N°	Legislatura de 1834-1837 %	Geral N°	Geral %
Até 30 anos	9	13,04	11	13,10	19	16,24
31 a 40 anos	33	47,83	41	48,81	55	47,01
41 a 50 anos	15	21,74	18	21,43	24	20,51
51 a 60 anos	9	13,04	10	11,90	14	11,97
Acima de 60 anos	3	4,35	4	4,76	5	4,27
Total	69	100 (56,10)	84	100 (64,62)	117	100 (59,09)
Não identificado	54	43,90	46	35,38	81	40,91
Total geral	123	100	130	100	198	100
Média de idade (primeiro ano de cada legislatura)	40,05 anos (1830)		40,05 anos (1834)		39,30 anos (1830 ou 1834)	

Observa-se, assim, nos três universos, que quase metade dos deputados situava-se na faixa etária dos 31 aos 40 anos; nasceram, portanto, por volta da virada do século XVIII para o XIX, atingindo a vida adulta em meio aos processos de transferência e permanência da Corte portuguesa para o Rio de Janeiro e de Independência do Brasil. Por um lado, havia poucos indivíduos acima de 60 anos, remanescentes da chamada *geração de 1790*,[12] época em que se formaram e iniciaram suas carreiras pública e política; por outro, havia contingente significativo de deputados muito jovens, que não passavam dos 30 anos, expressando a renovação por que passava a Câmara e indicando a nova geração de políticos que iria notabilizar-se nas primeiras décadas do Segundo Reinado. Se a média de idade ficava em torno dos 40 anos, o representante mais novo — Pedro Francisco de Paula Cavalcanti de Albuquerque — tinha apenas 24 anos em 1830,[13] ao passo que o mais velho — o célebre José Bonifácio de Andrada e Silva — contava já com 67 anos na mesma ocasião.

Outros aspectos abordados dizem respeito à educação formal adquirida pelos deputados: grau de escolaridade, formação e instituição formadora. Vejamos inicialmente o primeiro item.

Tabela 3 — Grau de escolaridade dos deputados regenciais

Nível	Legislatura de 1830-1833 N°	Legislatura de 1830-1833 %	Legislatura de 1834-1837 N°	Legislatura de 1834-1837 %	Geral N°	Geral %
Superior	91	91,00	94	91,26	144	91,72
Secundário	5	5,00	6	5,83	8	5,10
Primário	4	4,00	3	2,91	5	3,18
Total	100	100 (81,30)	103	100 (79,23)	157	100 (79,29)
Não identificado	23	18,70	27	20,77	41	20,71
Total geral	123	100	130	100	198	100

O dado mais constante de todas as variáveis aqui avaliadas é a esmagadora presença do curso superior (91% em todos os casos) na formação dos deputados regenciais. Se esse era também o perfil da elite intelectual que representava as facções políticas na imprensa da Corte,[14] por outro lado, era um elemento particularizador em relação aos demais setores da sociedade brasileira, constituindo, como salientou José Murilo de

Carvalho, uma "ilha de letrados".[15] A educação unificada da elite política imperial, apontada por esse autor, expressa-se igualmente no tipo de formação obtida, conforme indica a tabela a seguir.

Tabela 4 — Formação superior dos deputados regenciais

Curso	Legislatura de 1830-1833			Legislatura de 1834-1837			Geral		
	Principal		Outros	Principal		Outros	Principal		Outros
	N°	%	N°	N°	%	N°	N°	%	N°
Direito	47	53,41	3	48	51,61	4	75	53,57	6
Eclesiástica	24	27,27	0	27	29,03	0	40	28,57	0
Matemática	8	9,09	3	8	8,60	5	11	7,86	6
Medicina Cirurgia	6	6,82	0	9	9,68	0	10	7,14	0
Ciências Naturais	1	1,13	1	1	1,07	2	2	1,43	3
Filosofia	1	1,13	7	0	0	8	1	0,71	11
Engenharia Militar	1	1,13	0	0	0	0	1	0,71	0
Letras	0	0	1	0	0	3	0	0	3
Total	88	100 (71,54)	—	93	100 (71,54)	—	140	100 (70,71)	—
Não identificado	35	28,46	—	37	28,46	—	58	29,29	—
Total geral	123	100	—	130	100	—	198	100	—

Entre os deputados regenciais que possuíam curso superior, não surpreende o predomínio da graduação em direito (civil ou canônico), preferida da elite política em geral — formada após a Viradeira, em Portugal — e obtida por mais da metade dos indivíduos identificados. Em seguida, com mais de um quarto do total, vem a formação eclesiástica, refletindo o grande peso político adquirido particularmente nessa época pelos clérigos, sobretudo aqueles ligados a Feijó e aos *moderados* mineiros, mas também os de tendências políticas mais conservadora (os *caramurus*) e até mais radical (os *exaltados*). Herança da reforma pombalina da educação, as ciências exatas e naturais (incluindo filosofia) figuram igualmente com destaque, assim como medicina e cirurgia, que ficaram mais valorizadas após a criação joanina das academias médicas da Corte e da Bahia. Saliente-se ainda a presença desses cursos como formação, não só principal, mas também secundária dos indivíduos que obtiveram mais de um diploma superior, privilegiando seguir uma carreira em detrimento de outras.[16] Cabe agora verificar quais instituições de ensino foram responsáveis pela formação dos deputados da Regência.

Tabela 5 — Instituições formadoras dos deputados regenciais

Institui-ções	Legislatura de 1830-1833 Principal Nº	Legislatura de 1830-1833 Principal %	Legislatura de 1830-1833 Outras Nº	Legislatura de 1834-1837 Principal Nº	Legislatura de 1834-1837 Principal %	Legislatura de 1834-1837 Outras Nº	Geral Principal Nº	Geral Principal %	Geral Outras Nº
Universidade de Coimbra	49	77,77	3	50	70,42	1	73	72,28	3
Curso Jurídico de Olinda	1	1,58	0	4	5,63	0	5	4,95	0
Seminário de Olinda	2	3,17	0	3	4,23	0	4	3,96	0
Sorbonne	1	1,58	0	2	2,81	0	3	2,97	0

(cont.)

Institui- ções	Legislatura de 1830-1833			Legislatura de 1834-1837			Geral		
	Principal		Outras	Principal		Outras	Principal		Outras
	N°	%	N°	N°	%	N°	N°	%	N°
Curso Jurídico de São Paulo	0	0	0	2	2,81	3	2	1,98	3
Seminário de Mariana	1	1,58	0	2	2,81	0	2	1,98	0
Convento do Carmo de São Paulo	1	1,58	0	2	2,81	0	2	1,98	0
Seminário de São Paulo	1	1,58	0	0	0	0	1	0,99	0
Faculdade de Medicina do Rio de Janeiro	1	1,58	0	1	1,41	0	1	0,99	0
Academia Médico-Cirúrgica da Bahia	1	1,58	0	1	1,41	0	1	0,99	0
Seminário de São José (Rio de Janeiro)	1	1,58	0	1	1,41	0	1	0,99	0
Seminário de Coimbra	1	1,58	0	0	0	0	1	0,99	0
Congregação do Oratório (Lisboa)	0	0	0	1	1,41	0	1	0,99	0

(cont.)

PERSPECTIVAS DA CIDADANIA NO BRASIL IMPÉRIO

Institui-ções	Legislatura de 1830-1833 Principal N°	Legislatura de 1830-1833 Principal %	Legislatura de 1830-1833 Outras N°	Legislatura de 1834-1837 Principal N°	Legislatura de 1834-1837 Principal %	Legislatura de 1834-1837 Outras N°	Geral Principal N°	Geral Principal %	Geral Outras N°
Academia Militar do Rio de Janeiro	0	0	0	1	1,41	0	1	0,99	0
Escola de Direito e Economia Política da França	1	1,58	0	1	1,41	0	1	0,99	0
Escola de Minas de Freiburg	1	1,58	0	0	0	0	1	0,99	0
Universi-dade de Göttingen	1	1,58	0	0	0	0	1	0,99	0
Universi-dade de Mont-pellier	0	0	0	0	0	1	0	0	1
Universi-dade de Estrasburgo	0	0	0	0	0	1	0	0	1
Academia de Medi-cina de Bolonha	0	0	1	0	0	1	0	0	1
Academia de Letras de Paris	0	0	1	0	0	1	0	0	1
Total	63	100 (51,22)	—	71	100 (54,62)	—	101	100 (51,01)	—
Não iden-tificada	60	48,78	—	59	45,38	—	97	48,99	—
Total geral	123	100	—	130	100	—	198	100	—

Aqui também apresenta-se, com muita clareza, outro traço comum da educação da elite política imperial assinalado por José Murilo de Carvalho: a formação na Universidade de Coimbra, instituição responsável pelos diplomas de mais de 70% dos deputados identificados, que nela cursaram principalmente direito, filosofia e matemática (por vezes, os três simultaneamente), mas também medicina e ciências naturais. Nota-se, contudo, uma pequena diminuição percentual na participação dessa universidade entre os membros da legislatura de 1834-1837, correspondente exatamente à fundação dos cursos jurídicos de Olinda e de São Paulo, que começavam então a aparecer como centros formadores da elite, ao lado das faculdades de medicina do Rio de Janeiro e da Bahia. Ressalte-se ainda a forte presença dos seminários religiosos (respondendo juntos por 11,88% do universo geral computado), em particular o de Olinda. Por outro lado, observa-se a diminuta contribuição da Academia Militar da Corte e de universidades estrangeiras, como Montpellier, de onde outrora saíram elementos envolvidos nas conjurações coloniais de fins do século XVIII. Passemos agora às ocupações profissionais dos deputados, apresentadas na tabela seguinte.[17]

Tabela 6 — Ocupação profissional dos deputados regenciais

Ocupação	Legislatura de 1830-1833 Principal Nº	%	Outras Nº	Legislatura de 1834-1837 Principal Nº	%	Outras Nº	Geral Principal Nº	%	Outras Nº
Magistrado	35	33,33	0	35	31,53	0	54	32,53	0
Clérigo	24	22,86	0	27	24,32	0	40	24,10	0
Militar	17	16,19	0	15	13,51	0	25	15,06	1
Médico/ cirurgião	6	5,71	0	9	8,11	0	10	6,02	0
Professor	4	3,81	9	7	6,31	12	9	5,42	16

(cont.)

Ocupação	Legislatura de 1830-1833			Legislatura de 1834-1837			Geral		
	Principal		Outras	Principal		Outras	Principal		Outras
	N°	%	N°	N°	%	N°	N°	%	N°
Funcionário público civil	5	4,76	0	5	4,50	0	7	4,22	0
Proprietário rural	5	4,76	—	3	2,70	—	7	4,22	—
Advogado / rábula	4	3,81	1	4	3,60	2	6	3,61	2
Comerciante	2	1,90	—	3	2,70	—	4	2,41	—
Publicista/ tipógrafo	1	0,95	4	1	0,90	7	1	0,60	8
Livreiro	1	0,95	0	1	0,90	0	1	0,60	0
Naturalista	1	0,95	0	0	0	0	1	0,60	0
Diplomata	0	0	0	1	0,90	0	1	0,60	0
Total	105	100 (85,37)	—	111	100 (85,38)	—	166	100 (83,84)	—
Não identificada	18	14,63	—	19	14,62	—	32	16,16	—
Total geral	123	100	—	130	100	—	198	100	—

O painel das ocupações dos deputados regenciais, em consonância com os dados relativos ao tipo de formação, confirma a supremacia, respectivamente, dos magistrados, clérigos e militares como principais integrantes da elite política imperial.[18] Os primeiros em geral iniciaram as carreiras como ouvidores ou juízes de fora antes ou no começo do Primeiro Reinado e, em sua grande maioria, já haviam chegado a desembargadores dos tribunais superiores da Relação, da Casa da Suplicação ou do Desembargo do Paço quando foram eleitos para a Câmara ou quando cumpriam seus mandatos, chegando até ao topo como ministros do Supremo Tribunal de Justiça. Os clérigos, após início de sacerdócio como presbítero secular, na condição de pároco ou de vigário colado, tornaram-se muitas vezes vigário-geral, cônego ou monsenhor da Capela Imperial, chegando mais raramente a bispo e até arcebispo ainda durante o período em foco. Já os militares eram quase todos oficiais superiores do Exército (os de patentes mais baixas identificados eram tenentes e capitães, classificados na época como oficiais subalternos), tais como major, tenente-coronel e coronel, havendo mesmo vários oficiais-generais (brigadeiros, marechais de campo e tenentes-generais); não encontrei, porém, qualquer membro da Marinha, corporação que, de fato, era muito menos envolvida na política imperial. Tais profissões eram, indubitavelmente, as que mais favoreciam o acesso à elite política, assim como o ingresso nesta, por sua vez, favorecia bastante a ascensão aos postos mais altos das respectivas carreiras. Entre os magistrados, clérigos e militares — bem como entre os médicos e cirurgiões, categoria que vinha em seguida na lista das mais presentes na Câmara — havia grande número de professores, inclusive catedráticos, que lecionavam nos seminários episcopais e nas academias jurídicas, militares e médicas do Império. Por esta razão — o fato de essas atividades de ensino serem, na maioria dos casos, derivadas e subsidiárias daquelas ocupações principais — o grupo dos professores ficou estatisticamente sub-representado, ocupando uma modesta quinta colocação no cômputo geral. Mas sua importância pode ser mais bem avaliada se considerarmos também os deputados que tiveram funções do magistério classificadas entre as ocupações secundárias; nesse caso, o número total salta de 9 para 25 professores, ou de 5,42% para 15,06%, igualando-se assim ao grupo dos militares. A mesma operação deve ser feita para a categoria dos publicistas e tipógrafos, que, no universo geral, só teve um único representante contabilizado entre as ocupações principais, mas que, se somado àqueles que tinham essa como outra atividade, acessória, chega a 9 indivíduos, ou 5,42% do conjunto (e esses números devem ser maiores, pois, como muitos publicistas preferiam o anonimato e não eram poucos os que participavam da política formal, é quase certo que vários outros deputados exercessem essa atividade paralela).[19] Convém observar ainda que o baixo número indicado de proprietários rurais e comerciantes deve-se ao critério adotado de só registrar como tais os indivíduos que tinham essas como suas únicas ou principais ocupações; do contrário, se fosse computado todo deputado que possuísse terras ou negócios, haveria de se incluir nessas categorias quase que a Câmara inteira.

A maioria dos deputados regenciais possuía extensa folha de serviços prestada em empregos públicos, consoantes, em geral, à sua formação profissional. Entre os 123 integrantes da legislatura de 1830-1833, encontrei registros de atuação em cargos públicos (não contemplando os de natureza política) para 68 (55,28%) indivíduos. Entre os 130 da legislatura de 1834-1837, 80 (61,54%) possuíam tais colocações. Estas, por sua vez, abrigavam 110 deputados (55,56%) no universo geral de 198 representantes. Esses números, todavia, provavelmente são muito maiores e se devem mais à falta de informações do que à não ocupação de fato desses ofícios; pois era prática generalizada no Império, herdada da sociedade de corte do Antigo Regime, a solicitação ao monarca, pelos bacharéis recém-formados e inclusive ao longo de suas carreiras, de empregos públicos na forma de mercês (além, é claro, dos pedidos feitos a toda sorte de políticos e pessoas influentes). Tanto que só identifiquei um caso de deputado — o livreiro e publicista Evaristo da Veiga — que parece realmente não ter tido, nem almejado, qualquer posto público (nem político, afora o seu na Câmara); e isso não por falta de oportunidade, já que Evaristo era um dos políticos mais influentes da Regência. Quanto à experiência desses representantes em cargos propriamente de cunho político (no Executivo ou no Legislativo nacional), a tabela a seguir fornece alguns dados.

Tabela 7 — Experiência política dos deputados regenciais

Cargos	Legislatura de 1830-1833		Legislatura de 1834-1837		Geral	
	N°	%	N°	%	N°	%
Deputado nas Cortes de Lisboa	11	8,94	7	5,38	12	6,06
Deputado na Constituinte	25	20,32	11	8,46	27	13,63
Deputado na 1ª legislatura	39	31,71	25	19,23	46	23,23
Deputado na 2ª legislatura	—	—	55	42,31	—	—
*Experiência parlamentar**	53	43,09	65	50,0	63	31,82
Senador	13	10,57	9	6,92	17	8,59
Presidente de província	25	20,33	29	22,31	44	22,22
Ministro de Estado	22	17,89	14	10,77	25	12,63
Conselheiro de Estado	0	0	0	0	0	0
*Total***	71	57,72	80	61,54	119	60,10
Total geral	123	100	130	100	198	100

*Em alguma das assembleias anteriores, excluídas as repetições dos que participaram de mais de uma.
**Somados todos os que ocuparam cargos no Executivo ou no Legislativo nacional desde a Independência até o fim da Regência Feijó, excetuando as repetições dos que ocuparam mais de uma função.

Os números apontam, em primeiro lugar, que os cargos políticos nacionais do Império eram distribuídos entre um grupo relativamente pequeno e circunscrito de pessoas — a elite política imperial — que, como demonstrou José Murilo de Carvalho, circulavam pelos diversos postos do funcionalismo público e de direção política espalhados pelo país, de acordo com os mecanismos de treinamento e socialização dessa elite em voga no Estado imperial.[20] A Câmara dos Deputados era a porta de entrada para o seleto grupo. Apesar de ser ainda bastante recente a atividade parlamentar no Brasil — iniciada em 1821-1822, com a representação enviada às Cortes de Lisboa, interrompida em 1824 e 1825, após a dissolução da Constituinte, e restabelecida a partir de 1826, com Câmara e Senado regulares —, quase um terço dos deputados regenciais já possuía experiência legislativa prévia, seja nas Cortes, na Constituinte, na 1ª ou mesmo na 2ª legislatura da Câmara. José Custódio Dias e Pedro de Araújo Lima chegaram a ser eleitos para todas essas quatro assembleias e também para a 3ª legislatura (seguindo direto daí para o Senado vitalício), enquanto mais seis deputados[21] só não passaram por uma das cinco (Cortes ou Constituinte). Todavia, com o crescente descrédito daqueles que apoiavam d. Pedro e o fortalecimento da oposição *moderada* em fins do Primeiro Reinado, mais de dois terços da Câmara foram renovados na legislatura de 1830-1833, o mesmo ocorrendo, em relação a essa, com mais da metade da subsequente, no auge do debate sobre as reformas constitucionais e da luta do agora governo *moderado* contra *exaltados* e *caramurus*. No conjunto, quase 10% dos deputados estudados chegaram ao Senado ainda durante o período enfocado, destino de muitos outros mais tarde. Quanto aos cargos do Executivo, embora nenhum desses representantes obviamente já fizesse parte do Conselho de Estado — o topo da elite política, reduto de senadores e ministros[22] —, do qual, porém, vários daqueles viriam a ser membros depois cerca de 12% do total foram nomeados ministros e 22% presidentes de província durante o Primeiro Reinado e, sobretudo, durante a Regência (até o fim do governo Feijó), quase sempre após a primeira eleição para a Câmara.

As relações dos deputados com o poder imperial estendiam-se também ao recebimento de comendas honoríficas. Se apenas um — Bernardo

José da Gama, o visconde de Goiana — foi contemplado com título de nobreza antes de ser eleito para a legislatura de 1834-1837 (mas após atuar na Constituinte), vários foram distinguidos, até o final do Primeiro Reinado,[23] como comendador, hábito, cavaleiro, oficial, dignitário, grão-dignitário ou grã-cruz das antigas ordens portuguesas de Cristo, de Aviz e de São Bento ou das novas ordens brasileiras do Cruzeiro e da Rosa, criadas após a Independência, ou ainda com os títulos do Conselho de Sua Majestade e de fidalgo da Casa Imperial. Identifiquei 22 deputados com tais distinções recebidas até o final do período enfocado na legislatura de 1830-1833 (17,89%) e 16 na seguinte (12,31%), em um total de 28 (descontados os dez repetidos, participantes de ambas), ou 14,14%; esses números, porém, certamente são bem maiores, pois não consideram os diversos casos em que as fontes biográficas mencionam o recebimento de alguma comenda ao longo da vida do personagem, sem, contudo, precisar (ou daí se poder inferir) a época em que isso se deu.

3. AS FACÇÕES POLÍTICAS E A CÂMARA

Resta analisar outro ponto crucial para a compreensão do funcionamento da Câmara: sua composição "partidária". Procurei mapear essas tendências estritamente a partir das posições assumidas pelos deputados nas diversas discussões e votações nominais, em especial aquelas referentes a questões políticas mais polêmicas, nas quais as opiniões eram bem polarizadas, tornando mais evidentes as filiações ideológicas. Essa tarefa, contudo, apresentou consideráveis dificuldades e se mostrou muitas vezes infrutífera, sobretudo para a legislatura de 1834-1837. Primeiramente, porque vários deputados, ao que parece nas atas, quase não participavam dos debates e pouco compareciam às votações. Em segundo lugar, e o mais grave, os *Anais* parlamentares referentes à época possuem inúmeras falhas e lacunas: frequentemente, não registravam discursos inteiros, omitindo diversas partes igualmente importantes de outros e até, por vezes, não acompanhando todas as etapas de tramitação dos projetos colocados em pauta.[24]

Além disso, há de se considerar ainda um outro fator. O ambiente na Câmara — refletindo o clima conturbado e de incertezas característico do período — era propenso a indefinições, mudanças de posição e composições instáveis. Havia, é claro, principalmente na legislatura de 1830-1833, a divisão política entre as facções (no caso, *moderados*, *caramurus* e *exaltados*); mas todas elas, diante da complexidade das questões envolvidas, das dúvidas daí decorrentes e dos interesses em jogo, apresentavam divergências internas, que favoreciam posturas dissonantes. Em geral, eram as lideranças que possuíam opiniões mais sólidas e a elas competia tentar agregar os demais partidários em uma linha de ação comum. Entretanto, interesses sobretudo regionais, patentes especialmente na questão da reforma *federalista* mas também estratégias políticas e discordâncias circunstanciais de princípio — mais verificadas quando havia mudanças de orientação ou de rumo, como no caso anteriormente mencionado — levavam à existência de contingentes flutuantes, mal definidos, suscetíveis; por vezes, à segmentação ou à dispersão de ideias. Evidentemente, situações parecidas não são estranhas à maioria dos parlamentos, mas, por outro lado, são bem mais acentuadas e peculiares em momentos de transformação e de crise como esse.

O exemplo mais característico (ao lado do caso das reformas constitucionais, outro divisor de águas na política regencial[25]) desse ambiente instável e incerto da Câmara, frequentemente movido ao sabor dos acontecimentos e das circunstâncias, é o do golpe de Estado ensaiado em fins de julho e início de agosto de 1832. Assim como a imprensa *moderada* da Corte (que tinha vários deputados entre seus redatores),[26] a bancada parlamentar representante dessa facção também ficou dividida em suas apreciações sobre o movimento. Mas tal divisão e a reviravolta que gerou só se manifestaram na Câmara em pleno ápice da ação. Até o desfecho, tudo indicava que o golpe seria bem-sucedido. Aos olhos *moderados*, o pretexto era bem fundamentado na atitude do Senado de rejeitar a destituição de José Bonifácio da tutoria imperial e de emperrar a aprovação das reformas constitucionais, embora também estivesse em jogo a obtenção de maiores poderes para o governo, a fim de dar combate mais efetivo a *exaltados* e *caramurus* e assim restabelecer a ordem pública. À frente do plano estavam os padres deputados Diogo Feijó (então ministro da Justiça), José Bento Ferreira de Mello e José Custódio Dias,[27] em cuja casa — a célebre Chácara da Floresta, reduto *moderado* na Corte — realizou-se a reunião conspiratória, com participação de outras lideranças da Câmara. A princípio, tudo transcorreu conforme o planejado: a 26 de julho, o Ministério pediu demissão e, quatro dias depois, foi a vez de a Regência também anunciar sua saída, ao mesmo tempo que a Guarda Nacional, comandada pelo deputado *moderado* José Maria Pinto Peixoto, e um grupo de cinco juízes de paz mobilizavam-se em apoio ao movimento. Ainda no dia 30, a Câmara, presidida pelo *moderado* Antônio Limpo de Abreu e por sugestão de outro conspirador, Francisco de Paula Araújo, declarava-se em sessão permanente e, contrariando a proposta do *caramuru* Martim Francisco de Andrada de remeter o negócio para a Comissão de Constituição, formava uma comissão *ad hoc* — nomeada por Limpo de Abreu e composta por Paula Araújo, Gabriel Mendes dos Santos, Manoel Odorico Mendes, Cândido Baptista de Oliveira e Gervásio Pires Ferreira[28] — encarregada de propor as medidas a serem tomadas. No início da noite, foi lido o parecer, que, em tom alarmista, afirmava que as circunstâncias eram extraordinárias, que "a nação se acha à borda de um abismo", em face das divisões políticas e sobretudo da existência de um *partido retrógrado*, que pregava abertamente a Restauração e levantava armas contra o governo, do que só poderia resultar em uma "guerra civil e a anarquia", pois "o governo não pode lutar com vantagem contra tal partido com os meios que têm à sua disposição, principalmente quando a maioria do Senado e parte da magistratura, pela sua conduta, têm mostrado protegê-lo abertamente"; concluía que "só as mais enérgicas medidas podem salvar a nação e o trono", propondo que a "Câmara se converta em assembleia nacional, para então tomar as resoluções que requer a crise". Estava declarado o golpe. A ideia era escolher nova Regência (una) e votar, por aclamação, a chamada Constituição de Pouso Alegre (distribuída na sessão), que conservava a monarquia hereditária, mas abolia o Poder Moderador, o Conselho de Estado, a vitaliciedade do Senado e a concessão de títulos de nobreza e criava assembleias legislativas nas províncias.[29]

O golpe parecia consumado, quando — contrariando a opinião de alguns deputados por certo favoráveis à trama (não indicados nos *Anais*), que queriam passar direto à votação — o parecer foi posto em discussão, por insistência de outro grupo (também não discriminado), que alegava ser um tema da maior importância. Foi então que, surpreendentemente, o *moderado* Honório Hermeto Carneiro Leão — representante de Minas Gerais, como a maioria dos artífices do plano — tomou primeiro a palavra para, com "cabeça fria" e "bastante energia", combater o parecer "apoiado por alguns dos meus amigos" e assim "resistir à torrente de sua opinião", "tirar-lhes a venda que lhes cobre os olhos e indicar-lhes o caminho da legalidade". Fez, então, um eloquente discurso em nome dos princípios legais, defendendo a realização das reformas sem desrespeito à Constituição e oferecendo, por fim, uma emenda propondo que os regentes fossem convidados a se manterem nos cargos e que Câmara e Senado apressassem as emendas ao Código Criminal, a elaboração do Código do Processo Criminal e as reformas da Constituição. Depois disso, de nada adiantaram os apelos de Evaristo, conclamando a adoção de uma "medida salvadora e justa, seja qual for", e de Ferreira de Mello, em favor de "qualquer medida enérgica" para evitar novas revoltas e sofrimentos fatais dos *patriotas*. O clima já era outro na Câmara e mudaria de vez após Carneiro Leão retornar à tribuna para contestar as profecias aterradoras e chamar de volta seus companheiros *moderados* aos princípios que professavam: "Não nos apartemos, porém, dos princípios que temos aqui defendido constantemente, isto é, da legalidade. Todos nós da maioria temos pugnado por esses princípios, todos temos dito que não queremos senão as reformas legais; seria, pois, absurdo desmanchar em uma noite o que tanto nos tem custado a conservar." Paula Araújo, Ferreira de Mello, Antônio da Costa Ferreira (no mais inflamado discurso da noite, alertando para o perigo de dissolução da nação e concitando a se levar adiante a *Revolução do 7 de Abril*) e Odorico Mendes (clamando pela união de *moderados* e *exaltados* — defensores da liberdade — contra os *restauradores*) ainda falaram em favor do parecer. Mas a bancada *caramuru* aproveitou a oportunidade e prontamente inverteu o argumento *moderado*, com pronunciamentos de Hollanda Cavalcanti, Miguel Calmon, Martim Francisco e Antônio Rebouças defendendo a permanência da Regência e a nomeação de um *ministério de confiança pública* justamente como forma de evitar a anarquia. A sessão foi interrompida às 23h e reiniciada na manhã seguinte, quando voltaram a discursar Costa Ferreira, Evaristo e Paula Araújo, seguidos por Baptista de Oliveira. Mas não havia mais clima para o golpe, sendo aprovada apenas a primeira parte do parecer — apoiada por emendas de Hollanda Cavalcanti e Antônio João de Lessa no mesmo sentido — que instava pela permanência da Regência. Coube a Miguel Calmon ser o orador da deputação que dirigiu essa mensagem.[30]

Sem dúvida, deve-se a Carneiro Leão a súbita e inesperada mudança de rumo dos acontecimentos que levou ao malogro do golpe. Sua intervenção, lembrando os princípios legalistas que norteavam o pensamento *moderado*, dividiu o grupo, quebrou a corrente de ânimos golpista e, com isso, abriu espaço para os *caramurus* fazerem coro com os dissidentes, evitando o desfecho da trama. Não é à toa que os conspiradores, em seus discursos, insistiram em apontar os *caramurus* como o inimigo a ser batido, tentando, assim, isolá-los; e Odorico Mendes pregou abertamente a união entre *moderados* e *exaltados* contra os representantes daquela facção. Todavia, se o fracasso do movimento não se deve, de fato, apenas à ação de um único homem, como pondera Octavio Tarquínio de Souza, nem por isso se deve concordar com esse autor que a "causa profunda", o principal fator do insucesso, tenha residido em um "fenômeno de psicologia coletiva ligado à lentidão com que se arrastou a sessão parlamentar de 30 de julho".[31] Não foi a espera de algumas poucas horas pelo parecer que arrefeceu as disposições golpistas e ocasionou a reviravolta, mas sim o próprio ambiente politicamente instável da Câmara, as incertezas nutridas por um contingente de deputados cujas posições oscilavam de acordo com as vicissitudes políticas (no caso, a contradição entre o recurso estratégico pretendido e os originais princípios da *moderação*). Nessas circunstâncias, a emergência de um líder discordante da trama arquitetada por seus amigos bastou para arrastar, com seu apelo à consciência, boa parte dos *moderados* hesitantes à rejeição do golpe, curiosamente unindo-se então aos antagonistas *caramurus*.

Não foi esse um caso isolado; situações semelhantes, com mudanças de posição, dissidências circunstanciais e composições inesperadas foram também verificadas em outras ocasiões.

Ainda assim, foi possível identificar, com relativa segurança, a tendência política de 89 deputados da legislatura de 1830-1833, o que corresponde a 72,36% do total de 123 representantes, conforme indicados na tabela a seguir.

Tabela 8 — Tendência política dos deputados da legislatura de 1830-1833

Facção	N°	%
Liberal moderada	47	52,81
Caramuru ou áulica	35	39,33
Liberal exaltada	7	7,86
Total	89	72,36
Não identificada	34	27,64
Total geral	123	100

Os dados confirmam, por um lado, a supremacia dos *moderados*, senhores do governo regencial, na Câmara dos Deputados; e, por outro, a fraquíssima representatividade dos *exaltados* no seio das instituições políticas formais (no Senado, a situação desses era ainda pior), o que fazia com que, ao menos em nível nacional, a atuação política desse grupo radical ficasse restrita às arenas informais do espaço público, como a imprensa, as associações e os movimentos de rua. Quanto aos *caramurus*, de certa forma surpreende a elevada presença que tinham na Câmara, demonstrando que sua força não estava apenas no Senado e que, mesmo naquela assembleia, tinham condições de ao menos incomodar os *moderados* (o que explica certas derrotas sofridas pelo grupo governista na Câmara, quando estavam divididos a respeito de algum tema). Entre esses últimos havia líderes como Evaristo Ferreira da Veiga, Diogo Antonio Feijó, Bernardo Pereira de Vasconcellos, José Custódio Dias, José Bento Leite Ferreira de Mello, Manoel Odorico

Mendes, Honório Hermeto Carneiro Leão, Francisco de Paula Araújo e Almeida, José Cesário de Miranda Ribeiro e Cândido José de Araújo Vianna. Entre os áulicos ou *caramurus* (como eram conhecidos, respectivamente, no Primeiro Reinado e na Regência), sobressaíam Antônio Francisco de Paula Hollanda Cavalcanti de Albuquerque, Martim Francisco Ribeiro de Andrada, Miguel Calmon du Pin e Almeida, Pedro de Araújo Lima, José Clemente Pereira, Francisco Gê Acaiaba de Montezuma, Antônio Pereira Rebouças e Caetano Maria Lopes Gama. Já na diminuta bancada *exaltada* estavam apenas Antônio Ferreira França, seu filho Ernesto Ferreira França, Venâncio Henriques de Rezende, José Lino Coutinho, Antônio de Castro Álvares, José Mendes Vianna e Luiz Augusto May. Claro está que, como sempre acontece, a identificação de determinado deputado com uma dada facção política não eliminava eventuais alianças desse, ou mesmo dessa, com outro grupo rival, motivadas por divergências internas de princípios, por clivagens regionais, por estratégias de ação ou simplesmente por interesses pessoais.[32] Isso se verificava, vez ou outra, em todas as facções, o que, evidentemente, não basta para descaracterizar ou para minimizar a importância daquelas identidades políticas.[33]

O reconhecimento, por parte dos próprios agentes políticos, do pertencimento a uma dada agremiação, o compartilhamento de um conjunto de princípios ou propostas e mesmo a existência de um *projeto* político[34] comum são elementos cruciais que devem ser devidamente considerados nessa questão. Situados ao centro do campo político imperial, os *moderados* apresentavam-se como seguidores dos postulados clássicos liberais, tendo em Locke, Montesquieu, Guizot e Benjamin Constant suas principais referências doutrinárias; almejavam (e conseguiram) promover reformas político-institucionais para reduzir os poderes do imperador, conferir maiores prerrogativas à Câmara dos Deputados e autonomia ao Judiciário e garantir a observância dos direitos (civis, sobretudo) de cidadania previstos na Constituição, instaurando uma liberdade *moderna* que não ameaçasse a ordem imperial. À esquerda do campo, adeptos de um liberalismo radical de feições jacobinistas, matizadas pelo modelo de governo norte-americano, estavam os *exal-*

tados, que, inspirados sobretudo em Rousseau, Montesquieu e Paine, buscavam conjugar princípios liberais clássicos com ideais democráticos; pleiteavam profundas reformas políticas e sociais, como a instauração de uma república federativa, a extensão da cidadania política e civil a todos os segmentos livres da sociedade, o fim gradual da escravidão, uma relativa igualdade social e até uma espécie de reforma agrária. Um terceiro grupo concorrente, organizado logo no início da Regência — os chamados *caramurus* (herdeiros diretos dos áulicos do Primeiro Reinado) —, posicionava-se à direita do campo, alinhando-se à vertente conservadora do liberalismo, tributária de Burke; opunha-se a qualquer reforma na Constituição de 1824 e defendia uma monarquia constitucional fortemente centralizada (como a dos tempos de d. Pedro I), chegando a nutrir, em casos excepcionais, anseios restauradores.[35] Tais projetos revelam concepções e propostas distintas acerca da nação que esses grupos, cada qual ao seu modo, pretendiam construir e se inserem em uma cultura política multifacetada ou híbrida, que combinava ideias mais avançadas do liberalismo com resíduos absolutistas do Antigo Regime.[36]

De todo modo, o cruzamento dos dados prosopográficos com as facções políticas atuantes na legislatura de 1830-1833 não apresenta especificidade ou desvio de padrão significativos. Observam-se, em geral, com poucos graus de variação, as mesmas tendências, por exemplo, quanto à predominância do nível superior, da formação em direito seguida da eclesiástica, da Universidade de Coimbra como centro formador e das atividades profissionais de magistrado, clérigo e militar entre os deputados filiados às três correntes. Apenas no tocante ao recebimento de títulos honoríficos e à origem portuguesa é que chama atenção o pequeno predomínio dos áulicos ou *caramurus*, em vez dos *moderados*; o que não chega absolutamente a surpreender, dada a conhecida proximidade, durante o Primeiro Reinado, desse grupo com d. Pedro I e do imperador com a comunidade lusitana residente no Brasil (além, é claro, da suspensão da concessão de comendas durante a Regência, quando os *moderados* poderiam ser beneficiados).

Quanto à legislatura seguinte, de 1834-1837, a situação político-partidária era bem mais complicada. Trata-se precisamente de um período de transição entre as três facções existentes até então e das novas composições políticas que começam a se esboçar a partir de 1835 e que irão resultar na divisão entre liberais e conservadores que marcará todo o Segundo Reinado. Aqui, sim, as indefinições e mudanças de posição são gerais, em meio à desestruturação e ao desaparecimento de *exaltados*, *caramurus* e, por fim, *moderados*, paralelamente ao turbilhão provocado pelas articulações do *Regresso* e do *Progresso*. Por consequência, não havia identidades políticas bem definidas, pois o momento era justamente de redefinições. Na época das eleições, realizadas em março de 1833, a grande maioria dos deputados eleitos (dois terços, segundo a *Aurora Fluminense*)[37] vinculava-se aos *moderados*. Mas esse arranjo mal se sustentou ao longo do primeiro ano da legislatura, começando a ruir assim que foi aprovado, em agosto de 1834, o Ato Adicional — tópico herdado do quadriênio anterior e que ainda mobilizava as antigas identidades políticas. Logo depois tem início o *Regresso*, com a saída de cena de *caramurus* — derrotados em suas finalidades antirreformistas e órfãos com a morte do ex-imperador, em setembro do mesmo ano, e com a destituição de José Bonifácio da tutoria imperial, em dezembro de 1833; de *exaltados* — silenciados, cooptados ou parcialmente contentados, após tanta repressão sofrida na imprensa e nas ruas, com a realização de parte das reformas que propuseram; e de *moderados* — vitoriosos na luta contra os rivais, mas desgastados e consumidos em suas disputas e divisões internas. Articulado por antigas lideranças *moderadas*, como Bernardo de Vasconcellos, Carneiro Leão e Rodrigues Torres, o *Regresso* tinha como primeira bandeira, ao lado da oposição ao regente Feijó, o combate às reformas liberais que muitos daqueles outrora defenderam. Não é à toa que contou com a adesão de antigos *caramurus*, como Araújo Lima e Hollanda Cavalcanti. Mas a organização parlamentar do movimento não se fez de uma hora para outra; foi um processo que se estendeu de 1835 a 1837, de modo que as adesões não foram imediatas, e sim conquistadas aos poucos, a partir do desgaste dos *moderados* e do novo governo. Até então, o que prevalecia na Câmara, em termos de tendência política, era a crescente oposição à Regência, sem que isso necessariamente implicasse incorporação ao bloco *regressista* ou a qualquer outro. O mesmo se passou com o *Progresso*, que surgiu paulatinamente em resposta ao *Regresso*, aglutinado por homens como Antônio Paulino Limpo de Abreu, Francisco de Souza Martins, Manoel do Nascimento Castro e Silva e José Thomaz Nabuco de Araújo.

Pode-se assim dizer que as disposições políticas na legislatura de 1834-1837 eram bastante indefinidas, fragmentadas e oscilantes, convivendo, confusamente, *moderados*, *caramurus* e *exaltados* remanescentes, desprovidos de referenciais objetivos; oposicionistas e governistas sem identidade partidária; e *regressistas* e *progressistas* já constituídos. Além disso, poucos se assumiam como tais e muitos variavam de posição, tornando praticamente inviável ou demasiadamente forçado agrupar esses deputados sob rótulos de facções específicas, antecipando posturas que só mais tarde seriam definidas. Mais correto é então observar, nesse momento, as posições tomadas no calor dos acontecimentos, em meio aos próprios trabalhos parlamentares. Somente na legislatura seguinte, a quarta (1838-1841), é que as tendências políticas ficarão mais bem definidas, com a consolidação e a polarização havida entre *regressistas* e *progressistas*.[38]

4. CONSIDERAÇÕES FINAIS

Os dados prosopográficos obtidos para os deputados da segunda e da terceira legislaturas estão largamente de acordo — sobretudo quanto à presença maciça do curso superior, ao predomínio da graduação em direito, à preferência pela Universidade de Coimbra e à supremacia de magistrados, clérigos e militares — com o perfil mais amplo da elite política imperial elaborado por José Murilo de Carvalho. Por outro lado, se havia homogeneidade de formação, carreira e treinamento entre os deputados regenciais, o mesmo não pode ser dito quanto às suas tendências políticas ou mesmo ideológicas. Não há, aqui, associação direta entre uma coisa e outra. Se os representantes das diversas facções apresentavam, em geral, perfil socioprofissional semelhante, seus posicionamentos acerca das principais questões debatidas no período — aquelas que polarizavam (e assim melhor revelavam) as opiniões, delimitando o campo político, como as reformas constitucionais — deixavam claro as diferentes orientações "partidárias". Isso é válido especialmente para a segunda legislatura, quando as identidades políticas estavam mais bem definidas, mas também para a terceira, quando tampouco se encontra, em meio a todas as indefinições e oscilações reinantes, uma uniformidade em termos de linha de ação ou de princípios.

Para além das características socioprofissionais e das trajetórias políticas comuns, o que também veio a ter papel decisivo na relativa homogeneização ideológica da elite política imperial no Segundo Reinado — ou, de outra forma, no estabelecimento do *tempo saquarema*[39] — foi o consenso, que começou a se construir com o *regresso* conservador (malgrado a disputa com os *progressistas*), em torno da necessidade de reduzir a margem de conflitos no interior dessa mesma elite política, cada vez mais alarmada com a experiência *anárquica* regencial. A cisão existente entre uma elite que dava seus primeiros passos na esfera pública emergente abriu brecha para a entrada em cena de novos agentes políticos e de estratos sociais até então distanciados daquele universo, imbuídos de expectativas, anseios e estratégias de ação variados e dissonantes, que ameaçavam a todo instante qualquer tentativa de imposição de ordem política ou social. A vivência e o temor oriundos dessa experiência crítica de instabilidade, transportados para a memória nacional, foram fatores cruciais para que, aos poucos, fossem aparados os excessos dos radicalismos, ensejando um movimento em direção à busca por maior coesão, à circunscrição da elite política a um campo de princípios e de ação menos heterogêneo e mais aberto a soluções negociadas das crises, em nome da unidade nacional.[40]

É esse novo pacto o principal responsável pelo recuo e esvaziamento do espaço público — e das práticas de cidadania a ele associadas — desenvolvido na primeira metade da década de 1830 nas grandes cidades do Império, ainda muito dependente dos impulsos gerados pela luta aberta entre as facções. A antecipação da maioridade de d. Pedro II e sua subida ao Trono, com todo o peso da mística que envolvia a figura do imperador e a força da tradição monárquica, ajudaram a cimentar a recomposição da elite política e a definir, assim, um importante mecanismo regulador de conflitos, reforçado pelo sistema adotado de rotatividade periódica dos gabinetes entre *liberais* e *conservadores*. Somente cerca de trinta anos depois, no contexto da crescente crise política que se seguiu ao término da hegemonia *saquarema* e produziu novo racha no seio da elite dirigente, estendendo-se até o final do Império, é que aquela dinamização da esfera pública, verificada no período regencial, será retomada, com novas e velhas roupagens, posto que com estreitamento da agenda política debatida durante a década de 1830.[41] Conforme sentenciou, às vésperas do Golpe da Maioridade, um antigo partidário de d. Pedro I, o marquês de Paranaguá, então presidente do Senado, na sessão de 13 de maio de 1840,

> O governo das regências apenas tem feito à nação um único benefício, todavia o mais relevante, que é o de firmar nos corações brasileiros o amor da monarquia; desenganando por meio de uma dolorosa experiência aos crédulos dessa decantada bondade dos governos de pouco custo, ou baratos; dos governos eletivos e temporários; dos governos democráticos, dos quais por certo mui pouco difere, se não é a mesma coisa, o governo regencial pela forma acanhada e quase republicana que lhe demos.[42]

Notas

1. Cf. Marcello Otávio Neri de Campos Basile. *O Império em construção: projetos de Brasil e ação política na Corte regencial*. Tese de doutorado. Rio de Janeiro: PPGHIS-UFRJ, 2004.
2. Sobre a formação da esfera pública no Império, ver Marco Morel. *As transformações dos espaços públicos: imprensa, atores políticos e sociabilidades na cidade imperial (1820-1840)*. São Paulo: Hucitec, 2005.
3. Robert Walsh. *Notícias do Brasil (1828-1829)*. 2 vs. Belo Horizonte/São Paulo: Itatiaia/Edusp, 1984, v. 2, p. 192-193. Ainda segundo o viajante, enquanto as galerias da Câmara "ficavam lotadas todos os dias", as do Senado "permaneciam sempre vazias" (p. 200).

4. João Armitage. *História do Brasil: desde o período da chegada da família de Bragança, em 1808, até a abdicação de d. Pedro I, em 1831, compilada à vista dos documentos públicos e outras fontes originais formando uma continuação da História do Brasil, de Southey*. Belo Horizonte/São Paulo: Itatiaia/Edusp, 1981, p. 207. O mesmo episódio foi narrado, com mais detalhes, por Borges da Fonseca em seu jornal, que viu quando contingentes de povo, "em numeroso concurso postado à porta do paço do Senado em alas esperaram nos dois primeiros dias os Representantes da Nação, e lançando-lhes flores deram vivas à Constituição e à Assembleia Geral, ao Imperador Constitucional e aos Deputados e Senadores Livres, e nestes dois dias foram assas acolhidos os Nobres Deputados Limpo, Lino e Vasconcelos". O congraçamento, visto como sinal do "triunfo da opinião pública" e do "desenvolvimento do espírito público", prosseguiu com os manifestantes entoando um hino constitucional e várias poesias cívicas, que foram novamente declamadas à noite no teatro. *O Republico*, nº 16, 24/11/1830.
5. Armitage, op. cit., p. 174; e Walsh, op. cit., p. 200, respectivamente.
6. Walsh, op. cit., pp. 195 e 193, respectivamente.
7. Cf. *Annaes do Parlamento Brazileiro — Camara dos Srs. Deputados*. Sessão de 1832. Coligidos por Antonio Pereira Pinto. Rio de Janeiro: Typographia de H. J. Pinto, 1879, t. 1º, pp. 8, 9 e 115; t. 2º, pp. 44 (edital), 45, 46, 48 e 58, por exemplo. Nesse ano, os protestos e confusões nas galerias deram-se, sobretudo, por conta dos debates acerca das propostas de remoção do tutor José Bonifácio e de reforma constitucional. Parece que a maioria dos manifestantes apoiava os deputados da oposição (que, como Montezuma, saíam em defesa daqueles, criticando as medidas reguladoras), tendo como alvo políticos *moderados* como Evaristo da Veiga e Baptista Caetano (esse, vítima de uma cusparada na cabeça na sessão do dia 19 de junho). A situação chegava a ponto de um jornal *exaltado* pedir maior moderação da plateia: "Recomendamos de novo aos nossos Concidadãos hajam de não fazer bulha nas galerias, a fim de nos portarmos, como pessoas Constitucionais, e bem educadas." *Luz Brasileira*, nº 53, 8/5/1830.
8. A representação provincial era a seguinte: Minas Gerais, 20 deputados; Bahia, 13; Pernambuco, treze; São Paulo, nove; Rio de Janeiro, oito; Ceará, oito; Paraíba do Norte, cinco; Alagoas, cinco; Maranhão, quatro; Pará, três; São Pedro do Rio Grande do Sul, três; Sergipe, dois; Goiás, dois; Piauí, Rio Grande do Norte, Espírito Santo, Mato Grosso e Santa Catarina, um para cada.
9. O Rio de Janeiro ganhou mais dois deputados, passando para dez, ao passo que Bahia e Piauí foram contemplados cada qual com um, aumentando suas bancadas para 14 e dois deputados, respectivamente.
10. As fontes utilizadas para obtenção de todos esses dados encontram-se arroladas no item "Instrumentos de trabalho (dicionários biográficos)", ao final deste artigo.

PERSPECTIVAS DA CIDADANIA NO BRASIL IMPÉRIO

11. Cumpre registrar ainda que o único deputado de origem francesa, eleito em 1836, quando iniciava a carreira política, era Paulino José Soares de Sousa, futuro visconde do Uruguai e membro da famosa *trindade saquarema*, que viveu em sua terra natal somente até os 7 anos (1814).
12. Cf. Kenneth Maxwell. "A geração de 1790 e a ideia do Império Luso-Brasileiro". *In*: Idem. *Chocolate, piratas e outros malandros: ensaios tropicais*. São Paulo: Paz e Terra, 1999.
13. A Constituição de 1824, no § 1º de seu artigo 92, determinava a idade mínima de 25 anos para votantes, eleitores e deputados (os senadores deveriam ter a partir de 40 anos), mas excetuava os casados e os oficiais militares maiores de 21 anos, os bacharéis formados e os clérigos de ordem sacra. Constituição Política do Império do Brasil. *In*: Adriano Campanhole e Hilton Lobo Campanhole (orgs.). *Constituições do Brasil: 1824, 1891, 1934, 1937, 1946, 1967, 1969*. 5ª ed. São Paulo: Atlas, 1981, p. 639.
14. Ver a respeito Basile, op. cit., capítulos I, V e XI.
15. José Murilo de Carvalho. *A construção da ordem: a elite política imperial*. Brasília: Editora da Universidade de Brasília, 1981, capítulo 3. O autor define a *elite política imperial* como o conjunto de indivíduos que ocupavam os altos cargos do Executivo e do Legislativo e eram responsáveis pela tomada de decisões da política nacional (deputados gerais, senadores, ministros e conselheiros de Estado).
16. Nesses casos, os cursos secundários foram apenas indicados, mas não contabilizados na totalização dos dados, restrita à formação principal (entendida como aquela que o indivíduo adotou como profissão efetiva). O mesmo critério foi adotado para as instituições formadoras e para as ocupações. Note-se a expressiva presença do curso de filosofia como formação secundária, geralmente daqueles que fizeram paralelamente direito em Coimbra.
17. Os itens *ocupação*, *emprego público* e *cargo político* referem-se apenas às funções exercidas durante o Primeiro Reinado e a Regência.
18. Alguns deputados militares eram formados, principalmente, em matemática, filosofia e engenharia militar, mas a maioria (15 entre 25, ou 60%, no universo geral contabilizado) não possuía, ao que parece, nível superior, não figurando, portanto, na relação dos cursos.
19. Além disso, contaram-se apenas os publicistas que foram ou eram redatores ou diretores de jornais, deixando-se de fora os que produziam publicações eventuais (panfletos, livros, artigos em colaboração).
20. Cf. Carvalho, op. cit., capítulo 5.
21. Antonio Ferreira França, Cândido José de Araújo Vianna, Diogo Duarte Silva, José Lino Coutinho, Manoel do Nascimento Castro e Silva e Miguel Calmon du Pin e Almeida.

22. Cf. José Murilo de Carvalho. *Teatro de sombras: a política imperial.* São Paulo/ Rio de Janeiro: Vértice/Editora Revista dos Tribunais/Imperj, 1988, capítulo 4, p. 107-108.
23. Durante a Regência, ficou proibida a concessão de títulos nobiliárquicos e de comendas honoríficas.
24. Esses problemas devem-se tanto à debilidade do trabalho dos taquígrafos encarregados de registrar as sessões como também à dificuldade de compilação dos *Anais*. No tocante à primeira razão, as reclamações — como a feita por Holanda Cavalcanti na sessão de 4 de junho de 1834 — a respeito das "grandes alterações" e "até falsidades" observadas nas anotações dos taquígrafos encetaram uma discussão, iniciada em abril daquele ano e só concluída em maio do seguinte, acerca da necessidade de publicação de um diário da Câmara e do melhor método a ser adotado em sua redação; acabou sendo rejeitado o parecer — sem que se resolvesse o problema — da comissão encarregada de tratar da questão (composta pelos deputados Muniz Barreto, Veiga Pessoa e Barboza Cordeiro), que era favorável à renovação do contrato dos dois taquígrafos da Câmara, apesar de também propor que as anotações fossem submetidas à aprovação dos respectivos oradores antes da publicação e de reconhecer que "enquanto não houver hábeis taquígrafos, não será possível obter-se o fim que se deseja". Cf. *Annaes do Parlamento Brazileiro — Camara dos Srs. Deputados*, op. cit., 1834, t. 1º, pp. 48, 49, 57, 58, 63, 74, 83, 87 e 100 (primeira citação); 1835, t. 1º, pp. 69 (segunda citação) e 114. À deficiência dos taquígrafos somava-se a da divulgação das atas, publicadas muito irregularmente em jornais efêmeros da própria Câmara ou, sob a forma de extratos, em alguns outros periódicos da Corte. Uma compilação dos *Anais* só foi feita quase meio século depois, no final dos anos 1870 e início dos 1880, graças à iniciativa de Antonio Pereira Pinto, seguida, após sua morte, por Jorge João Dodsworth, para que não ficassem esquecidas "as mais brilhantes páginas da vida parlamentar de nossa pátria". Os próprios compiladores advertiam, no início de vários volumes, para as dificuldades enfrentadas; frisavam a "irregularidade, falta de método e notáveis lacunas" existentes nas transcrições publicadas em *O Echo da Camara dos Deputados* ou no *Jornal da Camara dos Deputados*, forçando-os, por um lado, a recorrer a extratos encontrados no *Jornal do Commercio*, no *Diario Fluminense*, na *Aurora Fluminense* e no *Correio Official* — alguns dos quais representantes de grupos políticos — e, por outro lado, ainda pior, a apelar para discursos avulsos publicados em panfletos também comprometidos com as facções, para tentar assim preencher algumas lacunas e corrigir distorções. Cf. *ibidem*, 1832, t. 1º, pp. 5 (segunda citação) e 157, t. 2º, p. 265; 1834, t. 2º, p. 3; e 1837, t. 1º, pp. 5 e 6 (primeira citação).
25. Para essa questão, ver Marcello Basile. "O 'negócio mais melindroso': reforma constitucional e composições políticas no Parlamento regencial (1831-1834)". *In*:

Lúcia Maria Bastos P. das Neves (org.). *Livros e impressos: retratos do setecentos e do oitocentos*. Rio de Janeiro: Eduerj, 2009.

26. Cf. Basile, 2004, pp. 80-82.
27. Era a *revolução dos três padres*, conforme chamou Octavio Tarquínio de Souza. *História dos fundadores do Império do Brasil, v. 8 — Três golpes de Estado*. Rio de Janeiro: José Olympio, 1957, pp. 97-129.
28. Os cinco membros da comissão eram *moderados*, inclusive o outrora republicano Gervásio Ferreira.
29. A íntegra do projeto — impresso na tipografia do *Pregoeiro Constitucional*, jornal de Ferreira de Mello — acha-se em Souza, op. cit., pp. 217-252.
30. Cf. *Annaes do Parlamento Brazileiro — Camara dos Srs. Deputados*, op. cit., 1832, t. 2°, pp. 121-123, 127-139 e 143 (citações, pp. 127, 128 e 129).
31. Souza, op. cit., p. 121.
32. Exemplos de tais transações casuais e estratégicas, em escala mais ampla, podem ser observados na aliança ensaiada entre os *caramurus* e parte dos *exaltados*, em 1832 e 1833, chamada por Evaristo da Veiga de "liga de matérias repugnantes", soldada por "vergonhosa aberração das leis morais" (*Aurora Fluminense*, n° 834, 28/10/1833); e na firmada entre os *moderados* e outra ala dos *exaltados* em 1833 e 1834, em prol do Ato Adicional.
33. Marco Morel (op. cit., capítulo 3) adota linha de raciocínio semelhante à que sustento a esse respeito, ao contrário da posição de Gladys Sabina Ribeiro (*A liberdade em construção: identidade nacional e conflitos antilusitanos no Primeiro Reinado*. Rio de Janeiro: Relume Dumará/Faperj, 2002, capítulo 3), que desconfia da existência de tais identidades e mesmo as desqualifica, enquanto expressão de projetos próprios.
34. Chamo de *projeto político* o conjunto de princípios e propostas peculiares comungados e reconhecidos por cada grupo, posto que não tivessem a formalidade e a sistematização de que seriam dotados posteriormente. Enfatizo, com isso, a identidade das facções políticas constituídas naquele momento, cujas designações não devem, portanto, ser reduzidas a meros rótulos depreciativos cunhados pelos adversários ou assumidos positivamente por elas mesmas (ainda que essas não estivessem formalmente estruturadas e organizadas como os partidos modernos, fenômeno que, mesmo em outros países, só acontece na segunda metade do século XIX).
35. Sobre as facções e os projetos políticos regenciais, ver Basile, op. cit., sobretudo capítulos II, VI, VII e XI. Cumpre notar que essa é uma caracterização geral dos respectivos projetos, elaborada a partir dos discursos formulados pelos partidários das três facções nas diversas arenas políticas em que atuavam na Corte. Assim, nem sempre todos os pontos relacionados (mas, sem dúvida, ao menos os principais) encontram-se contemplados na agenda parlamentar, espaço no qual tradicionalmente o debate é menos rico e plural do que, por exemplo, na imprensa. Para uma síntese

do período regencial, cf. Marcello Basile. "O laboratório da nação: a era regencial (1831-1840)". In: Keila Grinberg, e Ricardo Salles (orgs.). O Brasil imperial, v. II: 1831-1870. Rio de Janeiro: Civilização Brasileira, 2009.
36. Sobre as ambiguidades e convergências entre modernidade ilustrada e Antigo Regime, ver François-Xavier Guerra. Modernidad y independencias — Ensayos sobre las revoluciones hispánicas. México: Fondo de Cultura Económica, 1992.
37. O jornal *moderado* de Evaristo da Veiga avaliava que, entre os membros da nova legislatura, havia 66 *moderados* contra 34 *exaltados, retrógrados* e indivíduos de opinião desconhecida ou vacilante. Aurora Fluminense, n° 801, 2/8/1833.
38. Jeffrey Needell *The Party of Order: the Conservatives, the State, and Slavery in the Brazilian Monarchy, 1831-1871*. Stanford: Stanford University Press, 2006, p. 299-300 calcula que, em 1837, cerca de 60 a 80 deputados de fato participavam das votações na Câmara; desses, em torno de 25 a 30 (de um terço a metade) seriam claramente *regressistas*, os quais precisariam mobilizar apenas outros seis a 12 deputados para assegurar vitória nas decisões.
39. Ilmar Rohloff de Mattos. O Tempo Saquarema: a formação do Estado imperial. 2ª ed. São Paulo: Hucitec, 1990, em especial capítulo II.
40. À semelhança do que ocorreu na última década do século XVIII, quando, segundo Maxwell (1999), houve recuo e rejeição dos projetos revolucionários e republicanos esboçados pelas elites letradas da Colônia. Alarmada pelo terror jacobino francês, pela revolta escrava em São Domingos e pela conjuração de pardos na Bahia, essa *geração de 1790* (que também vivenciou o fracasso da Inconfidência Mineira) tornou-se, então, propensa a uma solução de compromisso — reformista e monárquica — com a Metrópole, expressa na ideia de império luso-brasileiro.
41. Cf. José Murilo de Carvalho. "Radicalismo e republicanismo". In: José Murilo de Carvalho e Lúcia Maria Bastos Pereira das Neves (orgs.). Repensando o Brasil do oitocentos: cidadania, política e liberdade. Rio de Janeiro: Civilização Brasileira, 2009, p. 42.
42. Annaes do Parlamento Brazileiro — Camara dos Srs. Senadores. Sessão de 1840. Rio de Janeiro: Typographia Mercantil, 1874, t. 2°, p. 285.

CAPÍTULO V **A Imprensa e o Ministério: escravidão e Guerra de Secessão nos jornais do Rio de Janeiro (1862-1863)***

Silvana Mota Barbosa**

*O tema deste artigo foi originalmente discutido no Seminário Interno do CEO-Pronex em agosto de 2010. Agradeço aos colegas e especialmente a Alexandre Barata, Adriana Campos, Ricardo Salles e Keila Krimberg suas sugestões.
**Professora do Departamento de História da Universidade Federal de Juiz de Fora, pesquisadora-colaboradora do Projeto CEO-Pronex-CNPq-Faperj "Dimensões da Cidadania no Oitocentos", coordenado por José Murilo de Carvalho. A pesquisa para este artigo foi financiada com os recursos dos projetos "Ligueiros, vermelhos, históricos: o Partido Progressista e a política imperial 1857-1870". (Edital CNPq 50/2006) e "Imprensa e Identidades políticas no Brasil do século XIX" financiado pelo CNPq (Edital Universal CNPq 15/2007). Email: silmotabarbosa@uol.com.br

No dia 6 de janeiro de 1862, o *Correio Mercantil* iniciou a sua seção editorial — como todos sabem, a mais nobre do jornal, a que dá o tom do periódico — com as seguintes palavras:

> O problema, que de há longos anos foi adiado pelos partidos e pelos estadistas dos Estados Unidos, tornou-se hoje a bandeira desses partidos e objeto da atenção dos estadistas; [...] o que se quer saber somente é se *a escravidão continuará a ser mantida*; se os estados, que têm escravos, continuarão no seu predomínio político, se é tempo ou não de soltar-se a palavra — abolição — ou pelo menos de coibir o abuso com que a escravidão vai tornando ferozes e intratáveis os habitantes dos estados do golfo do México.

O artigo tocava num tema delicado para o Brasil — os conflitos entre regiões dos Estados Unidos em virtude da escravidão. Assinando apenas S.F. (ao que tudo indica, tratava-se de João Carlos de Sousa Ferreira),[1] o redator argumentava que os temas correlatos ou referenciados para explicar o conflito eram menores. Aquilo que antes distinguia os partidos, fosse a questão do fortalecimento da estrutura federal, fosse a restrição ou não aos imigrantes, ou ainda as diversas escolas econômicas, nada disso poderia ser usado para explicar o conflito americano. O tema central, o único, era a escravidão. Pode-se perceber que o intuito do artigo não era outro senão chamar a atenção dos leitores para o problema que poderia assolar também o Brasil.

> Lamentamos a sorte das duas irmãs, que desvairadas se dilaceram; *mas as simpatias liberais não podem por um instante abandonar a causa do norte, porque é a da civilização, do progresso da humanidade.* Não queremos o aniquilamento do sul, mas fazemos votos sinceros, ardentes, pelo triunfo do norte; o resultado desse triunfo não pode ser senão um acordo generoso para que se limite a escravidão aos estados em que ela hoje está admitida; e a consequência, mais ou menos próxima de tal acordo, é a extinção dessa chaga horrível que arrastou a pacífica república de Washington aos ensanguentados campos de batalha e à luta fratricida![2]

Assim, o redator tocava nesse ponto problemático também ao Brasil. A escravidão, mesmo sendo legalmente aceita, levou os Estados Unidos à guerra entre irmãos. A escravidão teria sido o motor para que fosse gestado, entre os "homens do sul", o desejo de separar-se dos seus irmãos do norte. Trata-se de um argumento já muito discutido, que relaciona as diferenças entre o norte e o sul no Brasil e que sugere o perigo de um levante fratricida nestas terras. Lembro apenas que a mesma imprensa noticiava constantemente a chegada de navios ao porto do Rio de Janeiro, trazendo diversos escravos, vindos das províncias do norte.

> Se as nações aproveitassem o espetáculo dos males que outras sofrem, que profícua lição não seria para nós, o mísero estado a que a escravidão respeitada como princípio reduziu a primeira nação do novo continente![3]

Era a lógica liberal que demonstrava a necessidade de se aprender com os exemplos e perceber que a escravidão não poderia mais ser defendida. A comparação entre o Brasil e os Estados Unidos, em função da escravidão e da abolição,[4] já nos oferece uma extensa bibliografia.[5] Não se tem aqui a pretensão de participar desse debate, mas destacar, entre os temas discutidos por essa imprensa, um em especial, sobre o qual ainda pouco sabemos: a interpretação e recepção da imprensa para aquela que ficou conhecida como Guerra de Secessão, ou seja, a guerra que devastou os estados do norte e do sul dos Estados Unidos entre 1861 e 1865. Pretende-se destacar como o tema apareceu nas folhas diárias da Corte e como foi conduzido pelos redatores.

I

O *Correio Mercantil* deu início, com artigos como esse, a um intenso mas curto debate a respeito do motivo da guerra (a escravidão) e da posição das demais nações diante desse conflito. Esse jornal, criado em 1844 como *O Mercantil*, foi fundado por Joaquim Alves Branco Muniz Barreto. Como afirmou Sílvia Cristina Souza, o jornal adotou o novo nome, *Correio Mercantil*, em 1848, "num momento em que os jornais, ao lado dos panfletos, assumiram no Brasil o papel de instrumentos de lutas partidárias pelo poder no Império, sendo a sátira a linguagem por eles adotada".[6] No ano de 1862, o jornal já havia deixado de lado as sátiras para se dedicar aos artigos de fundo, e era um importante divulgador do que se chamavam "princípios liberais". Era propriedade de Muniz Barreto, Filhos e Otaviano, ou seja, de Francisco Otaviano de Almeida Rosa.[7] Pela redação do jornal passara também Pedro Luiz Pereira de Souza, que, nesse mesmo ano de 1862, se transferiu para o jornal *Actualidade*.[8] Os dois periódicos, aliás, mantinham o hábito de se autorreferenciar, transcrevendo artigos um do outro. Outro nome ligado à redação do *Mercantil* nesse ano é o de João Carlos de Souza Ferreira, que suponho ser o autor do editorial com que abri este artigo.

As notícias sobre os eventos da guerra eram enviadas pelo correspondente do *Correio Mercantil* na Europa, A.A. Teixeira de Vasconcellos.[9] Em sua análise nota-se uma ênfase na questão da escravidão. Por exemplo, nas "Notícias do exterior" de 14 de janeiro de 1862, afirmava que Simon Cameron, secretário da Guerra, era favorável à emancipação dos escravos e teria proposto em documento que o governo deveria "confiscar a propriedade dos rebeldes" e, "caso fosse necessário, dar armas aos escravos emancipados". Contudo, encerrava o artigo afirmando que a opinião de Lincoln não era tão extrema: e o presidente defendia que a liberdade fosse dada apenas aos escravos que "caíssem em poder das forças legais, sendo depois enviados como colonos para qualquer ponto da União".[10]

A.A. Teixeira de Vasconcellos procurou explorar todos os argumentos, hipóteses e temas em debate ao tratar da questão americana. De um lado, a luta dos estados do sul contra a União; de outro, a questão diplomática com a Inglaterra e a posição das demais nações, especialmente a França, diante do conflito americano. Finalmente, ressaltou aquele que seria o principal motivo de temor para todas as nações — a questão comercial: "Importante questão que traz em grande ansiedade todos os espíritos e em pânico terrível todos os interesses comerciais."[11]

Paralelamente, o *Correio Mercantil* dedicava-se também a defender a colonização e a modernização da agricultura. Nesse mesmo contexto, a Exposição Nacional tornava-se um bom motivo para criticar a maneira como trabalhavam a terra e o uso da mão de obra escrava.

> A pobreza dos produtos agrícolas expostos na escola central revela o estado de nossa lavoura. A primeira impressão é desagradável para o observador, pois um país que possui terras tão férteis e climas tão variados concentra toda a energia de seu trabalho em três produtos somente, o café, o açúcar e o algodão.[12]

Com a assinatura de T.B, o que me leva a crer ser Tavares Bastos,[13] o autor atacava os métodos atrasados utilizados para a produção agrícola, métodos herdados do passado e que iam contra todos os estudos recentes. Na verdade, debatia a questão da causa do atraso e procurou demonstrar que a falta de braços, argumento utilizado comumente para justificar todos os problemas, dos serviços à carestia de alimentos, não era real. Para ele, "o sistema de ferro e fogo, da rotina, que não faz valer o concurso dos processos dos instrumentos agrícolas", que exigia grandes extensões de terras e que, portanto, aumentaria as distâncias e despesas é que deveria ser revisto. Além disso, salientou

> que a extinção do tráfico não diminuiu a população agrícola; que não é a falta de braços que explica o nosso atraso, e sim o trabalho escravo e a natureza dos atuais processos da lavoura.[14]

Dias depois, a redação do *Correio Mercantil* apresentou uma grave notícia — os escritores oficiais estavam "empenhados em traçar-nos os limites do direito de discussão. O governo começa por dirigir advertências e censuras e talvez acabe por decretar a suspensão dos jornais", ficando apenas o *Jornal do Commercio* com a possibilidade de publicar artigos "insidiosos sobre as questões que, no conceito do governo, não devem ser tratadas por ninguém".[15]

O artigo comparou o que se passava no Brasil com as práticas inglesas, nas quais a imprensa era livre para criticar e sugerir o que bem entendesse. No Império, pelo contrário, dizia o *Mercantil*, "quem agora escrever sem prévia audiência do governo há de passar pelo desgosto de receber no dia seguinte uma admoestação". Pode-se pensar que essa crítica era apenas parte da arenga da imprensa de oposição, que tudo criticava.

A resposta do governo, ou dos conservadores, às críticas e aos comentários do *Mercantil* não tardou. Um comunicado do *Jornal do Commercio*, de 30 de janeiro de 1862, intitulado "Oposição por antecipação", começava assim:

> Nas grandes folhas diárias da oposição apenas temos de notar a persistência do *Mercantil* em mostrar que, por amor da questão abolicionista, todas as simpatias do liberalismo brasileiro devem ligar-se aos estados do norte na guerra civil que assola a famigerada Confederação Americana. Em compensação, no *Actualidade*, vemos desenvolver-se mais afoitamente a fisionomia mais característica dessa oposição que entende que sua tarefa deva limitar-se a dizer não toda vez que o governo diz sim.[16]

O argumento central era de que as folhas da oposição — a saber, o *Diário do Rio de Janeiro*, o *Correio Mercantil* e o *Actualidade* — seguiriam uma prática incoerente com o bem público, pois negavam todas as ações do governo, mesmo as que seriam claramente necessárias ao país. Mesmo nos temas mais urgentes, como a reforma da Guarda Nacional, a oposição criticava a ação do gabinete:

> Para a oposição, um ministro conservador não deve ocupar-se da reforma de uma lei que em alguns pontos é reconhecida como opressiva. Assim, pois, um estadista rasga o seu diploma de conservador desde que procura na organização de uma instituição reconhecidamente viciosa introduzir algum melhoramento! Que ideia faz da escola conservadora o seu implacável adversário.
>
> [...] todas as reformas, todos os melhoramentos possíveis nas leis e instituições de um povo, todo o seu progresso é estudado, decretado, posto em execução, pelos homens práticos, pelos conservadores.[17]

Após tentar convencer o leitor de que a ação do gabinete sempre fora pautada pelos princípios conservadores e de que as reformas eram feitas após estudo e reflexão, sem sofismas, o comunicado do *Jornal do Commercio* retornou ao tema da guerra civil americana e defendeu a posição neutra adotada pelo governo imperial. Se a oposição dizia não sempre que o governo fazia sim, seria de se esperar, portanto, que essa mesma oposição não aceitasse tal orientação do governo e buscasse defender um dos lados do conflito.

> As novas teses acerca dos Estados Unidos não lhe serão mais úteis. Em país em que uma parte considerável da fortuna particular, e quase todo o trabalho, especialmente na lavoura, depende da questão do cativeiro, pode sustentar a conveniência das simpatias liberais para os emancipadores e os abolicionistas dos Estados Unidos? Se houve questão estrangeira em que as simpatias brasileiras devam ficar tão neutras como a política do seu governo, é essa que divide os Estados Unidos.[18]

Ao chamar atenção para o problema, o redator acabou por propagar a defesa que a oposição liberal fazia da causa do norte. Contudo, esses conservadores, "homens práticos", tocavam na ferida ao ressaltar a contradição entre defender a causa do norte dos Estados Unidos e depender do trabalho escravo.

Em suas palavras, alguns escritores europeus "têm procurado ler na bandeira dos do norte o dístico humanitário e filantrópico da emancipação", contudo, completava o jornal, o que estaria presente nessa guerra era "o ressentimento, o ódio profundo de irmãos inimigos" e que no "espírito da democracia americana" não caberia o "menor pensamento nobre e humanitário para com os escravos".

Ao argumento humanitário o redator contrapunha a lógica do lucro, que teria orientado os homens do norte a venderem seus escravos para a grande lavoura do sul, visto que em seu sistema de trabalho, nas condições de sua lavoura, o trabalho livre era mais adequado. O que se vê nesse artigo do *Jornal do Commercio* é a disposição para discutir dois projetos, um abolicionista e outro escravocrata, mas ambos liberais.

Por um lado, o interesse comercial teria levado os senhores do norte a defender a libertação dos escravos, visto que o escravo não era mais tão adequado aos processos de trabalho do norte.

> Depois de assim haverem apurado em dinheiro os seus escravos, principiavam a soltar vozes humanas em prol da libertação dos escravos dos outros. O *Mercantil* verá nisso filantropia e liberalismo? Nós vemos uma espécie de estelionato.

Por outro lado, o artigo também utiliza o referencial das obrigações recíprocas, salientando o resultado da emancipação para aqueles que conseguiram a sua liberdade. Ou seja, retomava em parte o argumento que humaniza o escravo em função de sua relação com o senhor. Com a emancipação, o escravo, na condição de liberto, perderia seu estatuto humano, e os direitos que sua condição lhe assegurava — o direito à vida, o acesso à religião, o livre trânsito.

> Os preconceitos os consideram ainda *menos do que escravos, ainda menos do que homens, iguais a cães*. Não os admitem nem na comunhão dos fiéis, nas igrejas, para rezar, não lhes consentem nem o direito de entrar em um ônibus, não lhes toleram nem o menor exercício de direito político... são liberais e devem ter as simpatias dos liberais do Brasil.

E ainda: qual o destino daqueles escravos, "quase todos são crioulos americanos", que os do norte procuravam incitar contra os seus senhores?

> É a deportação para a África. Medida atroz, cuja única vantagem é depauperar os estados rivais, privando-os de grande massa de trabalhadores que fazem a sua opulência.

Dessa forma, o redator não deixa margens para qualquer proposta simpática à causa abolicionista: não era sintoma de filantropia nem de liberalismo. Teriam visado ao lucro e ofereciam condições de vida muito piores aos libertos. Essa "racionalidade liberal" defendida pelo *Jornal do Commercio* pode ser assim resumida: a manutenção da escravidão é racional porque garante a mão de obra para a lavoura, porque não interfere na relação de reciprocidade entre senhor e escravo e mantém os interesses de um e outro. Finalmente, é liberal também porque não admite a interferência de um agente externo, o Estado, no direito de propriedade. Enfim, diria o Comunicado: "Deixemos a oposição ir sonhando o liberalismo dos norte-americanos." E, para concluir, reforçou a ideia de que o Brasil deveria manter-se neutro, "na neutralidade em que todo homem liberal deve estar no meio dessas brigas fratricidas".

Ao analisar o discurso liberal e escravocrata no Brasil e nos Estados Unidos, Rafael de Bivar Marquese chamou a atenção exatamente para essa "tentativa de compatibilizar o utilitarismo liberal com o discurso bíblico das obrigações recíprocas, isto é, o dever senhorial de fornecer bom tratamento material e espiritual em troca da obediência e do trabalho proporcionados pelo escravo".[19]

No dia seguinte, o editorial do *Diário do Rio de Janeiro* respondeu às provocações do *Jornal do Commercio*:

> Veio ontem o *governo* declarar a sua simpatia pela causa do sul, qualificando parvamente de estelionato, por parte dos estados do norte, um fato de grande alcance histórico já devidamente apreciado pelos filósofos e publicistas mais notáveis do século.[20]

Em outras palavras, o autor dessa resposta, provavelmente Saldanha Marinho, que assinava a redação da folha, viu o comunicado do *Jornal do Commercio* como uma resposta do governo à oposição e como uma defesa da ação dos confederados, mas evitou tratar abertamente do tema da escravidão e da emancipação. Finalmente, censurou a decisão do governo de recorrer à imprensa.

> Para manifestar as suas simpatias pela causa dos estados confederados do sul da União Americana, não precisava o governo recorrer à imprensa, lançando à tela da discussão o princípio perigoso da *escravidão legal*.[21]

Também o *Correio Mercantil* viu o artigo do *Jornal do Commercio* como declaração do gabinete Caxias. Manter-se neutro nessa questão era tomar partido do sul, visto tratar-se de um movimento separatista e contrário à Constituição.

> O governo brasileiro protesta neutralidade na luta entre o governo constitucional dos Estados Unidos e os separatistas do sul; avisa-nos que o governo constitucional daquele país não tem razão, nem moralidade, porque tenta coagir o sul à renúncia da propriedade de seus escravos para os mandar para a costa d'África. [...]
> Parece que não somos nós, porém o governo, que se deixa arrastar pelos últimos figurinos em política, tanto que apoia a ideia de separação dos estados da América Setentrional e dá na imprensa oficial argumentos em favor dos insurgentes contra o governo legal.[22]

E o redator continua sua resposta ao governo com a seguinte ideia — imaginemos que "esta moda pareça bonita" e as províncias do norte do Império "se levantem debaixo de algum pretexto frívolo", como na União Americana, onde o sul se levantou em função de "suspeitas", e assim "declarem rota a constituição de 1824"! E provoca ainda mais — o que acharia o governo do Brasil se uma "folha oficial" americana declarasse que "o norte do Brasil tem razão, porque o sul (ou o gabinete imperial) nutre projetos imorais"?

Trata-se, é claro, de uma troça com o gabinete conservador. Contudo, o redator não deixou de mencionar o "passado liberal", pois, em suas palavras, se os "liberais" tivessem demonstrado simpatias pelos separatistas, seriam acusados de "não ter perdido a manha de revolucionários e que por isso apoiavam os insurgentes". Pelo contrário, os "liberais" fizeram votos pelo governo legal, pelas instituições reconhecidas, pela manutenção do pacto federal".[23]

Nessa resposta ao *Jornal do Commercio*, o redator do *Mercantil* também apontou para um dado que seria mais bem explorado em outros editoriais: o governo, "para não perder a mania de regulamentador", estaria enviando uma mensagem diretamente à imprensa; pretendia domá-la para que não tratasse de determinados temas:

> Nem uma palavra se deve dizer a tal respeito: isso de ter opiniões divergentes acerca das questões externas só pode convir à Inglaterra, França e outros países onde a imprensa não é inspirada pelo patriotismo. No Brasil, se a imprensa quiser ser patriótica, deve calar-se ou mandar saber do governo como há de pensar e exprimir-se.[24]

Em conclusão, o jornal escreveu que não compreendia os motivos do governo para expedir aos jornais a sua "advertência de anteontem" (o artigo do comunicado do *Jornal do Commercio*), mas sugere que a resposta poderia estar nas questões diplomáticas que enfrentavam com o governo americano e numa possível nota "pouco reverente" recebida da legação americana. Nos dias seguintes, as notícias sobre a guerra continuaram, mas sempre em tom mais informativo, quase que uma cópia dos extratos recebidos da imprensa europeia.[25]

De fato, as relações entre o Brasil e os Estados Unidos já estavam estremecidas havia meses em virtude da questão do corsário *Sumter*, um navio de bandeira confederada que, em setembro de 1861, havia atracado no Maranhão e, com a permissão do presidente da província, comprara carvão e outras provisões. O governo americano tratava esse navio como pirata e, em comunicado oficial, expressou seu descontentamento para com a atitude do governo, que era, em resumo, uma maneira de tomar partido na guerra em curso.

> O Brasil decidiu que não somos uma, mas sim duas potências beligerantes iguais [...]. Conseguintemente, decidimos que não somos dois estados beligerantes, à vista da lei de guerra marítima, mas uma nação.[26]

Assim como o governo da União, também para o *Diário do Rio de Janeiro*, "a proteção oficialmente concedida a esse corsário americano deu a medida do timo e do patriotismo do governo",[27] ou seja, o governo estaria posicionado ao lado do sul na guerra civil americana.

No relatório apresentado pelo marquês de Abrantes (ministro dos Negócios Estrangeiros), a política de neutralidade defendida pelo governo brasileiro era reforçada.

Assegurando por último àquele ministro [Webb][28] que, no procedimento que teve o presidente da província do Maranhão, no aludido assunto, não entrou a mais leve intenção de favorecer os estados separatistas, e menos a de ser infenso ou hostil ao governo da União, tive a satisfação de ver que eram bem acolhidas essas manifestações.[29]

O *Mercantil* continuou a acusar o Ministério de tentar silenciar a imprensa e usou como comparação os fatos vivenciados durante o governo de Carlos X na França, quando os "regressistas" retiraram da proximidade do rei todos aqueles que atrapalhavam os planos do regresso.

> Cumpria vendar os olhos do rei, assim como lhe haviam cerrado os ouvidos. Começou então uma hostilidade surda contra a imprensa, que depois se converteu em guerra de morte. E os manejos adotados, segundo se lê em Cauchois-Lemaire,[30] foram idênticos aos manejos dos nossos realistas.[31]

Em conclusão, os eventos americanos estavam presentes na imprensa da Corte por dois motivos: de um lado, o conflito diplomático causado pela cobertura dada ao navio confederado *Sumter*; de outro lado, os eventos da guerra secessionista. Contudo, os dois motivos também favoreceram um debate a respeito da escravidão, já que qualquer posicionamento remetia à defesa ou não da emancipação. Como afirmou o redator do *Diário*, o debate trouxe para a imprensa o "princípio perigoso da escravidão legal" e o *Mercantil* sugeria que o Ministério estava pressionando a imprensa para que silenciasse sobre o assunto.

> Não se deixem arrastar as folhas de oposição pelos manejos das gazetas governamentais. Continuem a prestar ao país o serviço de discutirem com firmeza e independência os atos e as tendências da administração pública. [...] Não se deixem arrastar os moços honestos e ilustrados, que se dedicam ao estudo e à análise dos erros do governo, não repelidos pelo insulto brutal e pela calúnia infame. [...] E sobretudo não desanimem! As demissões vingativas e os doestos anônimos não devem provocar outro sentimento, além da comiseração pela sociedade brasileira entre semelhantes diretores.[32]

O fato é que depois desses debates a imprensa passou a tratar de outros assuntos e a guerra dos Estados Unidos apareceria apenas nos artigos sobre "Notícias do exterior". Isso se deve, é claro, à avalanche de outros temas, mais urgentes, mas pode sugerir que o governo tenha, de fato, censurado ou enviado alguma reprimenda à imprensa. Para tentar compreender a versão do ministério, vejamos o que se passava no trono.

II

Dois pontos precisam ser aqui destacados — de um lado, a prática recorrente dos gabinetes de utilizar a imprensa para defender as posições do governo. E, de outro, a forma como o governo e a imprensa lidaram com a guerra entre os estados americanos.

Primeiro, a questão da imprensa. Para José Murilo de Carvalho, uma das características mais marcantes do monarca era a "defesa intransigente da liberdade de imprensa".[33] E é por esse apreço que encontramos em seu *diário íntimo* tantas referências aos jornais. Como podemos ver no *diário* que redigiu ao longo de 1862, único em função dos detalhes que oferece,[34] d. Pedro II estava havia tempos descontente com a relação estabelecida entre o governo e a imprensa e queria criar um jornal oficial.

> É o Rocha [Justiniano José da] que defende o ministério nos comunicados do *Jornal* por 400$000 por mês e o Saião acrescentou que faltava ao Rocha a principal condição para o defensor eficaz que é o bom conceito. Cada vez acho mais precisa a folha oficial e depois que soube de todas as despesas que se fazem com a defesa do ministério na imprensa hei de trabalhar novamente para que se efetive a criação desta folha.[35]

Dias depois desse comentário, o monarca transcreveu os apontamentos dos ministros a respeito das despesas que tinham com a imprensa ministerial, sendo novamente citado o pagamento a Justiniano José da Rocha pelas pastas da Justiça e do Império, além de despesas com o *Correio da Tarde* e também com *A Marmota*.[36] Por outro lado, como se vê no comentário acima, podemos supor que o autor do comunicado no *Jornal do Commercio* sobre os Estados Unidos e a escravidão tenha sido Justiniano José da Rocha. Outra possibilidade é a de que, se o Gabinete estava descontente com Justiniano, e a nota acima é de 16 de janeiro de 1862, no final do mês o Ministério pode ter encomendado a "resposta" do governo a outro "jornalista" que, diga-se de passagem, parecia menos hábil do que o velho Justiniano. Nem o monarca gostou do tipo de texto. Novamente encontra-se em seu diário, no dia 1º de fevereiro de 1862, ou seja, dois dias depois da publicação do comunicado, a seguinte passagem:

> Notando as publicações do *Jornal do Commercio* a respeito da circular do Ottoni, e da posição neutral do governo na questão, tornei a fazer sentir a necessidade duma folha oficial *mais sob as vistas em que não apareceriam naturalmente tais artigos sobretudo o relativo à questão dos Estados Unidos.*[37]

Ou seja, se o Gabinete usava a imprensa para responder às críticas de seus opositores, também precisava ter mais cuidado com o conteúdo desses artigos, visto que d. Pedro II desaprovara o artigo relativo aos Estados Unidos. Mais tarde, em despacho com Paranhos, o monarca insistiu na necessidade de criar uma folha oficial "que não pagasse senão a quem escrevesse como o governo queria".[38] Isto explicaria, talvez, por que o *Jornal do Commercio* não fez mais menções ao tema em debate.

Como afirmou José Murilo de Carvalho, escravidão e abolição eram temas problemáticos e "tocar no assunto era quase tabu".[39] Dessa forma, não é exagero supor que o Ministério teria expedido ordens para não manter a polêmica em torno das questões que envolviam a Guerra Civil americana e o trabalho escravo. O embaraço do monarca diante da questão americana seria, inclusive, anterior à própria guerra. José Murilo de Carvalho sugeriu que antes mesmo da guerra contra o Paraguai, ou seja, em função da Guerra de Secessão, o imperador teria tomado uma série de medidas e feito declarações que nos permitem notar o seu lado abolicionista.[40]

Como nos explica Gerald Horne uma aliança entre o sul dos Estados Unidos e o Brasil já era alimentada. A imprensa americana, no final do ano de 1861, salientava o fato de os brasileiros serem simpáticos à causa dos secessionistas.[41]

> Mesmo antes de a Guerra Civil começar, analistas argutos tinham percebido que as vantagens do norte, em termos de população e instalações industriais, poderiam ser neutralizadas ou mesmo superadas por alianças hemisféricas que se concentrassem em um país, o Brasil, maior em território do que os Estados Unidos, e com um número maior de escravos africanos.[42]

Richard K. Meade, embaixador dos Estados Unidos no Brasil nos anos que antecederam a Guerra Civil, manifestou seu desejo de que os dois países firmassem uma aliança para resistir "à pressão antiescravista do resto do mundo". Meade teria, inclusive, discutido com o monarca sobre a guerra, apresentando as perspectivas dos CSA[43] e, segundo citação de Horne, "o imperador demonstrou os sentimentos mais gentis de amizade com o sr. Meade, mas não revelou sua opinião e seus sentimentos com relação à situação do nosso país, à qual se fizera alusão".[44] Outros casos como esse são citados por Horne, mas em linhas gerais temos de destacar o empenho de representantes dos Estados Confederados, antes mesmo da guerra, em defender uma aliança com o Império do Brasil. Não era, contudo, a posição dominante e James Watson Weeb, sucessor de Meade, "longe de ser um abolicionista", teria ficado horrorizado com o comportamento de seu antecessor. Mais tarde, d. Pedro II, diante do embaraço provocado pela guerra, teria pedido a Webb para não responder publicamente o que pensava sobre o conflito. "Isso livraria o imperador de todas as dificuldades relativas à questão da escravatura."[45]

III

Passados alguns meses sem nenhuma referência direta à guerra americana e ao problema servil, o jornal *Actualidade* voltou ao tema. Nas primeiras linhas, já apontava para o problema que também pretendo salientar neste artigo — o falso silêncio em torno da questão servil. Com o título "A escravidão no Brasil", afirmava:

> Há no país uma questão de imensa gravidade, que ninguém discute. Sua importância mesmo, as dificuldades que a rodeiam na prática, os grandes interesses sociais que choca, fazem com que todos tacitamente concordem em adiá-la.[46]

Tal adiamento sobre a questão da escravidão no Brasil, "uma traição ao país e à humanidade", não era a melhor maneira de agir diante desse que seria "um problema social de máxima importância".

> Há aí outra mais grave, mais urgente, mais cheia de interesse do presente e no futuro? Entretanto, que partido, que governo, que chefe de partido a tem abordado francamente? Quem tem procurado resolvê-la?[47]

A proposta, ou projeto, desses jovens redatores do *Actualidade* era trazer à arena de debates o tema da escravidão, visto que o Brasil estava numa posição desconfortável diante das outras nações:

> A Europa desconsidera-nos, tem-nos em conta de bárbaros, porque conservamos entre nós essa instituição criminosa e não pensamos nos meios de extingui-la. [...]
> Inconveniência, inconveniência! [...] Como é que se aventa em uma folha pública uma questão desta ordem, tão melindrosa, tão cheia de perigos? São moços, inexperientes, irrefletidos os redatores do *Actualidade*, dirão sem dúvida os homens de juízo que fazem transação com tudo, menos com a escravidão.[48]

O parecer do jornal, contudo, longe de propor uma abolição imediata, pedia que o fim da escravidão passasse a ser um tema estudado e enfrentado pelo governo e pelas elites. Defendia o respeito aos direitos dos senhores, mas também que se respeitassem "os [direitos] da humanidade representados pelo pobre escravo". A proposta, enfim, era "a emancipação lenta e gradual dos escravos".[49]

Na sequência, o *Actualidade* publicou a transcrição de um artigo do *Jequitinhonha*,[50] jornal editado em Diamantina (Minas Gerais) por Joaquim Felício dos Santos.[51] Tratava-se de um artigo instigante, pois relacionava a independência à abolição da escravidão. Em suas palavras:

> O dia 7 de setembro é mais um dia memorável para a dinastia de D. Pedro do que nacional; exaltou uma família e um novo império, porém para a emancipação brasileira foi um ato incompleto; seus direitos a ser dia nacional são bem contestáveis.
> A emancipação devera estender-se a todos os opressos que se achavam no solo brasileiro; mas não foi assim. Mais de um terço de seus habitantes continuam a sofrer um jugo mil vezes mais pesado e ignominioso do que o que sofríamos de Portugal.[52]

Defendia, portanto, a abolição da escravidão como ato análogo à independência política. E considerava a manutenção da escravidão no Brasil uma vergonha, já destacando o fato de que aos olhos das demais nações o Brasil era o símbolo do atraso pelo uso que fazia do trabalho escravo:

> Que brasileiro viajando pela Europa ou ainda por essas repúblicas espanholas não se envergonha de pertencer ou ser cidadão deste Brasil, *onde um homem pode esbofetear a seu semelhante, estendê-lo a uma escada, rasgar e comer-lhe as carnes das nádegas?*

O redator afirmava que precisava apresentar essas "duras verdades" para que os governantes, "sem distinção de partidos", despertassem com essas palavras de censura. No ato da independência deveriam ter "proclamado a emancipação" de todos os brasileiros. Instrumentaliza, portanto, um debate que esteve presente nas décadas de 1820 e 1830.[53] E continua: "O menos que então devêramos ter feito era declarar livre todo o ventre, livre todo homem que no solo brasileiro visse pela primeira vez a luz."

Ou seja, propunha a libertação do ventre, o que teria trazido mudanças para a atual geração. Finalmente, o artigo cita uma carta oriunda do Rio de Janeiro, publicada pelo *Globe* na Europa, na qual afirmavam que o governo brasileiro não queria a "emancipação da escravatura, visto que nenhuma medida legislativa tem tomado a esse respeito". Ao argumento comumente aceito de que o fim da escravidão seria o fim da indústria e da lavoura, o redator respondia:

> Assim também pensavam os negreiros; e, sob o pretexto de engrandecer o Império e dar incremento a todos os ramos do comércio, pretendiam perpetuar o seu infame tráfico. Entretanto, vemos aumentarem-se as rendas do Estado, apesar de sua extinção.[54]

O artigo se destaca também pela ênfase com que defendia os "direitos dos negros" que, em muitos aspectos, recupera e instrumentaliza os debates que surgiram no contexto da Independência e da redação da Constituição do Império. Em suas palavras:

> Um povo brioso não se poupa a sacrifícios quando se trata da reparação dos *direitos sociais* ofendidos pelos tiranos. Milhões de nossos semelhantes gemem na aflição; seus *direitos de homem* são postergados, e são reputados pela legislação como trastes, como bestas de carga.

Se esse artigo saiu da pena de Joaquim Felício dos Santos, pode-se notar a presença de um tom diferente, visto que ele propunha uma cidadania bastante inclusiva para os escravos, amplia aquilo que estava na Constituição do Império, a qual, em seu artigo 6, parágrafo 1, define que "os libertos, desde que nascidos no Brasil, eram considerados cidadãos brasileiros. Portanto, apenas os libertos *africanos* eram excluídos do corpo social da nação".[55]

Em 5 de dezembro de 1863, o jornal *Actualidade* lançou mais uma polêmica quando trouxe a notícia de que Sturtz, antigo cônsul do Brasil na Alemanha e, naquele momento, cônsul do Uruguai no mesmo país, estaria divulgando brochuras que difamavam o Brasil e tentavam desviar dos portos brasileiros os trabalhadores europeus.[56] Ele diria que o Brasil, apesar de sua prosperidade, estaria ameaçado por uma grande insurreição de escravos e por uma guerra de proletários, relativamente muito numerosos.[57]

Os redatores da *Actualidade*, por sua vez, já atuavam no sentido de criar uma imagem "real" do país na Europa: editavam um jornal em francês *Le Brésil* e pretendiam, até o final de 1863, dar aos leitores anglo-saxônicos o "Boletim Político" e o "Notícias do Prata" traduzidos para o inglês; também esperavam publicar, em parceria com outros países, uma versão em inglês do *Le Brésil* e, finalmente, uma em alemão. "O futuro de nossa colonização depende muito da Alemanha, país que não possui colônias e regurgita população."

> E se o governo dorme, se só pensa na pequena política, é preciso ao menos que os simples cidadãos tenham a necessária abnegação para ocuparem-se dos grandes interesses do país.[58]

Em virtude dos limites deste artigo, é preciso encerrar, mas gostaria de destacar que o jornal manteve um discurso de crítica aos gabinetes, mas também de crítica aos próprios liberais. Em 10 de novembro de 1863 diria que "o verdadeiro liberal ou aceita a monarquia ou professa ideias republicanas, não pode simpatizar com o aulismo [...] viver de sua influência."[59]

Não sei se é possível afirmar, com segurança, o quanto tais jornais eram ou não independentes, ao menos para o período aqui estudado. Busquei aqui apresentar como os temas da escravidão e da emancipação estavam sendo tratados pela imprensa da Corte no início da década de 1860, mais especificamente até 1863. Não eram temas fáceis, mas pode-se pensar que tais debates serviriam, como afirmou José Murilo de Carvalho, para alimentar o desejo de d. Pedro II de resolver o problema da mão de obra escrava.

Notas

1. João Carlos de Souza Ferreira, que assinava S.F., nasceu no Rio de Janeiro, em 15 de junho de 1831. Literato e jornalista, "sócio do IHGB, presidente da sociedade propagadora da instrução às classes operárias da freguesia de S. João Batista da Lagoa, cavaleiro da ordem da rosa russiana de Santo Estanislau". Iniciou o curso

de direito em São Paulo, mas o deixou ainda no primeiro ano para ser funcionário público, escriturário do Tesouro Nacional. Escreveu a biografia de Evaristo da Veiga para a Galeria de Brasileiros Ilustres e também publicou diversos artigos e textos no *Correio Mercantil*, onde chegou a substituir, na redação, Francisco Otaviano de Almeida Rosa, quando esse foi em campanha para o Prata. Mais tarde fez parte da redação do *Jornal do Commercio*. Sacramento Blake. *Dicionário Bibliográfico Brasileiro*. Rio de Janeiro: Imprensa Nacional, 1895, vol. 3, pp. 391-392.
2. *Correio Mercantil*, editorial, 6 de janeiro de 1862.
3. *Correio Mercantil*, editorial, 6 de janeiro de 1862.
4. Uma análise comparativa pode ser encontrada em Célia Marinho de Azevedo. *Abolicionismo: Estados Unidos e Brasil, uma história comparada (século XIX)*. São Paulo: Annablume, 2003.
5. Sobre a escravidão no sul dos Estados Unidos é essencial citar Eugene Genovese. *A economia política da escravidão*. São Paulo: Pallas, 1976; *A Terra Prometida: o mundo que os escravos criaram*. Rio de Janeiro: Paz e Terra, 1988; e *O mundo dos senhores de escravos*. Rio de Janeiro: Paz e Terra, 1979.
6. Silvia Cristina Martins de Souza. "Resenha: poesias da pacotilha", *Cadernos AEL*, v. 9, n° 16/17, 2002, p. 307.
7. Francisco Otaviano de Almeida Rosa nasceu no Rio de Janeiro, em 26 de junho de 1825, e morreu em 28 de junho de 1884. Estudou na Faculdade de Direito de São Paulo de 1841 a 1845, quando retornou ao Rio, onde principiou a vida profissional na advocacia e no jornalismo, nos jornais *Sentinela da Monarquia*, *Gazeta Oficial do Império do Brasil* (1846-48), da qual se tornou diretor em 1847, *Jornal do Commercio* (1851-54) e *Correio Mercantil*. Foi secretário do Instituto da Ordem dos Advogados; deputado-geral (1852) e senador (1867). Já participara da elaboração do Tratado da Tríplice Aliança, em 1865, quando foi convidado por Olinda para ocupar a pasta dos Negócios Estrangeiros, mas não a aceitou, ficando em seu lugar Saraiva. Por ocasião da Guerra do Paraguai, foi enviado ao Uruguai e à Argentina, substituindo o conselheiro Paranhos na Missão do Rio da Prata. A ele coube negociar e assinar, em Buenos Aires, em 1° de maio de 1865, o Tratado de Aliança ofensiva e defensiva entre o Brasil, a Argentina e o Uruguai. Recebeu o título do Conselho do Imperador e do Conselho Diretor da Instrução Pública. Sacramento Blake, op. cit., pp. 391-392. Ver também http://www.revista. agulha.nom.br/fo.html.
8. Pedro Luiz Pereira de Souza nasceu em dezembro de 1839 e também formou-se em direito pelo Largo de São Francisco. Foi deputado de 1864 a 1866 e, depois, em 1878-1881. Foi advogado na Corte e depois em Barra Mansa. Foi ministro no Gabinete de 1880 e depois presidiu a província da Bahia. Sacramento Blake.

Dicionário Bibliográfico Brasileiro. Rio de Janeiro: Imprensa Nacional, 1900, vol. 7, pp. 49-51.

9. Ao que tudo indica, trata-se de António Augusto Teixeira de Vasconcellos, autor, dentre outros, de *A fundação da monarquia portuguesa (narração anti-ibérica)*. Lisboa: Imprensa Nacional, 1860. António Augusto Teixeira de Vasconcelos (Porto, 1º de novembro de 1816 – Paris, 29 de junho de 1878) foi escritor, jornalista, advogado e deputado (1865-1878), governador de Vila Real, embaixador nos Estados Unidos, vice-presidente da Academia de Ciências de Lisboa, entre outros.

10. *Correio Mercantil*, Notícias do Exterior, 14 de janeiro de 1862. Na verdade, o correspondente notava certa ambiguidade do presidente Lincoln no conflito, não conseguia definir de antemão a posição que ele assumiria. Esse tema foi objeto de um instigante artigo, recentemente publicado por Vitor Izecksohn. "Deportação ou integração. Os dilemas negros de Lincoln". *Topoi*, v. 11, n. 20, jan.-jun. 2010, pp. 55-74.

11. *Correio Mercantil*, "Notícias do exterior", 14 de janeiro de 1862.

12. *Correio Mercantil*, Exposição Nacional, XI, T.B., 16 de janeiro de 1862.

13. Aliás, pouco tempo depois Tavares Bastos daria início a suas cartas assinadas como O Solitário, publicadas também no *Correio Mercantil*. Iniciou o curso de direito em Recife, mas depois se transferiu para a Faculdade de Direito de São Paulo, onde encontraria diversos nomes da imprensa e da política desses anos: Lafayette Rodrigues Pereira, Silveira Martins, Pedro Luís, entre outros. Formou-se em 1859 e, já no Rio de Janeiro, foi nomeado oficial de secretaria da Marinha. Sua saída desse cargo só fez aumentar seu discurso de crítica ao governo conservador. Foi deputado geral em três legislaturas, 1861-1863, 1864-1866 e 1867-1870. Sacramento Blake. *Dicionário Bibliográfico Brasileiro*. Rio de Janeiro: Imprensa Nacional, 1883, vol. 1, pp. 370-371.

14. *Correio Mercantil*, Exposição Nacional, XI, T.B., 16 de janeiro de 1862.

15. *Correio Mercantil*, 18 de janeiro de 1862.

16. Comunicado, Oposição por antecipação, *Jornal do Commercio*, 30 de janeiro de 1862.

17. Comunicado, "Oposição por antecipação", *Jornal do Commercio*, 30 de janeiro de 1862.

18. Comunicado, "Oposição por antecipação", *Jornal do Commercio*, 30 de janeiro de 1862.

19. Uma das fontes destacadas pelo autor é um ensaio publicado na década de 1850 por Robert Collins, um produtor de algodão do sul dos Estados Unidos, e que teria sido amplamente divulgado. Não é difícil imaginar que esse texto tenha chegado

até nossos redatores. Rafael de Bivar Marquese. "Governo dos escravos e ordem nacional Brasil e Estados Unidos, 1820-1860". *Penélope: Revista de História e Ciências Sociais*, Lisboa, n. 27, 2002, p. 68.
20. *Diário do Rio de Janeiro*, 31 de janeiro de 1862, p. 1.
21. *Diário do Rio de Janeiro*, 31 de janeiro de 1862, p. 1.
22. *Correio Mercantil*, 1º de fevereiro de 1862.
23. *Correio Mercantil*, 1º de fevereiro de 1862.
24. *Correio Mercantil*, 1º de fevereiro de 1862.
25. Ver, por exemplo, *Correio Mercantil*, 3 de fevereiro de 1862.
26. Secretaria de Washington, 18 de março de 1862. Publicado em *Relatório do ano de 1862 do Ministério das Relações Exteriores*. Rio de Janeiro: Tipografia Universal de Laemmert, 1863.
27. Ver HTTP://brazil.crl.edu/bsd/bsd/u1498/000038.html
28. *Diário do Rio de Janeiro*, 31 de janeiro de 1862.
29. James Watson Weeb, que ficou no Brasil como plenipotenciário dos Estados Unidos até 1869, participou, indiretamente, dos eventos da troca do gabinete Zacarias pelo Itaboraí. A passagem de Sérgio Buarque de Holanda sobre esse "incidente" é interessantíssima. Ver *Capítulos de História do Império: Sérgio Buarque de Holanda*. Organização Fernando Novais. São Paulo: Companhia das Letras, 2010, especialmente pp. 145-158.
30. "Neutralidade do Brasil na luta entre os Estados Unidos e os que se declaram separados da União Norte-Americana". *Relatório do ano de 1862 do Ministério das Relações Exteriores*. Rio de Janeiro: Tipografia Universal de Laemmert, 1863, p. 36. Ver HTTP://brazil.crl.edu/bsd/bsd/u1498/000038.html
31. Trata-se de Louis François Auguste Cauchois-Lemaire, que havia morrido no ano anterior e tornou-se célebre por sua ação na imprensa francesa contra os ultrarrealistas, tendo sido inclusive condenado duas vezes à prisão. Depois da revolução de julho de 1830, teria recusado uma pensão do rei Luís Filipe, alegando que pretendia manter a sua independência. Mais tarde, porém, sem meios de sobreviver apenas com o jornalismo, passa a se dedicar à história e torna-se chefe do Arquivo Real.
32. *Correio Mercantil*, 7 de fevereiro de 1862, p. 1.
33. *Correio Mercantil*, 8 de fevereiro de 1862, p. 1.
34. José Murilo de Carvalho. *D. Pedro II — Ser ou não ser*. São Paulo: Companhia das Letras, 2007, p. 85.
35. Sobre os diários do imperador e, em especial, sobre esse diário de 1862, ver o cap. 11, "Autorretrato", da biografia que José Murilo de Carvalho fez de d. Pedro II, op. cit., pp. 76-86.

36. Após a morte de Paula Brito, em 1861, a *Marmota* passou a ser publicada pela viúva Paula Brito & Genro. Ver Diário de d. Pedro II, p. 35.
37. Diário de d. Pedro II, p. 44.
38. Diário de d. Pedro II, 5 de fevereiro de 1862, p. 45.
39. José Murilo de Carvalho, op. cit., p. 130.
40. Ver a respeito da relação entre d. Pedro II e o fim da escravidão o cap. 17, "O cancro social", em José Murilo de Carvalho, op. cit., pp. 130-137.
41. Gerald Horne. *O sul mais distante: os Estados Unidos, o Brasil e o tráfico de escravos africanos*. São Paulo: Companhia das Letras, 2010, pp. 231-232.
42. *Idem*, p. 228.
43. CSA — Confederate States of America, ou seja, Estados Confederados da América.
44. Gerald Horne citou as *Notas sobre o encontro de Richard Meade com o Imperador*, 6 de julho de 1861, James Watson Webb Papers, Yale University. *Apud* Gerald Horne, op. cit., p. 230.
45. Gerald Horne, op. cit., p. 230.
46. *Actualidade*, 14 de outubro de 1862, p. 1.
47. *Actualidade*, 14 de outubro de 1862, p. 1.
48. *Idem*.
49. *Idem*.
50. Para Maria de Lourdes Costa Dias, o *Jequitinhonha* era um jornal de "tendência republicana", ainda que fosse o porta-voz do partido liberal na região. *Imprensa em tempo de guerra: o* Jequitinhonha *e a Guerra do Paraguai*. Dissertação de mestrado, Porto Alegre, PUC-RS, 2002.
51. Joaquim Felício dos Santos nasceu no Serro, em 11 de maio de 1822, e morreu em Diamantina, em 21 de outubro de 1895. Como os demais redatores aqui citados, também estudou na Faculdade de Direito do Largo de São Francisco, onde se formou em 1850. Criou o jornal *Jequitinhonha* em 1860 e, em 1864, tornou-se deputado-geral até 1866. Mais tarde, já na República, seria senador (1891-1895). Dentre seus diversos trabalhos encontra-se o *Projeto do Código Civil Brasileiro*, de 1882. Além disso, escreveu a primeira versão do caso de Chica da Silva, *Memórias do Distrito Diamantino*, lançado em 1868, e tornou-se representante de seus herdeiros. Junia Ferreira Furtado. *Chica da Silva e o contratador de diamantes*. São Paulo: Companhia das Letras, 2003.
52. *Actualidade*, 14 de outubro de 1862, p. 1.
53. Sobre esse período, ver Gladys Sabina Ribeiro, especialmente "Política migratória e escravidão", pp. 151-167.
54. *Actualidade*, 14 de outubro de 1862.

55. Rafael de Bivar Marquese. "A dinâmica da escravidão no Brasil: resistência, tráfico negreiro e alforrias, séculos XVII a XIX". *Novos estudos — Cebrap*, São Paulo, n° 74, março de 2006.
56. Tânia Regina Zimmermann. "Johann Jacob Sturtz e a nova Alemanha nos trópicos". Dissertação de mestrado, PPGH, UFSC, 2002.
57. *Actualidade*, 5 de dezembro de 1863.
58. *Actualidade*, 5 de dezembro de 1863.
59. *Actualidade*, 10 de novembro de 1863.

CAPÍTULO VI **O Brasil separado em reinos? A Confederação Caramuru no início dos anos 1830**

Marco Morel*

*Doutor em História pela Universidade de Paris I — Panthéon-Sorbonne, professor adjunto do Departamento de História da Uerj, pesquisador do CEO-Pronex (2006-2009) e pesquisador do CNPq.

Confederação: União de Príncipes, ou Estados, ou Cidades, para algum fim comum, de paz, ou de guerra.[1]

A divisão da integridade e unidade territorial brasileira esteve colocada em alguns momentos e locais no Brasil do século XIX. Uma dessas ocasiões, embora pouco conhecida, foi incisiva e abrangente. Trata-se do projeto de confederação, a partir das então chamadas Províncias do Norte, no início dos anos 1830, capitaneado por integrantes da tendência política *caramuru*: um conjunto de episódios ainda não devidamente identificado pela historiografia e, consequentemente, também não dimensionado e interpretado. Vários de seus aspectos ou manifestações já são conhecidos, ainda que sem as respectivas interligações. O objetivo deste trabalho, portanto, é estabelecer, numa abordagem inicial, as linhas gerais desse evento: episódios, locais e personagens (suas perspectivas, ideias e ações), articulando-os e dando-lhes um determinado sentido, a partir da análise das fontes documentais encontradas num primeiro momento.[2] Ou seja, busca-se constituir um fato histórico, que poderá ter seu conhecimento devidamente ampliado, confirmado, revisto, criticado ou até desconstruído.

Apresentam-se a seguir testemunhos, num variado espectro político.[3] Certamente existem outras fontes documentais referentes ao assunto na imprensa periódica, papéis privados e oficiais, inclusive diplomáticos. Mas o material aqui recolhido já permite uma primeira abordagem.

PERSPECTIVAS DA CIDADANIA NO BRASIL IMPÉRIO

O DIPLOMATA E A CONSPIRAÇÃO

Num relato manuscrito de 19 páginas, datado no Rio de Janeiro em 28 de setembro de 1831, classificado de confidencial e remetido a Paris pelo correio da fragata *La Dryade*, o chefe da representação diplomática da França no Brasil, Charles-Édouard Pontois (1792-1871), comunicava ao ministro das Relações Exteriores francês, conde Sebastiani, um projeto de separação "das Províncias do Norte" do Brasil.[4] O texto trazia pelo menos duas características que o diferenciavam dos despachos de rotina: primeiro informava (o que parecia a seu autor ser) o iminente desmembramento da nação onde ele se encontrava em missão oficial; segundo, o mesmo agente mostrava-se partidário enfático de tal iniciativa, propondo para isso uma imediata intervenção militar e política da França no Brasil, visando também a acordos comerciais e benefícios econômicos.

Nesse mesmo dia 28 ocorria na capital da monarquia brasileira um violento conflito armado, de caráter explicitamente político, envolvendo tensões sociais, raciais e nacionais, na sede do Teatro Constitucional Brasileiro, a principal casa de espetáculos da cidade-Corte, fazendo crescer o clima de apreensão e instabilidade.[5]

O documento do diplomata, ao mesmo tempo que é explícito e direto em alguns pontos, em outros é evasivo e incompleto. Vale a pena resumi-lo em seus principais aspectos. O primeiro parágrafo já esclarece sem preâmbulos o objeto em questão e suas causas:

> *Les causes nombreuses et puissantes de dissolution que la Révolution du 7 Avril est venu ajouter à celles qui minaient déjà depuis longtemps l'Empire du Brésil, l'état de désordre où le Pays est, en ce moment, tombé et le progrès toujours croissant de l'Anarchie, en amenant le relaichement des faibles liens qui unissent les Provinces entr'elles, ont fait presque généralement reconnaître l'impossibilité de maintenir, au moins sous la forme actuellement établie, l'integrité de l'Empire.*[6]

Tais argumentos seriam desenvolvidos no despacho. Uma análise da conjuntura baseada no contexto imediato da pós-abdicação de d. Pedro I, quando a ausência de um monarca no trono que aglutinasse o exercício do poder correspondia a um enfraquecimento do controle governamental e, assim, ao acirramento das disputas políticas, de expressão de demandas reprimidas (sociais, étnicas, regionais etc.) e de expansão da palavra pública, gerando uma vivência de "liberdade" (que alguns viam como "anárquica") que os próprios protagonistas não tinham certeza de seus limites e extensões.[7]

Em seguida o diplomata esclareceria sua solução para tal crise:

> *Le Nord du Brésil, c'est à dire, le Pays qui s'étend de Bahia jusqu'au Pará, forme, plus qu'aucune autre partie de l'Empire, une division naturelle, et semble destiné à devenir un État indépendant.*[8]

Delimitava-se geograficamente a fronteira do que deveria ser o novo Estado independente, recortando mais da metade do território brasileiro: "da Bahia até o Pará", conforme esclarecia o diplomata. Ainda segundo esse, o movimento de separação estava previsto para eclodir no mais tardar em abril de 1832.

E de quem vinha tal proposição e por que fora ela comunicada ao representante da França? É ainda ele próprio quem esclarece:

> *Des ouvertures confidentielles m'ont été faites dernièrement, à l'effet de savoir si l'on pouvait compter sur l'appui et l'assistance de la France pour l'éxécution d'un pareil projet. Elles venaient de la part de M. Holanda Cavalcante, ex-Ministre des Finances [...].*[9]

Logo, havia uma proposta de proclamar a independência de um Estado, formulada ao diplomata europeu por uma das mais influentes lideranças políticas do período, Antônio Francisco de Paula de Holanda Cavalcanti de Albuquerque (1797-1863), ex-ministro da Fazenda e futuro visconde de Albuquerque.

A proposta tinha desdobramentos, no tocante ao papel da França, que eram apresentados em bases gerais. Os confederados, se assim os podemos chamar, solicitavam do governo francês os seguintes itens:

- A presença de três ou quatro navios de guerra da frota real francesa;
- Armamentos e equipamentos completos para 4 mil ou 5 mil homens;
- Um ou dois navios mercantes armados em guerra, para serem vendidos ao novo governo independente;
- Empréstimo de 200 mil libras esterlinas.

Em troca, eram oferecidos à França os seguintes benefícios:

- Extensão das fronteiras da Guiana Francesa até as margens do rio Amazonas;
- Navegação do rio Amazonas comum aos dois Estados ribeirinhos (isto é, a França e o novo país independente);
- Fixação de um tratado de amizade e comércio entre a França e o novo país, na base da reciprocidade, com privilégios.

Esses eram, em linhas gerais, os pontos do relato, ao mesmo tempo proposta, que Pontois aconselhava o governo francês a aceitar e colocar-se à frente dela.

Holanda Cavalcanti, a crer nesse relato diplomático (que é verossímil), estaria pronto a infringir os artigos 2º, 103 e 145 da Constituição, que velavam pela integridade territorial do Império, embora os limites geográficos da nação não estivessem estabelecidos no texto constitucional.

Os dois personagens envolvidos não eram propriamente aventureiros: possuíam sólida inserção institucional e marcantes vínculos sociais e políticos. Édouard Pontois nascera no ambiente familiar e social dos emigrados da Revolução Francesa, chegara ao Brasil em 1828 e seus despachos revelavam um arguto observador dos embates e das identidades políticas locais. Ficou no Rio de Janeiro até 1833. Em seguida trabalhou nos gabinetes do Ministério das Relações Exteriores em Paris e voltaria ao Rio como ministro plenipotenciário entre 1835 e 1837. Sua carreira prosseguiu em Constantinopla e na Suíça — Luís Filipe deu-lhe o título de conde nos anos 1840.

Holanda Cavalcanti era, naquele período, liderança política de projeção nacional de setores agrários e escravistas, cujos agrupamentos oligárquicos, entrelaçados por alianças, casamentos e sobrenomes, eram dominantes econômica e socialmente e dirigentes políticos na maioria das chamadas Províncias do Norte, com epicentro em Pernambuco. Holanda Cavalcanti fora ministro da Fazenda no apagar do Primeiro Reinado: nomeado em novembro de 1830, no chamado "Ministério dos Marqueses", que aprofundou a crise entre o monarca e a maioria dos setores da vida política brasileira, permaneceu na pasta quando d. Pedro I formou o efêmero Gabinete de 19 de março de 1831, que seria mais liberal, mas não o suficiente para evitar a abdicação do monarca vinte dias depois. E tudo indica que justamente no período em que esteve e saiu do Ministério, isto é, entre 16 de julho do mesmo ano até 13 de setembro de 1832, é que Holanda Cavalcanti deslanchou a conspiração. O contato com Édouard Pontois ocorreu no intervalo em que Holanda Cavalcanti, depois de ocupar a pasta da Fazenda, estava fora do elenco ministerial — correspondendo à atuação de Diogo Feijó como ministro da Justiça. Depois, à frente do "Ministério de quarenta dias" (de 3 de agosto a 13 de setembro de 1832), acumulando o cargo de ministro do Império, Holanda Cavalcanti intensificou as articulações confederacionistas.

Ou seja, trata-se de uma conspiração urdida do interior do Estado nacional em construção, expressando a transitoriedade da formação política, a incerteza quanto à unidade territorial e as disputas existentes entre as elites políticas naquele contexto da primeira metade dos anos 1830, no qual o consenso em torno da unidade nacional brasileira, ainda que mantido durante e ao final daquele período, apresentava fissuras.

A partir do relato de Pontois desenha-se a proposta: em termos territoriais, divisão do Brasil em dois reinos (um, da Bahia ao Grão-Pará, outro com as províncias ao sul e a oeste da Bahia), com cessão à França de toda a parcela da região amazônica acima do rio Amazonas; em termos políticos, manutenção da forma de governo monárquica e da dinastia reinante, colocando-se uma princesa imperial à frente do reino do Norte (naquele momento havia três princesas: Januária — a mais velha —, Paula Mariana e Francisca), confederando-se os dois reinos independentes;

em termos econômicos, propunha-se um tratado de livre comércio privilegiando a França para o reino do Norte (subentende-se que a mesma proposta teria sido feita à Inglaterra), o que implicaria a manutenção e o reforço da economia agrária exportadora baseada no trabalho escravo. O meio para se chegar a esse objetivo seria uma luta armada de amplas proporções, de preferência com apoio das tropas francesas.

REAÇÕES AO PROJETO

Esse projeto de confederação foi combatido e denunciado publicamente pelos liberais *moderados* e *exaltados*. Em fins de 1832, Cipriano Barata, principal liderança política dos *exaltados*, da prisão no Forte do Mar, em Salvador, afirmava que "negociações clandestinas" pretendiam fazer "o Brasil em retalhos".[10]

Cipriano acrescentava que faziam parte da conspiração "alguns militares (não sei de que linha), paisanos e vários senhores de engenho, todos traidores da pátria", cujo "intento é restabelecer o Governo Absoluto". E entrava em detalhes sobre a conspiração, mantendo-se no âmbitos dos rumores:

> Dizem também que os franceses querem meter uma esquadra em nosso porto para apoiarem o ex-tirano D. Pedro I, que há de voltar, e os *caramurus*, e constrangerem o povo a estar sujeito a tudo que quiserem os traidores. Mas dizem que seu plano é tomar (e é fama que o plano é velho) e fortificar a Ilha de Itaparica e depois a Bahia, a fim de fazerem da nossa terra um reinado para um príncipe francês, casado esse com uma das princesas que estão no Rio de Janeiro. Nascendo dessas tramoias, vários barões, viscondes, condes, marqueses, duques, que são animais roedores da liberdade, igualdade e bem dos povos. E acrescentam que então há de ir o ex-tirano daqui subjugar os míseros cariocas que também se acham com as mãos abanando e sem fortificação. Dizem também que já se rosna que o maquiavelismo da chamada negociação oculta é depois de tomarem posse, enganarem aos egoístas e crédulos, mandarem os nossos melhores oficiais expatriados politicamente para diversos lugares

da França e suas ilhas. E que o mesmo desterro político devem ter os melhores liberais, restando os *caramurus* da cidade e do Recôncavo, e os marotos a seu cômodo, a fim de ficar o pretendido reino baiano sossegado para os nossos traidores (fora {ilegível} desfrutarem com os franceses, que serão os protetores, não sei se com outras vantagens). Essas são as novas que correm, valha a verdade [...].[11]

O alerta de Cipriano Barata tem pontos em comum com o relato de Pontois, escrito 14 meses antes: a presença francesa nessa conspiração através de forças militares, mas também a ideia de divisão do Brasil com a formação de reinos. Cipriano especifica setores envolvidos (militares, civis e senhores de engenho), mas acrescenta a proposta de formação, na Bahia, de um reino à parte, através do casamento com um príncipe francês, criando-se uma aristocracia titulada local. O publicista baiano associava a iniciativa à facção dos *caramurus*, que para tal se organizavam no Clube dos Gravatas, uma associação secreta baiana com ramificações em outras províncias.

É interessante assinalar que, entre as razões defendidas pelo diplomata francês para se efetivar essa nova formatação nacional, estava a de que ela permitiria esvaziar o que ele chamava de "*Parti Démocratique, qui n'est point sans quelque force dans ces Provinces {do Norte}*".[12] Ou seja, combater os liberais *exaltados*, bem como a tradição recente de movimentos contestatórios na região, como as Repúblicas de 1817 e 1824.

O mesmo Cipriano Barata retornaria ao tema dois anos depois, relembrando que, logo após a abdicação do imperador em 1831, "brasileiros egoístas, patifes e traidores da pátria" pretendiam restaurar no poder "o ex-tirano demônio do Brasil D. Pedro I", com o objetivo "de se matar a nossa independência e liberdade, tornando-se a unir o Brasil a Portugal, coisa em que desde mais tempo foi empenhado o ex-ministro francês e a Santa Aliança". Segundo o mesmo testemunho, um dos empecilhos para esse plano foi justamente "o esforço da Inglaterra em conservar a nossa independência, para melhor colher os frutos do comércio brasileiro, como da sua colônia", pois, caso contrário, continuava Cipriano, "seríamos incomodados com barulhos e guerras".[13]

Não deve passar despercebida a afirmação de Cipriano Barata em 1832 de que o norte do país andava de braço com os restauradores, o Rio de Janeiro e províncias vizinhas nas mãos dos moderados unitários (centralizadores) e que, nesse quadro, caberia à Bahia tomar rumo próprio.[14]

O redator e líder político baiano faria até uma letra para canção, uma charamela, a fim de espalhar pelo lastro da oralidade a notícia da conspiração *caramuru*:

> Certos — gravatas lavadas —
> Uma alhada andam tecendo,
> De sorte que a pátria nossa
> Se bem penso estão vendendo.
> Será certo?
>
> Prenhes navios de tropas,
> E francesa geração
> Também entram na tragédia
> Pondo tudo em confusão.
> Será certo?[15]

Em síntese, no relato de Cipriano delineava-se uma conspiração para se pulverizar o Brasil em reinos, do que resultaria o fim da unidade nacional e da independência, com a manutenção da dinastia reinante através de uma das princesas imperiais, sob a presença de d. Pedro I restaurado no trono e, em evidência, servindo de elo entre os novos reinos que surgiriam, reunindo-os a Portugal. Tratava-se, segundo o testemunho, de uma monarquia de tendências absolutistas, ou tirânicas, que teria o efetivo apoio de forças militares francesas, pretendendo-se uma aliança com a França através de matrimônio. A província da Bahia seria um reino à parte. Os principais protagonistas brasileiros da conspiração, nessa perspectiva, eram militares, civis *caramurus* e senhores de engenho.

Os liberais *moderados* também atacaram publicamente a conspiração, através de sua principal liderança política e intelectual, Evaristo da Veiga. Ainda que se mantendo também no registro de rumores, o redator do *Aurora Fluminense* apresenta no periódico elementos ainda mais circunstanciados da projetada Confederação. Afirmando tratar-se de um papel que teria sido distribuído informalmente ao Conselho de Estado, ou a alguns de seus membros, em forma de consulta, durante o Ministério de quarenta dias chefiado por Holanda Cavalcanti em 1832, Evaristo transcreve, entre aspas, o seguinte texto:

> Proposta: Se será conveniente, vista a tendência natural de se separarem as províncias do Norte das do Sul, o collocar no {ilegível} hum Centro de Poder Executivo, cuja Corte seja Pernambuco, pondo à testa huma Princeza Brazileira, e confederando este novo Estado do Norte, considerado do Cabo de S. Agostinho até o Amazonas, com o Estado do Sul, considerado à quem do Cabo de S. Agostinho até os limites da Província Cisplatina. Se convirá, porém, formar o outro Estado do Centro, fazendo parte delle as Províncias da Bahia, Sergipe, Alagoas e Capitania do Espírito Santo, pondo alli hum Centro de Poder Executivo, como melhor convier. A saber: Estado do Sul: Província do Rio de Janeiro, Minas Geraes, S. Paulo, Goiaz, Matto Grosso, Rio Grande de S. Pedro e S. Catharina. Estado do Centro (no caso supposto de se dever ter este Estado): Bahia, Sergipe, Alagoas e Capitania do Espírito Santo. Estado do Norte: Pernambuco, Parahiba, Rio Grande do Norte, Ceará, Maranhão, Piauhy e Pará. Observação: Essa opinião com a alteração do Estado do Centro he filha dos sentimentos de alguns deputados do Norte que prevêm a separação inevitável de tantos estados quantas são as províncias.[16]

Logo, no documento transcrito por Evaristo, seriam dois, ou possivelmente três Estados confederados. Se o redator do *Aurora* traz à tona um contorno geopolítico mais nítido, ele omite propostas políticas, não menciona claramente a forma de governo (refere-se a uma princesa brasileira para o Norte), nem a participação francesa, mas coloca em evidência, sem acusação direta, o nome de Holanda Cavalcanti. O resultado da conspiração, caso vitoriosa, seria a "dissolução do Império", na avaliação do mesmo Evaristo.

A expressão "Estados confederados" (e não reinos) deixa em aberto a possibilidade de inspiração no modelo norte-americano, de república confederada, tão caro a Evaristo e a outros personagens do período, sobretudo entre os *moderados* e *exaltados*.[17]

Evaristo da Veiga analisava que tal projeto tinha como base a "restauração de velhas influências" para alimentar as pretensões "adormecidas da Classe que se julga privilegiada, porque alcançou certos títulos ou signaes de distincção" e que reclama "seu antigo poderio".[18]

O tema da conspiração, nesse caso, voltava à tona no contexto da primeira campanha eleitoral para Regente Uno, em 1834, quando se polarizaram forças em torno de Holanda Cavalcanti (*caramuru*) e do padre Feijó (*moderado*), embora *exaltados* como Cipriano Barata e Paes de Andrade constassem das listas de candidatos. Aliado de Feijó, Evaristo da Veiga procurava atingir seu principal adversário. Mas o próprio redator admitia suas omissões em torno do assunto "de sua natureza delicado" e justificava: "talvez seja nocivo, nas circunstâncias presentes, dar-lhe mais largo desenvolvimento".

Algumas das informações publicadas por Evaristo da Veiga em 1834 coincidem com as propostas do diplomata francês (confederação entre reinos/Estados independentes, uma princesa brasileira para o Norte e delimitação da fronteira até o rio Amazonas) e com as denúncias de Cipriano Barata (Bahia como possível capital de um reino/Estado independente e dissolução do território imperial brasileiro).

Chama ainda atenção outro testemunho nesse sentido, do padre Diogo Feijó. Numa declaração para aceitar a Regência, de 1834, constava o seguinte: "No caso de separação das províncias do Norte, segurar as do Sul e dispor os ânimos para aproveitarem esse momento para as reformas que as necessidades de então reclamarem".[19]

Ao estabelecer essa condição prévia, Feijó deixava pistas: o assunto ainda estava em baila no ano de 1834 — e provavelmente esvaziou-se por um conjunto de fatores, como o falecimento de d. Pedro I e os rumos cada vez mais conflituosos tomados pela Cabanada em Pernambuco e Alagoas.

Percebe-se também nesse posicionamento de Feijó, à semelhança do que expressara Barata dois anos antes, uma ambiguidade diante da colocada divisão política e territorial do Brasil: caso se tornasse inevitável, cada protagonista se apressava em traçar o cenário consecutivo, para melhor garantir seus interesses na partilha. Ainda que preferissem, a princípio, manter a unidade brasileira (mesmo com projetos de Estado e nação distintos), os adversários dos *caramurus* não descartavam publicamente, em última instância, seguir outros rumos com o desmembramento do império nacional brasileiro na década de 1830. A adesão pétrea à unidade nacional apresentava fissuras, que indicavam possibilidades distintas de futuro.

UMA TEIA (IN)VISÍVEL

Além dos testemunhos citados, há evidências já conhecidas que, vistas sob esse ângulo da articulação de uma conspiração separatista, ou confederacionista, podem ganhar novos sentidos. De um lado, motins e rebeliões indicam que o movimento não se limitou às conversas de gabinetes e ligava-se às movimentações em torno de figuras da dinastia, como o duque de Bragança (outrora Pedro I) e sua filha Januária. O elo entre os movimentos armados, a nobreza imperial e os chefes militares eram os dirigentes políticos *caramurus*, entre os quais o mesmo Holanda Cavalcanti, José Bonifácio e seus irmãos Antônio Carlos e Martim Francisco.

Percebe-se sincronia em alguns eventos no ano de 1832: o começo da impressão do periódico *O Caramuru* no Rio de Janeiro; a demissão de Holanda Cavalcanti do Ministério, seguida de um motim que assustou a população do Rio de Janeiro, liderado pelo agente militar barão de Bulow, que tentava o retorno do ministro recém-destituído; a eclosão da revolta de Pinto Madeira no Ceará e o próprio início da Cabanada; alusões na imprensa do apoio do "partido holandês" à entronização da princesa Januária como imperatriz do Brasil. Coincide com a viagem de Antônio Carlos à Europa (onde encontrou d. Pedro, que não aceitou embarcar de imediato na tentativa restauracionista) o rumor, entre os cabanos em Pernambuco e Alagoas, de que o ex-monarca se preparava para voltar ao Brasil, levando os rebeldes em armas a tentar ocupar uma cidade litorânea, a fim de que o ex-imperador tivesse um porto de entrada.[20]

A Cabanada foi, inicialmente, fomentada por *caramurus*: oficiais militares, setores do clero, autoridades locais e grandes proprietários rurais das respectivas províncias (AL e PE), que arregimentaram camadas pobres rurais da população, inclusive índios aldeados. Entretanto, o que se verifica é que tal mobilização acabou transformando-se num estopim, catalisando insatisfações sociais. Essas camadas pobres (inclusive escravos que fugiam) acabaram imprimindo dinâmica própria à rebelião, explicitando conflitos e ameaçando a ordem social, ao mesmo tempo que manifestavam discurso arcaico: ultramontano, milenarista, impregnado de catolicismo ortodoxo e de antiliberalismo, além de tomarem como bandeira imediata de luta o retorno de d. Pedro I ao poder.[21]

Entre os chefes militares da conspiração dos *caramurus* destacavam-se o barão de Bulow (liderara motins *caramurus* no Rio de Janeiro em 1832), o coronel Bento José Lamenha Lins (que prendera Frei Caneca em 1824 e liderara os motins *caramurus* em Recife, 1831) e o general Abreu e Lima.

A apreensão de cartas particulares de Abreu e Lima, publicadas ao *Aurora Fluminense*, revelam pontas da articulação maior, detalhando os contatos entre os dirigentes *caramurus*, os chefes militares, as tentativas de restauração de d. Pedro e a eclosão da Cabanada. Dirigindo-se ao irmão Luís, o militar pernambucano conhecido como General das Massas informava os contatos que mantinha com José Bonifácio e Martim Francisco e lamentava que "os caramurus preferiram o Lamenha para Chefe", pois fora ele próprio, Abreu e Lima, quem comprara "o armamento, e fiz fazer as munições que eles [os caramurus] tinham". Esperançoso na investida militar que se avizinhava, José Ignácio escrevia ao irmão Luís:

> [...] em fim parece que me não enganei quando puz os olhos nas Províncias do Norte, e Deos permita que tu chegues até o centro dos Cabanos, e possas dispôr dessa gente, como eu espero e me figuro. [...]. Tambem me fallas de artigos em Jornaes, e de escrever sobre os Cabanos; não convém escrever aqui nada, porque logo se sabia tudo; [...] não tenhas cuidado nem receios de mim porque o Povo baixo, que sempre me foi fiel, está todo comigo e bem pronunciado.[22]

Percebe-se nas entrelinhas da missiva de Abreu e Lima a expectativa de que ele almejava se tornar um libertador, uma espécie de Simon Bolívar (de quem fora general e ajudante imediato) das Províncias do

Norte, apoiando-se na própria experiência militar e na ascendência que acreditava ter sobre a população pobre dos sertões, após descartar-se dos dirigentes *caramurus*. Nesse caso, isto é, nas pretensões implícitas de Abreu e Lima, não haveria reinos, e sim uma confederação republicana comandada por um líder militar e político carismático. Aponta-se, também, a clandestinidade dos objetivos do projeto de secessão, que não deveriam ser escritos abertamente nos jornais pelos próprios partidários. Ou seja, toda a movimentação de motins e rebeliões não deveria aparecer, no princípio, explicitamente ligada à projetada divisão do território brasileiro.

Nesse ponto entra também José Bonifácio, conhecido chefe da facção *caramuru* e, ao mesmo tempo, tutor dos príncipes imperiais entre 1831 e 1833, ano em que foi destituído do cargo. Curiosamente, Bonifácio também procurou Pontois com uma sondagem no mínimo preocupante para os defensores da integridade do território nacional brasileiro. Ele solicitou em 1831 apoio da esquadra francesa fundeada na baía de Guanabara para que os príncipes imperiais pudessem ser levados para local seguro, transferindo com eles a capital do Império para outro ponto do território (não especificado no relatório diplomático), no caso em que suas vidas estivessem ameaçadas devido a desordens ou insurreições no Rio de Janeiro.[23] Trata-se de uma iniciativa que expressa, mais uma vez, o clima de instabilidade quanto à manutenção de um Império unido e com sede no Rio de Janeiro.

Parece-nos interessante destacar que, através destas duas lideranças — José Bonifácio e Holanda Cavalcanti —, temos a expressão de duas vertentes distintas, sem serem antagônicas, no interior do agrupamento *caramuru*. Holanda Cavalcanti, como já foi dito, representava nessa opinião restauradora um elemento com bases na grande propriedade rural, isto é, um chefe de oligarquias. Enquanto Bonifácio, um homem das ciências, pautava sua inserção através da administração pública, personagem sobretudo urbano, de cortes, palácios e repartições administrativas, uma espécie de sobrevivente da República das Letras do século XVIII. Nesses dois perfis recoloca-se a questão do projeto de nação *caramuru*: uma centralização herdeira do absolutismo, ainda que *ilustrado*, com reforço de um Estado autoritário ou, então, um fortalecimento das oligarquias e do poder agrário com suas redes de clientela e de mando entre a população rural. Ainda que encarnando segmentos sociais diferenciados, José Bonifácio e Holanda Cavalcanti aliavam-se politicamente.

CONFEDERAR E SEPARAR

Como caracterizar o perfil desse movimento? Apesar de serem termos polissêmicos e às vezes sinônimos em determinadas situações, confederação e federação apontam, na tradição do pensamento político, para dois sistemas distintos. Desde a Grécia Antiga até Norberto Bobbio, passando pela *Encyclopédie*, o termo confederação nomeia um conjunto de Estados que se unem em torno de um ponto que lhes interessa em comum, mas cada um deles guarda soberania plena e é independente dos demais. São os chamados Estados compostos. Isto é, na confederação os órgãos centrais não têm autoridade própria e a associação confederada só existe como resultado na união de outros Estados. Já federação remete em geral à fórmula na qual vários corpos políticos soberanos consentem a se tornar integrantes de um Estado maior, delegando à instância central uma quantidade mínima de poder de decisão sobre todo o território, para garantir a união política e econômica, desde que seja preservada a soberania de cada parte. É certo que existe infinita variação de nuances e gradações que aproximam ou, ao contrário, diferenciam as organizações federadas ou confederadas, a depender de cada experiência ou contexto histórico.[24]

Mesmo o separatismo apresenta diferentes composições. Entendido genericamente como ação de se separar de algo a que se pertencia (uma instituição, um partido político, uma cidade ou um Estado), o separatismo pode se aproximar de composições confederadas, por exemplo, na medida em que essas dissolvem ou alteram substancialmente a estrutura de unidade até então existente.[25]

Para conhecer a conspiração tratada aqui existem dificuldades. Inicialmente, de ordem documental, comum aliás à maioria das tentativas malogradas e que se traduz em escassez de informações e impossibilidade de conhecer quais desdobramentos a proposta inicial teria caso se realizasse, ainda que parcialmente. A ausência de repressão ou investigação oficial, com os respectivos papéis e discursos por elas gerados, é outro aspecto que não ajuda o esclarecimento. A repressão realizou-se de forma espalhada sobre as manifestações e personagens, como se fossem desconectados entre si, poupando ao mesmo tempo os principais "cabeças". Acrescenta-se outro caráter limitador do conhecimento: tal episódio não está devidamente identificado e qualificado em termos historiográficos. E, sobretudo, foi como que enterrado sob a cláusula pétrea da memória da unidade nacional que se pretendia, justamente, dissolver.

Exemplo dessa postura está em *Um estadista do Império*, de Joaquim Nabuco, cuja família em Pernambuco era estreitamente ligada aos Cavalcanti Albuquerque (dos quais faz apologia). Nabuco busca minimizar as preocupações expressas publicamente por Diogo Feijó sobre o risco de desintegração da unidade nacional, atribuindo-as a fatores psicológicos, como pessimismo e depressão do padre regente.[26] Nabuco, na monumental biografia de seu pai, misturava narrativa histórica, memória e ocultação. É evidente que os Nabuco de Araújo compunham com as elites locais que haviam tramado a secessão, permanecendo à sombra, e, com o abandono de tal projeto, incorporaram e reforçaram a inviolabilidade da memória nacional brasileira.

Apesar de tais limites, alguns aspectos podem ser considerados. Podemos entrever, por trás das camadas de historiografia e memória nacionalistas, flagrantes de uma das vezes em que a dissolução da unidade nacional foi tentada por importantes lideranças políticas e envolvendo amplos setores sociais. Permite, portanto, melhor compreender questões significativas da construção da nacionalidade brasileira. Aponta, pois, para cenários, situações e concepções em que os agentes históricos não aparecem como predestinados e homogêneos artesãos de um berço esplêndido, mas como atores de um enredo que, incerto, ainda estava em jogo, por se definir.

Em primeiro lugar, aparece a proposta de secessão — no sentido de que não se falava em reordenar a geopolítica do poder no interior da nação brasileira, mas, constatada a impossibilidade de se preservar a união, criar novos Estados independentes e confederados. Verifica-se, pois, que o consenso entre as diferentes elites quanto à unidade nacional possuía brechas e poderia ser repensado ainda nos anos 1830 no Brasil — a separação foi concebida, mas não realizada. Em consequência, é possível afirmar que o separatismo não era atributo exclusivo dos liberais *exaltados* ou de tendências republicanas. Havia, pois, uma tendência separatista *caramuru*, os mais conservadores naquele espectro político.

A proposta de confederação tomava a forma, naquele contexto, da criação de novos impérios, redistribuindo-se a centralização, não a eliminando. Ao contrário de descentralizar, buscava-se consolidar novos centros de poder, provavelmente ainda mais centralizados, aos quais territórios de outras províncias estariam agregados. Não havia, portanto, incoerência de que agentes históricos que sempre apoiaram um Estado centralizado e controlado por elites econômicas e políticas pregassem a confederação ou separatismo. Eles pretendiam, na verdade, reordenar os centros de poder, em benefício dos próprios interesses. Nesse sentido, pode-se dizer que a projetada confederação dos *caramurus* era mais radical, diante do Estado unitário e imperial brasileiro, do que os federalismos propostos por liberais *exaltados* e *moderados* — que pressupunham, esses dois últimos, a submissão das partes a um centro com poderes limitados, mas efetivo para manter a unidade nacional. É irônico lembrar que foi o mesmo Holanda Cavalcanti que, em 1824, participara da repressão à Confederação do Equador em Pernambuco, sob o argumento de que tal movimento pretendia a secessão do território nacional.

Ainda que não seja o caso de se fazer uma genealogia das tendências centrífugas da Região Norte, vale lembrar, por exemplo, que desde o século XVI até a Independência a América portuguesa e o Reino do Brasil estiveram divididos em duas unidades administrativas: Maranhão ou Pará, ao norte, e Brasil.[27] E que o Grão-Pará só aderiu formalmente à independência quase um ano após a aclamação de d. Pedro no Rio de Janeiro. E, ainda, pode-se considerar que somente após a repressão da Cabanagem, em 1840, é que a região amazônica começa efetivamente a ser incorporada à ordem nacional brasileira, passando paulatinamente a língua portuguesa a ser predominante.[28] Juntem-se a tais fatores a especificidade e os conflitos de Pernambuco com outros centros de poder, como Bahia e Rio de Janeiro, desde o período colonial até o século XIX. A proposta de confederação dos *caramurus* era, de algum modo, herdeira de dilemas ainda não plenamente resolvidos.

E antes da proposta divisionista, o mesmo Holanda Cavalcanti, em 1826, como representante dos grandes proprietários rurais na Assembleia Geral, estava à frente dos que pediam a extinção do primeiro Banco do Brasil, contrariando interesses dos grandes negociantes. E seria o mesmo Holanda Cavalcanti que, senador do Império, proporia em 1853 (ano conhecido como o da Conciliação) a criação pelo governo central de bancos provinciais, proposta combatida pelo então ministro da Fazenda, visconde de Itaboraí.[29] Percebe-se, assim, que a malograda confederação, embora existente num tempo curto, relacionava-se a questões de maior duração — e que o problema da centralização vinha de longe e não fora resolvido em 1834 com o Ato Adicional.

EPÍLOGO

A história dessa conspiração *caramuru* ainda está por ser escrita e aqui estão apenas algumas indicações. A resposta do governo de Luís Filipe não tardou: a ideia de apoiar a ação separatista, ainda que *honorable*, foi definida como incompatível com os princípios de não intervenção e de respeito às soberanias nacionais que deveriam guiar a monarquia constitucional.[30] Mais uma vez a expansão francesa deixava de lado a América do Sul. A família Holanda Cavalcanti de Albuquerque aos poucos reacomodou-se à política nacional, da qual nunca saiu, mas nunca conseguiu realizar plenamente seus projetos de poder além do âmbito regional. José Bonifácio foi entronizado no panteão da memória como Patriarca da Independência e Holanda Cavalcanti ocuparia o cargo (anteriormente exercido pelo Andrada) de grão-mestre do aglutinador Grande Oriente do Brasil.

A tentativa de secessão confederada ocorreu entre 1831 e 1834: desde o imediato pós-abdicação de d. Pedro I até o falecimento desse — já que a figura do ex-monarca aparecia como possível referência aglutinadora. Podemos contar entre os motivos do fracasso do projeto, também, os rumos tomados pelos cabanos em armas e os acordos parciais gerados pelo Ato Adicional, bem como a prisão ou neutralização das principais lideranças militares. A proposta de rompimento do Império brasileiro e a criação de impérios confederados tomou ares de uma fronda. No sentido que essa expressão ganhou com os confrontos ocorridos na França, no século XVII, significa que numa situação de enfraquecimento do poder monárquico em período de Regência, acompanhado de situação financeira e fiscal precária, desenvolve-se forte reação contra a centralização administrativa e política, que se reordena após a ausência do monarca, mesclando, nesse ambiente de descontentamento, um certo espírito de revanche dos potentados regionais que se sentiam prejudicados, levando a um amálgama momentâneo de insatisfações parlamentares, aristocráticas e populares.

No caso aqui estudado, os objetivos gerais do movimento se propagavam pela via conspiratória, não assumidos de público pelos protagonistas, embora ações e propósitos parciais fossem alardeados. Nesse cruzamento entre o dito e o não dito, entre o feito e o que faltou completar, repousa, talvez, o claro enigma desse evento.

Um sentido ainda mais preciso encontra-se no português arcaico: o verbo frontar significava, já no século XIV, requerer, pedir com instância, protestar. Tal verbo deslizava para o substantivo frontaria, ou fronteira: divisão entre reinos, cidades ou povos.[31] O que permite até um jogo de palavras: a fronda afronta fronteiras.

No propósito do texto está a perspectiva de concepção de um fato histórico. Essencial para isso é batizá-lo, atitude, aliás, característica do ofício de historiador. Parece que os próprios agentes históricos não chegaram a uma definição sobre esse ponto. Chegou a circular, na época, referência a um Império do Equador, ou do Amazonas.[32] Mas na perspectiva ao mesmo tempo desconstrutora e construtiva do historiador, coloco aqui o nome de Confederação Caramuru.

Notas

1. A. de Moraes e Silva. *Diccionario da Lingua Portugueza* [1813]. Rio de Janeiro: Litho-Typographia Fluminense, 1922, t. 1.
2. Retomo e amplio aqui uma abordagem inicial sobre o tema que publiquei em "Restaurar, fracionar e regenerar a nação: o partido Caramuru nos anos 1830". *In*: István Jancsó (org.). *Brasil: formação do Estado e da Nação*. São Paulo: Hucitec/ Fapesp/Unijuí, 2003, pp. 407-430.
3. Sobre as identidades e pertencimentos políticos daquele contexto, sobretudo para a tripartição *exaltados, moderados* e *caramurus*, ver Marco Morel. *As transformações dos espaços públicos. Imprensa, atores políticos e sociabilidades na cidade imperial do Rio de Janeiro (1820-1840)*. São Paulo: Hucitec, 2005, parte I; e Marcello O. N. de Campos Basile. "O Império em construção: projetos de Brasil e ação política na Corte regencial", tese de doutorado em História, IFCS/UFRJ, 2004.
4. *Correspondance Politique du Brésil*, vol. 13, despacho de 28/9/1831, de Charles-Édouard Pontois, Archives du Ministère des Affaires Étrangères, Paris. As citações seguintes remetem a esse documento. Agradeço à historiadora Silvia Capanema a reprodução e remessa desse material.
5. Sobre o conflito no teatro, ver Basile, op. cit., pp. 281-292.
6. "As numerosas e poderosas causas de dissolução que a Revolução de 7 de abril acrescentou às que já minavam havia muito tempo o Império do Brasil, o estado de desordem no qual o país se encontra, nesse momento, e o progresso sempre crescente da Anarquia, ocasionando o afrouxamento dos fracos laços que uniam as províncias entre si, fazem-nos quase unanimemente reconhecer a impossibilidade de manter, ao menos na forma estabelecida atualmente, a integridade do Império."
7. Para uma abordagem preliminar desse contexto, ver Marco Morel. *O período das Regências (1831-1840)*. Rio de Janeiro: Jorge Zahar Editor, 2003.

8. "O Norte do Brasil, ou seja, o País que se estende da Bahia ao Pará, forma, mais do que qualquer outra parte do Império, uma divisão natural, e parece destinado a se tornar um estado independente."
9. "Aberturas confidenciais me foram feitas recentemente, a fim de saber se poderíamos contar com o apoio e a assistência da França para a execução de um projeto semelhante. Elas vinham da parte de M. Holanda Cavalcante, ex-ministro das Finanças (...)."
10. "Sentinela da Liberdade na Guarita do Quartel-general de Pirajá, mudada despoticamente para o Rio de Janeiro, e de lá para o forte do mar da Bahia, de onde generosamente brada Alerta!", nº 32, 21/11/1832. *Apud*: Cipriano Barata. *Sentinela da Liberdade e outros escritos (1821-1835)*. Marco Morel (org.). São Paulo: Edusp, 2008, p. 845.
11. *Idem*, p. 847.
12. *Correspondance Politique...*, vol. 13, 28/9/1831. ["Partido Democrático, que não é desprovido de força nessas províncias (do Norte)."]
13. "Sentinela da Liberdade na sua primeira guarita, a de Pernambuco, onde hoje brada Alerta!!", 23/7/1834. *Apul*: Barata, op. cit., p. 882.
14. "Sentinela da Liberdade na Guarita...," nº 32, 21/11/1832. *Apud*: Barata, op. cit., p. 850-851.
15. *Idem*, p. 846-847.
16. *Aurora Fluminense*, nº 1.035, 3/4/1835, pp. 3838-3839, Fundação Biblioteca Nacional.
17. Silvia C.P. de B. Fonseca. "A ideia de República no Império do Brasil: Rio de Janeiro e Pernambuco (1824-1834)". Rio de Janeiro, tese de doutorado/PPGHIS-UFRJ, 2004.
18. *Aurora Fluminense*, nº 1.035, p. 3838-3839.
19. J.M. Pereira da Silva. *História do Brasil de 1831 a 1840*. 1ª ed. Rio de Janeiro, 1878, Documento nº 10, anexo, pp. 15-16, *apud* Octavio T. de Sousa. *Diogo Antonio Feijó*, vol. VIII, História dos Fundadores do Império do Brasil. 2ª ed. Rio de Janeiro: José Olympio, 1960, pp. 286-287.
20. Paulo P. de Castro: "A experiência republicana, 1831-1840". *In*: Sérgio Buarque de Holanda (dir.). *História Geral da Civilização Brasileira — O Brasil Monárquico*. São Paulo: Difel, 5ª ed., vol. II, t. 2, pp. 44-45. M. Correia de Andrade. *A guerra dos cabanos*. São Paulo: Conquista, 1965, pp. 81-82.
21. Correia de Andrade, op. cit., e *Pernambuco e a Revolta de Pinto Madeira*. Recife: Nordeste, p. 195; João A. de Sousa Montenegro. *Ideologia e conflito no nordeste rural (Pinto Madeira e a revolução de 1832 no Ceará)*. Rio de Janeiro: Tempo Brasileiro, 1976.
22. *Aurora Fluminense*, nº 888, 17/3/1834.
23. *Correspondance Politique...*, vol. 13, 20/7 e 30/9/1831.

24. Norberto Bobbio et al. (orgs.). *Dicionário de Política*. 12ª ed. Brasília: UNB, 1999, t. 1; *Encyclopédie ou Dictionnaire Raisonné des Sciences, des Arts et des Métiers* [1751-1772]. Ed. integral. Marsanne: Édition Redom, s.d., CD-ROM.
25. Bobbio, op. cit., t. 1.
26. Joaquim Nabuco. *Um estadista do Império*. 5ª ed. Rio de Janeiro: Topbooks, 1997 {1898}, vol. 1, p. 57.
27. De 1772 até a independência, o Estado do Grão-Pará foi subdividido entre Pará e Maranhão, mantendo-se, ainda assim, a clivagem Norte-Sul.
28. José R. Bessa Freire. *Rio Babel — A história das línguas na Amazônia*. Rio de Janeiro: Eduerj/Atlântica, 2004.
29. Théo Lobarinhas Piñeiro. "Os simples comissários" (Negociantes e política no Brasil Império). Tese de doutorado em História. Niterói, UFF, 2002, pp. 141 e 155.
30. *Correspondance Politique...*, vol. 13, 6/12/1831.
31. Frei Joaquim de Santa Rosa de Viterbo. *Elucidario das Palavras, Termos e Frases que em Portugal Antigamente Se Usaram e que hoje regularmente se ignoram...* 2ª ed. Typographia do Panorama, 1865.
32. Cf. Maximiano Lopes Machado, "O 14 de Abril de 1832 em Pernambuco", *Revista do Instituto Arqueológico e Geográfico Pernambucano*, nº 38, 1890, *apud* Correia de Andrade, op. cit., p. 31.

PARTE II Cidadania: ideias e culturas

CAPÍTULO VII Nação, cidadania e religião em Portugal nos séculos XIX-XX (1820-1910)

Miriam Halpern Pereira*

*Professora emérita do Centro de Estudos de História Contemporânea — Instituto Universitário de Lisboa (ISCTE-IUL).

INTRODUÇÃO

Nas últimas décadas, a intolerância étnica e religiosa tem continuado a ser tema de atualidade, como mostram os acontecimentos na ex-Iugoslávia, na Irlanda, na Argélia ou no Oriente Médio, entre tantos outros que se podiam invocar. Inserem-se no longo lastro de violência e intolerância que manchou a história do século passado e persiste em fazê-lo em quase todos os continentes. As tragédias a que assistimos quase diariamente dão uma triste atualidade ao tema das relações entre religião e poder político. Em vários momentos da História essa foi uma questão central.

Enquanto historiadores, temos de fugir a qualquer simplificação e a uma generalização superficial que ignore a realidade específica de cada época. Na realidade, religião e poder político cruzaram-se de forma diversa na longa história da Europa, provocando fenômenos cuja natureza não foi sempre idêntica. Dessa dimensão histórica, variável na longa duração, tanto na Europa como em Portugal, aflorarei aqui tão só as relações entre Estado e religião desde o advento da monarquia liberal até a implantação da Primeira República, ou seja, no período de 1820 a 1910.

Fundamental para a sua compreensão nessa época é a análise da relação triangular entre os conceitos de nação, cidadania e religião em Portugal e nos territórios coloniais. Essa relação triangular será analisada mediante seis vertentes complementares: 1. O enquadramento conceitual e jurídico; 2. O Estado liberal e a Igreja Católica; 3. A constituição de comunidades judaicas no século XIX; 4. A expansão do protestantismo desde meados do oitocentos; 5. O ateísmo e a laicização; 6. A integração dos "usos e costumes indígenas" nos territórios não europeus submetidos ao regime colonial.

1. O ENQUADRAMENTO CONCEITUAL E JURÍDICO

A análise do enquadramento conceitual expresso nos principais textos jurídicos, notadamente na matriz constitucional, é fundamental para situar a relação triangular considerada. Essa abordagem global revela a forte articulação dos conceitos de nacionalidade portuguesa, cidadania e religião católica, que se apresentam como elementos integrados e indissociáveis em todos os textos constitucionais portugueses de 1822 a 1910, sem exceção. A religião da nação portuguesa era a religião católica e apenas aos estrangeiros se permitia outro culto religioso. O cidadão português era católico por definição constitucional. Essa associação só se desfaz claramente com a Constituição republicana de 1911. Até essa data, mesmo os estrangeiros apenas podiam optar por prática religiosa não estatal com a condição de a efetuar em local particular, sem forma exterior de templo, como explicitamente se diz na Carta Constitucional de 1826.

Contudo, uma leitura mais aprofundada dos textos constitucionais e de outros textos jurídicos oitocentistas conduz à descoberta de gradações em relação a essa definição constitucional da identidade nacional. Torna-se evidente uma certa evolução e também a necessidade de ter em conta a aplicação nos territórios não europeus integrados no Reino, em regime colonial.

De fato, a liberdade religiosa estava parcialmente resguardada desde 1826, uma vez que se declarava que ninguém podia ser perseguido por motivos religiosos, desde que respeitasse a religião do Estado e não ofendesse a moral pública. O artigo 145 da Carta Constitucional constituiu um compromisso entre os que defendiam a religião única e os que advogavam a liberdade de culto. Mas não evita a ambiguidade resultante de dois artigos contraditórios e a possibilidade de invocação ora de um, ora de outro, ao sabor das conveniências políticas. A legislação penal continuava a incluir o conceito de crime religioso no caso de publicações que não respeitassem a religião católica, crime submetido a um processo criminal duplo, em juízo eclesiástico primeiro, e em juízo temporal a seguir.[1]

Na realidade, liberalismo não significou em Portugal o desaparecimento da religião de Estado, o que não foi de modo algum caso único na Europa. Evoque-se tão só o caso inglês, modelo do liberalismo europeu e americano, no qual a direção do Estado e da Igreja se concentra numa única figura real no qual a religião foi fator de exclusão na carreira administrativa e política até 1828 e só deixou de o ser nas universidades em 1873.

Apesar, ou porventura devido à centralidade da religião católica, foi no domínio da sua relação com o Estado liberal que se situaram os mais graves conflitos, notadamente na primeira metade do século XIX.

2. ESTADO LIBERAL E IGREJA CATÓLICA

Na análise da relação entre o Estado liberal e a Igreja Católica, algumas observações prévias parecem-me essenciais. A primeira é a concepção dos políticos liberais acerca da relação entre Estado e religião. Assumiu-se a necessidade de uma religião de Estado, sendo escolhida a religião católica de forma inquestionável, e esse é um traço de continuidade com a monarquia absoluta. A articulação entre autoridade política e autoridade eclesiástica concebe-se de forma regalista, de subordinação da segunda à primeira, numa afirmação de nacionalismo religioso da Igreja lusitana em face de Roma, como também vinha sucedendo desde Pombal, não existindo tampouco aqui uma linha de fratura com o regime anterior.

A segunda observação prévia refere-se à natureza institucional da Igreja nessa época histórica. Em primeiro lugar deve-se recordar que a Igreja existente em Portugal e nos países não afetados ainda por qualquer legislação liberal era uma instituição de Antigo Regime. Isso significa que de um ponto de vista jurídico o clero constituía um dos dois grandes corpos privilegiados, ao lado da nobreza, e de um ponto de vista socioeconômico fazia parte integrante da classe senhorial.

Por outro lado, se estava vinculada ao Estado português, estava-o também a um Estado estrangeiro, os Estados papais. Convém recordar que a redução da sede internacional da Igreja Católica à sua atual dimensão, o enorme palácio do Vaticano, data da unificação italiana. Até então os Estados papais tinham amplos interesses territoriais na Itália, associados a uma base financeira própria e outra alicerçada nas igrejas dos diferentes países europeus. Na primeira metade do século XIX, os Estados papais, ameaçados eles próprios pelo movimento liberal e nacional na Itália, envolveram-se diretamente no conflito à escala europeia entre absolutismo e liberalismo, apoiando ativamente a corrente absolutista, tal como o seu aliado, o Império Austro-Húngaro. A sua posição sofre uma ligeira inflexão a partir da década de 1840, que se acentuará nas décadas de 1880-1890. É nesse contexto histórico, nacional e internacional que há que se analisarem as relações entre Estado e Igreja Católica em Portugal.

Ainda outra observação prévia para explicar a principal razão da centralidade, ou melhor, do monopólio da Igreja Católica em Portugal: é que como resultado de três séculos de Inquisição, não existiam outras igrejas, nem religiões no Portugal de 1820, exceto no âmbito das comunidades estrangeiras. É fundamental acrescentar que essa centralidade não foi posta em causa pelo Estado liberal, sendo raros os políticos que o criticaram. Se o Estado não tinha alma, como podia ter religião? questionava com ironia Mouzinho da Silveira, em posição francamente minoritária. A diversificação religiosa e ideológica apenas foi surgindo ao longo do século em consequência da luta pela liberdade de pensamento.

De fato há que distinguir entre a relação do Estado liberal com a religião católica e entre a relação do Estado liberal com a instituição Igreja enquanto estrutura de Antigo Regime. Essa distinção, que constituiu o desiderato subjacente à política liberal adotada nesse domínio, foi justamente contestada e está no cerne dos conflitos sociais de contornos religioso-políticos da primeira metade do século. Esses graves conflitos impregnaram a memória difundida acerca dessa época pela corrente ultramontana, assimilando indevidamente o conflito institucional-político com uma inexistente hostilidade em relação à religião. Por outro lado, observa-se um silêncio quase completo acerca da conquista de influência e do poder clerical durante a segunda metade do século XIX, tão forte que lhe permitirá sobreviver aos golpes da Primeira República e ser um dos alicerces do Estado Novo de Salazar (1926-1974). Desconstruir essa concepção do passado será um dos objetivos deste artigo.

Para os liberais portugueses oitocentistas, católicos praticantes, não havia contradição entre o lugar de destaque e de exclusividade concedido à religião católica. A simbiose entre cerimônias oficiais e religiosas foi prosseguida e impregnou o novo regime liberal desde o início.[2] O combate aos diferentes privilégios das ordens, da nobreza e de clero foi empreendido por serem considerados incompatíveis com os novos princípios constitucionais de igualdade perante a lei. Esse é o sentido das medidas de caráter geral, tais como a abolição do foro privativo e o direito das aposentadorias, decididas desde logo no triênio vintista.

Outras medidas do triênio vintista visam à natureza senhorial do clero e à modificação da base material da exploração da terra: incluem-se nesse conjunto decisões de caráter geral, tais como a abolição dos direitos banais, comuns a toda a classe senhorial. E também a transformação dos bens da Coroa em bens nacionais, medida que destinava os respectivos rendimentos à amortização da dívida pública e acarretou a extinção das ordens militares. O decreto sobre os dízimos e outros rendimentos eclesiásticos de todos os lugares vagos (28 de junho de 1821) tinha o mesmo objetivo financeiro e criava um novo imposto, a décima, cobrada aos titulares de qualquer tipo de pensão ou sinecura, regular e secular, com rendimentos anuais superiores a 600$00 réis (considerável na época). Era uma forma indireta de atingir os estratos superiores e limitar o acesso ao clero sem funções pastorais, considerado ocioso.

No mesmo sentido se orientavam a proibição de entrada de noviços nas ordens religiosas, a suspensão dos votos monásticos, considerados também atentados à liberdade individual, e a contingenciamento do número de mosteiros ou conventos de cada ordem religiosa. Também aqui se adotavam recomendações herdadas da época mariana, resultantes do inquérito que retratava a situação de abandono reinante entre as instituições eclesiásticas do clero regular.

Paralelamente, procurava-se viabilizar a secularização do clero, criando outros meios de sobrevivência. Para isso abriu-se a possibilidade de acesso ao direito de propriedade (16 de dezembro de 1821) e previu-se um conjunto de medidas destinadas a permitir a sobrevivência dos frades, autorizando-os a desempenhar diferentes empregos do Estado (19 de agosto de 1822). Como nota Ana Mouta Faria, a secularização das ordens religiosas estava no espírito de muitos. Embora não se desejasse concretizá-la de um só golpe, almejava-se obter a "extinção progressiva" do clero regular, parafraseando o deputado Borges Carneiro.[3]

Uma outra dimensão das relações entre Igreja e Estado prende-se ao controle da organização eclesiástica, defendendo-se nos anos 1820 a manutenção da tradição regalista anterior. O antigo direito de proposta dos bispos para nomeação papal tornou-se nesse contexto um fator conflitual grave, devido à sua relevante função política nessa época.

O regime vintista solicitou, como também era hábito antigo, o juramento de fidelidade política sob formas sucessivas que incluíram o juramento das Bases da Constituição e depois da Constituição. Quem não jurasse a Constituição perdia o direito de cidadania e o usufruto dos ex-bens da Coroa. A obediência aparente foi a atitude dominante e os casos de resistência vivamente reprimidos, como o atesta o exílio imposto ao patriarca e a prisão dos bispos de Olba e Angra. O descontentamento contido veio a exprimir-se no apoio ativo às movimentações pró-absolutistas.

Com o regresso do absolutismo em 1823 e por cerca de uma década (períodos joanino e miguelista) a legislação vintista foi suspensa. Os jesuítas foram readmitidos, mas sem restituição de bens e privilégios. A Inquisição, contudo, não foi reposta. O clero, juntamente com a grande nobreza titulada, foi um dos mais sólidos apoios do miguelismo. A maioria dos bispos apoiou d. Miguel em 1828, apenas dois não o fizeram (Elvas, que se ausenta para Gibraltar, e Funchal). Todos os outros mantêm até ao fim da guerra civil a sua posição, com exceção do patriarca de Lisboa, que, prevendo a vitória liberal, muda de atitude em julho de 1833.

As profundas reformas liberais da década de 1830 foram a resposta aos riscos de medidas parcelares do vintismo: dessa vez houve a vontade clara de atingir de forma definitiva as estruturas do Antigo Regime, a fim de inviabilizar um retorno absolutista. É nesse contexto que se inserem as providências que abalam os alicerces da antiga base material do clero regular. A abolição dos dízimos suprimiu a fonte financeira fundamental do clero, seguindo-se-lhe a supressão dos bens da Coroa, transformados em bens nacionais, e em 1834 a extinção apenas das ordens religiosas regulares do sexo masculino e a sua expropriação. Note-se que, contrariamente ao caso espanhol, o clero secular não foi expropriado.

Essas foram as grandes medidas que abalaram a base material do clero. Abrangeram uma população estimada em 6.289 pessoas, pertencentes a 428 casas religiosas. Associadas a essas leis estavam também a proibição da profissão de frade e o fim dos noviciados, que precederam a extinção das ordens. A expulsão dos jesuítas acompanhou de perto essas medidas. Em 1848 foram suprimidas as colegiadas e na década de 1860 a desamortização atingiu as ordens femininas, misericórdias, hospitais, irmandades, confrarias e outros estabelecimentos de assistência. A supressão do foro privativo significou igualmente o fim do foro eclesiástico.

Em contraponto com a supressão de todos esses sustentáculos materiais e dos privilégios antigos, previa-se que o Estado providenciaria os meios para a sobrevivência dos membros do clero necessários à manutenção do culto religioso, atribuindo-lhes uma remuneração regular, as côngruas. Por outro lado, a hierarquia episcopal adquiria assento de direito na segunda câmara legislativa, a Câmara dos Pares. Também se criou um ministério que integrava os assuntos eclesiásticos e a justiça.

O conjunto das reformas foi mal acolhido em Roma e em particular as medidas de incidência patrimonial, como a desamortização, foram objeto de crítica aberta. A nomeação de bispos também constituiu outro fator de conflito grave: todos os lugares de autoridades eclesiásticas, objeto de nomeação no período miguelista, foram declarados vagos pelo novo regime liberal. Isso significou que só permaneceram em funções os bispos de Lisboa e Aveiro, tendo os outros emigrado ou ficado fora das dioceses e sendo substituídos por vigários capitulares. A expulsão em 1834 do núncio, acusado de permanentes conspirações miguelistas em Lisboa, foi apenas o episódio que forneceu o pretexto formal para a ruptura diplomática no contexto de um confronto político global.

Não tendo Roma confirmado as novas propostas de bispos apresentadas pelos liberais, surgiu uma dualidade de poderes que originou o chamado "cisma", nunca considerado como tal por Roma, por ser destituído de fundamento teológico e ser puramente político. Na realidade, passaram a coexistir prelados que aderiram à hierarquia liberal, apelidados de "cismáticos", ao lado de prelados que respeitavam as nomeações antigas e que ficaram remetidos à prática clandestina.

À repercussão diplomática desse conflito esteve associada também a dimensão social do "cisma", um dos principais vetores dos sucessivos conflitos sociopolíticos dos anos 1834 a 1841, como o mostrou o estudo pioneiro de Fátima Sá. Nesse contexto, como essa historiadora apontou, a legislação sobre os enterros em cemitérios, proibindo as sepulturas nas igrejas, que se procurava implementar desde 1835, também provocou sucessivos tumultos graves até a guerra civil de 1846-1847.[4]

Entretanto, na sequência de longas e difíceis negociações que conduziram a cedências recíprocas, abrira-se o caminho ao reatar das relações diplomáticas em 1841. As relações entre o Estado português e os Estados papais haviam sido interrompidas durante seis anos. Não era situação inédita, já ocorrera por duas vezes no século XVIII: no reinado de João V por causa do núncio e seguidamente no período pombalino, durante então também seis anos. As concessões de ambas as partes acordadas em 1841 abrangeram a aceitação e o regresso dos bispos nomeados por Roma no período miguelista e igualmente a confirmação dos novos bispos propostos pelo Estado liberal, entre os quais se contava o patriarca de Lisboa.

Em 1848 assinar-se-ia uma concordata que não veio esclarecer as relações entre a Igreja e o Estado liberal, deixando pendentes diferentes problemas referentes à organização eclesiástica. Se não questionava a extinção das ordens religiosas masculinas, permitia, porém, a permanência das ordens femininas e reintroduzia a profissão de frade. Ficara por regularizar a situação do Padroado do Oriente e deixava entreaberta a porta do ultramontanismo, como Herculano o apontou, ao criticar veementemente esse acordo.[5]

No decorrer da segunda metade do século XIX, a influência da Igreja Católica seria consolidada através da instalação de várias congregações, o novo tipo de organização adotado por Roma. Sob essa nova forma, as ordens religiosas regulares foram sendo introduzidas pela iniciativa de padres estrangeiros. Sendo a instalação ilegal, sua expansão foi possível devido à proteção de círculos altamente colocados, membros da aristocracia, da Igreja e até da família real.

O seu crescimento foi notável, particularmente após 1880, vindo a instalar-se instituições de múltiplas congregações com particular destaque de duas congregações: a dos jesuítas e a dos franciscanos. Constituíram numerosas instituições de vocação assistencial e de ensino por todo o país, com maior incidência no norte. Viviam de esmolas, doações e legados, que lhes permitiam uma existência desafogada.

Essa expansão eclesiástica foi muito criticada pela ala liberal regalista, devido à sua situação ilegal e à sua ligação com congregações estrangeiras. Esse conjunto institucional não estava dependente nem da inspeção do Estado português nem da autoridade episcopal nacional. Foi o que facilitou a violação das disposições legais referentes à proibição do noviciado e do estabelecimento de ordens regulares (conventos). O nível do ensino nas suas escolas também foi contestado, assim como o risco para a saúde pública da sua crescente ambição de intervir na rede hospitalar, devido à falta de preparação profissional.

Anticlericalismo católico e anticlericalismo laico empreenderam uma sistemática e ampla campanha contra esse novo domínio das ordens religiosas. Em 1901, em resposta a essa forte contestação e à crise religiosa por ela suscitada, o governo de Hintze Ribeiro definiu um enquadramento legal que obrigava as congregações a constituírem-se em associações no prazo de seis meses, permitindo-lhes, assim, legalizar as suas diferentes instituições de ensino e de assistência. Contudo, mantinha-se a proibição de clausura, noviciado e votos religiosos. No plano espiritual, as congregações deveriam subordinar-se às autoridades eclesiásticas nacionais, o que até então não sucedia, e no plano temporal às leis do país e à superintendência do Estado. Estabelecia ainda a obrigatoriedade das futuras associações serem dirigidas por cidadãos portugueses, a não ser que os seus membros fossem estrangeiros.

Essa lei não agradou a ninguém: nem aos críticos do ultramontanismo e da forte presença das congregações estrangeiras nem à hierarquia episcopal ou às congregações. Contudo, na sua maioria essas transformaram-se rapidamente em associações e alguns conventos foram fechados pelo Estado. Nem por isso a sua presença diminuiu. A vida monástica continuou a expandir-se e a obediência às congregações estrangeiras também se manteve.

Em vésperas da revolução republicana de 1910, os jesuítas afirmavam que a sua associação Fé e Pátria dispunha de 1.501 centros locais, dirigidos em geral pelos párocos das freguesias e englobando 2.014.132 membros.[6] Durante o meio século da sua presença em Portugal, tinham vindo a exercer uma grande influência ideológica na sociedade, combatendo o liberalismo, o republicanismo e o socialismo nos vários jornais e revistas de que eram proprietários e naqueles com os quais tinham fortes ligações.

Os franciscanos, que tinham se restabelecido em 1861, beneficiando-se dos apoios importantes de Eugénio de Almeida, par do Reino, do cardeal patriarca de Lisboa, da nunciatura e da infanta d. Isabel Maria, também haviam adquirido uma presença importante, apesar da sua situação ilegal até 1901. Um dos seus membros foi até nomeado bispo de Angola (1880) e posteriormente patriarca de Lisboa (1883), o que é bem demonstrativo do apoio político prestado a essa ordem. Transformada em Associação Missionária Portuguesa em 1901, continuou a sua atividade fundamentalmente conventual, abrindo o noviciado e a obedecendo a autoridades eclesiásticas estrangeiras.

Em síntese, existiam 31 congregações diferentes, que detinham no seu conjunto 164 casas, e os regulares atingiam algumas centenas de ambos os sexos. A sua influência na sociedade era muito importante, detinham numerosas instituições de ensino e de assistência e tinham uma poderosa rede de influência direta e indireta na imprensa. O poder clerical, combatido pelas revoluções liberais, reconstruíra-se sob novas formas e tornara-se um alicerce das correntes antiliberais, antirrepublicanas e antissocialistas.

Se até aqui se percorreram as linhas de desenvolvimento da relação entre Estado liberal, religião católica e Igreja Católica, ainda que de forma necessariamente sintética, seguidamente é a atitude em relação a outras formas de pensamento religioso no contexto da existência de uma religião de Estado que vai ser analisada. O forte condicionamento jurídico que limitava a escolha de outra religião aos estrangeiros deixou marca indelével na origem de outras comunidades religiosas. Ao longo do oitocentos, algumas fissuras distanciaram claramente a aparente continuidade em relação à monarquia absoluta sob esse prisma, permitindo a existência de outras comunidades religiosas, com as quais, contudo, a convivência esteve longe de ser pacífica. Vejamos a forma como se constituíram as novas comunidades judaicas.

3. A FORMAÇÃO DAS NOVAS COMUNIDADES JUDAICAS

Uma medida fundamental pelo seu valor simbólico foi a extinção definitiva da Inquisição em 1821, que tornou indiretamente caduco o édito de expulsão dos judeus e dos muçulmanos assinado por d. Manuel I, em dezembro de 1496. Convém esclarecer, contudo, algumas asserções menos exatas a esse respeito. Com base em algumas obras de referência, como dicionários de História, afirmou-se que a supressão da discriminação em relação aos cristãos-novos no período pombalino significou liberdade de culto. Ora, não existe qualquer relação entre os dois fatos. Nem tampouco a extinção da Inquisição, embora fosse uma medida prévia indispensável, estabeleceu por si só a liberdade de culto. Contudo, a forma como teve lugar é significativa de novas atitudes. As primeiras Cortes liberais aprovaram por unanimidade a sua extinção, em decreto publicado a 5 de abril de 1821. E, como o salientou Francisco Bettencourt, entre os deputados contava-se um inquisidor, Castelo Branco, que fez o elogio da tolerância e votou pela extinção da instituição, por ser inútil e incompatível "com as luzes do século e o governo constitucional". O ritual da sua abolição, que foi pacífica, incluiu uma cerimônia de aceitação da nova ordem liberal. Na capital e em diferentes pontos do país foi saudada com entusiasmo pela população. A Inquisição era já uma instituição moribunda e um símbolo odiado do Antigo Regime e as ligeiras pressões no sentido do seu restabelecimento durante o período miguelista não surtiram efeito. Na Espanha, a Inquisição, abolida bem antes, logo em 1808 por Napoleão e pelas Cortes de Cádiz em 1813, foi objeto de tentativas de restabelecimento, sendo extinta definitivamente em 1834.[7] A evolução subsequente foi também diferenciada. Por alguns anos, a liberdade religiosa foi instituída pela República (1869-1876), a que se seguiu o regime de relativa tolerância de cultos até 1931, à semelhança da situação existente em Portugal até 1911.

A autorização do regresso dos descendentes de judeus e de mouros portugueses a Portugal, assim como a liberdade de instalação de todos os judeus e mouros que o desejassem, o que implicava a liberdade de culto, foi objeto de um projeto de lei apresentado pelo deputado Ferrão durante o debate sobre as bases da Constituição, na sessão de 17 de fevereiro de 1821. Essa medida é que teria constituído a revogação clara do édito de d. Manuel. Mas, contrariamente ao que escreveu Mendes dos Remédios (e Kayserling e Anita Novinsky repetiram), essa proposta não foi discutida nessa sessão, nem era habitual proceder-se assim. Tomás Ribeiro diz que a questão ficou adiada para o debate da Constituição.[8] Ora, aí se definiu que a religião da nação portuguesa era a religião católica, apenas aos estrangeiros se permitia outro culto religioso.[9]

Contudo, Portugal foi o primeiro país ibérico, bem antes da Espanha, a abrir os seus portos aos judeus. Se a reinstalação dos muçulmanos apenas veio a ocorrer, por motivos que se prendem à descolonização, já em época de plena liberdade religiosa após 1974, a formação de novas comunidades israelitas principiou há quase dois séculos.

As medidas pombalinas não inspiraram confiança suficiente ao regresso dos judeus de imediato. Mas, no início do oitocentos, ainda antes da abolição formal da Inquisição, alguns súditos britânicos de religião judaica ousaram instalar-se em Portugal, talvez devido à inatividade da Inquisição, entretanto constatada, e sob proteção da poderosa comunidade inglesa de que se tornavam membros.

Os primeiros judeus de que há notícia eram súditos britânicos vindos de Gibraltar que se instalaram mesmo antes da primeira revolução liberal em Lisboa, como o atestam pedras tumulares no cemitério inglês (1804) e uma sinagoga particular (1813). Os nomes sugerem longínqua origem portuguesa. O crescimento dessa comunidade tornou necessária a instalação de um cemitério próprio, ao lado do cemitério inglês, em 1818. Com o advento do liberalismo, acentua-se nas décadas de 1820 e 1830 o afluxo de judeus ingleses vindos de Gibraltar e do norte da África.[10] Durante os três séculos da Inquisição, a tolerância religiosa fora maior em áreas de religião islâmica, como o Império Otomano e o norte da África, do que nos países europeus.

Com frequência os judeus preferiam o Algarve e sobretudo os Açores. Talvez por a violência inquisitorial ter ali sido menor, as ilhas atraíam um número considerável de judeus marroquinos de nacionalidade britânica, que a partir da década de 1830 começaram a adotar a nacionalidade portuguesa. Em 1848, essa comunidade abrangia 150 indivíduos. Com a crise comercial dos anos 1870, notadamente da laranja, a migração de numerosas dessas famílias para o continente reduziu progressiva e definitivamente a presença judaica nas ilhas, vindo essas famílias a integrar-se à comunidade lisboeta.[11]

Uma alteração jurídica significativa teve lugar em 1867 ao viabilizar-se claramente o acesso à cidadania portuguesa dos estrangeiros não católicos. A associação entre religião e nacionalidade começa a ser desagregada no Código Civil de 1867, no qual de forma explícita se afirma que a naturalização é independente da religião professada. Vencera a opinião daqueles que defendiam a utilidade desse artigo clarificador, considerado desnecessário por outros. Falta saber qual a sua aplicação efetiva. Essa é uma das questões em aberto, à espera de um estudioso. Uma questão fundamental seria conhecer a data e o ritmo da naturalização portuguesa dos judeus instalados sucessivamente em Portugal, assim como a evolução da nacionalidade de origem. Entre as famílias judaicas de implantação antiga em Portugal, os *sephardim*, foi frequente a manutenção da nacionalidade inglesa até data tardia. Terá porventura constituído defesa em face da ambiguidade legal já mencionada? Só em

1892 um decreto reconheceu oficialmente o culto judaico, e a localização da sinagoga inaugurada em Lisboa em 1904 evidencia os limites da tolerância religiosa. Edifício de dimensão considerável é invisível da rua, como estipulava a Carta de 1826. Não é o único templo não católico sem fachada pública em Lisboa, recorde-se a igreja inglesa da Estrela.

Apenas com a Primeira República, em 1912, foi aprovado um estatuto para a principal comunidade judaica, sediada em Lisboa. Tentativas anteriores tinham-se gorado por motivos que também seria interessante conhecer. Contudo, existiam desde 1876 várias instituições de beneficência. Tem-se considerado a autorização de construir cemitério próprio e de organizar a associação ligada ao culto dos mortos como formas de reconhecimento indireto da comunidade judaica de Lisboa.

Um novo afluxo de judeus teve lugar nas primeiras décadas do século XX, dessa feita predominando judeus provenientes da Europa central e oriental, o que se prende naturalmente à história das regiões de origem. Datará desse período o estrato *askhenazi* da comunidade israelita, que nas décadas de 1830-40 iria engrossar em condições dramáticas da história mundial.

É em 1915 que se instala em Portugal o engenheiro de minas Samuel Schwarz. Deve-se-lhe a descoberta, aliás ocasional, logo seguida de notável estudo, das comunidades "marranas", equivalente português do fenômeno mais conhecido dos "chuetas" de Maiorca.[12] Até então, os sinais da sua existência eram objeto de polêmica, e ainda em obra datada dos anos 1960 se considerou serem fruto da imaginação. Ora, a existência dessas comunidades de "judeus secretos" — como lhes chamou Amilcar Paulo — é intrigante e traduz também os limites da liberdade religiosa oitocentista. Às áreas distantes em que se tinham refugiado esses pequenos grupos não chegara a mensagem dos novos tempos. Ou porventura não se sentindo abrangidos por uma liberdade religiosa destinada sobretudo aos estrangeiros, mantinham-se prudentes, a memória de hostilidade popular imediatamente anterior ao Estado liberal podendo igualmente ter contribuído para isso. Diversos episódios dramáticos durante as invasões francesas, como o ocorrido no nordeste transmontano, quando os cristãos-novos de Vila Nova de

Foz Côa, acusados de serem judeus e jacobinos, foram obrigados, diante da violência popular, a refugiar-se em Moncorvo, podem porventura explicar a retração dos "marranos".

O movimento de restabelecimento da ligação dessas comunidades antigas com o mundo judaico data da segunda década do século XX. Hoje começa a conhecer-se melhor e, ao lado de Schwarz, a figura do capitão Barros Bastos aparece como emblemática desse movimento. No recente estudo sobre Belmonte de Maria Antonieta Garcia aparecem bem ilustradas duas fases. No período republicano, o abandono do culto oficial católico e regresso ao culto judaico — em que se organizaram 27 centros judaicos no norte, entre os quais a comunidade do Porto em 1923. Seguiu-se durante o Estado Novo o retorno ao culto judaico secreto em face do receio de represálias, inspirado pela própria desgraça de Barros Bastos.[13] Essa nova submersão dos "marranos" põe em evidência os limites e a ambiguidade da tolerância religiosa durante o Estado Novo.

Fazendo o balanço em relação à ponderação dos diferentes componentes da comunidade israelita atual, vemos que o grupo fundador, como o chamou Schwarz, ou seja, os judeus vindos de Gibraltar e Marrocos, constituiu o alicerce principal (39,6%), ao qual se vieram juntar judeus da Europa central e oriental (37,6%) nas décadas de 1920 a 1940. Os "marranos" constituem uma pequena parcela (3,7%). Embora a maioria dos judeus do grupo fundador seja atualmente de nacionalidade portuguesa, a atestar ainda os vestígios do processo de naturalização anterior, 1,9% conserva a dupla nacionalidade, apesar de sua naturalidade portuguesa. A parcela de 5,6% de naturalizados desse grupo, uma vez que são de naturalidade estrangeira, deve ter sido integrada nele por via matrimonial.[14]

4. EXPANSÃO E REPRESSÃO DO PROTESTANTISMO

No Portugal do oitocentos, bem maior preocupação do que a constituição de uma pequena comunidade judaica, em que o proselitismo nunca foi prática corrente, foi suscitada pela concorrência do protestantismo desde cerca de 1840. O proselitismo dos pastores e de outros elementos de origem estrangeira, sobretudo inglesa e espanhola, extravasou as comunidades de origem e encontrou um razoável eco, essencialmente em meios urbanos. No início do século XX, já existia uma razoável comunidade portuguesa metodista, implantada no Porto e em Lisboa, pequenos núcleos em Aveiro, Coimbra e Portalegre e adeptos dispersos em diferentes pontos do país. Segundo Trindade Coelho, citado por Vítor Neto, nessa altura os protestantes tinham 54 igrejas e capelas, 31 escolas, 7 livrarias e 8 publicações periódicas, enquanto os judeus dispunham tão só de 2 sinagogas. Significativa da sua expansão é a dimensão do seu III Congresso das Uniões Cristãs da Mocidade, em 1909, no qual se reuniram 1.500 pessoas. A hostilidade da população, instigada pelo clero ultramontano, foi por vezes acompanhada de violência. E, embora uma relativa tolerância se tivesse vindo a impor, ela fora precedida de incidentes violentos, entre os quais avultam os ocorridos na Ilha da Madeira, com apedrejamento de locais de reunião e até a prisão de ativistas protestantes, como a de Santos Carvalho em 1892, objeto de mais de um processo. Alguns protestantes chegaram mesmo a recorrer à naturalização espanhola para não ser molestados.[15]

5. O ATEÍSMO E A LAICIZAÇÃO

Sem liberdade religiosa não há liberdade do pensamento. E no enquadramento institucional ambíguo do oitocentos, a religião católica confundia-se com o Estado. Que essa não se podia questionar sem que o Estado se sentisse ameaçado, provara-o também a anunciada conferência "Os historiadores críticos de Jesus", de Salomão Sáraga, seguindo-se às "Causas da decadência dos povos peninsulares", de Antero, que motivaram em 1871 a proibição das Conferências do Casino. O rasto de intolerância instilado pela Inquisição na sociedade portuguesa estava longe de ter desaparecido.

Contudo, devem-se invocar os católicos liberais, como Alexandre Herculano, J.F. Henriques Nogueira e António Alves Martins, o bispo de Viseu, que tinham uma atitude crítica acerca dessa situação e constituíram prestigiosas exceções em meados do século XIX.[16] No seio da Câmara dos Deputados, também chegaram a ser apresentadas duas propostas para estabelecer a liberdade religiosa, com o intervalo de vinte anos — uma em 1864 e outra em 1884. A primeira deveu-se à iniciativa de Levy Maria Jordão, talvez um descendente de judeus, e a outra a Silveira Mota, servindo o seu debate para atestar como ainda era dominante a intolerância nesse domínio, não tendo nenhuma das propostas encontrado acolhimento necessário. Como seria de esperar, entre os apoiantes da segunda proposta, em 1884, contaram-se os três deputados republicanos então presentes. Desde os anos 1870-1880, a corrente socialista e republicana, cujo eco foi crescendo, defendia a separação entre o Estado e a Igreja e a laicização da sociedade. Paralelamente ao anticlericalismo católico, viera adquirindo presença crescente o anticlericalismo laico.[17]

A marginalização extrema era vivida por aqueles que ousavam desligar-se de qualquer religião. Os principais atos da vida, nascimento, casamento e morte, continuavam a ser marcados por registros e celebrações católicas. Dos registros paroquiais não constavam os não católicos. O registro civil facultativo, criado em 1832, só foi regulamentado em 1878. O casamento civil, mesmo apenas a título facultativo, só foi introduzido no Código Civil de 1867, após intenso debate. E demorou mais dez anos para ser regulamentado (1878), na sequência de uma longa luta de entidades, como a Associação Promotora do Registro Civil. É nesse contexto que se inserem os ensaios de Alexandre Herculano sobre casamento civil. Mas a difusão dessa forma de associação nupcial foi muito lenta, ainda em 1904 constituía uma prática muito restrita, representando mesmo em Lisboa apenas 3,8% dos casamentos. No meio rural, a hegemonia católica era total.[18]

Os crentes de outras religiões, como os judeus, tinham cemitérios próprios. Mas os ateus mesmo após a morte eram objeto de discriminação. A secularização dos cemitérios foi um processo lento, e embora o espaço fosse propriedade municipal e, portanto, público, eram lugares sacros onde o poder exclusivo da Igreja imperava, com as suas numerosas categorias de proibições. No século passado, as campas dos ateus confessos, como as dos suicidados, entre outros, tinham localização obrigatória fora dos muros dos cemitérios ou, de acordo com um compromisso com a Igreja, numa área separada por um muro. Considerada uma solução insuficiente e ofensiva, só a República a substituiu pela plena secularização dos cemitérios. É nesse contexto de marginalização dos ateus que há que situar o anticlericalismo laico.

A lenta laicização da sociedade ainda hoje é patente na falta de dignidade dos locais onde se realizam as cerimónias de registro de nascimento e de casamento, simples repartições, em lugar de salões de festa das câmaras municipais, como sucede noutros países. E ainda hoje não existem câmaras mortuárias civis. Invoque-se ainda a persistência de símbolos religiosos católicos em hospitais e escolas públicas, essas tantas vezes local escolhido para a eleição de órgãos do poder político.

6. OS "USOS E COSTUMES" NOS TERRITÓRIOS COLONIAIS

Em contraste com essa tolerância de cultos muito incerta no hemisfério norte, a atitude do Estado português católico no hemisfério sul era bem diferente. Em todas as constituições anteriores a 1974 declarava-se a nação una e indivisível e abrangendo os portugueses de ambos os hemisférios.

O Estado da Índia e Macau tinham um regime especial desde longa data. A liberdade religiosa dos hindus existia desde o período pombalino em parte do território de Goa e o direito consuetudinário também era ali respeitado, sendo as últimas restrições jurídicas dos hindus abolidas em 1910. Além disso, desde o advento do regime liberal em 1820, o Estado da Índia estava representado no Parlamento português por dois deputados ali eleitos.[19] Contudo, como apontou Ângela Xavier, as normas institucionais e as práticas sociais mantiveram a discriminação religiosa até o final do período colonial.[20]

O problema principal desde a segunda metade do século XIX era o estatuto da população africana. Portugal tinha uma longa experiência de convívio com outras religiões. Como mostrou Ângela Xavier, as medidas adotadas relativas aos "gentios" em Goa antes da Inquisição inspiram-se na orientação das disposições jurídicas vigentes no Reino relativas às comunidades judaica e árabe. De forma sutil, no seu estudo, é analisado o sentido da concomitância de medidas de inclusão e de exclusão no século XVII em Goa, com o objetivo de integração limitada dos "gentios".[21] Também nos territórios coloniais africanos se vai aplicar ao longo de quase um século um conjunto de medidas visando a um sistema de exclusão/inclusão limitada.

Desde logo se sentiu necessidade de adaptar a aplicação do Código Civil de 1867 aos territórios não europeus em regime colonial. Na legislação de 1869 reconhecia-se o casamento segundo o rito da religião dos nubentes como equivalente ao casamento civil ou católico, para todos os efeitos civis. O que significa que nos territórios africanos se reconhecia implicitamente a prática da poligamia. Por outro lado, no que se refere a outros temas civis, aplicavam-se os "usos e costumes" nos assuntos entre a população local em todas as colônias, com legislação específica para Angola, São Tomé e Cabo Verde (Decreto-Lei de 18 de novembro de 1869). A República e o Estado Novo adotaram posição similar. (Lei Orgânica de Administração Civil das Províncias Ultramarinas, nº 277, 15 de agosto de 1914, sobretudo Base 17ª, e Estatuto Político, Civil e Penal dos Indígenas, 23 de outubro de 1926.) Como claramente se explicava no preâmbulo desse estatuto:

> Não se atribuem aos indígenas, por falta de significado prático, os direitos relacionados com as nossas instituições constitucionais. Não submetemos a sua vida individual, doméstica e pública, se assim é permitido dizer, às nossas leis políticas, aos nossos códigos administrativos, civis, comerciais e penais, à nossa organização judiciária. Mantemos para eles uma *ordem jurídica própria do estado das faculdades, da sua mentalidade de primitivos*, dos seus sentimentos, da sua vida, sem prescindirmos de os ir chamando por todas as formas convenientes à elevação cada vez maior do seu nível de existência. Ela é constituída principalmente pelas suas concepções, normas e costumes relativamente à constituição da família, aos atos e contratos da vida e às reparações dos delitos, sendo indispensável contemporizar com ela em tudo o que não é imoral, injusto ou desumano.[22]

Essa diferenciação cultural estava associada à situação de subordinação colonial, à exclusão dos direitos de cidadania e à discriminação racial. Os africanos que seguiam "usos e costumes" próprios da sua cultura não eram considerados cidadãos portugueses. A sua "assimilação" era submetida a um filtro religioso e a exclusividade do ensino dos "indígenas", pago pelo Estado, veio a ser atribuída às missões.[23] A estrutura política indígena encontrava-se ela própria submetida às autoridades coloniais. A escravatura, a que se sucedeu o trabalho forçado e as guerras de ocupação, que perduraram até as primeiras décadas do século XX, não eram propriamente condições favoráveis aos direitos humanos. Essa legislação não representava uma atitude de tolerância cultural e religiosa, mas sim o duplo reconhecimento dos limites tanto da conversão ao catolicismo como do próprio poder político e administrativo português, definindo fronteiras raciais para a forma do seu exercício. A parcela de "assimilados" africanos continuava ainda em meados do século XX a ser insignificante: em Angola era apenas de 0,7% em 1950.[24]

CONCLUSÃO

A separação entre Estado e Igreja, condição fundamental da liberdade de religião e de pensamento, foi um processo difícil e lento em Portugal, que envolveu também os territórios coloniais, com repercussões no acesso aos direitos de cidadania. O próprio acesso à cidadania plena foi cerceado por critérios censitários até a Primeira República, perdurando a discriminação de gênero até 1974.

A história da liberdade de pensamento, de que a liberdade de escolha de religião e de ser ateu são vertentes importantes, não foi linear, como também não o foi a evolução da liberdade política ou da imprensa.

A repressão ideológica exercida durante três séculos pela instituição inquisitorial em Portugal e no seu espaço imperial (Brasil e Estado da Índia) propiciou o monopólio da religião católica. A religião judaica fora o alvo dominante no caso da Inquisição portuguesa, em contraste com o ocorrido na Espanha.[25] Foi uma herança que claramente moldou o liberalismo oito e novecentista. A religião católica manteve a sua proeminência. Uma permanente preocupação com a preservação da religião envolveu o comportamento dos liberais desde o início, nos anos 1820, e manteve-se uma forte associação entre rituais religiosos e cerimônias políticas. Gerou-se em certa medida um círculo vicioso, a limitada presença de outros cultos não foi propícia à implantação de plena tolerância nesse domínio, embora seja evidente uma progressiva abertura ao longo do século XIX. Os republicanos tiveram clara percepção dessa situação e quiseram promover a diversidade religiosa, entre outras medidas tentando atrair judeus levantinos de origem portuguesa nesse contexto.

Paradoxalmente, constituiu-se uma memória histórica católica focalizada na abolição dos privilégios institucionais de antigo regime das instituições eclesiásticas, fenômeno inerente à criação de uma sociedade liberal. A perspectiva de vitimização da Igreja nasceu com a corrente antiliberal, logo no triênio vintista, como o estudo sobre o clero e a Igreja nesse período veio demonstrar recentemente. Por sua vez, o grave conflito entre a Igreja e o Estado durante a Primeira República foi intensamente utilizado pela propaganda estado-novista para uma projeção histórica distorcida sobre o conjunto do período liberal. Na realidade, não só as relações entre o Estado português e os Estados papais se tinham normalizado desde os anos 1840, como a Igreja readquirira um estatuto social e político relevante no decorrer da segunda metade do século XIX.

A plena laicização, que decorre da separação entre Estado e Igreja, foi entrecortada e ainda se encontra por concluir em alguns aspectos. A lei da liberdade religiosa de 1971 (na sequência do Vaticano II, que na Espanha já dera frutos em 1967) permitira claramente a constituição de outras comunidades religiosas, embora mantendo a situação privilegiada da Igreja Católica, favorecida com a concordata de 1940. A partir de 1974, com o advento do Estado democrático caminhou-se para uma situação mais flexível em alguns domínios, como o direito da família e o ensino, tendo principiado um processo de laicização progressivo. O espectro do grave confronto do período republicano — quando se quis provocar em meses modificações que demoraram algumas décadas na França, em cujo modelo jurídico se inspirara o legislador — aconselhou uma evolução pragmática e atitudes moderadas por todas as partes. Medidas diferentes foram marcando uma clara vontade de convivência pacífica plurirreligiosa por parte do Estado democrático: o perdão aos judeus

(Mario Soares, presidente da República, 1989),[26] e a revogação simbólica do édito de expulsão ordenado por d. Manuel, em 1996, aprovada por unanimidade em sessão parlamentar evocativa dos 500 anos. A lei da liberdade religiosa de 2001 veio aproximar a situação das instituições das várias religiões, embora tenha sido sucedida de nova concordata entre a Igreja Católica e o Estado. A religião católica continuava a ser largamente majoritária em 2001 (84,5%, apesar da redução de 13,4% em relação a 1960). A diversidade religiosa acentuou-se com o aumento de outras religiões cristãs e, paralelamente, a imigração resultante das descolonizações trouxe o aparecimento de religiões não cristãs, como a muçulmana, hindu, budista, entre outras. A parcela da população sem religião continuava em 2001 a ser maior do que o conjunto da população religiosa não católica, como sucedia desde 1940, embora mantendo-se quase estacionária.[27]

A expressão institucional do respeito pela diferença cultural associada à igualdade de direitos de cidadania tem raízes recentes em Portugal. Convém ter o cuidado de a consolidar. Se formas de intolerância de caráter racial, como o antissemitismo "moderno" ligado a ideologias autoritárias, tiveram eco restrito e o regime colonial foi abolido, hoje surgiram outras formas de intolerância cultural e racial em relação sobretudo a grupos não europeus, que é essencial combater, evitando a gênese eventual de novas formas de intolerância. Convém estar atento a eventuais formas de *racismo sutil*, como tem sido apontado por sociólogos.[28]

Notas

1. Código Penal de 1852, art. 130 e segs.; Código Penal de 1886, art. 130 e segs.; Portaria de 21 de março de 1953.
2. Isabel Nobre Vargues. *A aprendizagem da cidadania em Portugal (1820-1823)*. Coimbra: Minerva, 1997, sobretudo parte II, caps. 1, 2. Ana Mouta Faria. *Os liberais na estrada de Damasco: clero, Igreja e religião numa conjuntura revolucionária (1820-1823)*. Lisboa: Gulbenkian, 2006.

3. Ana Mouta Faria, op. cit.
4. M. Fátima Sá e Melo Ferreira. *Rebeldes e insubmissos: resistências populares ao liberalismo*. Afrontamento: Porto, 2002; e Idem. "Formas de mobilização popular no liberalismo — o cisma dos mónacos e a questão dos enterros nas igrejas". *In*: M.H. Pereira, M. Fátima Sá Melo Ferreira, J. Serra (coords.). *O liberalismo na Península Ibérica na primeira metade do século XIX*. Lisboa: Sá da Costa, 1982, 2º vol, pp.161-168. O protesto popular em relação à proibição dos enterros nas igrejas — as chamadas "leis da saúde" — prolongou-se até a guerra civil de 1846-1847, sendo ainda então um dos vetores dos motins anticabralistas do início da Maria da Fonte. Esse tipo de protesto apenas encontrou paralelo no nordeste do Brasil. Ver José João Reis. *A morte é uma festa: ritos fúnebres e revolta popular no século XIX*. São Paulo: Companhia das Letras, 1991.
5. A. Herculano. "Manifesto da associação popular promotora da educação do sexo feminino". *In*: *Opúsculos*. Lisboa: Editorial Presença, 1982. As concordatas subsequentes, de 1857 e 1886, tratariam exclusivamente do Padroado do Oriente, definindo áreas de influência de Roma e Portugal nas possessões portuguesas na Índia e em Macau (sobre a concordata de 1857, ver Herculano, vol. III, pp. 169-210). Entretanto, Portugal, cujo rei d. Luís casara com a filha de Vítor Manuel, procuraria manter uma posição de equilíbrio em face da complexa situação na Itália, onde a unificação foi acompanhada da reconfiguração do território papal, reduzido aos atuais limites.
6. Dados referidos, com base em Eurico de Seabra, por Vitor Neto. *O Estado, a Igreja e a sociedade em Portugal (1832-1911)*. Lisboa: INCM, 1998, p. 315, nota 73. Esses números, provavelmente inflacionados pelos próprios, deveriam ser conferidos mediante fontes isentas. Mas de um modo geral a obra de Vitor Neto, a melhor síntese sobre a evolução das relações entre Estado e Igreja, foi fundamental para esse ponto.
7. Francisco Bettencourt. *História das Inquisições em Portugal, Espanha e Itália*. Lisboa: Círculo de Leitores, 1994, p. 345; Artola. *Enciclopedia de Historia de España*, vol. V. Madri: Alianza, 1988-1993, pp. 665-666 (Inquisición).
8. A. Novinsky, citando Kayserling. *In*: Mechoulan, p. 100, nota 22. Thomas Ribeiro. *História da legislação liberal portuguesa*. Lisboa: Imprensa Nacional, 1891, vol. 1, p. 96.
9. A não inserção do adjetivo única, a preceder a religião católica, relacionar-se à vontade de preservar a situação dos estrangeiros, notadamente nas *Bases da Constituição*. Ver Ana Mouta Faria, op. cit., pp. 125-6, nota 15.
10. A existência de cerca de um milhar de pedidos de passaportes por judeus holandeses de origem portuguesa e o interesse pela eventual instalação em Portugal foram evocados, pela primeira vez, por Ana Mouta Faria, op. cit., pp. 712-3, com base

em notícias publicadas na imprensa. Contudo, em pesquisa realizada por mim a esse respeito no IANTT/MNE, não encontrei qualquer referência a esse respeito na correspondência diplomática a diferentes níveis e nos dois sentidos.

11. Fátima Sequeira Dias. "Afirmação e decadência de uma elite comercial: a comunidade israelita dos Açores durante o século XIX." *Actas do III Colóquio Internacional de História da Madeira*, Funchal, 1993; e Idem. *Uma estratégia de sucesso numa economia periférica: a Casa Bensaúde e os Açores 1800-1873*. Ponta Delgada: Eter, 1996.

12. Samuel Schwarz. *Os cristãos-novos em Portugal no século XX*. Lisboa: UNL, 2000 (1ª ed. 1925).

13. Maria Antonieta Garcia. *Os judeus de Belmonte. Os caminhos da memória*. Lisboa: UNL, 2000. Jorge Martins evoca com pormenor os diferentes testemunhos desde o início do século XIX acerca da existência de "marranos" em *Portugal e os judeus*. Lisboa: Vega, 2006. V. III, pp. 55-59. Esther Mucznik (Presença e memória. *História*, Lisboa, 15 de junho de 1999), numa sucinta e bem organizada síntese sobre a constituição das comunidades judaicas, estudou com pormenor as atitudes no interior da comunidade lisboeta em face da integração dos "marranos", até então mal conhecidas, esclarecendo alguns equívocos.

14. Esses dados resultam de um trabalho de amostragem, baseado em 53 entrevistados, conduzido por M. Pignatelli (*A comunidade israelita de Lisboa: passado e presente*, tese de licenciatura, UTL/ISCP, Lisboa, 2000) em 1998, e é como tal que devem ser apreciados.

15. Retomo aqui de forma sintética o que escreveu sobre a expansão do protestantismo Victor Neto, op. cit., cap.VI.

16. Sobre a supressão das conferências do Casino, Herculano, criticando a decisão do governo, comentou "[...] o governo tem obrigação de manter a religião de Estado [...] Mas o respeito pela inviolabilidade do pensamento entra também no número das suas obrigações. E quando a religião de Estado e a liberdade de pensamento colidem é aos tribunais judiciais que cumpre dirimir a contenda". Herculano, op. cit., p. 155.

17. Ver a esse respeito F. Catroga. *Entre deuses e césares, secularização, laicidade e religião civil*. Coimbra: Almedina, 2006, pp. 376 e segs, análise muito clara dessa evolução ideológica e comparação entre vários países do sul da Europa.

18. Herculano, tomo, vol. VI, integralmente sobre esse tema. Acerca da evolução da prática do casamento civil e o debate inicial sobre o divórcio, ver Vitor Neto, op. cit., p. 241 e segs.

19. Luís Filipe Thomaz. *De Ceuta a Timor*. Lisboa: Difel, 1998, p. 260; lei que abrange a área das "novas conquistas", pp. 264-266.

20. Ver artigo extremamente esclarecedor de Ângela Barreto Xavier. "De converso a novamente convertido, identidade política e alteridade no Reino e Império". *Cultura*, 22 (2006), UNL, Lisboa.
21. Idem, pp. 249-252.
22. O regime de indigenato não abrangia Cabo Verde, nem evidentemente Macau e o Estado da Índia. O indigenato existiu até 1961, ano em que começou a guerra colonial ou da independência nas colônias portuguesas.
23. Patrícia Ferraz Matos. *As cores do império: as representações raciais no império colonial português*. Lisboa: ICS, 2006; no que aqui se refere, ver em particular p. 68.
24. G. Bender. *Angola sob o domínio português. Mito e realidade*. Lisboa: Sá da Costa, 1980, p. 218. A participação política da minoria de mestiços e africanos assimilados e considerados cidadãos era ela própria cerceada. Para Angola, ver Aida Faria Freudenthal. "O império africano (1890-1930)". *In*: A.H. Oliveira Marques e J. Serrão. *Nova história da expansão portuguesa*. Lisboa: Editorial Estampa, 2001, pp. 439-441.
25. R. Rowland. "Inquisição, intolerância e exclusão". *Ler História*, 33, Lisboa (1993) e F. Bettencourt, op. cit.
26. O papa João Paulo II em 2000 incluiu o perdão aos judeus num belo texto com o âmbito mais alargado a diferentes formas de opressão e violência por parte dos católicos ao longo da sua história. Note-se que contrariando as recomendações da Declaração Nostra Aetate de Paulo VI acerca do relacionamento entre Igreja Católica e as outras religiões (1965), em missas da cidade de Lisboa continua ainda hoje a evocar-se a atribuição da morte de Jesus Cristo aos judeus.
27. Helena Vilaça. *Da Torre de Babel às Terras prometidas: pluralismo religioso em Portugal*. Porto: Afrontamento, 2006, p. 160.
28. Jorge Vala *et alii*. *Novos Racismos*. Lisboa: Celta, 1999.

CAPÍTULO VIII   # O governo de d. João: tensões entre ideias liberais e as práticas do Antigo Regime

Lúcia Maria Bastos P. Neves*

*Professora Titular de História Moderna da UERJ, bolsista de Produtividade do CNPq, nível 1B, cientista do Nosso Estado/Faperj, pesquisadora principal do Pronex Dimensões da Cidadania.

Hum Vassallo que o ama aviza a Vossa Magestade, que não oiça o concelho de quem lhe diz que va para Portugal, olhe se tal poem em execução, que perde o Brazil. [...] e que será Portugal sem o Brazil?
Em Portugal já as coizas estão em ordem, no Brazil tudo esta vacilante a respeito da nova forma de governo, por isso mesmo he de indispensavel necessidade a acistencia de Vossa Magestade nelle. Acauza que se da no Decreto de que he necessaria a assistencia de Vossa Magestade em Lisboa para hir logo sanccionando as Leis, que se fizerem he illuzoria; huma vez as leis feitas pellas cortes ellas as poem em execução provizoriamente, e no Brazil só depois de sanccionadas por Vossa Magestade (estando) he que se há de executar, logo nada faz de bem, ou mal para isso estar, lá quanto a Portugal. Talvez digão a Vossa Magestade que indo hade obter Leis mais favoraveis á Soberania enganarão-no [...][1]

O trecho acima aponta para algumas das incertezas vivenciadas no império luso-brasileiro, no convulsionado ano de 1821. Tratava-se de uma carta anônima, endereçada a d. João VI, quando de sua difícil decisão entre partir para Portugal ou aqui permanecer. A resposta a essa dúvida representava, como indicava a missiva, mais do que mudar a sede da Corte. Significava repensar os destinos do Império e, ainda, revelar a posição do rei em face dos desafios do oitocentos. Tais desafios constituíam, sobretudo, na luta entre os princípios das leis fundamentais do reino e as novas ideias constitucionais, que garantiam as liberdades públicas.

Sem dúvida, o início do século XIX foi marcado no mundo ocidental pelas tensões constantes entre as ideias liberais e as persistências das práticas do Antigo Regime, caracterizando, talvez, o sinal mais evidente do surgimento daquilo que foi denominado de a *política moderna*.[2] O objetivo deste trabalho é analisar algumas dessas tensões ao final do governo joanino nos dois lados do Atlântico. Aconselhado por anônimos, ministros e conselheiros que oscilavam também entre o novo e o velho, d. João solicitou constantemente pareceres e projetos a fim de colocar em prática as perspectivas de um constitucionalismo histórico,[3] no qual a monarquia não representasse apenas a encarnação em um homem, mas também um conjunto de instituições, constituídas através de um passado e de um direito comuns, o que deveria ser alcançado por meio de uma reforma nos costumes, que permitisse o retorno à antiga ordem do Reino, evitando-se a revolução. Essas perspectivas, no entanto, nunca foram efetivamente concretizadas. Ao examinar alguns desses discursos e as práticas que daí decorreram, vislumbra-se a possibilidade de se entenderem as linguagens fundamentais[4] que caracterizaram a cultura política e as diversas identidades presentes na conjuntura histórica do mundo luso-brasileiro na primeira metade do oitocentos.

* * *

Segundo Silvestre Pinheiro Ferreira, ministro dos Negócios Estrangeiros e da Guerra de 1821 a 1823, ocorrera em Portugal, Espanha e França, ao longo dos primeiros trinta anos do século XIX, uma oposição entre a lei comum e o privilégio, em que a "consciência pública" reconhecia como "insuficientes ou enganosos esses códigos de leis fundamentais ou constitutivas", sentindo-se "a necessidade de reforma". Para o autor, as reformas das antigas instituições deveriam acontecer, mas de forma gradual, com "admirável circunspecção e com a rara felicidade de poder continuar sem receio de perturbação".[5]

Na perspectiva pragmática das Luzes ibéricas, das quais a América portuguesa foi herdeira, o ideal reformador fez-se presente por longo tempo, limitando-se a propor uma mudança conduzida pelo poder oficial, em nome da *utilidade comum* e da *felicidade pública*, capaz de possibilitar uma melhoria nas condições de vida dos súditos tanto na agricultura, comércio e manufaturas quanto nas comunicações, no ensino e nas *artes* de governar.[6] Adotava-se, assim, uma atitude de mudança gradual, que não implicava transformação profunda na estrutura da sociedade. Por essa ótica, reforma era sempre concebida como uma alteração não violenta, evitando-se o próprio uso da palavra revolução. Do que decorria, por outro lado, a frequente utilização de conceitos como *restauração* ou *regeneração*, mesmo em conjunturas conflituosas como aquela de 1820-1821.

Nessa perspectiva, conselheiros e ministros de d. João furtavam-se a qualquer discurso que possibilitasse a ideia de uma mudança mais radical. O próprio soberano, homem de seu tempo, não teve uma visão plena de futuro para perceber o esfacelamento desse mundo de Antigo Regime, a cuja manutenção dedicou suas habilidades. O seu horizonte de expectativas[7] ainda se prendia a uma escatologia cristã, faltando-lhe uma percepção histórica da mudança prognosticada pela Revolução Francesa, iniciada apenas três anos antes de ter assumido a regência de Portugal. O que não quer dizer que determinados confrontos entre esse mundo novo, que irrompia, e o antigo, que procurava conservar, deixassem de se fazer presentes no cotidiano de suas práticas administrativas. Afinal, ainda que nos pareceres e projetos cuja elaboração solicitou nos momentos de crise política se possa vislumbrar a novidade das linguagens políticas de um mundo constitucional, é sempre a mudança por meio de uma revolução que constitui o principal perigo a evitar.

Em 1814, frente à derrota de Napoleão Bonaparte e à pressão dos portugueses e ingleses para o retorno da Corte a Portugal, d. João solicitou parecer a um de seus funcionários régios — ao já mencionado Silvestre Pinheiro Ferreira — tanto sobre a delicada situação da residência da Corte quanto sobre as medidas necessárias para viabilizar algumas reformas em sua estrutura político-administrativa. Nesse parecer — "Memórias políticas sobre os abusos gerais e modo de os reformar e prevenir a revolução popular redigidas por ordem do príncipe regente"[8] — Pinheiro Ferreira considerava a questão do regresso da Corte para a Europa "um dos maiores problemas políticos, que jamais soberano algum teve de resolver". Tratava-se, sobretudo, da conservação da integridade dos domínios portugueses e da manutenção da dignidade do trono. O fundamental era suspender e dissipar a torrente de males, com que a vertigem revolucionária do século, a exemplo dos povos vizinhos, e a mal entendida política, que vai devastando a Europa, ameaçam de uma próxima dissolução e de total ruína os estados de V.A.R., espalhados pelas cinco partes do mundo.[9]

Para ele, o dilema estava lançado — regressar a Portugal poderia significar a emancipação da colônia, uma vez que se preocupava com as influências resultantes das regiões vizinhas da América hispânica, organizadas em juntas governativas provisórias, que se desligavam do governo da metrópole; permanecer no Brasil poderia levar à "insurreição do reino", pois aqueles povos, perdida a esperança, que ainda os animava, de verem seu soberano, se julgariam reduzidos "à humilhante qualidade de colônia".[10] Propunha, assim, uma reforma administrativa, na perspectiva de um burocrata da administração imperial, sem traçar considerações ou analisar os problemas principais. Assinalava, contudo, que em condições extraordinárias e, sobretudo, em circunstâncias críticas, como se achava "Portugal, a Europa, o mundo inteiro", eram necessárias "grandes e extraordinárias providências" a fim de manter "o sossego e a felicidade dos povos".[11]

Em primeiro lugar, sugeria a elaboração de uma lei que proclamasse d. Maria I, ainda viva, como imperatriz do Brasil e rainha de Portugal. D. João continuava a exercer por si mesmo a regência do Império do Brasil e dos domínios da Ásia e da África. Delegava ao príncipe da Beira, d. Pedro, a regência de Portugal e ilhas dos Açores, Madeira e Porto-Santo, assistido do Conselho de Estado, enquanto não completasse a idade de 20 anos. Propunha, assim, uma divisão da família real nas diversas partes do Império português para evitar que a conjuntura revolucionária fizesse maiores estragos à Coroa. Quanto à sede do Império, ela devia estar localizada "donde o governo p[udesse] melhor acudir com providências à maior parte dos seus Estados" e donde melhor pudesse "paralisar a influência das potências estrangeiras, na parte que julgar ser nociva". Ainda propunha que se abolisse "a odiosa distinção de colônias e metrópole".[12] A d. Pedro era delegado o direito de "desempenhar a plenitude da autoridade real" no reino português. Ressaltava, porém, que o poder executivo, por sua "natureza inalienável", constituindo a unidade de qualquer Estado, só podia residir na pessoa de d. João. Era fundamental que ficasse clara a existência de "uma só lei e um só legislador" em todo o Império a fim de evitar a ideia de poderes paralelos entre um imperador e um regente.[13] Tais propostas, embora fossem consideradas desconcertantes para aquela conjuntura histórica, foram retomadas em projetos futuros elaborados em 1821, quando a integridade do Império tornou-se frágil, como será parcialmente analisado adiante.[14]

Além da reforma administrativa, talvez o ponto mais importante no escrito de Silvestre Ferreira era, em sintonia com a nova conjuntura política, ressaltar a necessidade de tornar a nobreza útil à Coroa, sem, contudo, defender a sua abolição revolucionária. Se a "necessidade de um corpo de nobreza em qualquer monarquia" era ponto que nem mesmo admitia contestação, "as instituições de nobreza", contudo, deviam "variar segundo as leis, usos e costumes de cada nação e de cada século". Portanto, tendo em vista o estado degradante em que a nobreza se encontrava no Império português, uma vez que seus méritos não mais correspondiam aos privilégios que usufruía, era preciso que "das cinzas da antiga nobreza" nascesse outra nova, cujas funções estivessem mais conformes ao espírito do século. Tornava-se imprescindível, então, combinar a nobreza hereditária com outra de aquisição e de mérito. O nascimento podia habilitar, mas o merecimento devia ser o elemento primordial.[15]

Essa proposta — a de a aristocracia ocupar um lugar na política, desde que isso não impedisse a atuação de uma aristocracia de mérito — fora defendida, como lembra Maria Beatriz N. da Silva, por ilustrados como Benjamin Constant e madame de Stäel.[16] Se tal atitude na França não representava uma perspectiva radical, naquele momento, no círculo privado da Corte do Rio de Janeiro, local onde ainda se realizava a política, era considerada bastante "revolucionária". Prova disso reflete-se no tom da nota que acompanhou os papéis:

Tanto este aviso como os quesitos serão impressos debaixo de todo o segredo, na presença de um criado particular de V.A.R. só com o administrador da impressão régia e os artífices necessários, queimadas ali mesmo as provas, desmanchadas as formas e tirados unicamente os exemplares precisos para as seguintes pessoas: os conselheiros de Estado; o bispo capelão-mor; os titulares, maiores de 30 anos; os desembargadores do Paço; os conselheiros da Fazenda; os desembargadores da Casa de Suplicação e os deputados da Junta do Comércio e Mesa do Erário.[17]

Todo esse sigilo justificava-se pelo teor do documento que propunha reformas que reduziam os privilégios da nobreza, criticava os "graves abusos" que se cometiam na administração da Real Fazenda e ainda previa a possibilidade de revoluções. Se Silvestre Pinheiro colocava-se contrário às revoluções, seguia a perspectiva de um reformismo ilustrado que desejava mudanças, mas desde que essas resultassem das medidas do governo e fossem geradas por qualquer manifestação da maioria da população. Anos mais tarde, suas ideias não seriam totalmente esquecidas na estruturação política do Império do Brasil.

Seus prognósticos não demoraram a acontecer. Em 1817, nos dois lados do Atlântico arrebentaram movimentos revoltosos que, de certo modo, contestavam as ideias políticas do Antigo Regime: de um lado, Pernambuco, que criticava a Corte no Rio de Janeiro por um excesso de cobranças e imposições; de outro, a conspiração de Gomes Freire, em Portugal, cujo objetivo central era o de afastar os ingleses do controle militar do país e promover a salvação e a independência de Portugal, com a criação de um governo constitucional. Para conter tais movimentos, as medidas do governo joanino tenderam a seguir as práticas típicas do Antigo Regime. O soberano solicitou novos pareceres a seus fiéis vassalos, sobre a situação de Pernambuco e do Rio de Janeiro, como aquele fornecido por João Paulo Bezerra, futuro presidente interino do Real Erário. Para esse, parecia "inquestionável que o espírito das conversações nas *mesas redondas das casas de pasto* no *Rio de Janeiro* [era] horrível"; nessas, alguns atreviam-se a anunciar "como Partidista dos malvados de Pernambuco". Recomendava, sobretudo, "a *necessidade absoluta* de uma bem entendida organização de Polícia", que agindo de forma "hábil, ativa e energicamente" seria fundamental ao governo "nestes importantíssimos objetos".[18] Concluía ainda que condenar à morte, de forma exemplar, os principais líderes dos dois movimentos era a melhor forma de preservar o Império de qualquer nova perturbação política e social.

A aparência de tranquilidade assim alcançada foi, entretanto, de curta duração. As críticas ecoavam muito mais no Reino do que no Brasil. Cartas eram endereçadas de Portugal a d. João, prevenindo o estado de coisas. Foram redigidas por homens do governo, como as de Heliodoro Jacinto de Araújo Carneiro, médico formado em Coimbra, mas empregado em comissões científicas e, mais tarde, em missões diplomáticas. Ocupava o cargo de ministro plenipotenciário junto à Confederação Helvética,[19] quando publicou as cartas dirigidas a d. João VI sobre o estado de Portugal e do Brasil, escritas entre junho de 1817, portanto após a Conspiração de Gomes Freire, e 1821, ano das discussões liberais. Além de mostrar a situação degradada em que se encontrava Portugal, Heliodoro buscava soluções para oferecer ao soberano. Segundo ele, descontentes e estrangeiros desejavam sublevar o povo, fazendo-lhe ver que o rei desejava reduzir Portugal ao estado de colônia, fosse por manter a sede do governo no Brasil, fosse por aceitar inúmeros tratados com a Inglaterra, que colocavam o Reino em estado de total submissão política e econômica a esse país. Para que os "turbulentos" não conseguissem sublevar o povo, aconselhava o rei a "tomar medidas para que seus vassalos de Portugal gozassem de privilégios, com que se não pudessem considerar colonos", suavizando a falta "não pequena" de terem o soberano longe de si. Aconselhava ainda a estreitar os laços de interesse entre Brasil e Portugal, principalmente por meio do comércio. Frente à impossibilidade de d. João retornar de imediato, acreditava que, para garantir seus estados da Europa, devia "captar os portugueses pela balda, que hoje domina, e de que tanto partido, tiraram em todo a (*sic*) tempo os soberanos": isto é, declarar-se rei constitucional de Portugal, como fez "Luís XVIII em França, o príncipe de Orange na Holanda, o rei de Witemberg, o imperador da Rússia à Polônia, o rei da Suécia e como prometeu o rei da Prússia nos seus estados". Tal medida era necessária porque naquele momento os soberanos deviam conhecer "a dominante do tempo", que era darem "alguns privilégios e prerrogativas aos Povos, para consolidarem as suas". Verifica-se, portanto, que se tratava de uma Carta Constitucional, concedida pela magnanimidade do soberano, mas que não emanava da representação da nação, reunida em Cortes modernas.[20]

Outros conselhos vinham por meio de textos anônimos, provavelmente indivíduos de menor instrução, como se pode verificar no bilhete que se segue:

> O Povo Portuguez vai expor a V.A.R. que só os fidalgos, e os pedreiros livres forão os traidores, e a clace dos menistros, destes vemos quazi todos empregados, despachados, e atendidos.
> A mesma classe de gente que fazião a corte a ienno [Junot], e as suas infames meretrizes, que erão fidalgas, são os mesmos que idolatrão o beresfor [Beresford], e a sua infame valida Vossa Excellencia e por isso V.A.R. os despacha, atende, e elleva.
> Valame Deos que vemos tanto homen honrado anicuilado vechado, e athe perseguido, por que nos tribunaes tudo se vende os magistrados são dispoticos impunemente.
> O Governo tendo feito muita couza boa tem tido muito ma escola em muita couza, com perjuizo tanto de V.A.R., como por honra dos portuguezes classe bem desgraçada presentemente.
> [.....]
> Não sedezarme V.M. não mande as tropas O fim dos malvados brazileiros he dezarmalo V.M. tem aqui portuguezes sábios. Ou caos.
> Desapareça o Paulo e Luis Moqueira Carneiro; Franca, Targini, Gameiro, Lale, Freitas.
> Segure se V.M. que está atepo.[21]

As críticas voltavam-se para a lastimável situação em que se encontrava Portugal, sem rei e sem autoridade nacional. A denúncia lembrava o tempo das invasões das tropas napoleônicas, em que a entrada dos franceses apareceu sob o véu da proteção e da amizade. Dessa forma, Junot, o general francês responsável pela primeira invasão, foi recebido não só por meio de uma deputação constituída por personalidades da Regência, composta por nobres e pelo alto clero, mas igualmente por alguns membros da Maçonaria, homens de ideias liberais, com o objetivo de assegurar uma aliança.[22] Eram esses mesmos homens que, agora, bajulavam o comandante do Exército português Beresford, odiado pela população lusitana. A proclamação anônima, no entanto, afirmava que, apesar da frágil situação portuguesa, a grande preocupação de d. João deveria se voltar para o Brasil. Reforçava, assim, suas críticas a alguns validos de d. João, que a *voz geral* desejava ver afastados da esfera do poder, especialmente Francisco Bento Maria Targini, visconde de São Lourenço, responsável pelo Erário Régio. Esse, àquela época, tinha a fama de roubar o Tesouro, como narrava, desde 1812, Luís dos Santos Marrocos em suas cartas ao pai, ao comentar os vários pasquins que circulavam contra Targini, referindo especialmente a este: "Furta Azevedo no Paço/Targini rouba no Erário/E o povo aflito carrega/Pesada cruz ao Calvário."[23]

Além disso, o ímpeto das ideias liberais, por meio do exemplo da Espanha, começava a alcançar com força Portugal por ocasião da primeira onda revolucionária. Tomás Vilanova Portugal, que, em 1820, acumulava as pastas do Reino, da Guerra e a presidência do Real Erário, sugeria algumas providências a d. João a fim de acalmar os ânimos em Portugal e evitar que se propagasse o contágio espanhol em terras lusitanas. Tratava-se de uma "crise arriscada", porque todas as nações estavam inquietas. Portanto, em primeiro lugar o soberano devia "contentar a classe do Povo", a fim de que, entretida com seu trabalho, não se preocupasse em inquietar-se. Em segundo, agradar a classe dos negociantes e dos lavradores proprietários e, por fim, aumentar os rendimentos do Estado, taxando produtos e diminuindo o subsídio militar, pois esse era um imposto odiado. Não se deviam fazer grandes mudanças, porque poderiam perturbar e, em tempos de crise, era "acrescentar um mal a outro". Tais medidas referiam-se aos negócios do Estado, distintos de questões da administração e do poder legislativo, tais como a melhor sede da monarquia, a mudança do Governo no Reino, a ampliação ou não de poderes às autoridades. Em sua visão, "um velho edifício conserva-se, se não o querem consertar demasiadamente".[24] Mantinha-se fiel à prática de conservar a mesma estrutura do Antigo Regime, permitindo apenas ao rei conceder algumas benesses que pudessem satisfazer a seus súditos.

Em agosto e setembro de 1820, contudo, a revolução tomava conta do Porto e de Lisboa. Chegou, em inícios de 1821, ao Pará, à Bahia e, por fim, ao Rio de Janeiro. A proposta era quebrar os grilhões do despotismo, que, havia tanto tempo, oprimiam os luso-brasileiros. Para a maioria dos escritos, os grilhões não foram lançados pelo "augusto monarca", mas sim "pelos que o trazem enganado ou vendido".[25] Era uma alusão clara ao despotismo ministerial e uma representação típica da cultura política do Antigo Regime, em que o soberano aparece sempre como a figura inocente e ludibriada por seus auxiliares, como já assinalou Roger Chartier.[26] Na mesma linha de pensamento, uma memória constitucional e política, publicada em 1821, embora redigida no calor das invasões francesas, por um português, José António de Miranda, sobre o estado de Portugal e do Brasil, comentava que era público que alguns dos ministros de d. João aconselhavam ao soberano

> uma eterna maldição aos Portugueses, um abandono geral aos rebeldes da Europa e uma reclamação vigorosa dos tratados da Santa Aliança para exterminar aqueles ingratos, aqueles facciosos, que deveriam todos ter um só pescoço para de um só golpe lhes ser decepado, como já entre os Romanos desejou um Imperador, que se encontra entre os Monstros da humanidade.[27]

Para o autor, formado em direito na Universidade de Coimbra, se tal conselho era verdadeiro, d. João devia contar tais ministros "entre o número de monstros, que nascidos e educados com os tigres nos bosques da Hircanea,[28] alimentados e nutridos de víboras e serpentes", possuíam "o despotismo na cabeça e a crueldade no coração". E, concluía, afirmando que "tão pérfidos e errados conselhos" não podiam ter cabimento "em um coração generoso e magnânimo" como era o do soberano.[29]

Para reforçar seu argumento, citava um dos romances que conheceram a mais intensa circulação legal entre, de um lado, Portugal e, de outro, o Brasil entre 1769 e 1821[30] — *As aventuras de Telêmaco*, de Fénelon. Para José António de Miranda, a obra era uma das melhores que se haviam escrito em moral e política, constituindo-se em excelente tratado de educação a um jovem príncipe, que um dia devia governar seu povo "conforme as verdadeiras máximas da política e da virtude". Deve-se destacar que Fénelon, ao descrever as viagens de Telêmaco por lugares imaginários, não deixava de fazer uma série de críticas implícitas ao governo absolutista de Luís XIV. Desse modo, narrava a d. João que o príncipe Telêmaco observava na Corte de Sesostris, rei do Egito, que esse era enganado por um valido e outros cortesãos que o rodeavam. Telêmaco teria aprendido, portanto, úteis e sábias lições de tais enganos e intrigas, reparando como os príncipes podiam estar expostos a muitas ciladas desses cortesãos e validos. Desafortunado era o rei que se tornava suscetível aos artifícios de tais homens. Ficaria desgraçado e "perdido sem recurso". Ora, o que diria Telêmaco, se naquele momento observasse os ministros e validos de d. João? Apenas homens que só tinham "o patriotismo nos beiços e o egoísmo no coração" e que lhe inculcavam "conselhos mais perniciosos que úteis".[31] Apesar de uma crítica velada ao soberano, a imagem desse, uma vez mais, sobressaía isenta de qualquer culpabilidade em relação à situação lamentável em que seu governo e o próprio Portugal se encontravam. O autor persuadia-se de que a antiga metrópole estava "por desgraça reduzid[a] ao mísero e triste estado de Colônia do Brasil".[32]

Em alguns pasquins, contudo, a maneira de exprimir-se tornava-se mais radical e violenta, contendo comentários aos fatos recentes ou às discussões sobre as grandes questões políticas. Eram escritos em uma linguagem adequada a um público mais amplo, como em um aviso pregado nas ruas da Bahia, na época do movimento constitucionalista, em inícios de 1821:

> Pelo Povo ao rei o poder é dado
> Ao Povo, portanto, legislar compete,
> Se a este aviso o Rei não cede
> Às Armas cederá o seu poder inerte.
> Da Nação, o Rei não é mais que Chefe
> Para executar a Lei por ela imposta
> Como é possível, então, que o rei a dite
> Não, não! Cidadãos eis a resposta.
> Viva o rei que jurar a sábia Constituição
> Que pelas Cortes for dada
> Da Portuguesa Nação.[33]

O texto, elaborado para ser lido, apresentava uma retórica[34] em que a linguagem constitucional já se fazia presente. Desse modo, um novo pacto social estruturava-se, em que a nação tornava-se livre e independente, representada legitimamente por uma assembleia que passava a possuir o direito "inalienável e imprescritível de formar, estabelecer e aperfeiçoar uma Constituição".[35] Logo, não era mais possível que o rei violasse tais direitos, pois ouvia-se dizer naquela época de tensão que "os Reis são feitos para os Povos, e não os Povos para os Reis; que os Reis podem viver e existir sem os Reis e não os Reis sem os Povos".[36]

Nesse turbilhão, d. João uma vez mais procrastinou. Encontrava-se diante de um dilema: permanecer na América e continuar a ser rei absoluto ou soberano constitucional de potência de segunda ordem na Europa. Solicitava conselhos ao mesmo tempo que os recebia por meio de inúmeros escritos que circularam dos dois lados do Atlântico. Um deles, um folheto anunciado para venda no *Diário do Rio de Janeiro*, fora escrito pelo português António de Oliva de Souza Siqueira, estudante português de matemática da Universidade de Coimbra, em julho de 1821.[37] Destinado aos legisladores das Cortes portuguesas, mas também endereçado ao soberano, propunha que o estabelecimento de Sua Majestade continuasse a ser no Brasil, pois, em sua opinião, a parte maior não devia ceder à menor. Era um "absurdo" e "fora de todo o encaixe" que o Reino fosse sessenta vezes menor do que a outra parte do Império. Essa decisão, contudo, era fundamental para Portugal, pois considerava que:

> a íntima união de Portugal com o Brasil é tão essencial para a nossa futura prosperidade e de nossos filhos que, afora o sagrado Código constitucional, não descubro matéria mais digna de ocupar a pena do político escritor.

Propunha que cada Reino tivesse suas próprias Cortes, atuando os deputados das possessões da Ásia e da África na Assembleia do Brasil, onde ficaria a sede da monarquia, representada em Portugal por um vice-rei, escolhido pelo soberano, mas ligado à dinastia reinante, embora não o primogênito. Portanto, para António Siqueira, era d. Miguel que deveria ser enviado ao reino.[38]

De outro lado, por meio de seus conhecidos bilhetes a Tomás Vilanova Portugal, naquele momento acumulando as pastas do Reino, da Guerra e a presidência do Real Erário, recebia desse outros conselhos, em direção oposta, embora aceitasse a ideia da permanência da Corte no Rio de Janeiro. O soberano, em sua visão, devia permanecer no Brasil, partindo d. Pedro para Portugal. Defendia que "as Cortes são ilegais, e é necessário dizer que o são, para que elas não digam aos Povos que têm autoridade de dar Leis ao Trono". No entanto, estavam convocadas e não seria bom dissolvê-las; logo era necessário que o soberano as autorizasse, "para representarem tudo o que for bom e para ser sancionado o que não for contrário aos Costumes e Leis do Reino". E, mais tarde, ainda escrevia a d. João: "Sem dúvida é necessária toda a pressa em domar a Revolução." O soberano não devia ceder sua autoridade, mas apenas "emendar abusos".[39] Se Vilanova aceitava a publicação das bases constitucionais para Portugal, não concordava que elas fossem aplicadas ao Brasil. Buscava preservar esse reino das novas ideias liberais por meio de tratamento diferenciado, procurando impedir que as concessões aos liberais de Lisboa fossem estendidas ao território brasileiro. Mantinha a ilusão de preservar todas as prerrogativas reais na América, sufocando qualquer tentativa revolucionária e, em especial, a iniciada na Bahia.[40]

Tomás Vilanova, espírito ilustrado, mas fiel aos valores do Antigo Regime, não aceitava a possibilidade de uma Constituição, nem mesmo de uma Carta outorgada pelo rei.

Postura distinta apresentava o duque de Palmela. Vindo de Londres, onde servia como embaixador, para assumir o cargo de ministro dos Negócios Estrangeiros e da Guerra, chegou ao Rio de Janeiro, em dezembro de 1820, tendo antes passado por Lisboa e presenciado a revolução liberal então em curso. Junto a d. João VI, defendeu a ideia de que ele deveria voltar a Portugal e deixar no Brasil o príncipe d. Pedro, pois continuava vendo na antiga metrópole o centro do sistema luso-brasileiro. Apresentou, entretanto, um projeto de Carta para o rei dar aos povos, antes que lhe ditassem revolucionariamente a lei. Não se tratava propriamente de uma Carta, mas de um conjunto de bases que deveriam ser adaptadas e desenvolvidas na futura Constituição do Reino, a ser elaborada por uma Junta de Procuradores da Câmara, convocada pelo decreto de 22 de fevereiro, decreto que acabou por ser abortado, frente ao movimento constitucionalista de 26 de fevereiro de 1821, no Rio de Janeiro. Em sua essência, aceitava a divisão de poderes, na perspectiva de Montesquieu, e considerava, por suas leis, como garantias da Monarquia — a liberdade individual, a segurança da propriedade e a liberdade de imprensa; a igualdade de repartição dos impostos sem distinção de privilégios, nem de classes; a responsabilidade dos ministros e dos empregados do governo e a publicidade da administração das rendas do Estado.[41] Nas palavras de Oliveira Lima, Palmela era exemplo de um espírito "esclarecido" do mundo português do final do século XVIII e início do XIX, "um constitucional da escola a um tempo adiantada e tradicionalista de Benjamin Constant".[42]

Em outra perspectiva, encontrava-se a opinião de Luís Augusto May, futuro redator de *A Malagueta*, que enviou ao soberano sua opinião sobre o rumo a tomar, a fim de evitar "toda e qualquer propagação de tal confusão e desordem". Imbuído também de espírito ilustrado, mas contrário à convocação de assembleias para a elaboração de constituições, sugeria que se consultassem os homens de letras sobre o que havia sido escrito e adotado em outros países quanto aos sistemas de administração, governo ou representação. Uma vez que "os dias agora são séculos", aconselhava que fossem logo postas em ação algumas medidas preventivas, entre as quais a de "levantar a proibição de jornais e folhetos, pois sua proibição tornava ainda mais perigosa a sua leitura", a da tolerância de cultos e a da criação de tipografias nas capitanias de Pernambuco, Maranhão e Pará. Recomendava ainda uma rigorosa parcimônia em todos os ramos da administração e especial cuidado com as capitanias do norte que, pela maior dificuldade de comunicação com a Corte, poderiam aderir mais facilmente ao movimento de Portugal. Adotadas antes de exigidas pela população, essas medidas mostrariam um governo enérgico, "supondo uma ideia de superioridade moral e física". Seguindo os princípios da moderada tradição luso-brasileira, a proposta de Luís Augusto May era a de reformar para assegurar a sobrevivência do trono e do altar no Brasil, antes que o péssimo exemplo da sublevação do Porto provocasse uma fermentação revolucionária.[43]

Desse modo, as linguagens do constitucionalismo, ainda que moderado, começaram a fazer parte da vida dos luso-brasileiros. Foram, no entanto, as "Bases da Constituição" portuguesa, juradas pelo príncipe regente d. Pedro, em junho de 1821, que melhor traduziram o conjunto de princípios relativos aos "direitos individuais do cidadão" e ao estabelecimento da "organização e limites dos poderes públicos do Estado", que deviam vigorar até que a Constituição da Monarquia portuguesa fosse aprovada nas Cortes, não mais consultivas, mas sim deliberativas.[44] O Império luso-brasileiro transformava-se, ainda que temporariamente, em reino constitucional.

Há, contudo, outro aspecto a destacar nesse caminho para as práticas constitucionais. O ano de 1823, nos dois lados do Atlântico, foi marcado por certo retrocesso em relação às propostas mais liberais. Em 3 de junho de 1823, o movimento conhecido como Vila Francada pôs fim à experiência liberal portuguesa, com o fechamento do Congresso pela força das armas. Na América, o decreto de 12 de novembro do mesmo ano, assinado por Pedro I, já convertido em imperador do Brasil, não tardou a ecoar essa reviravolta, determinando a dissolução da Assembleia Constituinte brasileira, convocada ainda em 1822.

No entanto, a cultura constitucional deitara raízes. D. João não retornou simplesmente ao absolutismo. Em uma proclamação, prometia reformas constitucionais no sentido moderado:

> A salvação dos povos é sempre uma lei suprema, e para mim uma lei sagrada [...] A experiência [...] tem demonstrado, de um modo bem doloroso para mim e funesto para a nação, que as instituições existentes são incompatíveis com a vontade, usos e persuasões da maior parte da monarquia [...] é mister modificar a constituição. [...] Cidadãos: eu não quero nem desejarei nunca o poder absoluto e hoje mesmo o repito: os sentimentos do meu coração repugnam ao despotismo e à opressão: desejo sim a paz, a honra e a prosperidade da nação.[45]

Solicitava, em seguida, a elaboração de um projeto de lei fundamental da Monarquia portuguesa. Aliás, inúmeros projetos, como bem analisou António Hespanha, foram elaborados naquele momento ou mesmo propostos mais tarde.[46] Um deles, que muito se assemelhava ao da Carta francesa de 1814, fundamentado na visão de um reformismo tradicionalista, aceitava novidades institucionais que possibilitassem o melhoramento da administração pública e a racionalização da vida social, sem quebra da continuidade constitucional. Apesar de redigido, o projeto não vingou, demonstrando as vicissitudes e as hesitações de indivíduos, como d. João, entre as ideias liberais e as permanências do Antigo Regime.

Coincidentemente, alguns meses mais tarde, no Brasil, d. Pedro fazia também uma proclamação, em que justificava a dissolução da Constituinte, sob a promessa de uma Carta "duplicadamente mais liberal". Elaborada por um Conselho de Estado instituído pelo imperador e aprovada pelas câmaras municipais, a Constituição foi outorgada em 25 de março de 1824 e vigorou em sua essência até o fim do Império.[47] Talvez, por trás dessas propostas, se encontrassem presentes as ideias de Silvestre Pinheiro Ferreira, quando acreditava que a Constituição devia ser ponto de chegada, e não de partida; devia refletir a nova ordem de coisas, e não criá-las; quando, além disso, criticava tanto as constituições elaboradas por assembleias quanto aquelas outorgadas pelos reis. A Constituição deveria ser elaborada com a ajuda da burocracia governamental.[48]

Simples coincidência? Ou será que um exame mais cuidadoso das cartas entre pai e filho podem admitir a hipótese de que ambos ainda não aceitavam plenamente as linguagens e práticas políticas do liberalismo? Hipótese essa que se pode desdobrar em informações instigantes.

No Império do Brasil, apesar do apego a certo ideário do Antigo Regime, as ideias e práticas políticas inéditas que se moldaram e se redefiniram naquela conjuntura acabaram por converter a Coroa em Estado e fizeram com que a política deixasse os círculos palacianos privados para emprestar uma nova dimensão à praça pública. Por conseguinte, o novo Império não mais podia fugir à obrigação de conduzir a sociedade, fazendo-se reger por uma Constituição, ainda que outorgada, e articulando-se por meio de uma divisão de poderes, que respeitasse, a princípio pelo menos, a participação daqueles considerados cidadãos.

Em Portugal, contudo, o último dos paradoxos: morto d. João VI em 1826, galardoado com o título de imperador do Brasil, desde 1825, a outorga de uma Carta semelhante à brasileira pelo futuro Pedro IV foi seguida por uma luta que adiou o início da consolidação do ideário liberal por cerca de uma década. Iniciava-se uma guerra civil, que veio a opor os irmãos Miguel e Pedro,[49] considerados, respectivamente, representantes do absolutismo e do liberalismo, trazendo à tona tensões internas profundas, que d. João soubera conciliar por meio de suas hesitações e tergiversações, sem abrir mão das convicções que trazia.

Notas

1. Carta anônima dirigida a d. João VI, mostrando-lhe os inconvenientes do seu regresso ao Reino. Biblioteca Nacional do Rio de Janeiro. Divisão de Manuscritos. I — 33, 29, 19. Manteve-se a grafia original, por se tratar de um manuscrito redigido em linguagem mais vulgar, escrito, talvez, por pessoa de menor cabedal cultural. Ao longo do texto, nas outras transcrições, a grafia será atualizada.

2. Cf. François-Xavier Guerra. "A nação moderna: nova legitimidade e velhas identidades". *In:* István Jancsó (org.). *Brasil: formação do Estado e da nação.* São Paulo/Ijuí: Editora Hucitec/Ed. Unijuí/Fapesp, p. 53-60.
3. A teoria do "constitucionalismo histórico" foi defendida em Portugal pelo célebre jurista António Ribeiro dos Santos. Cf. José Esteves Pereira. *O pensamento político em Portugal no século XVIII. António Ribeiro dos Santos.* Lisboa: Instituto Nacional de Investigação Científica, 1983, pp. 243-267. Era ainda partilhada por Hipólito da Costa. Cf. Lúcia Maria Bastos P. Neves. "Pensamentos vagos sobre o Império do Brasil". *In:* Alberto Dines (ed.). *Hipólito José da Costa e o Correio Braziliense. Estudos,* vol. 30, tomo 1, São Paulo/Brasília: Imprensa Oficial/Correio Braziliense, 2002, pp. 469-513.
4. Ver Melvin Ritcher. "Reconstructing the History of Political Languages: Pocock, Skinner and the Geschichtliche Grundbegriffe". *History and Theory.* Middletown, 29 (1); pp 38-70, 1990.
5. *Breves observações sobre a Constituição Política da Monarchia Portugueza decretada pelas Cortes Geares Extraordinarias e Constituintes, reunidas em Lisboa no anno de 1821.* Paris: Rey e Gravier/J.P. Aillaud, 1837, citações às pp. V e VI.
6. Para as Luzes pragmáticas, ver Sérgio Buarque de Holanda. "Apresentação." *In:* J.J. da Cunha Azeredo Coutinho. *Obras econômicas.* São Paulo: Companhia Editora Nacional, 1966, pp. 13-53; Maria Odila da Silva Dias. "Aspectos da Ilustração no Brasil". *Revista do Instituto Histórico e Geográfico Brasileiro,* Rio de Janeiro, vol. 278, jan/mar 1968, pp. 105-70; Maria Beatriz Nizza da Silva. "O botânico Fr. José Mariano da Conceição Veloso e sua expedição na Capitania do Rio de Janeiro". Universidade Autónoma de Lisboa. *Anais (Série História):* Atas do Colóquio "A Casa Literária do Arco do Cego". Lisboa, 2000/2001, vol. 7/8, pp. 203-18. Cf. ainda, para as *artes* de governar, os textos reunidos por António Manuel Hespanha em *Poder e instituições na Europa do Antigo Regime.* Lisboa: Fundação Calouste Gulbenkian, 1984.
7. Ver para a expressão R. Koselleck. "'Espaço de experiência' e 'horizonte de expectativa': duas categorias históricas". *In: Futuro passado. Contribuição à semântica dos tempos históricos.* Rio de Janeiro: Contraponto/Ed. PUC-Rio, 2006, pp. 305-328.
8. Publicadas na *RIHGB.* Rio de Janeiro, vol. 47, 1884. Para análise detalhada das Memórias, ver Maria Beatriz Nizza da Silva. *Silvestre Pinheiro Ferreira: ideologia e teoria.* Lisboa: Livraria Sá da Costa Editora, 1975, e o trabalho de Sandra Rinco Dutra. *Política e Letras: Silvestre Pinheiro Ferreira no Brasil dos tempos de D. João (1809-1821).* Dissertação de mestrado apresentada ao Programa de Pós-Graduação em História da Universidade Federal de Juiz de Fora, julho de 2010.

9. Silvestre Pinheiro Ferreira. "Memórias políticas sobre os abusos gerais e o modo de os reformar e prevenir a revolução popular, redigido por ordem do Príncipe Regente no Rio de Janeiro em 1814 e 1815". *Revista IHGB*. Rio de Janeiro, 1884, pp. 1-2.
10. *Idem*, p. 2.
11. *Idem*, p. 2.
12. *Idem*, p. 4, 5 e 6.
13. *Idem*, p. 3.
14. *Lembranças e apontamentos do Governo provisorio da provincia de S. Paulo para os seus deputados*. Rio de Janeiro: Imprensa Nacional, 1821; *Cartas dirigidas a S. M. El-Rey D. João VI desde 1817 a cerca do estado actual de Portugal e Brazil, e outros mais documentos escritos por* H. J. d'Araújo Carneiro. Londres: Imp. Mess, Cox e Baylis, 1821; *Projecto para o estabelecimento politico do reino Unido de Portugal, Brasil e Algarves, offerecido aos ilustres legisladores, em Cortes Geraes e extraordinarias*. (Por António d'Oliva de Sousa Sequeira.) Reimpresso no Rio de Janeiro: Imprensa Régia, 1821.
15. Silvestre Pinheiro Ferreira, op. cit., 1884, p. 7.
16. Maria Beatriz Nizza da Silva, op. cit., pp. 42-44.
17. Silvestre Pinheiro Ferreira, op. cit., pp. 10-11.
18. Informações apresentadas por João Paulo Bezerra a El rei sobre a prevenção de novas rebeliões. Biblioteca Nacional do Rio de Janeiro, Divisão de Manuscritos, 8 de maio de 1817. Grifo do original.
19. F. Innocêncio da Silva. *Diccionario Bibliographico Portuguez* (t. 3). Lisboa: Imprensa Nacional, 1859, pp. 176-177.
20. H.J. d'Araújo Carneiro. *Cartas dirigidas a S. M. El-Rey D. João VI* [1821]. Citações às pp. 6, 8, 9 e 10.
21. Bilhetes anônimos de desagrado e ameaças. Biblioteca Nacional do Rio de Janeiro. Divisão de Manuscritos II — 30, 32, 017 n° 2.
22. Cf. *Proclamação de Junot aos habitantes de Lisboa*. Lisboa: Impressão Régia, 1808.
23. Luís Joaquim dos Santos Marrocos. Carta n° 15 de 29 de fevereiro de 1812. *Cartas do Rio de Janeiro, 1811-1821*. Lisboa: Biblioteca Nacional de Portugal, 2008, p. 111. Azevedo referia-se a António de Araújo Azevedo, futuro conde da Barca e ministro de d. João.
24. Carta a d. João VI, sugerindo algumas providências para acalmar o descontentamento em Portugal. Biblioteca Nacional do Rio de Janeiro. Divisão de Manuscritos II — 30, 32, 012.
25. *Pernicioso poder dos perfidos validos conselheiros dos reis destruído pela Constituição*. Reimpresso no Rio de Janeiro: Imprensa Régia, 1821, pp. 4-5.
26. Roger Chartier, "Cultura política e cultura popular no antigo regime". In: *A história cultural entre prática e representações*. Lisboa: Difel, 1988, pp. 189-213.

27. *Memoria constitucional e politica sobre o estado presente de Portugal, e do Brasil; dirigida a Elrey nosso senhor, e offerecida a Sua Alteza o Principe Real do Reino Unido de Portugal Brasil e Algarves, e regente do Brasil, por José Antonio de Miranda, fidalgo cavalleiro da Caza de Sua Magestade, e ouvidor, eleito do Rio Grande do Sul*. Rio de Janeiro: Typographia Regia, 1821. Com Licença de S.A.R., pp. 39-40. Segundo o autor, a memória deveria ter sido apresentada a d. João quando fora redigida, mas um incidente — a memória fora mostrada por alguém a um espião de Tomás Vilanova Portugal — fizera com que o autor ficasse comprometido por ser muito liberal e constitucional. Cf. p. VIII.
28. Região da Armênia.
29. *Ibidem*, p. 40.
30. Luiz Carlos Villalta. "Os romances e os livros de belas letras na circulação livreira entre Portugal e as capitanias setentrionais da América portuguesa (1769-1821): alguns aspectos quantitativos". I Colóquio Internacional de História do Livro e da Leitura do Ceará, 29 e 30 de maio de 2004. Comunicação, p. 15.
31. *Memoria constitucional e politica...*, p. 33-34.
32. *Ibidem*, p. 38.
33. Arquivo Histórico do Itamaraty. Coleções Especiais. Capitania da Bahia. Documentação do Ministério anterior a 1822.
34. O termo "retórica" é entendido aqui como argumentação e convencimento. Para o assunto, ver José Murilo de Carvalho. "História intelectual no Brasil: a retórica como chave de leitura". *Topoi*. Rio de Janeiro, vol. 1: pp. 123-152, setembro de 2000.
35. *Memoria constitucional e política...*, p. 47.
36. *Ibidem*, p. 53.
37. António de Oliva de Souza Siqueira. *Projecto para o estabelecimento político do Reino Unido de Portugal, Brasil e Algarves*. Coimbra: Real Imprensa da Universidade de Coimbra, 1821.
38. António de Oliveira de Souza Siqueira, op. cit., p. 3. Soluções propostas estão desenvolvidas às pp. 9 e 10. Meses mais tarde, publicadas em outubro de 1821, as *Lembranças e apontamentos do governo provisório de São Paulo para os seus deputados*, redigidas em sua essência por José Bonifácio de Andrada e Silva, desenvolviam também algumas das ideias contidas no folheto escrito por António de Oliva de Souza Siqueira, uma vez que defendiam igualmente a "integridade e indivisibilidade" do Reino Unido e exigiam "igualdade de direitos políticos e civis" entre os dois domínios. Pelas razões apontadas na *Memória* de Oliva de Souza Siqueira, sugeriam o Brasil como sede da Monarquia ou, então, a alternância dos Reinos como residência do soberano. Cf. *Lembranças e apontamentos do governo provisório de São Paulo para os seus deputados*. Rio de Janeiro: Imprensa Nacional, 1821, pp. 5-6.

39. Biblioteca Nacional do Rio de Janeiro. Divisão de Manuscritos. 5, 1, 40. Bilhetes de d. João VI e de d. Carlota Joaquina a Tomás Antônio Villanova Portugal (1816-1821). Bilhete n° 54, de 28 de outubro de 1820, e n° 87, de 14 de janeiro de 1821.
40. Oficio de 14 de janeiro 1821. *Apud Documentos para a história da independência.* Rio de Janeiro: Off. Graphicas da Biblioteca Nacional, 1923, vol. 1, p. 182.
41. Lúcia Maria Bastos Pereira das Neves. *Corcundas e constitucionais: a cultura política da independência (1820-1822).* Rio de Janeiro: Revan/Faperj, 2003, pp. 242-246.
42. M. de Oliveira Lima. *O movimento da independência: 1821-1822.* Belo Horizonte/ São Paulo: Itatiaia/Edusp, 1989, p. 18.
43. Biblioteca Nacional de Portugal. Seção de Reservados. MSs 149 n° 65. Parecer de Luís Augusto May, de 3 novembro de 1820.
44. Bases da Constituição Política da Monarquia portuguesa. *Apud* Clemente dos Santos (org.). *Documentos para história das Cortes Geraes da Nação Portuguesa.* Lisboa: Imprensa Nacional, 1883, vol. 1, pp. 165-7.
45. Proclamação de 31 de maio de 1823, *apud* António Manuel Hespanha. *Guiando a mão invisível. Direitos, Estado e lei no liberalismo monárquico português.* Braga: Almedina, 2004, p. 127.
46. António Manuel Hespanha, op. cit., p. 125-152.
47. Para o processo português, ver Joel Serrão. "Vila Francada." *In*: Joel Serrão (dir.). *Dicionário de História de Portugal.* Lisboa: Iniciativas Editoriais, 1971, vol. 4, pp. 306-9. Miriam Halpern Pereira *et alii* (coords.). *O liberalismo na primeira metade do século XIX.* Lisboa: Sá da Costa, 1982. 2 v. Luís Antonio de Oliveira Ramos. "O regresso dos liberais: originalidades do regime." *In*: *Sob o regime das Luzes.* Lisboa: Imprensa Nacional, 1988, pp. 159-175. Para o Brasil, cf. José Honório Rodrigues. *A Assembleia Constituinte de 1823.* Petrópolis: Vozes, 1974. A citação procede do decreto de 12 de novembro, à p. 305. Cf. Lúcia Maria Bastos P. Neves. *Corcundas e constitucionais...,* p. 413.
48. *Breves observações sobre a Constituição política...,* p. VI e segs.
49. Para a guerra de sucessão, ver Charles Napier. *A guerra de sucessão D. Pedro e D. Miguel.* Introdução de António Ventura. Lisboa: Caleidoscópio/Centro de História da Universidade de Lisboa, 2005; e Maria Alexandre Lousada e Maria de Fátima Sá e Melo Ferreira. *D. Miguel.* Lisboa: Círculo de Leitores, 2006.

CAPÍTULO IX "A opinião pública tem sido o molho do pasteleiro":[1] o *Caramurú* e a conservação

Gladys Sabina Ribeiro*

*Professora do Departamento e da Pós-Graduação em História da UFF; pesquisadora do CNPq; Cientista do Nosso Estado — FAPERJ; coordenadora executiva e pesquisadora do CEO/Pronex — "Dimensões da cidadania no século XIX".

ABDICAÇÃO E CIDADANIA

Em setembro de 1830, a intendência da polícia publicou um edital dirigido às autoridades e ao povo. Pedia aos "brasileiros" que não se exaltassem nos festejos da Emancipação, "moderassem as suas paixões" e não proferissem "palavras injuriosas, e ofensivas a qualquer indivíduo, classe e nação, ou [não praticassem] atos contra as leis e bons costumes e que [fizessem] alterar o sossego público".[2] A vigilância deveria ser feita pelos juízes de bairro e de paz, pela guarda imperial e por todos os responsáveis pela "segurança pública", para que houvesse o "bom cumprimento" daquele diploma legal. A polícia preocupava-se com os "excessos" que poderiam ser ofensivos às "classes e nações". Desde a chegada dos emigrados portugueses, em 1829, os ânimos contra os chamados lusitanos esquentaram-se de tal maneira que ocasionaram vários conflitos de rua, que envolveram trabalhadores portugueses empregados no comércio e soldados das tropas.

Em finais de 1829 e em 1830, outros conflitos foram registrados nos bairros de Santa Rita, Candelária e São José.[3] Retomando uma nomenclatura que foi característica do período da Independência, reeditavam-se os "partidos" português e brasileiro. Se naquela época falava-se em recolonização, depois da Abdicação jogava-se com o medo da "restauração" de d. Pedro I pelo chamado partido português. Bipolaridades como essa, bem como classificações oriundas do jogo político da época, empobreceram a complexidade dos acontecimentos e obliteraram um novo entendimento do período inicial da Regência, preso nas malhas das acusações mútuas entre indivíduos e grupos políticos, manifestas sobretudo na imprensa, na Câmara e nos movimentos de rua, sendo que esses últimos tinham a sua maneira peculiar de compreender os eventos daqueles anos conturbados.

O Sete de Abril releu o que era ser brasileiro e ser português, vinculando essas identidades novamente aos propósitos políticos dos indivíduos e dos grupos. O pertencimento à nação não se dava, portanto, pelo local de nascimento, mas pelos interesses políticos e pela adesão a uma proposta de governo que pudesse redesenhar o Estado, a sua relação com os indivíduos, em particular, e com a sociedade, em geral, sempre identificada com a opinião pública — que não era includente e que dizia respeito aos pares, aos detentores da liberdade com os seus consequentes direitos.

A concepção de cidadania era relativizada pela existência dos "portugueses do parágrafo quarto". O conceito também não estava unicamente relacionado às eleições, com a divisão entre cidadãos ativos e inativos. O seu uso era feito de forma ampla, com referência ao que hoje chamamos de direitos civis, listados no artigo 179 da Constituição de 1824. Estava, portanto, em conexão estreita com o campo estendido da política, definido enquanto adesão aos princípios do bom governo, fruto do respeito às instituições, da forma de conduzir a política de acordo com a noção de pacto social ou de contrato social e com a utilização indiferenciada dos impactos da liberdade diante da opinião pública, que incluía direitos e deveres e tinha ênfase na participação, fosse ela direta ou através da representação parlamentar.

Nos direitos estavam compreendidos a liberdade de imprensa e de opinião; de petição; de resistência aos desmandos e às arbitrariedades em momento de afirmação do Poder Judiciário e de se reivindicar a legitimidade do Parlamento como fonte de poder e do ato de governar com base nas leis; de ser preso com mandado e de ter direito de defesa, uma vez que o *habeas corpus* era compreendido como garantia das liberdades, de forma geral; direito ao emprego, expresso tanto como o viver sobre si quanto na defesa do comércio, da indústria, das artes e das ciências. Já nos deveres, ressaltavam-se os valores éticos e o respeito ao governo na forma da lei, tanto pela obediência à Constituição como pela preservação e obediência às instituições. Governo e Estado não se confundiam. O primeiro podia ser criticado, enquanto o segundo paulatinamente se identificava com a nação e com a defesa e a garantia dos cidadãos.

A cidadania expressava-se mais como conjunto de noções e ideias sobre o que eram os direitos frente ao governo e quais as obrigações desse. Manifestava-se nas ruas, como vimos em outra ocasião,[4] e também nos impressos, chamados de jornais de opinião na acepção de Marco Morel.[5]

Esse autor recorda ter tido a imprensa, no final do século XVIII e início do XIX, uma "dimensão cultural ou *esclarecedora* como propagadora das ciências, das artes, do pensamento — do progresso humano, enfim". Nesse sentido, era "construtora do progresso e da liberdade" e o impresso podia intervir "nos destinos da sociedade" e ajudar a marcar e a ordenar a cena pública.[6]

Esse é o mesmo sentido que José Murilo de Carvalho, Marcello Basile e Lúcia Bastos Pereira das Neves deram ao papel da imprensa no período, quando afirmaram que essa constituía-se em uma "arena pública de exposição de ideias, valores e interesses".[7] E é essa abordagem que justifica que nos debrucemos sobre jornais, pasquins e folhetos de modo a compreender "a concepção de direitos e de sua prática",[8] a cidadania como forma de pertencimento à esfera pública.[9]

O *CARAMURÚ* E A CONSERVAÇÃO

Partindo desses pressupostos sobre o papel da imprensa, sobre a releitura que se fez naquele momento do que era a cidadania, a boa condução do governo e da nação, tendo em vista a liberdade, vale analisarmos o jornal *Caramurú — O Imperador e a Constituição Jurada*. O objetivo é compreendermos melhor as disputas políticas do primeiro momento regencial, que vai até o Ato Adicional. Mais do que grupos ou partidos políticos que tinham uma identidade, pensamos estar diante de *campos políticos* que se relacionavam, antagonizavam e se recompunham de acordo com interesses socioeconômicos, que muitas vezes eram frutos de questões regionais e nacionais, tendo a Corte como palco de atuação e expressão.[10]

Por esse motivo, acreditamos que o conceito de identidade,[11] que daria aos chamados partidos uma unicidade de ideias e de atuação, parece-nos insuficiente para conferir significado ao vivido naqueles anos. O termo *campo negro*, cunhado por Flávio Gomes para designar a atuação dos quilombolas e escravos na Corte do Rio de Janeiro, fornece-nos inspiração para compreendermos essas designações dentro do espaço das acusações mútuas no qual foram cunhadas. O *campo político* engendraria "uma teia maior de interesses e relações sociais diversas" [...] "que entrecruzavam interesses, solidariedades, tensões e conflitos"[12] que não se restringiam às palavras de ordem, ideias veiculadas nos jornais e agrupamentos, solidariedades ao redor de líderes. Agregava problemas mais amplos e interesses que não se circunscreviam à Corte e que entrecruzavam o Rio de Janeiro às províncias e à forma como se montou o Estado imperial no Primeiro Reinado, tendo o imperador como centro e o juramento à Constituição como uma forma de consolidar a autonomia brasileira e a definição de uma identidade nacional, construída em oposição àquela portuguesa.[13]

Esse campo político tinha grande fluidez, o que não obrigava os seus personagens a se filiar a uma única associação, entre as que se formaram no período, nem manterem-se pertencentes a ela, muito menos com coerência ideológica e fidelidade aos seus princípios.[14] Assim, os jornais conjugavam interesses que podiam ser pretéritos, relacionados às vivências provinciais e/ou forjados na Corte a partir das experiências vividas aqui, no diálogo com as ruas da cidade, ou alhures. Os chamados *moderados*, *exaltados* e *restauradores* ou *caramurus* formavam campos políticos dinâmicos. Usavam a nomenclatura dada a si mesmos e aos outros, fosse ela atribuída ou assumida, como formas de ataque e de defesa políticas. Porém, gradualmente e a partir das eleições de março de 1833 e das discussões sobre o desenho que o Ato Adicional teria nos debates travados na Câmara e no Parlamento,[15] vemos que esses campos cada vez mais se encaminharam para formar a *situação* e a *oposição*, futuros *progresso* e *regresso* forjados nos embates após a subida de Feijó ao poder, em 1835, mas que tiveram por base os jogos políticos entre 1833 e essa última data.

Situado, então, no campo *caramuru*, o jornal que aqui analisamos está sob a guarda da Biblioteca Nacional do Rio de Janeiro. Existem 64 números desse jornal, sendo o seu primeiro exemplar de 2 março de 1832 e o último de 10 de abril de 1833. A coleção existente nessa instituição inclui o *Caramurú* extraordinário de 4 agosto de 1832; o suplemento ao *Caramurú* número 61 (de 2 março de 1833) e a correspondência do número 42 (de 5 dezembro de 1832). Esse impresso era composto mais ou menos de 4 páginas numeradas. O seu primeiro artigo era extenso e tinha a forma de editorial, seguido de correspondência ou esclarecimentos de posições do jornal ou de pessoas ligadas à Sociedade Conservadora da Constituição Política Jurada no Império do Brasil. No primeiro número esclareceu que sairia duas vezes por semana, sendo as assinaturas cobradas ao valor de 2.000 réis por semestre, pagos adiantados. Segundo o seu redator, David da Fonseca Pinto, do número 11 em diante teria tido periodicidade irregular porque o governo moderado havia passado a persegui-lo e a acusá-lo de *restaurador*. Mudou também de tipografia algumas vezes.

Era subscrito na casa de Mr. Gueffier, na Rua da Quitanda, nº 79, e na Rua dos Ourives, nº 58, casa do Sr. Cordeiro, porém anunciava a venda de números avulsos nas "lojas do costume". No exemplar de 31 de dezembro de 1832 (nº 48), pedia aos que quisessem assiná-lo que o fizessem no seu escritório, na Rua da Alfândega, nº 53, além de esclarecer que o jornal podia aumentar de preço porque havia comprado uma nova tipografia na Praia Grande.

Ao usar como epígrafe uma frase de Camões — "Eu não falo senão verdades puras" —, David da Fonseca Pinto insinuava ser o detentor da verdadeira interpretação dos fatos após a Abdicação. Dizia-se também porta-voz da *Sociedade Conservadora*, pois teria passado a escrever o *Caramurú* porque trinta sócios dessa sociedade o teriam designado para essa tarefa, por terem votado emendas suas nos estatutos, tais como substituir *Sociedade Defensora do Imperador Constitucional e da Integridade do Império* por *Sociedade Conservadora da Constituição Jurada no Império do Brasil*.[16]

Ao longo das páginas do jornal, fica claro que um dos seus objetivos precípuos era defender a cidadania para um grupo específico de indivíduos conhecidos como "portugueses do parágrafo quarto", que não haviam sido cooptados pelo grupo de Evaristo da Veiga e que continuavam a ser perseguidos ou acusados de serem contra a *causa nacional* por quererem a conservação do governo organizado após a Independência. Dessa forma, esses não eram os lusitanos comerciantes da "cidadela"[17] nem os seus caixeiros, que contribuíram para a formação das guardas permanente e nacional e ajudaram Feijó na pacificação da Corte nos episódios de 1831 e de 1832. Dessa maneira, fazia clara defesa dos empregados que haviam perdido seus empregos depois da Abdicação, daqueles que tinham feito parte do governo de d. Pedro I e dos que tinham capitais e estavam deixando o país sob ameaças, situação que sabemos ter sido mais crítica no norte do país. Dizia que esses eram zelosos da administração, tal qual o antigo imperador havia sido do Brasil, concedendo-lhe uma Constituição que deveria ser preservada. Por vezes, fazia a ponte entre o que acontecia na Corte e os interesses e fatos ocorridos nas províncias do norte, tecendo opiniões que claramente estavam em consonância com o desenrolar dos interesses que tinha e/ou representava.

É assim que, ao longo dos dois anos de existência do jornal, representou Pinto Madeira de forma distinta: de início, era frontalmente contra a revolta que esse capitaneava e o que chamava de desmandos no Exército, uma vez que esse antigo general, agraciado por d. Pedro nas lutas pela Independência, aterrorizava o interior defendendo a federação, exigindo a deportação das classes úteis, derramando sangue e pregando a anarquia;[18] mais adiante, afirmava que o único restaurador seria Pinto Madeira, mas que a sua posição havia sido tomada por oposição à liderança da família Alencar, não porque desejasse desde sempre a volta de d. Pedro.[19] Usava, então, as posições e acusações políticas vigentes contra os revoltosos, ligando-os ou afastando-os dos movimentos existentes na Corte e do que se passava no norte, até que finalmente o antigo general de d. Pedro foi derrotado.[20]

Pouco se conhece, portanto, da vida do editor do *Caramurú*. Os editoriais que escreveu revelam aspectos da sua trajetória pessoal. No número 11, de 12 de abril de 1832, ao relatar que estava sendo perseguido injustamente, acusado de ter participado do movimento dos liberais exaltados de 3 de abril de 1831, acusava Lino Coutinho de ter sido arbitrário: quando ministro do Império, havia demitido o redator — sem processo ou culpa formada — do cargo de administrador do correio, no Maranhão, por ter sido denunciado como inimigo do Brasil. Teria feito isso para agradar ao "ídolo de barro", que era a opinião pública.[21] Nessa ocasião, por informação mentirosa do *Jornal do Commercio*, teria igualmente demitido José Pedro Fernandes, oficial da Secretaria de Estado dos Negócios do Império, e Francisco Gomes da Silva, por terem participado da expedição de d. Maria da Glória. Ao tomar essas atitudes, reinventava os brasileiros adotivos, o que era um dos males do país:

> [...] quando o Código fundamental correu um véo sobre as rixas de então, declarando cidadãos Brasileiros *todos os que estavam no Brasil na época da sua Independência e a ela aderiram expressa ou tacitamente a ela continuação de sua residência*; procurando o Ministro acender, por esta forma, de novo os ódios de naturalidades, que tem sido o princípio originário de todos os males que laceram o Brasil.[22]

Portanto, achava que o recente governo moderado novamente incentivava a distinção entre cidadãos brasileiros e portugueses, tornando a luta contra essa discriminação um dos principais temas do jornal. Voltava ao momento da Independência para reivindicar direitos, não para negar o fato político da emancipação. Sob sua ótica, a separação política de Portugal dava aos que aqui estavam, naquela ocasião, o sentido de pertencimento à nova nação, de respeito à lei e à Constituição.[23] O redator, que havia nascido na África (Cachéu), considerava-se brasileiro do parágrafo quarto justamente porque estava no Maranhão em 1822. Segundo pensava, isso lhe dava o direito de ser cidadão como os outros nascidos no Brasil, não se considerar estrangeiro e de ter mais direito do que outros estrangeiros nascidos fora do antigo império luso. Aproveitava, então, para defender a África, que tinha clima semelhante ao Pará e ao Maranhão. Retomava o tema espinhoso da escravidão, condenada entre nações e cidadãos, para afirmar que na África essa resultava do direito à guerra, embora ali faltasse o braço do homem civilizador.[24] E ao fazer esta defesa certamente defendia interesses relacionados ao tráfico e à manutenção da escravidão entre aqueles portugueses que considerava que seguiam a verdadeira política. Lembremos que na literatura recente a economia do norte do país, no contexto do constitucionalismo, ligava-se mais diretamente aos interesses do comércio português, tanto se levando em consideração a visão de Valentim Alexandre, de que havia os integracionistas e os autonomistas nas Cortes de 1820,[25] quanto considerando o enfoque proposto por Jorge Pedreira, que defende uma economia lusitana em franco progresso nesses anos devido ao comércio transitório.[26]

No número 59, de 14 de fevereiro de 1833, requeria o seu emprego de volta, no Maranhão, dizendo-se brasileiro.[27] Segundo informava, quando habitava no norte havia sido redator dos jornais *Minerva* e *Poraque*. Ao vir para a cidade do Rio de Janeiro, passou a redigir *O Verdadeiro Patriota* e não pediu emprego a ninguém, tanto é que o próprio Januário, que acusava de vira-casaca, poderia depor a seu favor.[28] Na Corte, convidado a redigir o jornal da *Sociedade Conservadora*, negou-se a receber salário porque escrevia por ideal. Orgulhava-se de não ter cedido à cooptação de Feijó, em 1831, nem a pressões e acusações de toda ordem, feitas sob encomenda de Evaristo.[29]

Assim, ao redigir o primeiro número do jornal, deu-lhe como subtítulo *O Imperador e a Constituição Jurada*.[30] Nele reproduziu o que seriam os objetivos dos membros da *Sociedade Conservadora*: serem contra a reforma da Constituição, sustentarem as autoridades constituídas contra a desordem e a anarquia, fazendo obedecer à Justiça; serem contra a revolução; serem "uteis à causa pública"; serem "cidadãos brasileiros" que combatessem as hostilidades de nascimento fomentadas pelos inimigos do Brasil.[31]

Nesse número, atestava a proliferação de periódicos movidos por "paixões violentíssimas", "ambição, orgulho e rancores particulares", além de desejos de vingança: denominava, dessa maneira, esses impressos de "colunas sanguinárias". Pensava ser a liberdade de imprensa a déspota da liberdade, pela qual devia zelar. Não difundindo luzes nem costumes, ao contrário, esses jornais teriam "corrompido a moral pública", "cimentado a discórdia e embrutecido o povo". Dizia que a classificação de "rusguento" era dada aos que se pronunciavam contra os ministros, criticando-os, e que logo se colocavam esses indivíduos críticos na categoria de inimigos do Brasil. Declarava não considerar rusguento a quem não se curvava aos atos ilegais e prepotentes dos ministros. A oposição seria nobre e decente porque lutava contra os "jornais sisudos da oposição e do Ministério", além de defender a Constituição — "única tábua de salvação para o Brasil" — e ir contra a proposta de federação monárquica, considerada um monstro que traria a ruína. Voltava também ao tema da "estúpida e odiosa rivalidade do nascimento", dizendo que era a origem dos males brasileiros, uma vez que se tinha "um solo fértil, e vasto, talhado pela natureza para fazer a felicidade de seus habitantes".[32] Finalizava esse primeiro número com uma divisão da população em três classes: a dos moderados, a dos exaltados e a dos comprometidos. A primeira e a segunda eram da gente da revolução, moderados e exaltados, que estariam divididos. Os moderados defendiam o governo. Os exaltados queriam derrubá-lo. A terceira era dos que sustentavam o governo anterior, que chamava de comprometidos. Esses, "por dever, e pela incerteza da sorte" que teriam com os exaltados, sustentavam e defendiam os moderados, apesar de não acreditar que os partidos se iludissem. No antigo regime, os moderados tinham se oposto aos comprometidos, agredindo-os. Depois do Sete de Abril, quiseram destituí-los dos cargos e das honras, porém não teriam obtido a maioria e teriam passado a afagá-los. Considerava, então, os exaltados mais coerentes, porque continuavam querendo o sangue de todos e as desordens. Já os comprometidos queriam a tranquilidade pública e o respeito às autoridades porque disso "depende a fortuna de uma classe ilustrada, rica, e, por todas as maneiras, útil ao seu país".[33]

No segundo número, descrevia também a organização da *Sociedade Conservadora*, dividida em círculos de 34 em 34 membros, sendo que cada círculo tinha um chefe e era dividido em decúrias, coordenadas por um decurião. Comentava ainda sobre a composição do conselho (que teria a duração de quatro meses e elegeria os novos chefes de círculo) e estabelecia as reuniões nos dias 8, 18 e 28 de cada mês, com a proibição de reuniões secretas.[34] Quanto aos sócios, era necessário para admissão:

> 1º ser Cidadão Brasileiro no pleno gozo dos seus direitos; 2º ter sãos costumes, honestos, e conhecidos meios de subsistência, ou poder, por suas faculdades, ser útil à Sociedade; exceção feita dos que vivem do salário de qualquer particular, não se compreendendo no número destes os guarda-livros, primeiros-caixeiros e administradores de fazendas; 4º ser proposto por um membro, qualquer, em carta fechada ao 2º secretário, por escrutínio, de mais de três quartos dos membros presentes em Conselho.

Do número 3 em diante, mudou de subtítulo para *O Imperador Pedro II e a Constituição Jurada*.[35] Nele há um editorial, que retoma no número 6 (24 de março de 1832), intitulado "O Brasil antes de 7 de Abril, e o Brasil depois de 7 de Abril". O seu abre-alas era o protesto da divulgação de que os *caramurus* fossem a favor de d. Pedro I. Afirmava que os *caramurus* desejavam adesão a d. Pedro II, à Regência e à lei porque d. Pedro I havia abdicado, embora, a despeito dessa afirmativa, defendesse o antigo imperante e seu governo do que considerava injustas acusações.[36]

Nesse número, retomava ainda a crítica aos moderados, comentando um artigo escrito por Evaristo da Veiga, no *Aurora Fluminense* datado de 5 de março de 1832: defendia-se ao dizer que nunca tinha feito aliança com os compromissados para evitar vinditas, uma vez que esses eram velhos absolutistas e retrógrados. Voltou, então, com força ao argumento da necessidade de se combater a rivalidade entre os cidadãos. Para isso, introduziu o assunto comentando os benefícios do governo de d. Pedro I, que havia lançado o gérmen da liberdade ao livrar o Brasil da escravidão e ao fornecer a Constituição, garantia da liberdade e dos direitos. Entretanto, ressaltava que a falta de amor à Pátria havia prevalecido entre os seus filhos, que haviam se dividido em partidos e abusado da liberdade de imprensa,[37] de tal modo que no final do governo de d. Pedro I os que se intitulavam patriotas e se diziam defensores do povo só queriam honras, empregos e distinções, incitando rivalidades, iludindo o povo e desmoralizando os portugueses. Mais uma vez, de acordo com a sua análise, ter nascido em Portugal teria virado crime, acendendo novamente os partidos, insultando oficiais e exigindo-se que os portugueses fossem privados do que tinham. Inventava-se um partido metropolitano contra a Independência. Justificava a abdicação do imperador ao dizer que violaria a Constituição ou derramaria sangue, caso cedesse às exigências feitas. Segundo pensava, depois desse fato teriam acontecido as arbitrariedades de todo tipo; os desmandos no Exército; o egoísmo da partilha dos empregos; a instabilidade e a insegurança no comércio, na agricultura, nas artes e nas ciências; a falta de fundos e a emigração em massa. Dessa forma, pregava a união de classes e dos partidos para salvar o país, conclamando ampla frente com curiosa formação: "constitucionais, republicanos, federalistas, absolutistas". Todos esses deveriam se unir à *Sociedade Conservadora* para combater arbítrios do poder e a reforma na Constituição. Terminava dizendo-se aberto a ouvir outras opiniões e até mesmo a admitir que os *caramurus* se unissem aos *moderados* e aos *exaltados*, contanto que eles promovessem a adesão a d. Pedro II, considerassem a Regência inviolável e se comprometessem a combater os arbítrios das autoridades.[38]

Já no número 4, de 14 de março de 1832, interrompia o editorial que vinha escrevendo desde o número 3 para criticar o governo. Esse teria aberto devassa contra a *Sociedade Federal*, que já existia havia meses no Rio de Janeiro e em Pernambuco, com o intuito de poder perseguir também a *Sociedade Conservadora* porque sabia que essa última teria força para unir todos os partidos. Mais uma vez condenava o governo moderado, que semeava a cizânia entre "Os brasileiros pela Constituição e os brasileiros que nasceram no Brasil". Dava como exemplo o fogo na Ilha das Cobras e no teatro. Além disso, afirmava que semeavam o terror na população contra a *Sociedade Conservadora* através dos juízes de paz e de não deixarem os guardas nacionais fazerem parte dela. Pregava novamente uma frente constituída por "exaltados", "republicanos", "absolutistas" e "constitucionais", porque todos desejavam a Constituição e a Liberdade. Propunha oposição por meios legais: através da imprensa, da Regência e da Assembleia Legislativa.

Ao retomar, no número 6 (de 24 de março de 1832), a comparação do Brasil antes e depois do Sete de Abril, recapitulava os mesmos argumentos anteriores sobre comoções, falta de estabilidade, fuga de capitais, crítica aos desmantelamentos do Exército e a sua substituição pela Guarda Nacional, acusada de ser local de patronato. Retomava o tema da perseguição aos empregados públicos de tal forma que podemos subtender que fossem portugueses. Dizia que as atitudes persecutórias se justificavam por exigência da opinião pública, que seria o molho do pasteleiro. Argumentava que não se podiam preterir direitos e, para isso, retomava a análise dos *partidos* antes do Sete de Abril.

Nessa ocasião, afirmava que havia o partido que sustentava o governo e o que queria derrubá-lo. Mas os que subiram ao poder se dividiram em *exaltados* e *moderados*. Os *moderados* só queriam "rendas, empregos e mando". Antes, eram oposição só porque queriam governar, porém depois passaram a não mais precisar dos *exaltados* e quiseram se livrar deles dizendo serem "assassinos, homens de maça [sic] e punhal, malvados, ladrões" etc. Fora esses, repetia a divisão entre os comprometidos por opiniões e os comprometidos por fatos, acrescentando que naquele momento da Abdicação haviam recriado um partido recolonizador, por intriga e para semear a discórdia. Tal invenção teria sido feita no gabinete da Rua dos Pescadores".[39]

O tema dos "partidos" prosseguiu no número 12 (de 14 de maio de 1832). Nele, dizia que antes do Sete de Abril os *exaltados* chamavam "povo soberano" a qualquer ajuntamento ilícito. Não se podia falar "farroupilhas" que diziam ofender a nação brasileira. Depois, o governo passou a chamá-los de "rusguentos" e "farroupilhas", a persegui-los, a fazer fogo contra eles e a arrumar testemunhas falsas. Quanto aos comprometidos, passaram a desagradar ao governo porque revelavam o seu caráter. Antes do Sete de Abril eram chamados de "facção colonizadora", porém, depois, teriam sido armados, o que comprovaria que em tal não acreditavam. Depois ainda do Sete de Abril, passaram a ser designados de brasileiros e de respeitadores da lei. Outrora, o *Aurora* chamava-os de "'cidadela' encravada na cidade, onde habitava a facção Lusitana"; também incitava a plebe contra eles pedindo derramamento do seu sangue. Mais tarde, o *Aurora* passou a lhes pedir auxílio contra o "povo soberano" — chamando os *exaltados* de "faca na manga", "rusguentos", "pulha", "massa" etc. Assim, convocaram os comprometidos para as guardas nacionais (onde foram janízaros por defender governo tirânico) e permanentes, onde havia inclusive "soldados Portugueses" que não eram "cidadãos Brasileiros". Considerava ainda que o pior era que os portugueses eram esbulhados dos empregos públicos e que os *moderados* acreditavam que os comprometidos não deveriam sair da posição "nula".[40]

Então, se perguntava o porquê de os comprometidos, na sua maioria, terem se unido ao governo. Levantava a hipótese de os *exaltados* serem formados por povos de várias classes, sem luzes e tendendo aos excessos. Portanto, seria melhor para os compromissados aturar o governo do que submeter-se aos excessos de uma nova revolução.[41]

No editorial do número 15, de 24 de maio de 1832, "Dos partidos; sua origem; modo de os extinguir", comentou o relatório do ministro da Justiça. Voltava aos comprometidos, dizendo que eram constitucionais porque defendiam o imperador. Para ele, antes do Sete de Abril havia dois partidos: os "imperialistas" (que olhavam d. Pedro I como centro de união para que a máquina social não se desmantelasse) e os "exaltados" (formado de boa gente e que se deixou levar por corifeus, que os convenceram de que a liberdade estava ameaçada, incentivavam as rivalidades entre brasileiros natos e nascidos em Portugal, fingindo existir um partido recolonizador).

Aqui, deu a sua interpretação dos acontecimentos das vésperas da Abdicação, quando os *exaltados* foram seduzidos aos excessos, à soberania popular, às liberdades públicas e ao direito de resistência ao poder. Tais questões eram dogma para os *exaltados*, fascinados e iludidos pelas Auroras, Astréas, pelos Repúblicos, Evaristos, Soutos, Linos, Vasconcellos e outros. Primeiro atacaram os ministros, depois, o próprio d. Pedro I. Então, os demagogos chefes dos *exaltados* não teriam perdido a oportunidade de levar a nação ao abismo. Ao recebimento do príncipe, os demagogos exaltaram primeiro "as classes ínfimas, depois a massa geral dos exaltados a aparecer nessas ruas principais, e mais povoadas", onde os festejos aconteciam. Esses indivíduos desafiaram os festeiros, animou-se os ódios de ambas as partes e os partidos que pelejavam eram os "constitucionais" e os "exaltados". O *Aurora* teria chamado os constitucionais de "facção lusitana" e seu lugar de moradia de "cidadela", conclamando todos ao derramamento de sangue. Disseram ao governo que deveria dar providências, senão a nação o faria. Porém o governo não quis punir, confiou na sua inocência e demitiu o Ministério.

Ainda nesse editorial de 24 de maio de 1832, David da Fonseca Pinto reprovava os excessos de alguns constitucionais, que davam "morras aos Repúblicos", e dos *exaltados*, incitados por demagogos. Para ele, o remédio estava na lei. O monarca teria tido corpos para esmagar o Sete de Abril, porém não o fez porque não quis derramar sangue. Holanda Cavalcanti e o visconde de Goyana não aceitaram a readmissão, dando a entender que não compactuaram com a revolução. Foi, então, que novamente o redator fez comentários sobre os partidos após o Sete de Abril: 1º) os comprometidos — que defendiam o imperador ("comprometidos por fatos": dilapidavam a nação e a serviam mal; "comprometidos por opiniões": os de boa-fé, respeitadores da Constituição e do imperador e das leis); 2º) e 3º) os *exaltados* — que se dividiram em dois partidos: a) a "massa geral" que nutria rancor pelos comprometidos e queria punir a "massa Lusitania" e que não distinguia entre os comprometidos por fatos e por opiniões; b) o outro, que era o dos antigos chefes dos demagogos, que se denominaram *moderados* e espalharam ideias hipócritas de perdão. Conseguiram mandar e "dispor do espírito público a seu favor".

Os *moderados* viram que não podiam confiar nos *exaltados*, que outrora comandavam. Assim, sob o pretexto de protegerem os "comprometidos", chamaram-lhes às armas. Os *moderados* estariam, então, no poder sustentados pelos seus "janízaros", "fazendo guerra aberta aos mais partidos". Os "comprometidos por fatos" colocaram-se ao lado dos *moderados* e passaram a sustentá-los. Dessa forma, para David da

Fonseca Pinto os "comprometidos da administração passada", ou seja, os da cidadela e os dos tumultos de março, estariam unidos aos *moderados*. Já os "comprometidos por opiniões" teriam sido coerentes: não tinham crimes de espécie alguma e seriam justamente os denominados, a partir de 1832, *caramurus*.

Resumindo, então, dizia que existiam simplificadamente dois partidos: os *caramurus* — compostos dos "exaltados de boa-fé" e dos "compromissados de boa-fé"; e os *moderados* — compostos dos "exaltados de má-fé " e dos "comprometidos de má-fé". Os *caramurus* seriam o "bom", a "lei" e a "Constituição". Os *moderados* seriam o "mau", a "espingarda" e a "opressão". O que se deveria fazer? A união dos partidos. Porém o relatório do ministro da Justiça, que julgava peça "inepta, caluniosa e perversa", não previa a paz, a não ser através de medidas inquisicionais. O *Caramurú* deslumbrava a paz tão logo se restabelecesse o império da lei. Pregava a restauração da Constituição e a demissão do Ministério. A Assembleia deveria escolher entre a "escravidão ou a liberdade, a felicidade pública ou a devastação do Império".

No número 40 e no número 41 (de 28 de novembro de 1832), no editorial interior, intitulado "Golpe de vista sobre o quadro político do Império", estabelecia quatro épocas depois da revolução e classificava novamente os partidos. Na primeira época da Regência, de 7 de abril até julho de 1831, havia os *exaltados* "de boa-fé e de má-fé" — e os comprometidos "por opiniões" e "por fatos", recordando o que havia descrito anteriormente. Na segunda época, de julho de 1831 a março de 1832, existiam os *moderados* (composto dos antigos exaltados de má-fé e dos comprometidos por fatos — demagogos e "janízaros"); os comprometidos por opiniões e os exaltados de boa-fé. Os comprometidos por fatos agradeciam o perdão pelos seus crimes e os comprometidos por opiniões e não podiam fazer barreira nem oposição. Assim, os exaltados de boa-fé, decepcionados pela traição, e os comprometidos por opiniões se uniram e formaram os *caramurus*. Com o Ministério Feijó, a população ficou reduzida a dois partidos: os *moderados* e os *caramurus*. Essa divisão teria perdurado de março a 30 de julho de

1832 e teria sido a "terceira época da revolução". Em 30 de julho de 1832, os *moderados* rasgaram o véu. O Brasil estava ameaçado de ser retalhado entre ditadores, como no feudalismo. O Senado estava temporariamente aniquilado e a Câmara era onipotente. Feijó conspirou e foi malogrado. Os *moderados* mereceram o nome de jacobinos. Na quarta época, na qual estava, dizia haver dois partidos: os *caramurus* e os *jacobinos*.[42]

Passou, então, no número 41, de 28 de novembro de 1832, a fazer uma descrição ainda mais interessante desses dois partidos. *Caramuru* seria o homem de reputação, o pai de família, o negociante, o proprietário, o lavrador, o militar, o empregado público que não queria viver na miséria, o sapateiro, o carpinteiro, o jornaleiro, todos que não desejavam morrer de fome. Seriam o Brasil e a Constituição jurada. O homem que defendia a lei e d. Pedro II. Os *jacobinos* chamavam de *caramurus* os empregados públicos, os militares, a nobreza, as Câmaras, o povo, todos, enfim, eram *caramurus*. Os *jacobinos* eram compostos de homens do governo. Assim, os *jacobinos* queriam a divisão dos partidos e denominavam os *caramurus* ora de "puritanos", ora de "restauradores", ora de "andradistas", ora de "mamados". Em cada uma dessas denominações faziam encarar um partido como um estratagema. Perguntava-se, dessa maneira, em tom retórico, se andradista era quem admirava os Andradas. Então, respondia que todo *caramuru* era andradista. Mas dizia que não queriam elevar os Andradas ao poder porque depois do Sete de Abril tinham recusado cargos: Martim Francisco havia recusado o Ministério da Fazenda; Antonio Carlos rejeitara a legação de Londres e José Bonifácio só havia aceitado a tutoria porque d. Pedro I lhe pedira. Os restauradores eram poucos e só existiam porque o governo era perverso. *Mamados* eram os que os *jacobinos* pensavam ter posto em desconfiança com os do seu partido, fazendo-os crer que os caramurus eram restauradores e que seriam sacrificados. Os *jacobinos* chamavam também de restauradores os jornais que falavam mal de d. Pedro I, como *O Clarim, Bússola, Exaltado* e *Sentinella*. A garantia que os *jacobinos* davam aos *mamados* era o fogo no teatro, a prisão de oficiais militares, a carnificina de 3 de abril etc. Os *jacobinos* ofereciam aos *mamados* aliança dizendo quererem ambos a república, com a diferença de que eles a queriam com vagar e os *mamados* queriam-na já e já. Perguntava se era possível alguma ilusão com os *jacobinos*. O *Caramurú* dizia que o argumento da federação era apenas para ganhar os liberais de boa-fé porque violaram a Constituição e o governo de Feijó havia sido uma ditadura. Afirmava que das urnas sairia a sentença de quem governaria.

No número 63, de 2 de março de 1833, publicou um credo político dos partidos, escrevendo como se cada um deles falasse da própria crença. Nesse credo reafirmava a sua visão de cada grupo. Assim, o partido exaltado teria feito guerra ao príncipe e teria sido companheiro de armas dos *jacobinos*. Foram convencidos de que o país corria perigo, ameaçado por facção antinacional e lusitana. Os homens que os *exaltados* defenderam subiram ao poder e foi a tirania. Aqueles que falavam de liberdade não a defenderam e espalharam sangue exaltado. O redator do *Caramurú* escrevia como se fosse um exaltado dando deu depoimento: dizia, então, que não queria a restauração nem a república e que se unia aos *caramurus*.

Já o credo do partido *caramuru* dizia ter sustentado o monarca por dever e por temer revolução, uma vez que havia homens que iludiam o povo e o alucinavam. Dizia-se ligado a d. Pedro II; não queria nem a restauração nem a república. Essa última porque não se teriam "virtudes, luzes, costumes ou população para ela". Dessa forma, declarava-se contra a restauração porque não queria "retrogradar" e porque havia jurado fidelidade a d. Pedro II. Além disso, era contra mudanças na Constituição.

O credo do partido jacobino dizia que havia incentivado a revolução porque o país estava sob jugo de um "partido lusitano". Depois, havia se unido a esse partido que havia dito ser composto de inimigos do Brasil, mas que de fato não o era. Havia defendido os excessos em nome do amor à liberdade, porém se a oposição o fizesse naquele momento, combateria com tiros, tal como fez correr sangue em 3 e 17 de abril, em 27 de setembro e em 7 de outubro. Confessava que nunca havia amado a liberdade e sempre tinha sido discricionário. Naquele contexto, tentava de novo ligar-se aos *exaltados* para derrubar o partido que chamava de "chumbos" — "onde, aliás, estava a maioria dos brasileiros". Procurava dividir os partidos, tudo arruinar e subverter, instigando

> ódios contra os adotivos, e ainda que a minha luta seja só com os brasileiros, senão porque nada alcançarei na Corte contra eles, ao menos porque a intriga nas províncias pode trazer a anarquia que já uma vez promovi, e à qual devo o poder, a influência e as riquezas que possuo.

Ao finalizar essa espécie de confissão de propósitos dos *moderados*, revelava que era contra o imperador e que queria a Regência extinta, só esperando a maioridade para dar o golpe. Ao concluir o editorial, usava como artifício dar novamente a palavra ao redator. Juntava, então, *caramurus* e *exaltados*, relativizando o que se dizia de ambos. Para ele, nem todos os *exaltados* queriam a república, talvez só um ou outro; nem todos os *caramurus* queriam a restauração, também somente uns poucos. Os dois seriam constitucionais e desejavam que d. Pedro II assumisse. Instigava a população contra os *jacobinos*, que seriam inimigos dos brasileiros de todas as crenças e idades. Nas eleições que se avizinhavam, incitava os indivíduos a votarem de modo a escolher os beneméritos do povo.

Após o golpe de Feijó e a demissão do Ministério de 3 de agosto, o redator transformou de vez os *moderados* em *jacobinos*. Criticava a condução política "tirânica" de Feijó, bem como a criação das guardas nacionais e da guarda dos permanentes, que considerava majoritariamente portuguesas (dos "comprometidos por fatos") e sustentáculos do governo.

No editorial do número 62, de 2 de março de 1833, fez um recorrido avaliativo da Regência. Para ele, de acordo com a Constituição, a Regência seria inviolável. Dessa forma, tributava toda a culpa da má administração aos ministros e conselheiros do Estado, ao que se chamava de "governo". Achava que a Regência havia falhado em preencher a sua inviolabilidade de força moral porque não havia se afastado de todos os partidos e das intrigas; teria ouvido mais a um partido contra o direito de todos os cidadãos. Isso teria sido feito em clubes, tornando-a facciosa. Quando eleita, havia recebido a cooperação franca da maioria dos partidos, apesar de os homens escolhidos não serem recomendáveis: João Bráulio Muniz havia sido deputado em duas legislaturas e nunca dissera palavra; Costa Carvalho não tinha transcendência, embora tivesse algum talento; Lima era "curtíssimo de conhecimentos" e não podia governar em "período de convulsões intestinas". Os brilhantes Andradas tinham sido preteridos, assim como o visconde de Cairu. Os regentes não tinham força moral, pela falta do "prestígio do saber e dos serviços", e não souberam ganhá-la porque desobedeceram as leis e a Constituição. Em 13 e 14 de julho houve uma sedição que exigiu deportação de cidadãos sem condenação. A Regência e a Assembleia opuseram-se, porém Feijó foi nomeado ministro e

> de necessidade a Regência adquiriu alguma força fingindo escudar os direitos dum sem n. de famílias, cujos cabedais, parentesco, e relações interessavam à maioria talvez do Rio de Janeiro.

Feijó havia começado as suas atividades como se fosse o "salvador" do Brasil. Acalmadas as paixões e afastado o perigo da anarquia, a razão havia voltado a imperar e os cidadãos entenderam a causa de resultados tão temidos. Um irmão do regente Lima foi pronunciado como agente dessa sedição e ele havia indicado o nome dos deportados. Segundo o redator, a sua finalidade teria sido levar membros dessa família aos corpos, à pasta da Guerra, ao comando das armas. Conseguiu-se da Assembleia leis excepcionais: a de 26 de outubro e a de 6 de junho. Os cidadãos deixaram de temer a anarquia para temer o "jugo de ferro". O Ministério Feijó havia violado as garantias constitucionais e enchido as masmorras, ao entrar na casa de cidadãos e ao fazer espionagem. O governo era "turco" e "cruel", entre outras coisas porque procurava mudar o código fundamental para fracionar o Brasil. Então, segundo a sua versão, apareceu o 30 de julho e a Regência se demitiu junto com o Ministério — o que considerou atitude deplorável. A Guarda Nacional, a maioria da Câmara, o povo e todas as classes lhe faltaram quando tentou derrubar o Senado, esmagar a Constituição e revestir a Câmara de poderes discricionários. A oposição e os jornais livres sustentaram a Regência pela causa da lei. A Regência buscou outro Ministério no círculo da oposição. Entretanto, em 40 dias esse Ministério se demitiu e a Regência lançou-se novamente em braços de barro, ao nomear homens reprovados pela opinião pública. Dizia que, naquela ocasião, havia sintomas de revolução no ar e o *Caramurú*, sacrificando a sua popularidade, havia resolvido "conciliar as massas agitadas e abrandar a efervescência pública". O novo Ministério havia usado todos os meios para conseguir reformas. Tinha cabalado e ameaçado empregados públicos, ocasionado a demissão de um juiz de paz, proclamado uma portaria ilegal e dado ordens às mesas eleitorais. No conjunto de suas atitudes, havia incrementado as rivalidades de nascimento e de nacionalidade, iludido uns, subornado e aterrado outros para as eleições dos juízes de paz. Os meios tinham sido inúteis. O povo votou contra a chapa do governo. Cresceram os insultos e as ameaças e os cidadãos nascidos fora do Brasil foram mais uma vez ameaçados: "Quem triunfa nas eleições tem a maioridade; onde está a maioridade da Nação é onde está a nacionalidade e a opinião pública, que tem sido atacada atroz e iniquamente".

Nos números 49 e 50, respectivamente de 5 de janeiro de 1833 e de 9 de janeiro de 1833, passou em revista a vida provincial no ano de 1832. Ao falar do "estado atual das províncias", deu ênfase à situação do norte do país e à revolta de Pinto Madeira, que ora criticava e ora apoiava, relacionando as atitudes dos revoltosos aos eventos nordestinos de 1817 e 1824 e contestando o restauracionismo que a historiografia lhe atribuiu.[43]

Para David da Fonseca Pinto, o Pará vivia em comoções, a cada hora venciam facções diferentes. Aí, o patriotismo havia cedido lugar às paixões. No Maranhão, o povo de "natural bondade" tinha sido vítima de um partido que passava por defensor dos direitos públicos, mas que havia cometido atrocidades. Condenava a nomeação de Clementino José Lisboa para dirigir as forças da província porque dava importância aos demagogos e protegia as facções que atropelavam a lei. O Ceará havia sido desolado pela guerra em 1824 e era presa de família cruel (de Alencar). Pinto Madeira, que tinha feito relevantes serviços pela causa da união do Império, havia atraído o ódio dessa família, cujo chefe havia formado a favor da rebelião do Equador. Depois do Sete de Abril, passaram a persegui-lo e mataram sua mulher e seus filhos, queimando o seu estabelecimento e instaurando uma nova devassa. Não se lhe concederam anistia, suspenderam-lhe a pensão e o cargo, o que o fez empunhar as armas como forma de resistência e de revolta. O governo, injusto e tirano, o havia reduzido ao desespero. De acordo com a versão do redator, Labatut tinha conseguido desarmar os rebeldes; entretanto os da facção de Alencar haviam-no colocado sob suspeição e o presidente da província acabou desautorizando as suas atitudes. Defendia, então, Pinto Madeira, dizendo que nunca haviam proclamado a restauração e que nesse episódio revolucionário haviam transparecido rancores antigos de 1817 e 1824.[44]

A análise da situação das províncias continuou no número 50, de 9 de janeiro de 1833. Sobre Pernambuco, comentava que o presidente Manuel Zeferino dos Santos achava-se em perigo porque a população tinha ódio dele: pensava que ele havia buscado o apoio de alemães para fazer guerra aos brasileiros. Pinto Madeira estava preso lá e havia sido motivo de ódio porque se acreditava que advogasse a federação e fosse restaurador. Julgava também Alagoas uma província em anarquia. Sobre a Bahia, dissertava sobre a gente rica, que tinha aderido à Constituição jurada, e sobre os federalistas, que ali eram de boa-fé. Condenava, entretanto, a prisão do Dr. Barata, vergonhosa por ser esse um velho que havia prestado serviços à Independência.

Quanto às demais províncias, não é à toa que tivesse analisado apenas Minas, São Paulo e Rio de Janeiro, sustentáculos da Monarquia. Minas tinha interesse pelo trabalho, leis, Constituição jurada e pelo imperador d. Pedro II. Tinha ódio contra as inovações do jacobinismo e contra os que queriam esfacelar o Império. Para São Paulo, elogiou o *Observador Constitucional* e garantiu que a província estava em paz porque o partido do padre de Itu não havia podido agir ali. Sobre o Rio Grande do Sul, demarcou a importância da questão oriental e da paz (excetuada na região de fronteira), que ocupava os espíritos, uma vez que os partidos não eram muito distintos. Terminava comentando que o Rio de Janeiro teria passado pela guerra civil não fosse capital, a docilidade do povo, a Guarda Nacional e ter 120 mil almas.

Além da vida provincial, fez também um balanço das instituições regenciais, em 1832, no número 55, de fevereiro de 1833. O Tribunal Superior de Justiça era oposição aos *jacobinos* e composto de anciãos honrados, que reviam processos, embora houvesse grande morosidade nos seus procedimentos. O Conselho Supremo Militar era alvo dos "tiros" dos jacobinos, particularmente contra o general Sampaio. O *Aurora* o supôs autor da visão de "Itajuru" e do "Profeta". Naquela altura não sabia se era certa a nomeação para o Conselho do brigadeiro José Joaquim de Lima, que havia sido membro importante no 13 de Julho. Queixava-se da Intendência Geral da Polícia porque tinha tido sua casa invadida por permanentes e não sabia se a ordem de sequestro de números do jornal *Caramurú* havia partido da polícia ou do Sr. Pilar. O Sr. Guerra havia sido chefe de polícia muito tempo, mas na ocasião o intendente era Aureliano de Souza e Oliveira, ao qual acusava de ter sido antifederalista e de ter se convertido a federalista. Com relação aos juízes de paz, fez comentários sobre os da Candelária, de Engenho Velho, de São José, Santana e Sacramento. Falou bem do juiz de paz da Candelária, Gustavo Adolfo de Aguiar. Fez digressões dizendo que esse juiz havia sido acusado de restaurador e de absolutista para incutir temor, uma vez que ele se opunha aos *jacobinos*. O juiz anterior, Sr. Braga, andava com Pilar, Cruz Lima e Pinheiro ameaçando quem quisesse pertencer à *Sociedade Conservadora*, na época da "ditadura turca de Feijó". No Engenho Velho, José Gomes Ferreira havia sido eleito e era estimado pelos paroquianos, por sua afabilidade. São José havia assistido à reeleição de Manuel Theodoro de Araújo Azambuja, que fora suspenso em 25 de setembro de 1832 por não ter atirado no povo desarmado, no episódio da revolta do teatro. Já Pilar, o seu substituto, havia cometido verdadeiras atrocidades. Custódio Xavier de Barros foi reeleito em Santana e tornou-se vítima do Ministério Feijó porque era contra os *jacobinos*. Esse lugar foi exercido muito tempo pelo Sr. Picanço, que havia sido também conspirador na tentativa de golpe de 30 de julho de 1832, quando enviou cópia ao comandante do batalhão informando que seria necessário manter a paz, por ser sabedor da demissão do Ministério e da Regência. Na freguesia do Sacramento havia sido eleito o Sr. Padre Moreira, que tinha conduta desacreditada pelo 15 de Setembro. Foi juiz dessa freguesia Saturnino de Souza e Oliveira, redator da *Verdade* (cujo testa de ferro era Paulo Barboza, guarda-roupa por engano). Saturnino foi promotor dos jurados eleitos entre baionetas e ameaçava de morte Nicolau Lobo Viana por imprimir o *Caramurú*.

Quanto aos jornais existentes na época, desde o segundo número criticava o *Aurora Fluminense* como contraditório e origem da calúnia de ele ser "Coluna do Trono".[45] O diálogo com o *Aurora* e as polêmicas com Evaristo foram temas constantes. Depois do equivocado apoio que Evaristo deu a Feijó, em seguida ao golpe de julho de 1832, o redator publicava editoriais intitulados "Evaristeidas". Em um deles, no número 21, de 5 de setembro de 1832, comentava que Evaristo Ferreira da Veiga tinha "alguma habilidade", mas não formação suficiente para um publicista, principalmente porque tinha falta de caráter, honra e probidade. Argumentava que antes do Sete de Abril criticava os ministros, mas elogiava o imperador sempre que podia, para "captar a benevolência do monarca". Dizia que isso agradava aos leitores de Minas. Contudo, vieram os acontecimentos de Paris e Evaristo "ameaçou o governo de então com os sucessos de julho em Paris, e com igual êxito!" Em suma, Evaristo havia sofrido uma "metamorfose" após a Abdicação: exemplificava o seu argumento dando com o *Aurora* nº 251, de 12 de janeiro de 1829. Nesse exemplar, ao escrever sobre o natalício de d. Pedro, o redator do *Aurora* afirmava que d. Pedro era um gênio porque não recorria ao direito de legitimidade para governar, sendo um bom monarca. Era tão diferente dos europeus que havia sido aclamado imperador constitucional. Elogiava-o ainda pela Independência, pela outorga da Constituição brasileira e pela Carta portuguesa. Àqueles que diziam que o imperador havia mudado depois de 1829, o redator do *Caramurú* recordava que no mês de abril Evaristo havia caído em contradição e falado que o governo do monarca começara ruim, com os eventos da Praça do Comércio, e terminara com o "Ministério de 24 horas". Então, já em 1829 adjetivava Evaristo de adulador. Reforçava o seu argumento com o *Aurora* nº 638. Segundo David da Fonseca Pinto, nesse número Evaristo afirmava que d. Pedro nunca soubera governar e ganhar a afeição dos brasileiros. Por tudo isso, antes do Sete de Abril, Evaristo convocava todos a se armarem para se defender. Depois, havia passado a xingar a todos e a chamar os que se armavam de "facas na manga", de "cacete" e "punhal" etc. Antes do Sete de Abril permitia que homens como o Sr. Domingos Lopes de Araújo maldissessem o imperador; depois, não admitia críticas de Camilo ao Ministério. Antes,

> chamava a "facção portuguesa" e "recolonizadora" aos Brasileiros do § 4º; depois do 7 de Abril o Evaristo dizia que aos Brasileiros do § 4º não pertence o nome de portugueses pela constituição.
> Antes do 7 de Abril o Sr. Evaristo escrevia que a cidade baixa era uma cidadela de portugueses, entre os quais se ele achava encravado; depois do 7 de Abril quando a *Nova Luz* chamou à guarda Municipal da Candelária — *guarda lusitana* — o Sr. Evaristo a contestou, dizendo que aí abundava o nº dos Brasileiros oriundos do pais!
> Antes de 7 de Abril o Sr. Evaristo gritava aos Brasileiros, mesmo das classes ínfimas, que o *sangue derramado pelos da cidadela pedia sangue*; depois de 7 de Abril o Sr. Evaristo tem gritado aos da cidadela, a que chamava antes de 30 de julho último — *homens das classes industriosas* — que escovem as armas, e as tenham prontas contra os *ladrões, rusguentos e exaltados,* termo com que designa os mesmos Brasileiros, que antes irritara contra os homens das *classes industriosas!*
> Antes do 7 de Abril o Sr. Evaristo ameaçou o governo com os *excessos de Paris, e com igual êxito*; depois do 7 de Abril chama audaz, insolente e criminoso a quem solta um ai pelos flagelos com que os oprimiu a ditadura do *ministério jacobino,* de que a Providência acaba de livrar-nos!
> Antes, declarava absurdos contra o chefe legítimo do governo, agora, qualquer reclamação era considerada grande atentado.

Antes, acusava os ministros por sintomas; depois, passou a defender os homens que cometeram atrocidades. Antes, condenava Barbacena; depois, passou a elogiá-lo, bem como ao Senado. Em julho combateu as representações do povo e da tropa "como violadoras da Constituição", porém elogiou a mesma representação quando defendiam leis que quebravam a Constituição — dos suspeitos — e quando pregavam a manutenção do

Ministério jacobino. Antes, julgava os restauradores querendo o retorno de d. Pedro; depois da queda do Ministério, julgava-os de boa-fé.

Prosseguindo com a revisão do ano de 1832, nos números 52 (de 19 de janeiro de 1833) e 53 (de 23 de janeiro de 1833), também analisou outros jornais impressos na Corte. No número 52, dizia que o número dos jornais dos *jacobinos* ao longo do ano de 1832 fora inferior ao de jornais da oposição. O *Messager* antes do 30 de Julho dizia não haver oposição, só o *Caramurú*. Entretanto, depois apareceram como oposição o *Carijó*, a *Trombeta* e outros. Fez, então, no número seguinte, uma espécie de resenha sobre o jornalismo jacobino e sobre os jornais que considerava serem da oposição.

De acordo com esse balanço, o *Diário do Rio de Janeiro* era redigido pelo cônego Januário, que havia sido republicano, monarquista e que, naquela ocasião, havia se tornado *jacobino*. Se antes elogiava d. Pedro I, depois passou a atacá-lo dizendo que havia semeado desconfiança em seus súditos. Acusava ainda Januário de tornar público somente o que lhe convinha e de não publicar, como deveria, os negócios do Estado. O *Aurora Fluminense* era acusado de ambiguidade: por vezes, pedia o sangue dos adotivos e, em outras ocasiões, chamava-os de industriosos e ricos. Ora acusava os *exaltados* de rusguentos, ora dizia que eram jovens de amor inflamado à pátria; ora falava mal de d. Pedro I, ora o elogiava; ora era contra o Trinta de Julho, ora era a favor; ora decantava o governo por dominar as duas câmaras, ora dizia que a facção retrógrada dominava o Senado; ora apoiava a federação, ora não. O *Independente* era *jacobino* e obra de Costa Carvalho, embora admitisse ter dúvidas se era ele mesmo o seu redator. *A Verdade*, como já dito, era redigida por Saturnino de Souza e Oliveira, testa de ferro de Paulo Barboza da Silva. Criticava, então, Saturnino pelo fogo no teatro e por só falar mentiras. O *Nacional* era atribuído por uns ao Sr. Amaral, por outros, ao Sr. Epifânio. Outros diziam ainda ser da lavra de um deputado do norte. Julgava que não era mal redigido. Havia se ocupado muito do *Caramurú* que não tinha tido tempo de responder-lhe. Era *jacobino*, feria a verdade e havia mentido ao dizer que os oficiais da tipografia do *Caramurú* haviam ofendido famílias de nacionais que tinham ido ao teatro na Praia Grande. Vivia de extratos do *Messager* e era republicano. O *Sete de Abril* era o *Grito da Pátria* ressuscitado. Havia levantado a polêmica de não se nomearem pelo Rio deputados de outras províncias, isso porque quem mais defendia o Brasil eram os deputados de outras províncias. Segundo o seu raciocínio, esse jornal pretendia, assim, excluir os adotivos e ameaçar um outro *Trinta de Julho*. O *Brasileiro* era de Vasconcelos e havia acabado com o *Trinta de Julho*. As eleições fizeram com que voltasse a sair. Corria junto com o *Sete de Abril*. Considerava o *Astréa* nulo, ninguém o lia. Por último, classificava de venais e mentirosos o *Messager*, o *Jornal do Commercio* e o *Correio Mercantil*.

Com relação aos jornais da oposição, fazia afirmativas que atribuía aos *jacobinos*. Não expressava a sua opinião sobre esses jornais. Dessa maneira, e sempre de acordo com o que dizia ser comentário jacobino, o *Catão* era enérgico, oposição e escrito por Montezuma. O *Cometa* era de Montezuma ou de Japi-Assu, sendo inimigo dos inimigos do seu país. O *Trombeta* era atribuído pelos *jacobinos* ao Sr. Sá e fazia uso de aspectos da vida particular. O *Carijó*, por falta de responsável, teria deixado de sair porque era redigido pelo barão de Bullow, que havia sido vítima de perseguições e que jazia na cadeia. De quando em quando, vinha ao socorro do *Caramurú*. Havia sido injusto com o *Caramurú*, em setembro do ano anterior, quando este não quis ceder ao movimento revolucionário. O *Sentinela* era dado pelos *jacobinos* como do Sr. Dr. Meireles. Alguns o chamavam de haitiano por censurar o desprezo pelo qual os homens de cor eram tratados pelo grupo de Feijó, republicano; ora era tratado de restaurador porque dizia que o regime anterior, do ex-imperador, era mais benévolo. Os da Floresta havia tempos faziam passar por restaurador quem discordava deles. Elogiava o *Excelente*, redigido pelo padre Marcelino Pinto Ribeiro Duarte. O *Tempo* foi atribuído pelo *Aurora* a Holanda Cavalcanti. O *Martelo* era bem escrito, não sabendo quem era o seu redator. O *Diário do Rio de Janeiro* era propriedade de Nicolau Lobo Viana, que havia sido vítima do júri "turco" do Rio de Janeiro. Era um jornal de anúncios que se converteu em oposição. O *Clarim da Liberdade* era redigido por José Luís. *A Mulher do Simplício* defendia os Andradas e era escrito em versos. O *Lagarto* era irônico e picante; não se conhecia o seu redator. A *Simpliciazinha* era redigido pelo mesmo redator de *A Mulher do Simplício*, escrito em versos e fazia boa oposição. O *Torre de Babel* era bem escrito, valente e não se sabia quem era o redator. O *Cegarrega* advogava reformas em boa-fé, era bem redigido e não se sabia igualmente quem era o seu redator. A *Malagueta*, o *Piloto*, o *Conciliador Fluminense*, o *Regente*, o *Filha da Mulher do Simplício*, o *Ypiranga* e o *Trinta de Julho* tinham aparecido no ano anterior, sendo que o último só havia existido durante aquele ano.

Ao fazer um balanço geral dos jornais, afirmava que os *jacobinos* tiveram 14 periódicos em 1832: *Diário do Governo, Aurora, Independente, Verdade, Nacional, Astréa, Brasileiro, Grito da Pátria, Recopilador, Simplício Poeta, Simplício da Roça, Messager, Jornal do Commercio, Correio Mercantil*, sendo os últimos quatro franceses com a morte do *Astréa* e dos *Simplícios* passaram a ser 11, mas surgiu o *Sete de Abril*. Já a oposição tivera 21 periódicos: *Caramurú, Catão, Cometa, Trombeta, Carijó, Sentinela, Exaltado, Tempo, Martelo, Diário do Rio, Clarim da Liberdade, Mulher do Simplício, Lagarto, Simpliciazinha, Filha da Mulher do Simplício, Ypiranga, Regente, Malagueta, Piloto, Conciliador, Trinta de Julho*. Em 1833 seriam 16 porque, cessando os últimos, apareceram o *Cegarrega* e o *Torre de Babel*. O número de jornais da oposição era maior do que o da situação, o que refletia a situação da oposição na capital naqueles anos. Por fim, afirmava que o *Diário de Anúncios* e o *Simplício (velho)* não tinham coloração política.

No número 66, de 10 de abril de 1833, anunciou o fim do *Caramurú*. Referia-se claramente aos grupos políticos como situação e oposição, abandonando a nomenclatura partidária à qual vinha se referindo antes.

CONCLUSÃO

Se a designação *campo político* é a mais adequada para classificar os partidos até 1833, dessa data até 1837 (época do *progresso* e do *regresso*) o binômio situação e oposição parece mais proveitoso para a análise dos grupos políticos dominados pelas facções ao redor de Evaristo e

Holanda Cavalcanti, bem como no período de Feijó. Liberais exaltados, moderados e restauradores, nomes de época, eram identidades fluidas. Como vimos, eram muito mais campos políticos com redes de sociabilidades específicas, ocasionais e regionais. Não havia hegemonia de um determinado pensamento dentro de um desses grupos, nem lideranças contumazes capazes de somente elas levantarem as ruas da cidade e serem porta-vozes de uma identidade política. Isso seria acreditar na noção de vanguarda, ou no que esses homens diziam de si próprios. Seria acreditar na mesma crença que tinham de que o dito era imperativo para a formação da chamada opinião pública. Faziam relativa defesa de princípios, que mudavam de acordo com a região de impressão dos jornais (ao norte ou ao sul do país), com as circunstâncias políticas e com a experiência dos redatores, vivida tanto na cena pública como embalados pelos movimentos de rua, com os quais dialogavam diretamente.

Em 1831, voltava-se ao portuguesismo para explicar esses ódios de rua e as necessidades prementes de reforma na Constituição. Esse portuguesismo, usado a torto e a direito, foi uma das bandeiras do movimento que derrubou o imperador. Porém tornou-se igualmente necessidade imperiosa de explicação e de denúncia por parte daqueles que passaram a ser chamados de *caramurus* e situaram-se em campo político oposto ao governo.

No número 17, de 6 de junho de 1832, David da Fonseca Pinto escreveu um editorial intitulado "Aos brasileiros nascidos em Portugal". Iniciava o artigo dizendo que fora perseguido tanto em Portugal, na época da Independência e quando se davam morras aos brasileiros, quanto de volta ao Brasil, já no Maranhão, lugar que habitava desde os 4 anos. Ali teria sido perseguido pelo Partido da Constituição Portuguesa, em abril de 1823. Jurada a Independência, as tropas portuguesas foram embora e desarmou-se a de segunda linha. Quando as tropas do sertão chegaram, houve vinganças, mortes e anarquia. Tiraram os empregos dos "brasileiros nascidos em Portugal" e quiseram expulsá-los da província. Alegava, então, que os empregos todos eram constitucionais porque a Constituição havia concedido direitos iguais a todos, defendendo os vencidos. Com isso, afiançava não ser contra a Independência porque essa havia legitimado todos os "brasileiros", de norte a sul, sem distinção de local de nascimento e contanto que defendesse o Brasil. Argumentava que esse era o motivo pelo qual defendia d. Pedro, o seu governo e a Constituição outorgada.

Em 1832, dizia que havia elementos que pregavam o que se proclamava em 1823 e que o chamavam de pertencente ao "partido português" por não querer a anarquia. Afirmava fazer diferença de merecimento entre o nascido em Portugal e o no Brasil, não de lugar de nascimento. Por esse motivo escrevia aos portugueses, dizendo:

> Não nascemos em Portugal; no Brasil se desenvolveu nossa razão; o Brasil é a nossa pátria desde 4 anos de idade; porém nascemos Português, e este só fato faz com vos olhemos como nosso sangue, como nossos irmãos, como nossos amigos...[46]

Pedia, dessa maneira, que os portugueses meditassem no que escrevia e que quem desejasse ficar no Brasil jurasse a Constituição e o considerasse sua pátria. Quem não quisesse o sistema representativo deveria sair do Brasil e não conspirar. Aqueles que chamavam os portugueses de recolonizadores antes do Sete de Abril agora se uniam a eles contra os que antes eram seus aliados. Os *moderados* iludiam os lusos e odiavam-nos: "um Evaristo, um Lima Coutinho, um Vasconcelos, não vos bebem o sangue porque precisam de vós..." Quanto aos *exaltados*, mencionava que quando eles falavam na Guarda Nacional entendiam que era uma guarda lusitana; que quando mencionavam o teatro, gritavam "foram os chumbos que mataram os brasileiros". Concluía dizendo que o tempo mostraria que um exaltado "de boa-fé" e um "caramuru" eram a mesmíssima coisa. Os *exaltados* haviam feito uma carnificina aos "brasileiros nascidos em Portugal" porque haviam se colocado a serviço dos *moderados* e, na Corte, não tinham vitimado os "brasileiros nascidos em Portugal" porque não podiam.

Em outro artigo, no mesmo número,[47] intitulado "O *Caramurú* acusado de restaurador; sua defesa", afirmava que os *moderados* cometiam calúnia ao acusarem-no de restaurador, como antes o chamavam de recolonizador. Desafiava que se provasse em quais textos defendia a restauração, sobretudo porque escrevia contra ela. Relacionava, então, alguns princípios dos *caramurus*: 1º) desaprovavam a revolução de abril enquanto constitucionais, porque essa havia sido fruto da pressão do povo e de soldados sobre o monarca, uma vez que desejavam um novo Ministério. Além disso, era contra porque, pela Constituição, o Ministério era arbítrio do monarca; 2º) julgavam preferível a administração passada porque naquela ocasião não se deu fogo sobre o povo desarmado saindo do teatro. Ao contrário, errou-se deixando grupos sediciosos armados. Não se invadiu a casa dos cidadãos e não se tiram empregos públicos aos cidadãos pretextando serem inimigos do Brasil. Não se compravam testemunhas etc.; 3º) elogiava d. Pedro, mas isso não significava que fossem recolonizadores. Havia jornais ingleses e franceses que o faziam: nem por isso eram recolonizadores. Guardava a Constituição e quando os portugueses da cidadela enodoaram os festejos com "vivas e morras", os *caramurus* foram patriotas, condenaram essa atitude e elogiaram o imperador. Assim, segundo pensava David da Fonseca Pinto, d. Pedro I havia abdicado porque quisera, tanto que havia proclamado de público, no dia 12 de abril de 1831, que esse ato violava o artigo 116 da Constituição. Para ele, se a abdicação havia sido um mal, a restauração seria pior ainda; 4º) Por último, era taxativo ao dizer que o *Caramurú* não defendia a restauração. Como prova, apresentava extratos de todos os números publicados.

Muitos dos *caramurus* eram "portugueses constitucionalistas". Alguns eram pertencentes à tropa e bastante ameaçados pelas leis contra os imigrantes e pela xenofobia popular, principalmente contra os batalhões estrangeiros, recém-dissolvidos. Provavelmente, buscavam no "conservadorismo" a manutenção do seu espaço na sociedade, reafirmado em 1822 e que estava sendo naquele momento questionado. O Exército, que vinha sofrendo uma campanha de desmoralização, orquestrada pelos jornais ditos "moderados", teve a propaganda contra si intensificada desde as revoltas dos batalhões de irlandeses e de alemães e da derrota na Cisplatina (1825-1828). Era visto como a corporificação do "espírito de privilégio e hierarquia social",[48] e a fixação do número de elementos nas forças armadas foi uma discussão aguerrida e complexa naqueles anos.

Notas

1. *Caramurú*, n° 6, 24/3/1832.
2. *Códice 343 (Registro de editais da polícia — portarias, regulamentos etc.)*. 1828-1834, 4/9/1830, Arquivo Nacional (AN), 1 vol., edital de 4/9/1830, p. 18.
3. Para verificação de alguns dos conflitos entre "portugueses" e "brasileiros" ocorridos antes da Abdicação, consultar, entre outros, os seguintes documentos: *Códice 330 (Ordens e Ofícios da Polícia aos Juízes de Crime)*. Arquivo Nacional (AN). 1829-1833, 15/10/1829, vol. 6, Ofício do Intendente da Polícia, Luis Paulo de Araújo Bastos, aos desembargadores dos Bairros de Santa Rita e Candelária, p. 14; *Idem*, p. 15.
4. Gladys Sabina Ribeiro. *A liberdade em construção. Identidade nacional e conflitos antilusitanos no Primeiro Reinado*. Rio de Janeiro: Relume-Dumará/ Faperj, 2002.
5. Marco Morel. "Da *Gazeta* tradicional aos jornais de opinião: metamorfoses da imprensa periódica no Brasil". *In*: Lúcia Maria Bastos P. das Neves. *Livros e impressos. Retratos do Setecentos e do Oitocentos*. Rio de Janeiro: Eduerj, 2009, pp. 153-184.
6. Marco Morel, op. cit., pp. 154-155 e 163.
7. J. M. Carvalho e outros. Documentação Política. 1808-1840. Paulo Roberto Pereira. *Brasiliana da Biblioteca Nacional. Guia de fontes sobre o Brasil*. Rio de Janeiro: Fundação Biblioteca Nacional, 2001.
8. José Murilo de Carvalho. "Cidadania: Tipos e Percursos". *Estudos históricos*, vol. 9, n. 18, 1995, pp. 337-359 e 341.
9. Sobre o tema da esfera pública, entre outros textos, ver: Jurgen Habermas. *L'espace public. Archeologie de la publicité comme dimension constitutive de la societé bourgeoise*. Paris: Payot, 1997; Dena Goodman. "Public Sphere and Private Life: Toward a Synthesis of Current Historiographical Approaches to the Old Regime". *History and Theory*. Middletown: Wesleyan University, 1992, pp. 1-20; Jean-Jacques Becker. "A opinião pública". *In: Por uma história política*. Rio de Janeiro: Editora da FGV, 2003, pp. 185-211; Craig Calhoun (ed.). *Harbermas an the Public Sphere*. Massachusetts: The MIT Press, 1997.
10. Marco Morel diz que partido era mais do que "'tomar um partido' e constituía-se em formas de agrupamento em torno de um líder, ou através de palavras de ordem e da imprensa, em determinados espaços associativos ou de sociabilidade e a partir de interesses ou motivações específicas, além de se delimitar por lealdades ou afinidades (intelectuais, econômicas, culturais etc.) entre seus participantes". Marco Morel. *O período das Regências (1831-1840)*. Rio de Janeiro: Jorge Zahar, 2003, p. 32.
11. Esse termo é defendido por Marco Morel. *As transformações dos espaços públicos. Imprensa, atores políticos e sociabilidades na cidadania imperial (1820-1840)*. São Paulo: Hucitec, 2005. Ver em especial o capítulos 2, "Identidades políticas: além das intrigas da Corte", p. 61-98, e Marco Morel, 2003.

12. Flávio dos Santos Gomes. "Quilombos do Rio de Janeiro no século XIX". In: João José Reis e Flávio dos Santos Gomes (orgs.). *Liberdade por um fio. História dos quilombos no Brasil*. São Paulo: Companhia das Letras, 1996, p. 278.
13. O tema do juramento da Constituição e de como d. Pedro legitimou o seu governo está desenvolvido em: Iara Lis Carvalho Souza. *A pátria coroada. O Brasil como corpo político autônomo, 1789-1831*. São Paulo: Unesp, 1999. A construção da identidade nacional foi abordada no livro de Gladys Sabina Ribeiro, 2002.
14. Um trabalho instigante e que parte dessa concepção é a dissertação de mestrado de Carolina Paes Barreto da Silva, sobre *O República* e Borges da Fonseca. A autora restringe o seu campo de análise às duas primeiras fases desse jornal e tem como hipótese que ao se mudar para o norte novamente teria alterado as suas posições políticas. Ver: Carolina Paes Barreto da Silva. *A trajetória de* O República *no fim do Primeiro Reinado e na Regência: os discursos impressos de Antônio Borges da Fonseca sobre política imperial (1830-1837)*. Niterói, dissertação de mestrado, Programa de Pós-Graduação em História da UFF, 2010. Orientação: Gladys Sabina Ribeiro.
15. Marcello Basile. "O 'negócio mais melindroso': reforma constitucional e composições políticas no Parlamento regencial (1831-1834)". In: Lúcia Maria Bastos P. das Neves. *Livros e impressos. Retratos do setecentos e do oitocentos*. Rio de Janeiro: Eduerj, 2009, pp. 185-219.
16. *Caramurú*, nº 17, 1/6/1832.
17. Gladys Sabina Ribeiro, op. cit. Ver, em especial, o capítulo 2.
18. *Caramurú*, nº 3, 10/3/1832.
19. *Caramurú*, nº 35, 31/10/1832.
20. A revolta de Pinto Madeira é pouco estudada. Ver: Sócrates Quintino da Fonseca Brito. *A Rebelião de Pinto Madeira: fatores políticos e sociais*. Teresina: Projeto Petrônio Portella, 1985; Manuel Ferreira de Andrade. *Pernambuco e a Revolta de Pinto Madeira*. Recife: Nordeste, 1953; João Alfredo de Sousa Montenegro. *Ideologia e conflito no nordeste rural (Pinto Madeira e a revolução de 1832 no Ceará)*. Rio de Janeiro: Tempo Brasileiro, 1976.
21. O *Caramurú*, nº 56, de 6/2/1833, reproduz os cinco tópicos pelos quais Lino Coutinho havia justificado a sua demissão: 1º) porque teria concorrido, com o que publicava no *Verdadeiro Patriota*, para as garrafadas de março. Transcreveu trechos desse jornal, datado de 18 de março de 1831, para se defender do que julgava ser calúnia, pois diz que, ao contrário, repreendia os excessos; 2º) porque o acusava de ter escrito um manifesto que apareceu sobre as garrafadas, no qual insultava os chamados brasileiros. Defendeu-se dizendo que não escreveu o documento, que tinha ideias contrárias às suas; 3º) porque o acusava de haver insultado também os brasileiros de terem "cabelo insubordinado". Afirmava mais uma vez ser calúnia o insulto calunioso, contudo dizia que havia chamado dessa forma os que foram

atacar os festeiros em seus domicílios. Ressalta que os chamou assim e que tornaria a chamar desse jeito os que mandavam matar chumbos, marotos ou marinheiros, os que davam vivas à federação e república e eram, na sua maioria, escravos do M. de B. Fazia ainda esta observação: dizer que tinham o "cabelo insubordinado" era tratar com decência os pardos e negros cativos de M. de B. e que não estava se dirigindo a todos os brasileiros; 4º) porque o acusava de ter fugido do Maranhão por ter tido suas doutrinas recriminadas no júri. Defendeu-se dizendo que não fugiu, que veio para a Corte com passaporte concedido pelo presidente de província; 5º) porque Lino Coutinho difundia que o seu emprego não era vitalício e podia ser dispensado. A isso chamou de arbitrariedade e acusou o ministro de ser tal qual aqueles que exerciam o cargo na Turquia. Dessa maneira, defendia a vitaliciedade do seu emprego e o seu bom serviço. Ao concluir, lembrava que se as acusações fossem verdadeiras, não cabia ao Executivo julgar os cidadãos.

22. *Caramurú*, nº 11, 12/4/1832.
23. Aqui pensamos o oposto ao que afirma Marco Morel sobre esse grupo. Segundo esse autor: "Restauração aparecia como negação da independência brasileira em 1822, quando no Rio de Janeiro se aludia à *feliz revolução de 1640*, ou seja, ao patriotismo português". Marco Morel, 2003. p. 37.
24. *Caramurú*, nº 54, 26/1/1833.
25. Valentim Alexandre. *Os sentidos do Império. Questão nacional e questão colonial na crise do Antigo Regime Português*. Porto: Afrontamento, 1993.
26. Jorge Miguel Viana Pedreira. *Estrutura industrial e mercado colonial: Portugal e Brasil (1780-1839)*. Lisboa: Difel, 1994.
27. Constam desse número: a transcrição do seu requerimento, de 1/2/1833; um despacho que o manda solicitar ao presidente da província do Maranhão e um segundo requerimento seu, já ao presidente da província, datado de 5/2/1833.
28. *Caramurú*, nº 17, 1/6/1832. N.W. Sodré. *História da imprensa no Brasil*. Rio de Janeiro: Civilização Brasileira, 1966, p. 143, atribui a David da Fonseca Pinto a redação dos seguintes jornais: o *Adotivo*, o *Papeleta*, o *Brasileiro Pardo*, o *Andradista*; o *Lafuente* e parte do *Bentevi*, a *Loja do Belchior* e o *Esbarra*. Sobre esses jornais *caramuruns* que tiveram pequena circulação, ver o relatório de pesquisa de Mateus Bertolino. *A Constituição nos lábios, e no coração a maldade*, setembro de 2009, apresentado a PROPP-UFF/CNPq e o artigo de Mateus Bertolino. *Murmúrios de uma restauração*. Apresentado no Seminário de Pibic, UFF/CNPq e Prêmio Vasconcelos Torres, Universidade Federal Fluminense, 2009.
29. *Idem.*
30. *Caramurú*, nºs 1 e 2 (2 e 7 de março de 1832).
31. *Caramurú*, nº 1, 2/3/1832.
32. *Idem.*

33. *Caramurú*, n° 1, 2/3/1832, p. 4.
34. *Caramurú*, n° 2, 7/3/1832.
35. *Caramurú*, n°s 3-61 (10/3/1832-10/4/1833).
36. *Caramurú*, n° 3, 10/3/1832.
37. Uma defesa apaixonada de d. Pedro, recapitulando atos do Primeiro Reinado, foi feita no *Caramurú* n° 36, de 31/10/1832.
38. *Caramurú*, n° 3, 10/3/1832.
39. *Caramurú*, n° 6, 24/3/1832.
40. *Caramurú*, n° 13, 14/3/1832.
41. *Idem*.
42. *Caramurú*, n° 40, 28/11/1832.
43. É interessante chamar atenção para o artigo de Marco Morel no presente livro, que analisa uma conspiração *caramuru* no norte. Essa teria por objetivo não o retorno de d. Pedro, mas a separação do sul, com a elevação da princesa Januária a governante e, portanto, com a manutenção da monarquia.
44. *Caramurú*, n° 48, 5/1/1833.
45. *Caramurú*, n° 2, 7/3/1832.
46. *Caramurú*, n° 17, 6/6/1832.
47. *Caramurú*, n° 17, 6/6/1832.
48. Michael Macbeth. "The Brazilian Army and Its Role in the Abdication of Pedro I". *Luso-Brazilian Review*, v. 15, n° 1, versão de 1978, p. 118. Esse autor afirma que muitas vezes os oficiais do Exército julgavam-se "árbitros" nos conflitos entre o governo e a legislatura, levando que os "liberais" fizessem campanha, entre os anos de 1828 a 1830, para diminuir o seu contingente. Pela Lei de 24 de novembro de 1830, esse foi efetivamente reduzido de 20 mil para 14.500, dispensando-se os estrangeiros que não tinham lutado na Independência. Ainda segundo o autor, os "despedidos" em 1830 conspiraram em 1831: Barbacena, cujo Gabinete havia sido dissolvido, e o comandante de armas da Corte, Francisco de Lima e Silva (esse último foi reconduzido com o novo Gabinete "brasileiro", a 20 de março de 1831). Dessa forma, não teria sido impune a redução do Exército e a criação da Guarda Nacional, essa última submetida ao Ministério da Justiça. A segurança passava então das mãos dos militares para as dos civis. *Ibidem*, pp. 125-126.

CAPÍTULO X **Para além de uma amizade literária: cartas de João do Rio para João de Barros (1912-1921)**

Lúcia Maria Paschoal Guimarães*

*Doutora em História Social pela Universidade de São Paulo. Professora titular e prociencista da Universidade do Estado do Rio de Janeiro. Pesquisadora do CNPq. Pesquisadora do Pronex "Dimensões da Cidadania no Oitocentos." Cientista do Nosso Estado — Faperj (2009-2011). Sócia titular do Instituto Histórico e Geográfico Brasileiro. Endereço eletrônico: luciamp@uol.com.br

A revista *Atlântida. Mensário Artístico, Literário e Social para Portugal e Brazil* foi o mais expressivo veículo de propaganda de um projeto político-cultural que postulava a formação de uma comunidade luso-brasileira. Para além disso, constituiu um espaço de fermentação intelectual e de sociabilidade que agregou nomes de sólida reputação nas esferas literária e política de ambos os países.[1] Ao lado da permanente reflexão doutrinária acerca da conveniência do estreitamento das relações entre Brasil e Portugal, nas suas páginas divulgavam-se contribuições literárias e artísticas, ensaios históricos e estudos de interesse geral sobre temas contemporâneos, o que lhe conferia alcance político e ao mesmo tempo cultural.[2] Dirigida a quatro mãos, no Rio de Janeiro, por Paulo Barreto, o popular João do Rio, e, em Lisboa, pelo poeta, pedagogo e político João de Barros, a *Atlântida* circulou com regularidade, entre novembro de 1915 e abril de 1920, quando, subitamente, desapareceu de cena, sem deitar rastros.

O fim repentino da revista e o silêncio dos seus editores a esse respeito nos induziram a buscar fontes que ajudassem a compreender as razões pelas quais o periódico saiu de circulação. Entretanto, apesar dos esforços despendidos, não descobrimos nenhuma pista esclarecedora nos redutos acadêmicos aos quais João do Rio fora filiado,[3] nem tampouco na imprensa, em particular nos jornais e nas revistas em que costumava colaborar.[4]

Decidimos, então, fazer uma incursão no Real Gabinete Português de Leitura. É sabido que após a morte prematura do escritor, em 23 de junho de 1921, vítima de um ataque cardíaco, sua biblioteca fora doada àquela instituição, por iniciativa da genitora, dona Florência Barreto, inventariante dos bens por ele deixados.⁵ Junto com os livros vieram objetos pessoais e, provavelmente, pensávamos, alguns papéis, já que a espada e o chapéu do uniforme de gala da Academia Brasileira de Letras, bem como sua caneta de ouro em formato de pena, estão expostos no Real Gabinete.⁶

De fato, no Fundo Real Gabinete Português de Leitura (FRGPL), classificado na categoria "Papéis Avulsos", encontramos um fragmento manuscrito da tradução do capítulo 42 da peça *Salomé*, de Oscar Wilde, bem como três documentos: o diploma de membro efetivo da Academia Brasileira de Letras e os certificados das condecorações que recebera do governo português: o da Grã-Cruz da Ordem de Cristo e o de Grande Oficial da Ordem de São Tiago da Espada.⁷ A julgar pelas fontes brasileiras, portanto, o mistério da extinção da *Atlântida* ainda perduraria.

A solução do enigma alcançaria avanço substantivo nos arquivos portugueses. Compulsando a documentação disponível de João de Barros, descobrimos que a periodicidade da *Atlântida* fora afetada por uma série de transtornos financeiros, decorrentes da crise econômica que sobreveio ao fim da Primeira Grande Guerra. A partir de 1919, a publicação passou a sofrer sucessivos atrasos,⁸ de onde se pode inferir que o seu desaparecimento, a princípio, deva ser atribuído à falta de meios para manter a circulação em dia. Todavia, pelo que pudemos apurar, a escassez de numerário também seria fruto de questões políticas. Em 1920, o presidente Epitácio Pessoa, recém-empossado, pressionado por setores nacionalistas lusófobos, não cumprira a promessa que fizera aos dois diretores da *Atlântida* de manter o subsídio até então concedido pelo governo brasileiro.⁹

Os levantamentos realizados nos papéis que pertenceram a João de Barros, entretanto, nos reservariam uma grata surpresa, conforme se verá logo adiante. Seu espólio está dividido entre os acervos do Arquivo Histórico Municipal de Figueira da Foz, sua terra natal; do Arquivo Casa-Museu João de Deus, em Lisboa, e do Arquivo de Cultura Portuguesa Contemporânea da Biblioteca Nacional de Portugal. Nessa última, na Seção de Reservados, em meio aos documentos depositados em 1985 pelo professor Henrique de Barros, filho do poeta, encontramos um número expressivo de fontes inéditas relativas ao Brasil. Basta dizer que no legado epistolar, de um total de 3.103 missivas recebidas entre 1897 e 1960, constata-se a existência de 2.429 redigidas por interlocutores brasileiros.[10] E, o que é mais instigante: dessa coleção, 63 cartas são assinadas por João do Rio!

Trata-se de um *corpus* documental desconhecido de intérpretes, críticos literários, comentadores e estudiosos de um modo geral da obra do polêmico escritor carioca.[11] O mesmo se pode dizer dos seus biógrafos. Raimundo Magalhães Júnior, autor do clássico *A vida vertiginosa de João do Rio*, não faz qualquer alusão à correspondência para João de Barros, embora reproduza fontes do arquivo da Academia Brasileira de Letras, a exemplo de cartas dirigidas a Machado de Assis, Artur Azevedo, Medeiros e Albuquerque, ao conde de Afonso Celso e a Coelho Neto, além de outros destinatários, tais como o jornalista Irineu Marinho e o ex-presidente Nilo Peçanha.[12] Na trilha de Magalhães Júnior, os biógrafos mais recentes se apoiam nesses mesmos testemunhos epistolares.[13]

Do conjunto conservado na Biblioteca de Lisboa apenas três missivas de João do Rio foram publicadas. Fazem parte da seleção anotada pela escritora e jornalista Manuela de Azevedo, editada por volta de 1972, com o título *Cartas a João de Barros*.[14] Diga-se de passagem, a jornalista tivera acesso à correspondência passiva completa do poeta bem antes do seu desmembramento, pelo que podemos apurar.[15] Tanto assim que no prefácio daquela obra assinala o propósito de reunir a volumosa correspondência dirigida a João de Barros por "(...) poetas, ficcionistas e jornalistas", da banda de cá do Atlântico, em um volume especial, a ser denominado *Subsídios para a história das relações culturais luso-brasileiras*.[16]

O plano anunciado, todavia, permaneceu no terreno das intenções. Talvez as dificuldades impostas pelo trabalho de anotação daquele alentado epistolário possam ter desestimulado a consecução do projeto. Além da complexidade da tarefa de contextualizar os assuntos tratados, quase sempre envolvendo questões ligadas ao Brasil, a organizadora se defrontaria com o problema de identificar os autores das cartas, assim como as personalidades ali mencionadas.[17]

No caso específico do material produzido por João do Rio, somavam-se mais dois complicadores: em primeiro lugar, a ausência de data em boa parte dos documentos, o que demandaria extensa atividade de pesquisa em fontes brasileiras diversificadas, para estabelecer uma cronologia aproximada. Em segundo, o tom de intimidade que caracteriza a correspondência. Ou seja, nem tudo que o cronista carioca confidenciara ao amigo d'além-mar poderia suportar a luz da publicidade. Vale notar que João do Rio morreu em 1921, mas João de Barros só viria a falecer quatro décadas mais tarde. Ademais, sua esposa, dona Raquel, e um dos filhos do casal — Henrique de Barros — ainda permaneciam vivos em 1972, quando Manuela de Azevedo manifestou a intenção de editar os correspondentes brasileiros.

Recentemente, fragmentos de algumas cartas de João do Rio para João de Barros foram destacados por Cláudia Poncioni, professora e pesquisadora da área de letras, ao abordar a amizade literária que uniu os dois defensores da aproximação entre Brasil e Portugal. Na percepção de Cláudia, tais fontes são provas do pioneirismo daqueles letrados, pois no alvorecer do século passado empenharam-se na criação do que hoje em dia poderia ser considerada uma área cultural lusófona.[18] Por outro lado, embora a professora reconheça que a correspondência é rica em termos de experiências e traz à superfície novos aspectos das relações luso-brasileiros, adverte que no seu conjunto "(...) o que se sobressai antes de tudo é o caráter temporal do gênero epistolar".[19]

Entretanto, uma ligeira vista d'olhos na coleção revela que os laços entre os xarás ultrapassaram as dimensões do âmbito literário. Para além do apreço que nutriam às letras e das demonstrações de afetividade, eles externavam outras preocupações e interesses comuns. Percebe-se, inclusive, o papel atuante que desempenharam na imprensa luso-brasileira.[20]

Não vem ao caso, no momento, debruçarmo-nos sobre a história de vida de João do Rio, até porque seus biógrafos já o fizeram com competência, a começar pela contribuição clássica de Raimundo Magalhães Júnior. Cabe, porém, em rápidas pinceladas, traçar o perfil do polêmico escritor. João Paulo Alberto Coelho Barreto nascera no Rio de Janeiro, em 5 de agosto de 1881. Era filho de dona Florência dos Santos Barreto e do educador Alfredo Coelho Barreto, um adepto das ideias de Augusto Comte, que batizou o menino na Igreja do Apostolado Positivista, na esperança de que viesse abraçar aquela doutrina depois de adulto. Aos 16 anos já colaborava nos principais diários fluminenses e notabilizou-se como o primeiro homem de imprensa a ter o senso do noticiário moderno, do chamado jornalismo de reportagem. Teatrólogo, um dos mais notáveis escritores da *Belle Époque* tropical, criou a crônica social e costumava usar diversos pseudônimos, Claude, X, Caran d'Ache, Joe, Pall Mall, José Antonio José, entre outros, além de João do Rio, o mais conhecido. Ingressou na Academia Brasileira de Letras em 1910. Envolveu-se em causas políticas controvertidas e cumpriu uma trajetória acidentada na vida privada, pontuada por ataques dos seus desafetos. Bem-humorado, embora irônico e mordaz, o companheiro de aventuras da sensualíssima Isadora Duncan, apesar de reconhecido como homossexual, possuía personalidade contraditória. Na opinião do amigo Gilberto Amado: "(...) dentro dele lutavam duas correntes: a do velho Barreto, o 'filósofo', o professor, voltado para o recolhimento, e a de dona Florência, coberta de plumas e tilintante de balangandãs sempre a pular dentro dele".[21] De qualquer modo, João do Rio sabia tirar proveito da imagem que dele faziam. Realizou diversas viagens à Europa e consta que guardava grande frustração porque não conseguira ingressar na carreira diplomática nem ser designado para exercer um cargo comissionado na embaixada brasileira em Portugal, ambição a que aspirava ardentemente.[22] Faleceu no Rio de Janeiro, a 23 de junho de 1921. Seus funerais no cemitério de São João Batista, no bairro de Botafogo, mobilizaram a cidade. O cortejo foi seguido por cerca de cem mil pessoas, na maioria membros da numerosa colônia lusa. Segundo o cronista Antônio Torres, seu velho desafeto, "(...) os motoristas portugueses deram até automóvel de graça a quem quisesse acompanhar o cadáver".[23]

Sob o pseudônimo de João do Rio, Paulo Barreto deixou vasta obra, compreendendo diversos gêneros do jornalismo, da literatura e da dramaturgia. Algumas dessas contribuições foram reunidas em livros, a exemplo de *O momento literário*; *Vida vertiginosa*; *Portugal d'agora*; *Cinematógrapho: crônicas cariocas*; *Pall Mall Rio: o inverno de 1916*;

No tempo de Wenceslau...; *Fados, canções e danças de Portugal*; *A correspondência de uma estação de cura...*; *As religiões do Rio*; e *A alma encantadora das ruas*, título que lhe serviu de proficiência intelectual para admissão no Instituto Histórico e Geográfico Brasileiro, em 1907. Apesar desse expressivo legado, não existem manuscritos de Paulo Barreto nos arquivos brasileiros. Seus rascunhos e inéditos permanecem desaparecidos, conforme atesta João Carlos Rodrigues, um dos seus biógrafos mais recentes.[24] A par disso, curiosamente, na biografia oficial divulgada pela Academia Brasileira de Letras não há nenhum registro da sua militância a favor do luso-brasileirismo, nem da revista que dirigiu a quatro mãos com João de Barros.[25]

Nascido em Figueira da Foz, a 4 de fevereiro de 1881, de família aristocrata, João de Barros foi um "intelectual engajado", no sentido que a expressão adquiriu em 1898, por ocasião do caso Dreyfus.[26] Aos 16 anos foi para Lisboa, matriculou-se na Escola Politécnica, com o objetivo de tentar a carreira de oficial da Marinha, porém não conseguiu alcançar o seu intento, prejudicado por sofrer de forte miopia. Desapontado, tomaria o mesmo rumo de tantos outros moços da sua geração, a Universidade de Coimbra, onde concluiria o curso de direito.

Filiado à Maçonaria desde a juventude, ingressou cedo na vida pública, aderindo às hostes republicanas. Poeta, pedagogo e publicista, após a derrubada da monarquia participou da campanha pela reforma do ensino, objetivando a transformação mental do homem português, e exerceu importantes cargos no governo, no âmbito do Ministério da Instrução.[27] Membro da Academia das Ciências de Lisboa, destacou-se na luta pela erradicação do analfabetismo em Portugal, ao lado de João de Deus Ramos, reconhecido educador lisboeta. Colaborou em diversos órgãos da imprensa, associou-se ao movimento da Renascença Portuguesa e assumiu a pasta dos Negócios Estrangeiros, em 1925. Com o fim da Primeira República, descontente com o regime instaurado em 1926, abandonou a política e voltou-se para as atividades do magistério.

Eleito sócio correspondente da Academia Brasileira de Letras, em 1917, ocupou a Cadeira número 9, cujo patrono é Santa Rita Durão. Considerado o "apóstolo do estreitamento das relações de Portugal com o Brasil",[28] João de Barros foi agraciado com a Grã-Cruz do Cruzeiro do Sul, em 1945. Autor de volumosa bibliografia, nos campos da pedagogia e da literatura, consagrou 12 livros ao Brasil, dentre os quais se destacam os títulos *A energia brasileira*, *A caminho da Atlântida*, *Sentido do Atlântico*, *A aproximação luso-brasileira e a paz*. Nos últimos anos de vida, dedicou-se a adaptar textos clássicos para o público leitor infantil, a exemplo de *Os Lusíadas*, de Camões, e da *Odisseia*, de Homero, entre outros. Faleceu em Lisboa, em 25 de outubro de 1960.

O entrosamento entre os dois Joões, ao que parece, originou-se de uma leitura casual. João de Barros relata que publicara no periódico francês *La Révue* um ensaio sobre as tendências contemporâneas das letras portuguesas. Pouco depois, para sua surpresa, ao abrir a *Gazeta de Notícias* do Rio de Janeiro, encontrou uma nota sobre o tal ensaio, redigida por alguém que se assinava apenas *Joe*. A referência servia de mote para lavrar um protesto contra o fato de que as notícias sobre a literatura lusíada só chegavam ao Brasil através da França. Empenhou-se, então, para desvendar a identidade do misterioso articulista e concluiu que *Joe* era um dos pseudônimos de Paulo Barreto, ou de João do Rio, como se queira.

Os futuros parceiros se avistariam pela primeira vez em 1908, durante uma das visitas do escritor a Portugal.[29] O encontro ocorreu na cidade do Porto, promovido por um amigo comum, Manoel de Sousa Pinto,[30] na livraria dos irmãos Lello (também conhecida por Livraria Chardron).[31] Anos mais tarde, João do Rio relembraria o episódio, salientando que durante a conversa os dois descobriram fortes afinidades, a começar pelas ideias políticas, porquanto ambos abraçavam fervorosamente o ideário republicano. Ao mesmo tempo, preocupavam-se com o futuro incerto das relações luso-brasileiras, pois "(...) se o Brasil se interessava menos por Portugal do que pela França, Portugal não se interessava, ou antes, ignorava tudo do Brasil".[32] Decidiram somar esforços e imaginaram criar uma revista literária para estimular o sentimento de luso-brasilidade, projeto que veio a se concretizar oito anos mais tarde, com o lançamento da já mencionada *Atlântida*.[33]

O diálogo iniciado no Porto teve continuidade. Daí por diante, começaram a se corresponder com frequência, cultivando uma amizade que se consolidaria com o tempo, apesar da distância física que os separava. Passo a passo, teceram uma rede de sociabilidade poderosa, envolvendo homens de letras, políticos, diplomatas, empresários e banqueiros, que congregou nomes expressivos do mundo luso-brasileiro. Nesse sentido, é quase certo que a coleção conservada no espólio epistolar de João de Barros esteja incompleta, posto que se limita ao período compreendido entre 1912 e 1921. Lamentavelmente, no espólio não há nenhuma cópia de resposta ou mesmo o rascunho de um simples bilhete enviados pelo poeta ao homônimo do Rio de Janeiro.

Por sua vez, a correspondência passiva de João do Rio perdeu-se de maneira misteriosa. Segundo os biógrafos, todos os papéis que lhe pertenceram foram depositados no Centro Luso-Brasileiro Paulo Barreto,[34] entidade criada por sua mãe, com o intuito de preservá-los e de homenagear a memória do filho falecido. Até onde se sabe, a documentação teria sido atacada por insetos e atirada no lixo na década de 1970.[35] A explicação, no entanto, não parece convincente, pois o bibliófilo José Mindlin, há pouco falecido, "(...) numa pequena viagem em torno das cartas que reuniu em sua biblioteca, através dos anos", revelou possuir duas cartas destinadas a João do Rio por Lima Barreto, "(...) escritas com um mês de intervalo, uma se candidatando à Academia Brasileira de Letras e a outra desistindo da candidatura (...)".[36]

De qualquer modo, um rápido inventário dos manuscritos preservados em Lisboa indica que o intercâmbio epistolar foi regular e contínuo. Além disso, o diálogo parece ter sido muito mais amplo do que sugere Cláudia Poncioni. As cartas de João do Rio registram experiências partilhadas, troca de favores, tráfico de influências, intrigas políticas, problemas financeiros, rivalidades literárias, confidências amorosas e até crises de melancolia. Sem falar de projetos comuns para o futuro, envolvendo edições de livros, produções teatrais, conferências mirabolantes, viagens espetaculares e empreendimentos lucrativos.

O cronista da *Belle Époque* tropical quase sempre transgredia os protocolos clássicos do gênero epistolar.[37] Entre o *salutatio* e o *petitio conclusio*, suas missivas focalizavam assuntos diversos e de maneira tão assistemática que notícias, fatos e negócios se embaralhavam com situações da vida privada e comentários pessoais, que podiam incidir tanto sobre personalidades ilustres quanto sobre figuras desconhecidas, indo do grave acontecimento político aos mexericos da alta sociedade carioca. E nesse particular ele se mostrava muitíssimo bem informado, afinal fora responsável pela introdução do colunismo social no Brasil.

Para se ter uma ideia, na primeira carta do conjunto da Biblioteca de Lisboa, datada de 3 de novembro de 1912,[38] João do Rio mal saúda o amigo e já começa a narrar entusiasmado o sucesso de público e de crítica alcançado por sua peça *A bela madame Vargas*, encenada no Teatro Municipal.[39] Entretanto, retrocede no tempo e lembra-se de contar os apuros passados na véspera da *première*, quando se envolveu em uma briga de rua. Depois de descrever os lances do confronto, que terminou numa delegacia de polícia, volta a comentar os detalhes da estreia do espetáculo: revela que foi aplaudido de pé e chamado à cena oito vezes no final do segundo ato! Em meio ao relato apoteótico, abre espaço para introduzir um personagem imprevisível, um inglês desconhecido, que ousou comparecer ao Municipal trajando roupa de brim, quando naquele recinto, na época, exigia-se dos cavalheiros o uso da casaca nas *soirées* de gala.

O anônimo bretão logo seria deixado para trás, trocado por personalidades de alto coturno. O alvo agora é uma recepção oferecida por João Lage, proprietário do jornal *O País*. No tal banquete, entre outros convidados, encontrara o senador Nilo Peçanha e Bernardino Machado, então representante diplomático de Portugal no Brasil.[40] Ambos lhe haviam murmurado que o seu dileto amigo estaria em vias de perder o cargo elevado que ocupava no Ministério da Instrução, devido a injunções políticas. Diante dessa possibilidade, com ar de perplexidade, indaga "se a República será capaz de fazer tal coisa ao Maior dos seus poetas novos".[41]

Afastando-se do terreno das conjecturas, o cronista desloca o foco para questões mais práticas. Comunica que as colaborações de João de Barros, publicadas por seu intermédio na *Gazeta de Notícias*,[42] lhe renderam "alguns contos de réis fortes". Em contrapartida, agradece os quinhentos escudos que o xará lhe devia e se lembrara de enviar por um portador. Depois, com uma ponta de tristeza, suspira: "(...) Só as mulheres, Poeta, esquecem — quando não são bonitas. E, é pena — porque no mundo cada vez mais abundam as que não o são".[43]

Mas a reflexão melancólica seria sucedida de notícias sobre a modernização da cidade. O *flâneur* carioca conta que o governo pretendia solucionar o problema da falta de moradia para operários na capital federal garantindo-lhes empréstimos particulares. Aplaude a iniciativa e calcula que no prazo de três anos se ergueriam mais de dez mil casas populares. Comenta, ainda, o projeto que tramitava na Câmara dos Deputados de "(...) ceder a um americano um trecho do Rio: da Praça da Aclamação para a Avenida do Mangue, (...) para que ali se faça a *Étoile*, isto é, a Praça da Concórdia com 12 avenidas indo ali ter". Diante dessa perspectiva, eufórico, aconselha João de Barros a deixar Lisboa e pleitear um posto junto à legação portuguesa no Rio de Janeiro.[44]

De um modo geral, as cartas de João do Rio são "espaços de informalidade e de incontinência verbal".[45] Em 3 de novembro de 1912, ainda inebriado pelo êxito da estreia, confia ao amigo o sonho de ver encenada *A bela madame Vargas* em Lisboa, no Teatro República. Pede a sua opinião a esse respeito, preocupado com os obstáculos que haveria de enfrentar, devido às peculiaridades da língua portuguesa no Brasil. Mas a conversa, mais uma vez, fluiria desalinhavada, interrompida com o anúncio da partida de sua mãe, dona Florência, que embarcava para uma temporada em Portugal, assistida por uma criada, "sem o menor traquejo em viagens". Inquieto, pede ao poeta que indique alguns passeios às duas senhoras.[46] Passados alguns dias, escreve-lhe, novamente, só para saber se as turistas estavam dando muito trabalho.

Na sequência das cartas, agradece a acolhida generosa propiciada a dona Florência por João de Barros e a família. De quebra, aproveita para avisá-lo de que já se avistara com o superintendente da Defesa da Borracha, de nome Pereira da Silva, e informa: "(...) o nosso negócio ficará para maio. Telegrafo logo dando boas notícias".[47] Infelizmente, o cronista não oferece nenhuma pista do pleito a que aspiravam. Quem sabe os dois amigos andariam cogitando ingressar no rol dos chamados "barões da borracha"?

O diálogo epistolar prossegue tomando os mais variados atalhos. Em outra ocasião, dirige-se a João de Barros apenas para participar que o seu grande desafeto, o *jacobino* Antônio Torres — "aquele mulato horrendo" — seguira viagem para a Europa devendo permanecer alguns dias em Lisboa. Em seguida, aborrecido, adverte: "(...) É preciso evitar qualquer gentileza dos portugueses a essa gente que os insulta sem razão, mas que não trepidará em mentir aí da maneira mais cínica".[48]

Mas se o autor de *Vida vertiginosa* mostra-se implacável com os inimigos, sabia ser magnânimo com os aliados. Cobra, com insistência, a intervenção de João de Barros junto às autoridades do Paço das Necessidades, para que fosse conferida uma alta condecoração a Ataulfo de Paiva, "(...) amigo de verdade meu e teu, desembargador, membro efetivo da Academia Brasileira de Letras, uma das notabilidades sociais etc., etc...".[49] A demanda seria atendida. O indicado recebeu o grau de cavaleiro da Ordem Militar de São Tiago da Espada, em 1920, graças à aquiescência do ministro da Instrução Pública, João de Deus Ramos, a quem o polêmico cronista da *Revista da Semana* também costumava mandar lembranças nas cartas enviadas para Lisboa. O agraciado, porém, não parece ter ficado muito satisfeito com a patente ganha, pois as solicitações continuariam. Como de costume, as engrenagens da rede de sociabilidade voltariam a ser acionadas e Ataulfo seria alçado ao grau de comendador daquela Ordem um ano mais tarde.

Aliás, a correspondência deixa evidente que a disputa pelas comendas das Ordens de Cristo e de São Tiago movimentava diversos atores sociais e políticos do circuito Rio de Janeiro—Lisboa. Certa feita, indignado, João do Rio deixa de lado o tom afetivo com que costumava se dirigir ao poeta e o repreende por causa de distinções outorgadas a certos patrícios cujos méritos achava questionáveis. Língua ferina, ao arrematar a censura, argumenta que não costumava pedir favores para "(...) meninos elegantes da diplomacia e nem para o Cyro"[50] (referia-se ao futuro embaixador Cyro de Freitas Valle).

Seja como for, o exame sistemático desse epistolário ainda está por concluir. A investigação deverá abrir novas perspectivas de análise para o estudo da problemática das relações luso-brasileiras. A par disso, ajudará a compreender o contexto cultural e político do mundo luso-brasileiro, das primeiras décadas do século passado, quando floresceu e se consolidou a amizade entre os dois Joões. Sobretudo porque os fundadores da *Atlântida*, conforme já se viu, além de assuntos literários, trataram de assuntos de interesse comum e de questões pessoais.

Além disso, estimularam a formação de uma rede de sociabilidade que se espraiou pelas duas margens do Atlântico.[51] Não por acaso, passado algum tempo da morte de João do Rio, seria a hora de Carlos Malheiro Dias dirigir uma carta a João de Barros, solicitando-lhe, novamente, a tão cobiçada Grã-Cruz da Ordem de São Tiago para Ataulfo de Paiva, na qual se lê: "(...) V. sabe tão bem como eu quanto o nosso Ataulfo de Paiva ardentemente, tropicalmente, deseja a G. C. de S. Tiago. Não discutamos se há motivo que a justifique literariamente (...). O Ataulfo é-nos muito conveniente (...) Faça-lhe a vontade".[52]

Por outro lado, embora não seja o caso enveredar pela seara da crítica literária, o estudo das cartas deverá oferecer novas chaves de leitura aos intérpretes e comentadores de João do Rio. Mormente no que diz respeito à tão propalada lusofobia de certos setores da nossa elite letrada. A julgar pelos comentários externados por João do Rio, a repulsa à velha metrópole dos ditos "jacobinos" parecia dissipar-se à medida que cruzavam o oceano e se aproximavam da foz do Tejo. Ou seja, procuravam adoçar suas apreciações críticas sobre o papel desempenhado pela colonização lusíada na formação nacional diante da possibilidade de vir a ostentar no peito uma comenda da Ordem de Cristo.

Notas

1. Cf. Lúcia Maria P. Guimarães. "A campanha da revista *Atlântida* e o projeto de uma Nova Lusitânia (1915-1920)". *In*: Sílvia Carla P. de Brito Fonseca e Maria Letícia Corrêa (orgs.). *200 anos de Imprensa no Brasil*. Rio de Janeiro: Contra Capa, 2009, pp. 180-181.
2. *Idem.*

3. Referimo-nos ao Instituto Histórico e Geográfico Brasileiro, onde João do Rio foi admitido sócio titular, no ano de 1907, e à Academia Brasileira de Letras, na qual ingressou, em 1910, na categoria dos membros efetivos.
4. Em 1921, João do Rio dirigia e era coproprietário do jornal *A Pátria*. Também colaborava, regularmente, no magazine *Revista da Semana*, de Carlos Malheiro Dias.
5. Por imposição de dona Florência, o acervo perfazendo 5.000 volumes, avaliado em 15:000$000 (quinze mil contos de réis), não poderia ser desmembrado, devendo ocupar um espaço próprio, assinalado por uma placa com a denominação "Biblioteca João do Rio". Ver Fabiano Cataldo. "Notícia Bibliográfica: A doação da Biblioteca João do Rio ao Real Gabinete Português de Leitura". *Convergência Lusíada*, Rio de Janeiro, 24: 317-320, 2º semestre, 2007.
6. *Idem*, p. 319.
7. Paulo Barreto (João do Rio). [Fragmento] *Salomé*. Fundo Real Gabinete Português de Leitura, daqui por diante Cd.0042. Cota Arm. 6_A_47. Paulo Barreto. *Diploma* de membro efetivo da Academia Brasileira de Letras do Sr. Paulo Barreto (João do Rio). FRGPL Ma 0151. Cota B1. *Diploma* da Grã-Cruz da Ordem de Cristo a Paulo Barreto (João do Rio). FRGPL Ma 0026. Cota B1.2. *Diploma* de Grande Oficial da Ordem de São Tiago da Espada a Paulo Barreto (João do Rio). FRGPL Ma 0068. Cota B1.1
8. Graça Aranha. "Carta de (...) dirigida a João de Barros, em 8 de outubro de 1919". *In*: Manuela Azevedo (Seleção, prefácio e notas). *Cartas a João de Barros*. Lisboa: Edição Livros do Brasil, 1972, pp. 289-291.
9. João de Barros. *Memórias: a intervenção de João do Rio e também a minha na visita de Epitácio Pessoa a Portugal, em 1919*. MS; sd; s.l.; 10 f. autógrafo. Biblioteca Nacional Portuguesa. Cota 11/5.
10. Biblioteca Nacional Portuguesa, daqui por diante BNP. João de Barros. Espólio N 11/2712-2774.
11. A respeito da recepção da obra de João do Rio, veja-se a discussão instigante levantada por Virgínia Célia Camilotti. *João do Rio: ideias sem lugar*. Uberlândia: Edufu, 2008.
12. Ver Raymundo Magalhães Jr. *A vida vertiginosa de João do Rio*. Rio de Janeiro/Brasília: Civilização Brasileira/INL, 1978 (Coleção Vera Cruz: Literatura Brasileira; vol. 245).
13. Cf. João Carlos Rodrigues. *João do Rio, uma biografia*. Rio de Janeiro: Topbooks, 1996. Ver, por exemplo, as referências nas páginas 57 e 124. Por sua vez, Antônio Edmilson Martins Rodrigues não se reporta à correspondência de João do Rio. Cf. Antônio Edmilson Martins Rodrigues. *João do Rio. A cidade e o poeta — O olhar do flâneur na belle époque tropical*. 1ª ed. Rio de Janeiro, Editora FGV, 2000.

14. Cf. Manuela de Azevedo (Seleção, prefácio e notas). *Cartas a João de Barros*. Lisboa: Edição "Livros do Brasil", 1972. Do material selecionado por Manuela de Azevedo, à exceção das cartas redigidas pelo escritor carioca, todas as demais se encontram no Arquivo Casa-Museu João de Deus. Ver "Correspondência para João do Rio". Arquivo Casa-Museu João de Deus. Cota A.P. 1-5. M 422.
15. No livro, a organizadora faz um comovido agradecimento à viúva e ao filho de João de Barros, pela prova de confiança de ambos, que lhe permitiram o acesso ao Epistolário completo, antes da divisão e respectiva doação aos três arquivos públicos. Cf. Manuela Azevedo, op. cit., p. 336.
16. *Idem*, p. 9.
17. Sobre os problemas de edições anotadas das correspondências, ver Ângela de Castro Gomes. "Introdução". *In*: Ângela de Castro Gomes (org.). *Em família: a correspondência de Oliveira Lima e Gilberto Freyre*. Campinas: Mercado das Letras, 2005, p. 35-41.
18. Cláudia Poncioni. "La révue Atlântida, une utopie litteraire et culturelle luso-brésilliene dans la correspondance de João do Rio à João de Barros". *In*: Cláudia Poncioni e João Manuel Esteves (dirs.). *Au carrefour des litteratures Brésilienne et Portugaise: Influences, correspondances échanges (XIXe et XXe siècles). Actes du Colloque International*. Paris: Éditions Lusophone, 2006, pp. 375-392.
19. Ver Claudia Poncioni. "Muito d'alma... a amizade literária entre João do Rio e João de Barros, cartas de 1912 a 1921". *Convergência Lusíada*. Rio de Janeiro, vol. 24, 2º semestre de 2007.
20. Sobre o papel de João do Rio na imprensa, ver Antônio Edmilson Martins Rodrigues. "João do Rio: um *flâneur* no mundo da notícia". *In*: Sílvia Carla P. de Brito Fonseca e Maria Letícia Corrêa (orgs.). *200 anos de Imprensa no Brasil*. Rio de Janeiro: Contra Capa, 2009, pp. 145-172.
21. Gilberto Amado, *apud* Antônio Edmilson Martins Rodrigues, op. cit., pp. 18-19.
22. Cf. Magalhães Júnior, op. cit., pp. 25-32.
23. Antonio Torres, *apud* Antônio Edmilson Martins Rodrigues, op. cit., p. 49.
24. Cf. João Carlos Rodrigues, op. cit., p. 14.
25. Cf. Academia Brasileira de Letras. Acadêmicos. Biografia de Paulo Barreto (João do Rio). http://www.academia.org.br/abl/cgi/cgilua.exe/sys/start.htm?infoid=329&sid=261. Acessado em 23 de julho de 2010.
26. Sobre a figura do intelectual engajado, ver Michel Winock. *O século dos intelectuais*. Tradução Eloá Jacobina. Rio de Janeiro: Bertrand Brasil, 2000, p. 9.
27. João de Barros ocupou, sucessivamente, os cargos de secretário geral do Ministério da Instrução Pública (1914), diretor geral do Ensino Primário (1915) e diretor geral do Ensino Secundário (1916).

28. Cf. José Carlos de Seabra Pereira, *apud* Arnaldo Saraiva. *Modernismo brasileiro e modernismo português. Subsídios para o seu estudo e para a história das suas relações*. Campinas: Editora Unicamp, 2004, p. 81-82.
29. Lúcia Maria P. Guimarães. "A campanha da revista *Atlântida* e o projeto de uma Nova Lusitânia (1915-1920)", op. cit., p. 177.
30. Manoel de Sousa Pinto era brasileiro de nascimento. No Epistolário, as menções a Sousa Pinto eram recorrentes. João do Rio costumava chamá-lo de São Manoel da Barba Preta. Ver João do Rio. "Carta de ____ a João de Barros", datada provavelmente de 31 de dezembro de 1912. BNP. N11- 2713. Vale ainda lembrar que João do Rio dedicou a Manoel de Sousa Pinto e a João de Barros o livro *Portugal d'agora*. Ver João do Rio. *Portugal d'agora. Lisboa, Porto, notas de viagem, impressões*. Rio de Janeiro: H. Garnier Livreiro-Editor, 1911.
31. Os irmãos Lello foram responsáveis pela edição portuguesa de *Cinematógrapho*. Cf. João do Rio. *Cinematógrapho*. Porto: Lello & Irmão, 1909.
32. Cf. João do Rio. "O aparecimento de um grande mensário artístico-literário-social para Portugal e Brasil". *A Rua*, Rio de Janeiro, 15 de novembro de 1915, p. 2.
33. Ver Lúcia Maria P. Guimarães, op. cit., p. 177.
34. Raimundo Magalhães Jr. se refere a essa entidade como Centro Luso-Brasileiro Paulo Barreto. Cf. Raimundo Magalhães Jr., op. cit., p. 386. Na correspondência passiva de João de Barros, encontramos a mesma designação em uma carta, assinada por João Crisóstomo da Cruz. Por sua vez, João Carlos Rodrigues a identifica como Sociedade Luso-Brasileira João do Rio. Acreditamos que a primeira designação seja a correta. Cf. João Carlos Rodrigues, op. cit., p. 14.
35. Cf. João Carlos Rodrigues. *op. cit.*
36. Cf. José Mindlin. "Cartas, para que vos quero?". *In*: Walnice Galvão e Nádia Gotlib (orgs.). *Prezado senhor, prezada senhora. Estudos sobre cartas*. São Paulo: Companhia das Letras, 2000, p. 40.
37. As cinco partes clássicas do gênero epistolar são: *salutatio, benevolentiae captatio, narratio e petitio conclusio*.
38. João do Rio. *Carta de* (...) dirigida a João de Barros, em 3 de novembro de 1912. BNP. João do Rio. Espólio 11/2712.
39. Os biógrafos confirmam o êxito alcançado na peça. Sobre a crítica favorável e as repercussões da estreia da peça *A bela madame Vargas*, ver Raimundo Magalhães Júnior, op. cit., pp. 189-196.
40. Bernardino Machado (1851-1944) era brasileiro de nascimento. Amigo do então presidente Hermes da Fonseca, concluiu os acordos que elevaram as Legações no Rio de Janeiro e em Lisboa à categoria de Embaixadas, tendo sido o primeiro embaixador de Portugal no Brasil, em 1º de novembro de 1913.

41. João do Rio. *Carta de* (...) dirigida a João de Barros em 3 de novembro de 1912, op. cit.
42. João do Rio ingressou na *Gazeta de Notícias* em 1903, por indicação de Nilo Peçanha. Mais tarde, tornou-se seu diretor, afastando-se do posto em 1915.
43. João do Rio. *Carta de* (...) dirigida a João de Barros em 3 de novembro de 1912, op. cit.
44. *Idem.*
45. Cf. A expressão é de Elias Thomé Saliba. "Prefácio". *In*: Fernando Amed. *As cartas de Capistrano de Abreu. Sociabilidade e vida literária na belle époque*. São Paulo: Alameda, 2006, p. 12.
46. João do Rio. *Carta de* (...) dirigida a João de Barros [s.d.]. João do Rio. Espólio 11/2713.
47. João do Rio. *Carta de* (...) dirigida a João de Barros em 26 de janeiro de 1913. João do Rio. Espólio 11/2714.
48. João do Rio. *Carta de* (...) dirigida a João de Barros [s.d.]. João do Rio. Espólio 11/2721.
49. João do Rio. *Carta de* (...) dirigida a João de Barros [s.d.]. João do Rio. Espólio 11/2736.
50. Cf. João do Rio. *Carta de* (...) dirigida a João de Barros [s.d.]. BNP. João do Rio. Espólio 11/2724.
51. Ver a esse respeito Jorge Luís dos Santos Alves. "Carlos Malheiro Dias e os círculos intelectuais luso-brasileiros". *In*: Cristina Montalvão Sarmento e Lúcia Maria P. Guimarães. *Culturas cruzadas em português: redes de poder e relações culturais* (Portugal-Brasil, séculos XIX e XX). vol. 1: Instituições, diplomatas, intelectuais e movimentos. Coimbra: Edições Almedina, 2010, pp. 271-298.
52. Cf. Carlos Malheiro Dias. *Carta de* (...) dirigida a João de Barros [s.d.]. *In*: Manuela de Azevedo, op. cit., p. 115.

CAPÍTULO XI **Observando a observação: sobre a descoberta do clima histórico e a emergência do cronótopo historicista, c. 1820***

Valdei Lopes de Araújo**

---

*Agradeço a Camila Braga a leitura e as sugestões, bem como aos colegas do Núcleo de Estudos em História da Historiografia e Modernidade (NEHM) o diálogo permanente.
**Doutor em história pela PUC-Rio. Professor de Teoria e História da Historiografia na Universidade Federal de Ouro Preto. Pesquisador do CNPq. Membro do CEO/Pronex. Esta pesquisa não seria possível sem o apoio da Fapemig, através do programa Pesquisador Mineiro. valdeiaraujo@ichs.ufop.br

Neste artigo, procuro descrever alguns fenômenos da experiência da história entre 1800 e 1830 a partir da hipótese do surgimento da observação de segunda ordem como uma tecnologia social amplamente disponível na sociedade ocidental. Em particular, trato dos impactos da multiplicação da imprensa na abertura de um novo campo de experiência marcado pela modernização do conceito de história e, associado a isso, a descoberta de que era possível relacionar-se com o passado em termos da representação e apresentação de "climas históricos".

Para chegar à descrição da "descoberta" e usos dos "climas históricos" como resposta a uma inevitável melancolia advinda da sensação de perda do passado, o texto está organizado em três partes. Na primeira é feita uma rápida apresentação do que Hans Ulrich Gumbrecht tem chamado de Cronótopo Historicista. Nessa parte, abordo as principais consequências dessa nova condição histórica que emerge, *grosso modo*, entre 1780 e 1830. Na segunda parte, tento relacionar essa "condição" com a emergência de novas formas de experimentar o tempo presente, convertido ele mesmo em um espaço que se desejava identificar enquanto uma unidade potencialmente provida de uma atmosfera comum, mesmo que dificilmente identificável pelos coevos. Por fim, discutirei como o Diorama, inventado por Louis Daguerre em 1822, ilustra e documenta essa nova forma de se relacionar com a história centrada em fenômenos como a inserção do corpo na representação e a descoberta do clima histórico como unidade de apresentação/representação dos eventos.

1. A DESCRIÇÃO DE GUMBRECHT PARA O CRONÓTOPO HISTORICISTA

A descrição de Gumbrecht do cronótopo historicista está relacionada com uma hipótese ampla a respeito da modernidade enquanto um fenômeno que pode ser entendido na sucessão de três grandes cascatas. A primeira teria início com a descoberta do Novo Mundo e a invenção da imprensa, metonímia de um processo geral de crise da autoridade do escrito e da desmaterialização da cultura, ou seja, o afastamento do corpo e suas marcas do processo de produção de sentido. Nesse momento surge o tipo de subjetividade ocidental, marcada pela oposição sujeito (puro espírito) e objeto (pura materialidade). O sujeito assume a função de um *observador de primeira ordem*, responsável pela produção de conhecimento sobre um mundo de objetos. Essa produção de conhecimento toma a forma de uma espécie de "leitura" da realidade em busca de seus sentidos profundos, emergindo o que Gumbrecht chama de "campo hermenêutico".[1] Uma das características principais dessa cascata é o afastamento do corpo dos processos cognitivos, produzindo-se um grande otimismo sobre a possibilidade de uma representação universal de um mundo exterior convertido em objetos do conhecimento pelo observador.

A segunda cascata corresponderia ao período entre 1780 e 1830, momento em que desponta a consciência da modernidade enquanto um conceito de época. A novidade é o surgimento de uma forma reflexiva de observação e a figura do *observador de segunda ordem*, ou seja, a validade do conhecimento produzido precisa ser testada em suas condições de produção, o sujeito de conhecimento torna-se ele mesmo objeto de observação.[2] Esse relato corresponde àquilo que Foucault chamou de crise da representação, i.e., à tomada de consciência de que a representação de um determinado objeto ou fenômeno depende da posição ocupada pelo observador. É possível então produzir inúmeras representações diferentes sobre um mesmo objeto: "Nenhuma dessas múltiplas representações pode jamais pretender ser mais adequada ou epistemologicamente superior a todas as outras."[3]

A *historicização* de amplas camadas da realidade, acompanhada do processo de *narrativização*, responde à crise de consciência provocada pela multiplicação das representações. Ao serem colocadas no interior de uma narrativa histórica, essas diferenças são explicadas como momentos evolutivos de uma mesma identidade. O indivíduo pode assumir o papel de sujeito de sua história, sobrecarregando-se com as demandas por transformação e realização de um futuro utopicamente constituído. Em resumo, funda-se o que Gumbrecht tem chamado do *cronótopo*, "tempo histórico" ou historicista.

O terceiro momento, denominado alta modernidade, teria lugar com as vanguardas de início do século XX, que consolidaram na compreensão geral a noção do moderno como constante autossuperação. Os resultados da multiplicação das representações parecem agora extrapolar as soluções produzidas pelo processo de historicização, são visíveis os primeiros sintomas de erosão do campo hermenêutico aberto na primeira modernidade. Neste artigo pode-se interromper aqui esse resumo, já que apenas as consequências das duas primeiras cascatas sobre a cultura histórica trarão desdobramentos para a análise em tela.

Em sua formulação ideal típica, o cronótopo historicista estabilizaria a crise da representação, instaurando uma nova forma hegemônica de se relacionar com o passado concentrada na historicização e narrativização de quase toda a realidade. Uma das faces mais visíveis desse processo foi o surgimento das filosofias da história, que permitiram lidar com a sensação de aceleração do tempo e perda do passado a partir de conceitos como progresso e evolução. Assim, a perda de contato com o passado era compensada com a promessa de que a descoberta de seu sentido e sua evolução era capaz de reintegrar toda a história humana no futuro. Nesse ponto é preciso apresentar uma categoria analítica que estava apenas esboçada na reflexão inicial de Gumbrecht sobre o cronótopo historicista: presença.

Em seu livro *Production of presence*, Gumbrecht procurou demonstrar que a vontade de tocar ou viver no passado, que pode ser identificada como fenômeno reprimido no cronótopo historicista e que se amplia com sua crise a partir do segundo pós-guerra, é uma característica antropológica, reveladora do desejo humano de transcendência. Como tal, esse impulso esteve presente em todas as sociedades conhecidas, mas na modernidade foi reprimido pela "visão de mundo cartesiana", pelo campo hermenêutico ou pela hegemonia de uma "cultura de sentido".[4]

Em vários momentos do livro Gumbrecht destaca que não há cultura puramente de "sentido" ou de "presença"; esses dois elementos estão sempre atuantes em maior ou menor grau e, ainda, a preponderância do sentido produz uma nostalgia das práticas de presença: "[...] todas as culturas e todos os objetos culturais podem ser analisados como configurações tanto de efeitos de sentido quanto de efeitos de presença, embora suas diferentes semânticas de autodescrição com frequência acentuem exclusivamente um ou outro lado".[5]

A descoberta da oscilação entre "efeitos de presença" e "efeitos de sentido" pode ser usada agora para um melhor entendimento da cultura histórica vigente no interior do cronótopo historicista. Ao mesmo tempo que o passado era abandonado enquanto fonte orientadora da experiência e o presente esvaziado por sua percepção enquanto um espaço de transição para um futuro melhor, crescia o interesse geral pela possibilidade de experimentar seja os "climas do passado", seja a possibilidade de congelar o presente para apreendê-lo em sua unidade epocal. Assim, no lugar de reduzir a análise da historiografia a uma simples forma de prover orientação e sentido, pode-se entender esse desejo pelo excesso de passado, um excesso cuja complexidade não poderia ser enfrentada pelos processos de significação.

Nas duas seções seguintes tento descrever algumas dessas formas de redução de complexidade que a emergência do observador de segunda ordem tornava disponível. Particularmente, gostaria de explorar as relações estruturais entre a emergência da observação de segundo grau, os efeitos melancólicos da sensação de aceleração do tempo e a descoberta de que o passado poderia ser explorado em sua dimensão de presença através da recuperação e reprodução de climas históricos. Em seus trabalhos mais recentes, Gumbrecht tem estudado justamente as possibilidades de descrição dos climas históricos para uma nova experiência do passado, especialmente aqueles marcados por latências que só podem ser percebidas indiretamente. O que estamos chamando aqui de clima é aquilo a que ele tem se referido com a palavra alemã *Stimmung*:

Stimmung costuma ser corretamente traduzido por "humor" ou, como metáfora, "clima" ou "atmosfera". O que as metáforas "clima" ou "atmosfera" têm em comum com a palavra *"Stimmung"*, cuja raiz é *"Stimme"* ["voz" em alemão] é que sugerem a presença de um toque material, talvez o toque material mais suave possível, no corpo de que quem quer que perceba um humor, um clima, uma atmosfera ou um *"Stimmung"*.[6]

Embora Gumbrecht esteja particularmente preocupado em descrever os climas históricos que emergem com a situação de latência no pós-guerra, ou seja, utiliza a noção de clima como uma categoria, acredito que seja possível abordar o problema a partir de uma perspectiva historiográfica. Para isso, teríamos de nos perguntar a partir de quando especificamente emergiu a percepção de que o passado poderia ser percebido como um clima. Um caminho possível seria historiar o próprio conceito, como faria uma abordagem ligada à Begriffsgeschichte, historiando as transformações nos usos de certas palavras, como contexto, clima histórico, quadro, conjuntura, visão de mundo, dentre outras. Talvez tenhamos aqui uma promissora agenda de investigação, mas neste artigo nosso objetivo é bem mais modesto, ou seja, tentar relacionar essas categorias teóricas à circulação entre novas tecnologias da representação ligadas à cultura do entretenimento e o discurso histórico disponível nas primeiras décadas do século XIX.

2. O CRONÓTOPO HISTORICISTA E A EMERGÊNCIA DA "HISTÓRIA CONTEMPORÂNEA"

A emergência de uma cultura histórica que tinha como seu principal veículo o jornal aprofundou transformações que Gumbrecht associou à emergência da imprensa na primeira cascata de modernidade. Ao longo do século XVIII acontece uma expansão vertiginosa do texto impresso, fenômeno abundantemente estudado pela historiografia. Um dos efeitos nem sempre notado dessa expansão do impresso, e particularmente a dos jornais, foi a sensação de aceleração do tempo que caracteriza a modernidade. A cada dia um número crescente de leitores era bombardeado com informações sobre mundos até então inacessíveis, sobre grandes e pequenos eventos que já não podiam ser significados com paradigmas de histórias do passado. A complexidade desses eventos do presente não podia mais ser reduzida apenas pela analogia com eventos e textos clássicos, a forma predominantemente retórica de redução de complexidade.[7] A prática da leitura rapidamente evoluía da leitura intensa, na qual um pequeno número de textos era lido inúmeras vezes, para a extensa, modo de ler que precisava lidar com a ampliação de textos e autores.

Vê-se com frequência os articulistas afirmarem que uma função central dos jornais era resumir e guardar os principais fatos do tempo, constituindo-se ora como uma *história do presente*, ora como uma espécie de arquivo ou anais.[8] Esse movimento parece responder e, ao mesmo tempo, produzir uma experiência da história marcada pela simultaneidade e pela extensividade da leitura ou visão dos fatos. A sensação de crescente complexidade é acrescida pelos efeitos da crise da representação e o inevitável conflito entre as diferentes descrições dos mesmos eventos.

A aceleração dos acontecimentos parecia indicar a necessidade de técnicas mais abrangentes de representação dos eventos que não estivessem orientadas pela analogia episódica, pois se esperava a revelação de certa unidade e interconexão dessa história. Imaginava-se que os acontecimentos do tempo presente, agora trazidos ao leitor em escala global, pudessem mostrar o mesmo tipo de unidade que a historiografia revelava em épocas passadas. O surgimento do neologismo "história contemporânea" simultaneamente documentava esse desejo e levantava o desafio de ver alguma unidade por trás do turbilhão de eventos/notícias.[9] A expansão da imprensa revelava uma dimensão ocidental ou mundial da história que deveria ser controlada para a tomada de decisões, fossem elas pessoais, comerciais ou políticas.

Embora essa nova história, chamada contemporânea, pudesse ser globalmente significada através de uma filosofia da história ou de macronarrativas evolutivas, a dispersão que a caracterizava e a velocidade de sua transformação exigiam formas menos intensas e mais rápidas de redução de complexidade. Essa necessidade ficou documentada pela multiplicação de subgêneros historiográficos cuja função era resumir e compendiar esses eventos sem necessariamente produzir uma macronarrativa.[10] Esboços, quadros, compêndios, resumos e panoramas são alguns títulos frequentemente usados. Associados a esses títulos também encontram-se expressões como "vista de olhos" ou "lance de olhos" que denotavam a necessária velocidade e compreensividade com que essas "representações" precisavam ser construídas e recebidas.

Para além da unidade narrativa, experimentava-se uma unidade "pictórica" ou "cênica" dos eventos. Assim, o neologismo panorama seria definitivamente incorporado ao vocabulário histórico, demonstrando essa expectativa de identificar uma unidade do tempo. A palavra panorama foi inventada pelo pintor inglês Robert Barker (1739-1806) em 1792 para classificar suas pinturas que exibiam vistas da cidade de Edimburgo. No ano seguinte foi construído um edifício especialmente planejado para acomodação de suas telas circulares que podiam ser vistas mediante a compra de ingressos. Desde então, os Panoramas tornaram-se uma mania, existindo em todas as grandes cidades na Europa.

Os Panoramas fascinavam pelo estabelecimento de um ponto de vista de um observador distanciado. Já os Dioramas, como tento demonstrar a seguir, pressupunham um maior controle do ponto de vista do observador, como que invertendo a lógica do panorama. A observação só era possível de dentro mesmo da história, como que controlados por um observador de segunda ordem. O corpo do espectador era submetido a uma espécie de imersão que procurava não apenas seduzir o olhar, mas produzir uma sensação de deslocamento espaço-temporal.

Ao descrever esse novo tipo de interesse pela história que marca a historiografia liberal francesa, falando especificamente de Barrante, Hartog identifica essa diferença que aqui tento mostrar entre a experiência do Panorama e do Diorama: "No entanto, por meio da analogia com a pintura, a questão proposta não é mais, como no século XVIII, a do ponto de vista, mas a da cor."[11] Essa nova experiência, que acredito ser dependente da descoberta de que o tempo histórico instaura climas, é o que analiso a seguir. A cor local, o pitoresco, são apenas outras figurações do mesmo fenômeno global que chamamos, com Gumbrecht, de cronótopo historicista.

3. O DIORAMA E A DESCOBERTA DO CLIMA HISTÓRICO

O Diorama é uma tecnologia de exibição de dois grandes painéis inventada por Louis Daguerre (1787-1851) em 1822. Os dioramas eram exibidos em salas especialmente construídas que permitiam a acomodação do público e a produção de efeitos ilusionistas que tinham como objetivo produzir uma sensação de presença real da cena representada. Já em 1823, uma sala para exibição de dioramas estava construída em Paris e Londres, produzindo imenso interesse do público.[12]

O Diorama de Paris comportava nada menos do que 350 pessoas em uma sala com 12 metros de diâmetro.[13] A seção onde o público era acomodado girava em direção aos grandes painéis iluminados por intrincados mecanismos que conduziam a luz do exterior. Cada um dos painéis media 14 metros de altura por 22 metros de largura e eram pintados sobre um tecido fino de modo diferente de cada lado, obtendo-se assim efeitos de transformação da imagem à medida que a luz era manipulada no interior da sala.[14] Cada painel era exibido por cerca de 15 minutos, apresentando transformações centradas na passagem do tempo, do dia para a noite, por exemplo, ou mudanças climáticas, como a vista de um amanhecer enevoado que lentamente revelava uma paisagem pitoresca. Em *Romanticism and the rise of history*, Stephen Bann procurou compreender os dioramas como uma das manifestações de uma vontade de "encenar o passado" que emerge com a sensação de "perda da história" sentida com a entrada na *episteme* moderna. Representar o passado a fim de produzir uma sensação de presença seria uma maneira de compensar essa perda.[15]

No vocabulário de Gumbrecht, os dioramas podem ser entendidos como efeitos colaterais necessários de uma sociedade centrada na produção de sentido. No final das contas, a representação "realista" de coisas e eventos distantes no Diorama produzia efeitos de presença que tornavam possível avançar com o processo de transformação industrial da paisagem e o afastamento do passado.

O impacto da novidade no público foi imenso, com relatos de membros da plateia que reagiam fisicamente às transformações exibidas. Organizado prioritariamente como um negócio, era possível comprar entradas individuais para os dioramas, ou, fato comum, "passaportes" para toda uma temporada de exibição. Os temas preferenciais eram cenas históricas, interiores de grandes catedrais ou paisagens sublimes. Em seu artigo, Derek Wood cita o impressionante depoimento de um membro da plateia no Diorama de Manchester ao ver o painel intitulado "Vale de Sarnen":

> [...] é necessário um esforço para manter em mente que aquilo que parece tão verdejante e tão belo, tão vasto e tão sublime, está confinado entre as paredes de um prédio de tijolos em uma cidade fumacenta. Uma menininha de 4 ou 5 anos de idade que não se preocupou em questionar como uma cena como essa podia se estender do início da Cooper Street, disse: "Mas, papai, você disse que era uma pintura, e essas coisas são reais." E coisas reais pareciam ser... Uma exibição como essa é um acréscimo às opções de divertimentos de qualquer cidade, especialmente em uma cidade como esta, que ainda tem tão pouca beleza de que se gabar, e uma poltrona no Diorama para aquele que trabalha em meio à fumaça e à poeira é tão refrescante como água para alguém sedento.[16]

Em uma Manchester em acelerado processo de urbanização e industrialização, o sentimento de perda de contato com a paisagem natural era amenizado pela possibilidade de estar, mesmo que por alguns minutos, em uma verdejante paisagem dos Alpes. O efeito contramelancólico não deveria ser diferente na recepção das cenas históricas que seguiam a moda dos temas medievais e góticos, de paisagens escocesas ou do interior de grandes catedrais e edifícios históricos. Descobria-se que o passado poderia ser experimentado sem a necessidade do risco de um retorno real. Era possível sentir-se inserido nesses mundos perdidos ou distantes, em seus ambientes, sem que a possibilidade de um retrocesso histórico-evolutivo estivesse em pauta, muito pelo contrário, essa busca pressupunha a percepção moderna da não reversibilidade do tempo. A lista dos temas é reveladora desse desejo de uma experiência, mesmo que efêmera, de reintegração com o passado, seja ele histórico-religioso ou natural: "Sermão na Igreja Real de Santa Maria Nuova, na Sicília"; "Inauguração do Templo de Salomão"; "Uma vista da floresta negra"; "O túmulo de Napoleão em Santa Helena"; "O começo do Dilúvio"; "A cidade de Edimburgo", dentre muitos outros exibidos em Paris e Londres, além de muitas outras cidades europeias que construíram seus dioramas ou adaptaram prédios já existentes para receber versões simplificadas do dispositivo.

A referência aos episódios clássicos e à edificação moral não encontrava nos dioramas o mesmo espaço que poderia ainda ter em certa historiografia ou nos discursos escolares; era como se o conceito moderno de história pudesse melhor se expressar nessa conjunção entre negócio, multidão e entretenimento. O fato de as iniciativas serem tomadas por particulares também ajuda a entender a abertura dessa nova tecnologia, só possível na afluência de um público urbano amplo e heterogêneo. Não significa dizer que a cultura histórica representada nesses espetáculos não pudesse também estar a serviço de um projeto nacional ou ser permeada pela historiografia profissional, mas na década de 1820 isso era menos visível. Nas décadas seguintes será possível ver esse tipo de entretenimento a serviço de um projeto político-ideológico de celebração dos grandes eventos da nacionalidade.

Como em toda representação histórica, é difícil avaliar de forma homogênea o que estava em jogo na produção e recepção dos dioramas. Desde a Revolução Francesa ficava cada vez mais claro que um mundo passado estava se perdendo, mas o significado e as reações a essa percepção podiam ser bastante ambíguos. Frank Ankersmit procurou tipificar essas reações em torno de duas categorias — tradicionalistas e conservadores — emprestadas da historiografia política-intelectual. Os primeiros imaginavam que o passado perdido poderia ser reconquistado ou restaurado; já os conservadores, como Edmund Burke, sabendo que esse retorno já não era possível, limitavam-se a uma tarefa de "conhecer" o passado, sem a esperança de uma reconstrução da identidade, ou uma representificação. O fundamental aqui, para a descrição do fenômeno do Diorama, é que essa experiência do passado carregava uma dimensão de trauma e reconciliação que precisava ser enfrentada por todos os grupos em disputa, não apenas os dois citados.[17]

Ao longo da década de 1820 muitos dos dioramas exibidos estavam relacionados com a moda escocesa celebrada nos romances de Sir Walter Scott (1771-1832). Foram eles *As ruínas da Holyrood Chapel vistas ao luar*; *Roslyn Chapel, próximo a Edimburgo, efeitos do sol* e *Ruínas enevoadas*. Esse último representava os despojos imaginários de um edifício gótico com dois personagens trajando seus *kilts*. Como em muitos dioramas, o efeito produzido é o da passagem do tempo, a mudança acelerada de um fenômeno natural ou histórico que pode ser experimentada em um espaço controlado e sem riscos. Como lembra Derek Wood, essas imagens estavam diretamente relacionadas ao trabalho de artistas como Caspar David Friedrich (1774-1840) e Karl Friedrich Schinkel (1781-1841). O mesmo autor cita uma descrição desse painel publicada em 30 de junho de 1827 no *Mirror of Literature*:

> Tudo é melancólico, desolado e triste; os longos corredores, à primeira vista, são percebidos sozinhos, pois uma espessa bruma toma conta de tudo, e tal é a ilusão da cena que você de fato se imagina com frio em meio ao ar gelado e úmido. Aos poucos, porém, a bruma desaparece, e através dos vastos arcos descortinam-se as florestas de pinho e lariço que cobrem o vale.[18]

Na emergente cultura do entretenimento que florescia desde o final do século XVIII, a descoberta da possibilidade de apresentar climas históricos respondia tanto à sensação de perda do passado, de um distanciamento que despragmatizava a relação com a história, quanto à percepção de que o observador deveria ser incorporado ao dispositivo de representação. Não apenas uma mente observadora, mas a totalidade do corpo deveria estar acoplada no dispositivo, de modo que a experiência da coisa representada pudesse suspender, mesmo que momentaneamente, as dúvidas sobre a estabilidade do que estava sendo apresentado. Era preciso sentir o frio medieval ou o espírito de uma religião pura que as catedrais pareciam ainda exalar para fixar a representação. Nas cidades enfumaçadas e superlotadas da Revolução Industrial era preciso acreditar haver ainda lugares naturais onde se poderia viver como no passado. Além disso, os dioramas respondiam à vontade antropológica de ubiquidade, de estar em muitos lugares espaço-temporais diferentes, sem ter, é claro, de correr os enormes riscos e custos que esses deslocamentos reais exigiriam. Alguns comentadores contemporâneos ficavam maravilhados com a possibilidade de "visitar" o interior de uma catedral sem abandonar suas cidades, negócios ou famílias. Em uma das mais completas e ricas descrições do Diorama, presente no livro de W. H. Leeds, *Illustrations of the Public Buildings of London*, de 1838, o autor relata o seguinte:

> O efeito de verdadeira identidade que essa exibição proporciona dos assuntos que apresenta ao espectador não pode deixar de interessá-lo profundamente; e se esse cenário clássico for mostrado ao público dessa forma, *algo que só pode ser visto na natureza à custa de muito trabalho e fazendo longas viagens para apreciá-lo*, restam poucas dúvidas de que o Diorama vai ter um patrocínio bastante durável.[19]

Construído logo após o de Paris e de forma a permitir que os materiais originalmente apresentados na capital francesa pudessem ser exibidos na Inglaterra, o prédio do Diorama de Londres foi finalizado em 6 de outubro de 1823, após quatro meses de obras, em uma área nobre do Regent's Park. A planta do Diorama de Londres[20] documenta a crescente curiosidade pelos *dispositivos de observação do observador*, revelando o parentesco do Diorama com aparelhos menos divertidos como o *Panopticon* de Jeremy Bentham (1748-1832), inventado algumas décadas antes, em 1785. Na descrição do interior do prédio são representados os ângulos de visão da plateia e todo o mecanismo que permitia ao palco girar sobre o seu próprio eixo. O efeito de real produzido dependia do conhecimento crescente sobre o modo como os seres humanos percebiam o mundo pela observação.

Essa vontade de controlar o ponto de vista não estava apenas preocupada em produzir uma perspectiva universal, mas em se utilizar das próprias condições e limites do posicionamento da visão para produzir uma experiência semelhante ao real, vicária. Assim, toda a tecnologia do Diorama foi pensada para produzir um enquadramento que fizesse com que o espectador se esquecesse da ilusão, da distância entre ele e a cena ou situação representada:

> Essas imagens são posicionadas a distâncias do espectador proporcionais ao ângulo do qual ele veria os objetos na natureza; e na ausência de meios para perceber essa distância, e sem objetos para funcionar como parâmetro direcionando seu julgamento ao comparar quantidades, ele se rende irresistivelmente à mágica da habilidade do pintor e sente que a ilusão é completa.[21]

Assim como a palavra panorama, também o neologismo Diorama rapidamente entrou no vocabulário geral, particularmente no historiográfico. Já em 1823 é possível encontrar livros como o *Diorama de Portugal nos 33 meses constitucionais*, de José Sebastião de S.O. Daun,[22] e o *Diorama de Londres*,[23] publicado em Paris pelo tradutor de Byron. No ano seguinte, Andrew Wilkie publicou *The Diorama of Life*.[24] É sempre lembrada a passagem de *Pai Goriot* na qual Balzac ironizava a moda das palavras com "rama" como um exemplo da superficialidade e volatilidade de certa cultura parisiense centrada no entretenimento:

> A recente invenção do Diorama, que eleva a ilusão de ótica a um nível ainda maior que os Panoramas, fez com que em alguns ateliers de pintura se falasse o tempo todo em *rama*, espécie de vírus que um jovem pintor que frequentava a pensão Vauquer inoculara.[25]

Balzac, no livro de 1835, não escondia a admiração pelo Diorama, enxergando nele certas semelhanças com seu próprio programa de representação e investigação histórico-social, mas ironizava a recepção ligeira do público, uma recepção centrada em uma cultura do entretenimento da qual dependeria o sucesso da recepção e a venda de seus romances. Não seria exagerado dizer que em seus romances, em seu projeto de produzir uma história das grandes transformações da sociedade francesa, Balzac lançava mão de procedimentos análogos ao do diorama. O enquadramento do ponto de vista, sua superação pela abordagem da sociedade com a perspectiva ao mesmo tempo distanciada do observador de segundo grau e atenta aos contextos efetivos nos quais a complexidade dos comportamentos poderia ser reduzida e estabilizada.

Essa dimensão do entretenimento parece ter sido a motivação do autor do *The Diorama of Life*, que, na verdade, parecia apenas se aproveitar da palavra em moda para oferecer ao leitor um mosaico bastante aleatório de histórias anedóticas, supostamente reais, envolvendo personalidades da época. Em suas palavras:

> O mundo necessita de muitos tipos de livro: alguns são necessários para pesquisa e estudo, alguns para o prazer e o divertimento: e como há pessoas que, quando leem apenas por entretenimento, desejam deparar com assuntos curiosos, e não indignos da curiosidade de um homem das letras, é apropriado que tenhamos livros que, sem exigir reflexões profundas ou dedicar-se a assuntos triviais, nos proporcionem prontamente divertimento instrutivo. Essa descrição o editor se gaba de se adequar ao presente volume, e que sua leitura compenetrada vai proporcionar ao leitor proveito e diversão.[26]

Uma recepção um pouco mais complexa identifica-se no *Diorama de Portugal*. Embora seja plausível considerar que o autor estivesse interessado nos efeitos do neologismo no público, ele teve, por outro lado, a preocupação de adaptar, de alguma forma, seu método de escrita à ideia de representação do diorama. Assim, embora não se encontre outra referência à palavra além daquela do título, nem gravuras, em várias passagens o autor parece usar a expressão "golpe de vista" como equivalente aos efeitos cognitivos e pictóricos do diorama.

> Neste sentido empreendi esta Análise Crítica, e Refutação da Constituição de 1822, assim como a Narração dos Acontecimentos, que imediatamente se lhe seguiram; nem o tempo, nem o talento, nem a paciência me permitiriam tratar este assunto com o vagar, e extensão, que merece a sua importância, *recorri então ao expediente de um Golpe de Vista, que abraçando o maior número de objetos interessantes no menor espaço possível, não enfastiasse tanto o Leitor, e mostrasse com clareza, e precisão a impostura da Revolução* [...][27]

Refletindo certas mudanças estruturais nas condições de leitura e produção do texto, José Daun destacava as vantagens de seu método: velocidade, concisão e abrangência. Em obra posterior, *Quadro histórico-político dos acontecimentos mais memoráveis da história de Portugal*, de 1829, abandonaria a palavra diorama no título, mas não a estrutura e o sentido de suas intervenções historiográficas, tornadas ainda mais claras ao recusar o uso das eruditas notas de rodapé. Após comparar seus esforços com os dos "escritores habilíssimos" que em suas avultadas obras criticavam o rei, ponderava que "algumas vezes um inesperado e vigoroso ataque pode decidir também da sorte de uma batalha, e segurar as vantagens da vitória".[28] Uma ação rápida e precisa sobre a opinião pública, assim entendia seu novo "Quadro", no qual resume os acontecimentos da história portuguesa desde 1807 até 1828. Defende da seguinte forma seu método, deixando claras as novas necessidades de extensividade da leitura:

> Simplificar a sua narrativa; resumir, sem omitir algumas reflexões jurídico-políticas, que os fatos essencialmente exigem, é sustentar a natureza da Obra, que o Título suficientemente explica, e seguir também a moda, ou o capricho do gosto literário atualmente em voga, e que não quer demorar-se na leitura de extensas composições.[29]

Por volta da década de 1850 parecia haver uma perfeita fusão entre as preocupações com o realismo histórico e as apresentações do Diorama. No prefácio de um guia impresso para orientar o visitante no grande Diorama que apresentava as Campanhas do lorde Wellington, os organizadores explicavam que:

> Os proprietários desejam imensamente que os Visitantes compreendam que eles não pretendem, com essas ilustrações, mostrar batalhas e cercos atendo-se rigidamente aos detalhes técnicos ou manobras militares, ou mesmo fazer mais do que selecionar determinados aspectos de ocorrências interessantes. O principal propósito do Diorama é mostrar ideias pictóricas, mas apenas ideias, de lugares, ações, cores e costumes locais: elas se limitam a representar os incidentes mais impressionantes e os episódios mais significativos das campanhas do Duque, e delinear com fidelidade algumas das dificuldades físicas que ele enfrentou.[30]

Os empresários afirmavam ainda que a iniciativa havia sido inspirada no grande sucesso de um diorama composto por múltiplos painéis intitulado "Correio terrestre para a Índia", exibido mais de 1.600 vezes, tendo atingido um público de mais de 400 mil pessoas.[31] Sabe-se ainda que os painéis do Diorama das campanhas de Wellington foram pintados pelos proprietários, Thomas Grieve, William Telbin e John Absolon; os animais, por Alfred Corbould; e a batalha de Waterloo, com dois painéis que encerram a série de 29, por George Danson e filhos. O Diorama contava ainda com música composta e arranjada por Rophino Lacy e com *descriptive lectures* ministradas por J.H. Stocqueler. Na apresentação figuram ainda agradecimentos a John Burnett pelos esboços do campo de Waterloo, a Stocqueler por "informações valiosas" sobre a Índia e o Oriente e a Richard Ford pelos esboços feitos na Espanha. Esse último é o mesmo que assina a autoria do guia e deve ser o responsável pelos longos textos explicativos que acompanham cada ilustração representativa do Diorama. Os painéis apresentam a biografia de Wellington desde seu nascimento, passando por sua atuação na Índia, nas Guerras Peninsulares, culminando, obviamente, na Batalha de Waterloo.

O trabalho de pesquisa e produção teria durado dois anos, nos quais: "[...] as autoridades, militares e civis, mais reconhecidas foram consultadas, em especial os *Dispatches* do Duque; *Napier's History; Life of his Grace*, de Maxwell; *Penninsular Annals*, de Hamilton; *Battle of Waterloo*, de Siborne; e *Handbook of Spain*, de Ford".[32] William Telbin, um dos proprietários, informa ter visitado Espanha e Portugal com o objetivo de garantir a fidelidade da representação, trazendo de volta esboços que serviram de base para alguns painéis. Não tenho informações precisas das técnicas de exibição usadas, se eram realmente idênticas às do Diorama de Daguerre, mas a iniciativa dá uma ideia bastante rica da direção que essa tecnologia tomará ao longo do século e de sua importância na cultura histórica oitocentista.

No ano seguinte, 1853, os mesmos empresários apresentariam um guia e uma exibição intitulada "The ocean mail to India and Australia".[33] Essas iniciativas, economicamente acessíveis às massas urbanas (a admissão no salão da Regent Street 14 custava 1 shiling, e o guia, 6 pence), permitiam uma democratização da experiência da acelerada expansão do Império Britânico. Uma expansão que passava pela montagem de uma grande narrativa sobre o passado na qual as batalhas contra Napoleão tinham um lugar de destaque, mas também a peregrinação imaginária aos novos territórios conquistados.[34] No mesmo guia, tínhamos uma boa mostra da variedade de interesses dessa vontade de apresentação, um anúncio de um dos shows da famosa madame Tussaud retratando o casamento do imperador da França, Napoleão III, com a imperatriz Eugênia, os dois em seus trajes nupciais minuciosamente descritos: "a imperatriz Eugênia em seu belo vestido de noiva, com belíssimas rendas, ornamentos usados na ocasião [...] Sua Majestade Napoleão III com as vestes de tenente-general".[35]

* * *

A emergência da observação de segunda ordem promovia uma curiosidade técnica progressiva sobre os modos de ver e a perspectiva. Especialmente no Diorama, o observador é enquadrado em um dispositivo técnico e arquitetônico pensado para congelar o seu ponto de vista — respondendo positivamente aos efeitos da crise da representação — e produzir efeitos de presença. A historiografia, lidando com as dificuldades epistemológicas crescentes de representar a história do presente, se deixou fascinar com a promessa de objetividade, realismo e exaustividade desses novos mecanismos. Muitos autores procurariam então aliar a necessidade de orientar com o desejo de manter o passado disponível enquanto um clima a ser reconstituído e experimentado.

Talvez o grande desafio assumido pelo Diorama fosse representar a passagem do tempo em uma cena, o "realismo" que se buscava não era apenas na definição da imagem, mas na sua representação no tempo, visto no cronótopo historicista como o agente absoluto de mudança. Por mais bem-sucedidas que fossem, as filosofias da história não eram capazes de garantir a redenção absoluta, a reintegração do tempo histórico perdido; abria-se então a necessidade especificamente moderna de produzir tecnologias capazes de combater a rememoração melancólica da perda do passado, mesmo do mais recente, da história que se vivia. Parece ser nessa falha, como movimento compensatório, que se podem entender as funções da descoberta do clima histórico em uma historiografia também marcada pelo desejo de entreter, além de orientar.

Notas

1. Hans Ulrich Gumbrecht. *Modernização dos sentidos*. São Paulo: Editora 34, 1998, pp. 12-3. Do mesmo autor, ver também "A Farewell to Interpretation". *In*: H. U. Gumbrecht e K. Ludwig Pfeiffer (eds.). *Materialities of Communication*. Stanford: Stanford University Press, 1994; *Em 1926: vivendo no limite do tempo*. Rio de Janeiro: Record, 1999; e *The Powers of Philology: Dynamics of Textual Scholarship*. Chicago: University of Illinois Press, 2003.
2. Para o caso brasileiro, ver Valdei Lopes de Araújo. *A experiência do tempo: conceitos e narrativas na formação nacional brasileira*. São Paulo: Hucitec, 2008, *passim*.
3. Hans Ulrich Gumbrecht. *Modernização dos sentidos*, p. 14.
4. O próprio Gumbrecht tem exemplos da produtividade dessa compreensão antropológica do tempo histórico, para citar apenas um particularmente importante, pois aplicado ao mundo ibérico. Ver Hans Ulrich Gumbrecht. "Cosmological Time and the Impossibility of Closure: a Structural Element in Spanish Golden Age Narratives".

In: Marina S. Brownlee e Hans Ulrich Gumbrecht. *Cultural Authority in Golden Age Spain*. Baltimore/Londres: The John Hopkins University Press, 1995, pp. 304-321.

5. "[...] *all cultures and cultural objects can be analyzed as configurations of both meaning effects and presence effects, although their different semantics of self-description often accentuate exclusively one or the other side*". Hans Ulrich Gumbrecht. *Production of Presence: What Meaning Cannot Convey*. Stanford: Stanford University Press, 2004, p. 19.
6. "*Stimmung is normally and correctly translated by 'mood' or, with a metaphor, by 'climate' or 'atmosphere'. What the metaphors 'climate' and 'atmosphere' share with the word 'Stimmung', whose root is 'Stimme' [German for 'voice'], is that they suggest the presence of a material touch, perhaps the lightest possible material touch, on the body of whoever perceives a mood, a climate, an atmosphere, or a 'Stimmung'*". Hans Ulrich Gumbrecht. "A Swift Emergence of Latency". Manuscrito não publicado, p. 22.
7. Cf. Sérgio Alcides. *Estes penhascos: Cláudio Manoel da Costa e a paisagem de Minas 1753-1773*. São Paulo: Hucitec, 2003, *passim*.
8. Cf. Valdei L. de Araújo; Flávia F. Varella. "As traduções do tacitismo no *Correio Braziliense* (1808-1822): contribuição ao estudo das linguagens historiográficas". *In*: Maria Clara V. Galery; Elzira Divina Perpétua; Irene Hirsch (orgs.). *Tradução, vanguarda e modernismos*. São Paulo: Paz e Terra, 2009, *passim*.
9. Cf. Guillermo Zermeño. "História/história — Nova Espanha." *História da Historiografia*. Ouro Preto, n° 4, março de 2010, p. 62.
10. Sobre a variedade dos gêneros e formatos de representação nessa cultura histórica, ver Valdei Lopes de Araújo. "Formas de ler e aprender com a história no Brasil Joanino." *Acervo*: Revista do Arquivo Nacional, Rio de Janeiro, v. 22, n° 1, jan.-jun; 2009, pp. 87-90.
11. "*Toutefois, à travers l'analogie avec la peinture, la question posée n'est plus comme au XVIIIe siècle celle du point de vue, mais celle de la colleur.*" Cf. François Hartog. *Évidence de l'histoire*. Paris: Gallimard, 2005, pp. 173-2.
12. O Diorama de Paris foi destruído por um incêndio em 1839.
13. Para uma detalhada descrição do Diorama e sua recepção, ver R. Derek Wood. *The Diorama in Great Britain in the 1820s*. Edição eletrônica consultada no site http://www.midley.co.uk/diorama/Diorama_Wood_1_1.htm em 03/09/2010.
14. Sobre as técnicas de pintura que consistia em usar os dois lados de uma grande tela em tecido, ver L. Daguerre. "Description des procédés de peinture e de eclairage inventes par Daguerre e apliqué par lui aux tableaux du diorama". *In*: *Historique et description du Daguerreotype et du Diorama par Daguerre*. Paris: Alphose Giroux ET Cie. Editeurs, 1839, *passim*.
15. Stephen Bann. *Romanticism and the Rise of History*. Nova York: Twayne Publishers, 1995, p. 122 e segs.
16. "*[...] it requires an effort to keep in mind that that which seems so verdant and so beautiful, so vast and so sublime, is confined within the walls of a brick building in*

a smoky town. A little girl of four or five years of age who did not trouble herself to inquire how so a scene could extend from the bottom of Cooper-street, said in our hearing "Why papa, you said it was a picture, and these are real things." and real things they seemed to be... Such an exhibition is a positive increase to the stock of enjoyment of any town, and more particularly in a town like this, which has as yet so little beauty to boast of, and a lounge in the Diorama to him who toils amidst smoke and dust is as refreshing as water to the thirsty." Apud R. Derek Wood, op. cit.

17. Cf. Frank Ankersmit. *Sublime Historical Experience*. Stanford: Stanford University Press, 2005, pp. 324-30.
18. *"All is sombre, desolate, and mournful; the long drawn aisles, at first glance, are alone perceived, for a thick fog reigns without, and such is the illusion of the scene that you actually fancy yourself chilled by the cold and damp air. By degrees, however, the fog disperses, and through the vast arches are plainly discovered the forests of pine and larch-trees that cover the valley."* Apud R. Derek Wood, op. cit.
19. *"The effect of actual identity which this exhibition conveys of the subjects it presents to the spectator, cannot fail to interest him deeply; and should such classical scenery be brought before the public in this way, as is only to be viewed in nature by the labour and great expense of travel to obtain it, there is very little doubt but the Diorama will experience a very durable patronage."* W.H. Leeds. *Illustrations of the Public Buildings of London: with Historical and Descriptive Accounts of Each Edifice*, vol. I. 2ª ed. Londres: John Weale Architectural Library, 1838, p. 365.
20. *Idem*, p. 362.
21. *"These pictures are placed at distances from the spectator proportioned to the angle at which he would view the objects in nature; and in the absence of means to perceive this distance, and having no connecting objects to operate as a scale towards the direction of his judgment in comparing quantities, he yields irresistibly to the magic of the painter's skill, and feels the illusion to be complete."* W. H. Leeds. *Illustrations of the Public Buildings of London*, p. 363.
22. José Sebastião de Saldanha Oliveira Daun. *Diorama de Portugal nos 33 meses constitucionais, ou golpe de vista sobre a Constituição de 1820, a Constituição de 1822, a Restauração de 1823 e acontecimentos posteriores até o fim de outubro do mesmo ano*. Lisboa: Impressão Régia, 1823.
23. Eusèbe de Salle Arcieu. *Diorama de Londres, on tableau des moeurs britanniques en mil huit cent vingt deux*. Paris: Chez Fr. Louis Librairie, 1823.
24. Andrew Wilkie. *The Diorama of Life, or the Macrocosm and Microcosm Displayed Characteristics, Sketches and Anecdotes of Men and Things*. Bath: Edward Barrett, 1824.
25. *"La récente invention du Diorama qui portait l'illusion de l'optique à un plus haut degré que les Panoramas, avait amené dans quelques ateliers de peinture la plaisanterie de parler en rama, espèce de charge qu'un jeune peintre habitué de la pension Vauquer y avait inoculée."* H. de Balzac. *Ouvres*, t. 3, p. 515.

26. *"The world is in want of many kinds of books: some are requisite to pursue our studies, and some are requisite to indulge our amusements: and since there are persons who, when they read only for entertainment, wish to meet with curious matters, and not unworthy of the curiosity of a man of letters, it is proper we should be provided with books which, without exacting severe thinking, or being devoted to trifling subjects, may readily afford us instructive recreations. Of this description of books the editor flatters himself the present volume will be found, and that a perusal of it will afford his readers both profit and delight."* Andrew Wilkie. *The Diorama of Life*, advertência.
27. José Sebastião de Saldanha Oliveira Daun. *Diorama de Portugal nos 33 meses constitucionais*, p. v. Grifo nosso.
28. José Sebastião de Saldanha Oliveira Daun. *Quadro histórico-político dos acontecimentos memoráveis da história de Portugal desde a invasão dos franceses no ano de 1807 até a exaltação de sua majestade fidelíssima o Sr. Dom Miguel I*. Lisboa: Impressão Régia, 1829, p. III.
29. *Ibidem*.
30. *"The proprietors beg earnestly to impress upon their Visitors, that they do not presume, or profess, in these illustrations, to depict battles and sieges with a rigid regard to technical details, or military manoeuvres, or even to do more than select particular features of interesting occurrences. The main purpose of the Diorama is to bring before the eye, pictorial but just ideas of sites, actions, local colour and costume: they have confined themselves to representing the most striking incidents and emphatic episodes of the Duke's campaigns, and to truthfully delineating some of the physical difficulties by which he was opposed."* Richard Ford. *A guide to the Grand National and Historical Diorama of the Campagns of Wellington*. Londres: Gallery of Illustration, 1852, p. 3.
31. *Ibidem*.
32. *"[...] the most recognized authorities, military and civil, have been consulted, chiefly the Duke's 'Dispatches'; 'Napier's History'; Maxwell's 'Life of his Grace'; Hamilton's 'Peninsular Annals'; Sibornes's 'Battle of Waterloo'; and Ford's 'Handbook for Spain.'"* *Ibidem*.
33. J.H. Stocqueler e Samuel Mossman. *A Descriptive guide to the Diorama of the Ocean Mail to India and Australia, Comprehending a Brief Description of All the Places Seen or Touched at on the Voyage, and Represented in the Diorama*. Londres: Gallery of Illustration, 1852.
34. Para uma descrição mais detalhada da cultura londrina do entretenimento, ver Richard Daniel Altick. *The Shows of London*. Harvard: HUP, 1978, *passim*.
35. *"The emperess Eugen in her beautiful bridal dress, of exquisite lace, ornaments worn on the occasion [...] les majesty Napoleon the third in dress of a Lieutenant-general"*. J.H. Stocqueler e Samuel Mossman, op. cit., p. 1.

CAPÍTULO XII # Livros e cidadania no Rio de Janeiro do século XIX

Tânia Maria Tavares Bessone da Cruz Ferreira*

*Professora adjunta da Universidade do Estado do Rio de Janeiro: Pesquisadora do CNPq, Pronex e Faperj. bessone@uol.com.br

A literatura para muitos é de natureza principalmente mercantil. A literatura para poucos só o é secundariamente, e às vezes nem isso.

Eduardo Frieiro, *Os livros, nossos amigos*

A questão da circulação dos livros e dos impressos na sociedade brasileira, ao longo da segunda metade dos oitocentos, está perfeitamente imbricada com análises que se relacionam aos estudos da história cultural e política, dentro das perspectivas da nova historiografia contemporânea. O livro não é apenas um objeto, pois se apresenta então como centro de diversas abordagens que permitem aos historiadores juntar "os saberes cruzados, bem como um modo de fazer a história",[1] incorporando a relação mais estreita entre livros, homens e sociedade. Neste texto, os livros e sua circulação representam os fios condutores de uma abordagem que pretende integrá-los à sociedade brasileira do século XIX e todas as transformações que trouxeram para a vida intelectual e urbana da cidade do Rio de Janeiro, ao longo do século XIX.[2] A ênfase nos escritos é dada não apenas considerando-os intermediários culturais entre o Brasil e a Europa, mas também enquanto sinais e instrumentos de poder das elites. Aqui analisarei a historicidade dos livros e daqueles que os produziam, para melhor compreender o universo da cultura letrada no período. O tratamento teórico-metodológico encontra-se nas fronteiras da história do livro e do impresso, tal como preconizam a historiografia francesa e anglo-saxônica, mas também dentro dos enfoques da nova história política e da história cultural.

Produzir livros permitiu a criação de laços entre os homens, tanto do ponto de vista da cultura como do poder, e também a formação de uma rede de sociabilidades, tal como preconizam Chartier, Darnton, e Roche.[3] A consolidação da opinião pública veio contribuir para que o leitor individual perdesse a importância e que os autores e seu público tivessem um papel mais determinante nessa sociedade. Os escritores, além de se dedicar a pensar os textos escritos, passaram a comentar outras obras e a envolver-se em maior liberdade crítica, tornando-se pouco a pouco o que chamamos hoje de *intelectuais*. Os elogios, os debates, as contestações entre autores, editores e livreiros também demonstram que um novo universo político-cultural avançava no Brasil do século XIX e toda essa complexa rede em torno dos escritos e escritores, homens de letras e seus editores é que será objeto de nosso estudo.

O Brasil tinha como centro político e intelectual, no período imperial, o Rio de Janeiro. Município Neutro da Corte, a cidade pouco a pouco havia ampliado o número de livrarias, jornais, revistas e todo o complexo de profissões a eles vinculadas. Portanto, nela se concentravam livreiros e mais tarde editores interessados nessa nova e potencial clientela. Autores e público leitor tornaram-se elementos importantes nessa rede de comércio mundial que se tornou a produção e venda de livros. Focalizando o Rio de Janeiro, é possível estudar aquilo que Curto chamou de *relações cruzadas* entre "um sistema de ensino, as formas de mecenato e de sociabilidade intelectual, tais como as academias, o mercado do livro e os dispositivos mais institucionalizados de controle dos discursos por parte da Coroa e da Igreja".[4] A experiência acumulada nessa sociedade permitiu a existência de espaços próprios e novos, fazendo surgir um viés de autonomia que não existia antes, sobretudo a partir de 1850, quando a imprensa começa a ter experiências mais duradouras e o Segundo Reinado permite um equilíbrio não atingido anteriormente.

Nesse contexto, a possibilidade de desenvolver debates, comentar livros, criticar peças de teatro, poemas, ampliar polêmicas sobre política, religião, literatura em geral passou por um processo de consolidação, sobretudo quando o Império viveu um processo de estabilização e os meios de comunicação impressos cresceram e sofisticaram-se. Mesmo que se considere a tardia chegada da imprensa no Brasil, os modelos existentes na imprensa europeia foram logo assimilados. Nos primórdios do jornalismo, o jornal *O Patriota*, jornal litterario, político, mercantil (Rio de Janeiro, 1813-1814)[5] destacava, regularmente, em suas últimas páginas, comentários sobre lançamento de livros e resenhas de obras que considerava importantes, sendo um dos precursores das resenhas críticas, que só se consolidaram no Brasil em fins do século XIX. Antônio Cândido considera esse jornal importante referência e uma das primeiras manifestações da implantação do que se chama *república das letras* no Brasil.

Ao contrário da visão corrente na historiografia, apoiada em relatos de época, em particular de viajantes, estudos recentes demonstram que, no início do século XIX, em especial após a instalação da Corte no Brasil, o comércio de livros adquiriu importância, como sinaliza, aliás, a constituição de algumas bibliotecas particulares. No Rio de Janeiro, os primeiros livreiros especializados de que se tem notícia eram de origem francesa, com destaque para João Roberto Bourgeois e Paulo Martin. Instalados desde a última década do século XVIII, mantinham negócios com as praças de Lisboa, Porto, Londres e Luanda. Sem dúvida, Paulo Martin foi o livreiro-editor mais importante até 1822, sendo distribuidor oficial da *Gazeta do Rio de Janeiro* e autor de alguns catálogos que fornecem uma ideia das obras oferecidas ao público.[6]

Após 1808, com a chegada da Corte, as atividades se ampliaram e livrarias especializadas começaram a surgir nas principais cidades brasileiras, como Rio de Janeiro e Salvador, embora a venda de livros em conjunto com outras mercadorias variadas continuasse a prática mais comum, especialmente entre negociantes franceses. Entre 1808 e 1822, os anúncios da *Gazeta* e do *Diário do Rio de Janeiro* permitem identificar os seguintes livreiros na Corte: Paulo Martin, Francisco Saturnino da Veiga, Manuel Jorge da Silva, Jerônimo G. Guimarães, Francisco Nicolau Mandillo, João Baptista dos Santos, João Roberto Bourgeois, Joaquim Antônio de Oliveira, Antônio Joaquim da Silva Garcez, Manuel Joaquim da Silva Porto e o francês Pierre Constant Dalbin. Os dois últimos também foram editores, subsistindo um catálogo de Dalbin, impresso em 1820. Na loja de Silva Porto, na época da independência, *reuniam-se curiosos de novidades políticas, constituindo-se um espaço de sociabilidade.*[7]

Nas demais províncias, o número de livreiros entre 1808 e 1822 era bastante restrito. Na Bahia, o comerciante português Manuel Antônio da Silva Serva iniciou a venda de livros como parte de um negócio que envolvia outras mercadorias, mas em inícios de 1811 estabeleceu uma tipografia, tornando-se também o editor responsável pela impressão do primeiro jornal baiano — a *Idade d'Ouro do Brasil*. Outro livreiro, João Baptista Gonçalves, fazia anunciar-se no mesmo jornal baiano. No Maranhão, Francisco José Nunes Corte Real informava, em fins de 1821, no jornal *Conciliador do Maranhão*, os livros publicados em Lisboa que tinha para vender, prometendo ainda encomendar qualquer outro que se desejasse.[8]

Entre 1821 e 1822, as livrarias adquiriram um papel de destaque, em função do debate político, constituindo-se como um espaço privilegiado da embrionária esfera pública literária, enquanto ponto de encontro e de conversas para uma elite intelectual reduzida, mas atuante. No entanto, o comércio de livros proporcionava baixos lucros e alguns livreiros mantinham as vendas de produtos diversos, dedicando-se também à publicação de periódicos, obtendo maior volume nos negócios e ampliando o número de leitores.

A cidade de São Paulo, apesar de contar com a Faculdade de Ciências Jurídicas (1827) e uma demanda por livros para os estudantes de direito, só veio a se destacar no comércio livreiro no início do século XX.[9] Em todo o Brasil havia atividades de gráficas que eram ao mesmo tempo tipografias e livrarias, destacando-se algumas províncias que por razões econômicas tiveram um significativo crescimento. Mas de um modo geral usavam equipamentos obsoletos e não tinham informações nem recursos que facilitassem a incorporação de progressos técnicos europeus. No Maranhão estabeleceram-se vários profissionais que competiam para produzir impressos de qualidade, como José Maria Correa de Frias, Pereira Ramos, Belarmino de Mattos e Joaquim Correia Marques da Cunha Torres, que imprimiam jornais, revistas e antologias que também vendiam. Em Pernambuco, na cidade de Olinda havia, em 1831, uma livraria de propriedade de Miguel Figueiroa de Faria denominada Pinheiro, Faria e Companhia. Em outras províncias brasileiras eram mais comuns as tipografias que realizavam impressões e também eram responsáveis pela venda de suas publicações, como era o caso da cidade de Belém e outras do norte ao sul do Brasil.[10]

No Rio de Janeiro, um dos primeiros a ter sucesso nesse tipo de empreendimento foi Pierre René François Plancher de la Noé. Imigrante francês, fugido de lutas políticas, criou uma casa editora em 1824, a partir de uma pequena tipografia instalada na Rua dos Ourives e depois na Rua do Ouvidor. Investiu na publicação de periódicos como *O Espectador Brasileiro* (1824-27), algumas revistas, e o *Jornal do Commercio,* que lançou em outubro de 1827, em substituição ao antigo *Diário Mercantil,* um dos jornais que havia adquirido. Publicava também o *Almanaque Plancher,* um catálogo simples que divulgava informações úteis sobre meios de transporte, mercadorias e calendários, chamados de *Folhinhas de Algibeira e de Porta,* muito populares, e foi também responsável pela introdução da litografia no Brasil.[11] Publicou diversos guias, como o *Guia de conversação brasileira e francesa*, de G. Harmonière, e também o *Dicionário das ruas do Rio de Janeiro*, em português, francês e inglês. Tinha tão boas relações com d. Pedro I que recebeu o título de impressor imperial quando só tinha três meses trabalhando no Brasil. Em 1831, Plancher vendeu seu negócio a Junius Constance de Villeneuve, que preservou o *Jornal do Commercio* sob o controle da família até 1890. Outros importantes livreiros no Rio de Janeiro foram Francisco de Paula Brito, Louis Mongie, Firmin Didot, Baptiste Louis e Hyppolite Garnier, E. e H. Laemmert, Cruz Coutinho e Francisco Alves. A presença francesa era significativa e ficava evidente nos sobrenomes dos livreiros. A região da cidade que mais concentrava esse comércio ficava na Rua do Ouvidor e arredores.

No entanto, uma livraria localizada fora desse circuito, na Praça da Constituição nº 64 (atual Praça Tiradentes), de propriedade de Paula Brito, foi a que primeiramente cristalizou na cidade do Rio de Janeiro a tendência de promover encontros e debates entre seus frequentadores. Compositores, artistas, romancistas, políticos, jornalistas e um excepcional número de médicos a frequentava, chegando a criar uma espécie de sociedade cultural, prosaicamente denominada de *Sociedade Petalógica*, porque afirmavam contar muitas petas (mentiras) e constituir uma espécie de associação na qual todas as discussões podiam ser objeto de comentários. Em 1851, uma das revistas publicadas por Paula Brito, *A Marmota da Corte*, já possuía um encarte com figurino, litografado, e divulgava obras de interesse do público feminino, principalmente em revistas como *A mulher do Simplício* e a *Fluminense Exaltada*.[12] Também as publicações referentes à área de medicina fizeram a fama de Paula Brito. Foi um dos pioneiros em publicar libretos de ópera. Em 1861, ano de sua morte, os negócios iam mal e sua livraria tinha perdido muito em importância, apesar de contar com algum apoio pecuniário do imperador Pedro II. A viúva de Brito continuou em atividade com o negócio, que se tornou, no entanto, muito insignificante se comparado ao período de atividade de seu marido.

A livraria de Mongie, em funcionamento entre 1832 e 1853, possuía um acervo muito diversificado e era muito procurada por cobrar bons preços. Ela representava a casa francesa do mesmo nome, instalada em Paris. Também tinha fama de concentrar muitos frequentadores que logo se tornaram um grupo atraído pelo prazer da conversação animada e culta. Muitos dos livreiros em atividade no Rio de Janeiro tiveram formação anterior em tipografias e chegaram a somar, entre 1808 e 1900, 149 tipógrafos em atividade. Havia também outros livreiros franceses representando as sedes francesas, como Bossange, Aillaud e Firmin Didot.

Por ser o centro político e intelectual no período imperial, o Município Neutro da Corte tinha as mais importantes livrarias e também a possibilidade de atender a leitores em todo o território brasileiro, usando mecanismos como a expedição postal, habitualmente divulgada em anúncios nos jornais. Havia também profissionais impressores para litografias e xilogravuras, como os belgas proprietários da livraria Lombaerts, Jean Baptiste e seu filho Henri Gustave, que realizavam trabalhos por encomenda e permaneceram em atividade entre 1821 e 1897. O suíço Leuzinger se estabeleceu em 1832, com uma livraria e papelaria, e no final do século XIX a família tornar-se-ia especialista em encadernações e xilogravuras, com qualidade considerada superior e igualável aos padrões europeus.

Um importante livreiro-editor do Rio de Janeiro, vindo de Paris em 1844, foi Baptiste Louis Garnier. Junto com seu irmão, Hippolyte, os dois tiveram um papel significativo publicando autores brasileiros e ampliando a valorização da impressão de livros brasileiros em Paris. O formato francês do livro brasileiro foi introduzido por Garnier, assim como os preços de capa fixos. Baptiste era o editor de Machado de Assis e chegou a ser agraciado com o título de oficial da Ordem da Rosa e o título de livreiro-editor do Instituto Histórico e Geográfico Brasileiro. O principal concorrente dos irmãos Garnier eram Eduard e Heinrich, os irmãos Laemmert. Eduard tinha vindo para o Brasil como representante dos livreiros Bossange, de Paris. Associou-se a um português chamado Souza, que representava outro livreiro francês, J.P. Aillaud, criando a firma Souza Laemmert. Mais tarde, Heinrich também veio para o Rio e juntos constituíram uma nova firma, a E. & H. Laemmert, identificando-se como mercadores de livros e partituras musicais. Tornaram-se editores muito bem-sucedidos, tendo como principais características de publicação uma folhinha anual, guias de bolso, livros de autores brasileiros e traduções do inglês, do francês e do alemão. Publicavam o famoso *Almanack Laemmert administrativo, mercantil e industrial da Corte e da província do Rio de Janeiro*. A livraria dos Laemmert funcionava na Rua do Ouvidor e se chamava Livraria Universal.

O papel do livro francês no Brasil é muito importante, num século que foi considerado por muitos estudiosos o mais importante para o mercado editorial da França no mundo. Jean-Yves Mollier[13] argumenta que os grandes investimentos e as condições favoráveis do mercado consumidor de livros no século XIX tornaram a França uma grande exportadora de livros e de todo o arcabouço comercial e tecnológico desenvolvido na produção livreira. O Brasil se tornou, assim, um centro interessante para os negócios do livro no século XIX.

PAULA BRITO, GARNIER E FRANCISCO ALVES: TRÊS LIVREIROS E INTERMEDIÁRIOS CULTURAIS

Estudos como os de Maria Beatriz Nizza da Silva, L. Hallewell, Luiz Villata, Márcia Abreu, Aníbal Bragança e Lúcia Bastos são importantes exemplos para que se entenda o papel dos livreiros na formação da cultura e da sociedade política no Brasil, na linha preconizada por H.J. Martin, F. Furet, D. Roche e R. Darnton, em que o livro deve ser abordado não como um mero registro do acontecimento, mas enquanto um ingrediente do próprio acontecimento.[14] Esses livreiros possibilitaram, muitas vezes, através de seu comércio, a divulgação de ideias novas relacionadas ao ideário da Ilustração, contribuindo, assim, para a elaboração tanto de uma cultura política do Liberalismo, às vésperas da Independência, quanto, anos mais tarde, daquela do Romantismo, a quem coube a tarefa de elaborar, positivamente, uma imagem do Brasil e dos brasileiros.

Destacarei aqui o papel de três livreiros — Paula Brito, B.L. Garnier e Francisco Alves — situados em conjunturas temporais distintas, a fim de apresentá-los não apenas como comerciantes, mas agentes de ideias ilustradas, que fizeram de suas livrarias ponto de encontro e de conversas para uma elite intelectual em construção e, por conseguinte, um espaço privilegiado na embrionária esfera pública literária.[15] Os três casos que vou estudar aqui têm um viés um pouco diferente entre si, já que Paula Brito é um brasileiro, Garnier é de origem francesa e Francisco Alves é português de origem, naturalizando-se em 1883.

Como não havia uma tradição local de livreiros nascidos no Brasil, o caso do tipógrafo, livreiro, jornalista e editor Paula Brito representou uma inovação, inclusive pelo seu perfil biográfico. Desde o início do século havia livreiros e tipógrafos que se tornaram agentes da Ilustração e transformaram suas livrarias em pontos de encontro para conversas e debates, como fora o caso da Livraria Mongie, na Rua do Ouvidor, sendo a maioria de estrangeiros. Mas esse investimento representava para a maioria uma empreitada de riscos financeiros e pessoais, pois dependia de subscrições e outros apoios, já que o comércio livreiro e a venda de jornais eram limitados e o público leitor, descontadas as ilusões de alguns, restringia-se a letrados, dentre uma maioria analfabeta. Aqueles que tinham tradição e algum capital de suas terras de origem podiam arriscar para fazer fortuna no Brasil.

Nesse contexto Paula Brito fez diferença, realizando a tarefa do que Flora Süssekind[16] chamou de "redescoberta do Brasil", pois, fato inédito para um brasileiro, foi o iniciador de uma livraria auspiciosa que ultrapassou seus limites iniciais, tornando-se um núcleo de sociabilidade, sobretudo para a geração romântica.

A trajetória de Paula Brito é bastante peculiar. Nascido no Rio de Janeiro em 1809, filho de um carpinteiro, era de uma família muito humilde. Ainda criança, mudou-se para o interior da província, só retornando à Corte aos 15 anos, em companhia do avô materno, o sargento-mor Martinho Pereira Brito, comandante do Regimento dos Pardos e hábil escultor, influência importante na formação daquele que se tornou o primeiro editor brasileiro.[17]

Primeiramente foi encaminhado como aprendiz à Tipografia Imperial e Nacional, antiga Impressão Régia. Depois trabalhou na tipografia de Pierre Plancher, na qual experimentou diversas funções e produziu como compositor gráfico, diretor de prensa, redator, tradutor e contista. Tudo isso enquanto não instalava o próprio negócio. Mesmo depois de fazê-lo permaneceu amigo de Plancher e colaborou por muitos anos no *Jornal do Commercio*, como redator. Manteve também a prática de publicar periódicos de outras redações e instituições ou imprimi-los junto à sociedade Seignot-Plancher[18] chegando ao significativo número de oitenta periódicos sob a sua responsabilidade.[19]

Começou modestamente, em 1831, quando adquiriu uma antiga casa de chá e encadernações, transformando-a em uma tipografia, na Praça da Constituição, fora do circuito habitual de livrarias que se concentravam naquela época na Rua do Ouvidor e arredores. Para uma de suas biógrafas foi o "iniciador do movimento editorial no Rio de Janeiro", como asseverou no subtítulo do livro *Vida e obra de Paula Brito*.[20] Esse reconhecimento recebeu ainda em vida, não só nos registros de amigos que cultivou, mas no apoio às múltiplas iniciativas que desenvolveu.

Durante trinta anos produziu e imprimiu sátiras políticas, poemas, peças teatrais, orações e literatura. Um dos seus jornais, *A Marmota Fluminense*, chegou a ser distribuído por várias províncias brasileiras. Toda essa experiência o ajudou muito, mesmo em momentos mais difíceis, quando, por exemplo, fracassou no seu maior empreendimento, que foi a Tipografia Dois de Dezembro, tentativa de ampliação de seus negócios que gorou em 1857.

Quando morreu, em 1861, Paula Brito teve o necrológio redigido pelo amigo e ex-funcionário Machado de Assis: "Nestes tempos de egoísmo e cálculo, deve-se chorar a perda de homens que, como Paula Brito, sobressaem na massa comum dos homens."[21] Machado havia ingressado na tipografia de Paula Brito para trabalhar como revisor de provas em 1854,[22] e depois participou da redação de jornais como *A Marmota Fluminense*, ao lado de outros escritores da geração romântica, muitos deles publicados por Paula Brito.

Muitos historiadores e biógrafos concordam que Paula Brito teve a capacidade de reunir a grande parte do movimento romântico brasileiro (1840-1860) na sua loja. Essa sociabilidade intelectual chegou a se constituir em uma espécie de clube que, conforme já assinalado, ficou conhecido como Sociedade Petalógica, significando uma reunião de amigos e leitores que faziam ponto na livraria, que conversavam e se divertiam em inventar casos, propalar boatos ou contando petas, os casos e novidades já mencionados neste texto. Esse apelido teria sido dado pelo próprio Paula Brito, ou pelos frequentadores da livraria, mas segundo Machado de Assis a sociedade tinha até estatuto, o qual exigia que não se tratassse durante os encontros de nenhum assunto sério. Poetas, como Antônio Gonçalves Dias, romancistas, como Joaquim Manuel de Macedo, compositores, como Francisco Manuel da Silva, atores, como João Caetano dos Santos, e políticos, como José Maria da Silva Paranhos e Eusébio de Queiroz eram frequentadores assíduos da livraria para conversas, debates e consultas, pois eram os mesmos que Paula Brito editava.[23]

Foi inovador também na constituição de uma coleção, a *Biblioteca Guanabarense*, que pretendia publicar as obras completas de autores que escreviam para a *Revista Guanabara*, também sob sua direção. Para se compreender a novidade que representava essa conduta, é importante mencionar que nessa mesma época, na França, o editor Gervais Charpentier (1838-1871) trabalhava para sedimentar a ideia de se constituir uma política de "coleção"[24] para sua editora, padronizando os livros na forma e barateando-os, com objetivos específicos de levá-los a um maior número de leitores. Foi no século XIX que esse padrão se consolidou, a partir da grande inventividade dos homens que criaram esse tipo de "biblioteca". A ideia básica partia do princípio de que essas bibliotecas escolhidas deveriam passar os saberes para todos, publicando-se obras-primas universais e constituindo-se pequenas coleções militantes. Tinham também uma missão civilizatória: educar, instruir, regenerar e formar homens e cidadãos.[25]

O estudo de Cláudia Caldeira[26] permite que se mapeiem exemplares de divulgação dos livros produzidos por Paula Brito, a partir do acervo da Biblioteca Nacional/Seção de Obras Raras, trazendo novas leituras da produção cultural dessa tipografia. A obra pioneira de Eunice Gondim também arrola parte significativa das publicações desse editor.[27] As notas bibliográficas apresentam uma cuidadosa seleção de textos e trabalhos avulsos de Paula Brito, além dos jornais e revistas por ele publicados, acrescidos de títulos que apresentam temas sobre teatro, poesia, literatura, medicina, ópera e livros de autoras brasileiras, como Nísia Floresta. Nesse aspecto, Paula Brito teve o mérito de perceber a importância da mulher como leitora. Muitas vezes, nos jornais de sua autoria, assinava-se como uma mulher, principalmente no caso de algumas sátiras, quando elaborava o texto como uma redatora feminina, exemplo clássico do jornal *A Mulher de Simplício*. Como na epígrafe deste texto, para todos os efeitos, era uma mulher que assinava.

> *Frágil fez-me a natureza,*
> *Mas com firme opinião,*
> *É justo que a Pátria escute*
> *A voz do meu coração.*[28]

Também publicava obras para o público feminino, ou oferecidas às mulheres, sobretudo quando se tratava de textos políticos, como a publicação do *Hino ao dia 25 de março*, por ocasião do aniversário do juramento da Constituição, oferecido às senhoras brasileiras e assinado pela redatora de *A Mulher do Simplício*.[29] Ou ainda o *Hino à independência do Brasil e a S.M.I. o Senhor D. Pedro 2º Independência ou morrer*.[30] Dedicatória essa que seguia a tradição do Antigo Regime, como no caso do editor Silva Porto. Outros exemplos desse mesmo hábito estenderam-se para alguns outros homenageados, a figuras da casa imperial:

> Lira/versos/Domingo de 15 de outubro de 1854, dia de Santa Thereza de Jesus
> Nome de sua majestade a senhora D. Thereza Maria Cristina.
> Rio de Janeiro
> Empresa Tipografia Dois de Dezembro, 1854.[31]

Homenageou também, em diversas publicações, a mocidade, com texto de sua autoria, adaptando em quadrinhas as fábulas de Esopo:

> Fábulas de Esopo para uso da mocidade, arranjadas em quadrinhas por F. de Paula Brito.
> Rio de Janeiro
> Empresa Tipografia Dois de Dezembro, 1857.[32]

> Hino oferecido à mocidade brasileira, no dia 25 de março de 1831.
> Rio de Janeiro
> Tip. Imperial de E. Seignot-Plancher, s.d.[33]

Em relação ao imperador Pedro II parecia manter admiração e respeito, tendo publicado numerosos textos em sua homenagem, pelos mais diversos motivos, inclusive pela coincidência da data de nascimento de ambos, no dia 2 de dezembro:

> Sonetos. Aos 19 de outubro de 1854 dia de S. Pedro d'Alcântara nome de S.M. o senhor D. Pedro Segundo. Rio de Janeiro. Emp. Tipografia Dous de Dezembro [1854?][34]

> Soneto à Imprensa, dedicado a S.M. Imperial o Senhor D. Pedro II. Rio de Janeiro, composto e impresso na Imperial Quinta da Boa Vista, s.d.[35]

> Soneto oferecido à SS.MM. Imperiais pela diretoria do Teatro de S. Pedro D'Alcântara. Rio de Janeiro, Tipografia Imperial de F. de P. Brito, 1846.[36]

> Soneto ao 25º aniversário de S. Majestade o Imperador o Senhor D. Pedro II no dia 2 de dezembro de 1850. Rio de Janeiro. Tipografia de F. de Paula Brito, 1850.[37]

Muitas vezes declarava-se longe da política, mesmo que se considerem alguns conflitos no início de sua vida profissional, quando lhe atribuíram aliança com os *exaltados*, que pretendiam a volta de d. Pedro I. Publicou, no entanto, importantes textos de cunho político e patriótico, como ressaltou José Veríssimo, como no exemplo abaixo:

> BRITO, Francisco de Paula.
> Hino à maioridade de S.M. o I. proclamada pela Assembleia, tropa e povo, no dia 22 de julho de 1840.
> "Só Pedro e Constituição ao Brasil podem salvar...".
> Rio de Janeiro, Imprensa Imparcial de F. de Paula Brito, 1840.[38]

Havia na maior parte das publicações uma clara tendência quanto a privilegiar jovens autores brasileiros. Entre os diversos autores românticos destacou-se Joaquim Manoel de Macedo, sendo o tipógrafo pioneiro em muitos sentidos, publicando, inclusive, discursos, programas e outras manifestações literárias de autores iniciantes:

> MACEDO, Joaquim Manoel de, 1820-1882. Discurso que na augusta presença de S.M. Imperial por ocasião de tomar o grau de Doutor em medicina recitou o doutor Joaquim Manoel de Macedo em nome de todos os doutorandos, na Faculdade de Medicina do Rio de Janeiro... Rio de Janeiro, Tip. Imparcial de Francisco de Paula Brito, 1844.[39]

> PROGRAMA.
> Teatro de S. Januário. Segunda-Feira 18 de junho de 1849, benefício da atriz Enriqueta Carolina de Moraes Sarmento subirá de novo à cena a muito aplaudida comédia em 8 quadros *A Moreninha*. Rio de Janeiro. Tip. de Paula Brito, 1849.[40]

Os tempos eram muito duros e difíceis. Paula Brito, que chegou a conquistar um sólido negócio, morreu endividado, deixou uma herança discreta que sua mulher conseguiu administrar até 1875.

Na segunda metade do século XIX, intensificou-se a presença de tipógrafos e livreiros franceses, principalmente no Rio de Janeiro. A cidade continuou sendo uma espécie de Meca dos trópicos a ser explorada. A denominação de "tratantes em livros", mais comum nas primeiras décadas do século, vinha sendo substituída pouco a pouco por livreiros e suas lojas já deixavam de acumular funções e abandonavam a venda de unguentos e de secos e molhados, incorporando às montras objetos de papelaria.[41]

A profissionalização de livreiros e impressores no Brasil foi um processo lento. A Europa, sobretudo a França, tinha um papel hegemônico indiscutível e o barateamento da produção levou muitos dos agentes do mercado editorial brasileiro a imprimir seus livros em Paris. No entanto, o mercado brasileiro se mostrou atrativo, pela novidade que representava e também pelas brechas legais que permitia o consumo de livros em francês, mesmo aqueles que estariam mais vulneráveis à censura na Europa.

A incorporação de novas tecnologias na navegação e a facilidade de trocas comerciais a partir da assinatura da convenção postal entre diversos países, inclusive o Brasil, foram fatores relevantes para baratear os custos e dar ao livro francês um destaque universal.[42] Baptiste Louis Garnier, um dos mais importantes livreiros e editores franceses no Brasil, chegou ao Rio de Janeiro em 1844. Era o mais moço dentre quatro irmãos que já tinham se estabelecido com lojas em Paris, desde 1828.

Os irmãos Baptiste Louis, Auguste e Hippolyte mantinham inicialmente uma sociedade e tiveram um papel significativo, publicando autores brasileiros e ampliando a valorização da impressão de livros brasileiros na França. Tornaram-se também um dos principais concorrentes dos Laemmert. A editora Garnier era fornecedora da Casa Imperial, sendo seu proprietário, Baptiste Garnier, a grande liderança do mercado de impressão de livros até o final do século XIX. No entanto, sua importância no mercado foi objeto de inúmeras críticas, sobretudo entre os trabalhadores gráficos, pois Garnier mandava preparar grande parte de suas edições na Europa a fim de conseguir uma redução de custos. Editou um grande número de autores nacionais, como José de Alencar, Joaquim Manoel de Macedo e Machado de Assis, além de compêndios para a instrução pública.[43] A célebre Livraria Garnier continuou a existir até o século XX, sob o comando de dois irmãos de seu fundador, inaugurando-se, em 1913, um belo edifício, hoje demolido, na Rua do Ouvidor, n° 71.

No que se refere, especificamente, ao confronto com os seus concorrentes, Garnier e Laemmert, o enquadramento de Francisco Alves deve ser entendido no contexto da francofilia de nossa *Belle Époque*. No começo do século, afirma Luiz Edmundo, "persistimos franceses, pelo espírito e, mais do que nunca, a diminuir por esnobismo tudo que seja nosso. (...) Bom, só o que vem de fora. E ótimo, só o que vem da França".[44] A Garnier era a "sublime porta".

O gráfico a seguir se baseia no texto do catálogo de 1865, composto por 41 páginas, cuja folha de rosto está reproduzida acima. É importante considerar que as obras à venda para o público na loja da livraria podiam ser adquiridas pelo reembolso postal. A divisão temática respeita a organização proposta pela editora e contempla os títulos registrados na publicação. O número de obras francesas é na verdade muito superior ao apresentado com esse título no catálogo, uma vez que em qualquer das rubricas encontram-se autores franceses como Eugene Sue, Alexandre Dumas ou Balzac. Portanto, apesar do número absoluto das obras em francês ser o mais alto (137 títulos), é possível encontrar livros de autores franceses ao longo de todo o catálogo.

Para Hallewell, Laemmert e Garnier foram os mais importantes livreiros-editores estabelecidos no Rio de Janeiro ao longo do século XIX. No entanto, para Aníbal Bragança, Francisco Alves, imigrante português, naturalizado brasileiro em 1883, mereceria maior destaque não só pelo desempenho e crescimento empresarial de sua livraria e editora, mas também pelo fato de o antilusitanismo existente no período ter empanado, frente ao apelo dos franceses, o impacto de sua importância. Efetivamente, Francisco Alves foi um grande livreiro e editor, tendo interesses comerciais importantes na Europa e no Brasil. A doação que deixou, por morte, à Academia Brasileira de Letras demonstrou sua preocupação com a manutenção das raízes da língua portuguesa e sua visão do futuro. Foi um grande livreiro e merece um estudo específico de sua trajetória.

A história de Francisco Alves de Oliveira é original, sobretudo se colocada em paralelo aos seus principais concorrentes, os livreiros franceses que chegavam ao Brasil com o respaldo de casas comerciais francesas das quais eram representantes ou sócios. Francisco Alves nasceu em Portugal e emigrou para o Brasil com 15 anos. Trabalhou em outro ramo de comércio antes de se iniciar no setor livreiro como alfarrabista, pois na verdade incorporou a formação de livreiro no Brasil. Depois de algum tempo, regressou à terra natal, Cabeceiras de Basto, no Minho, mas em seguida foi chamado de volta por seu tio Nicolau Antônio Alves, também português, dono da Livraria Clássica, fundada no Rio de Janeiro em 1854. Veio, então, definitivamente instalar-se na Corte e de forma tão definitiva que logo requereu a cidadania brasileira.[45]

Após alguns anos de trabalho, em 1883 assumiu a direção da empresa, já conhecida como Livraria Alves. Em 13 de setembro de 1897, com a saída do seu tio do negócio, a livraria passou a denominar-se simplesmente Francisco Alves. Uma das marcas da livraria era a de não se ter filiado a empresas estrangeiras e não ter representantes comerciais fora do país.[46]

O crescimento empresarial de Francisco Alves foi tão significativo que lhe permitiu comprar livrarias e editoras no Rio de Janeiro, em São Paulo e na Europa. Em Portugal adquiriu todo o fundo editorial de A Editora — sucessora de David Corazzi, Editor — e parte da centenária Livraria Bertrand, tornando-se um de seus sócios principais, e em Paris comprou parte da Livraria Aillaud. No Brasil, desde as primeiras décadas do século XX, passou a controlar uma parcela considerável de todo o comércio livreiro. Administrava profissionalmente todos os seus interesses do escritório de sua matriz no Rio de Janeiro. Frequentemente, ele ou seu sócio, Manuel Pacheco Leão, iam à Europa acompanhar de perto o desenvolvimento de seus negócios.[47]

Francisco Alves tornou-se um editor brasileiro que, de forma pioneira até hoje, manteve várias empresas no exterior. Há, no entanto, várias análises biográficas que dizem ter sido Francisco Alves um livreiro limitado, semianalfabeto e que via no comércio de livros uma atividade apenas comercial. Diversos historiadores veem seu desempenho no mundo editorial brasileiro de forma bastante reducionista, como, por exemplo, nas obras de Nelson Werneck Sodré e Laurence Hallewell.[48] Parte desse equívoco pode ser atribuído aos textos antilusitanistas produzidos no período em que vivia e também em obras que retratavam sua memória. Não se deve esquecer que Francisco Alves era um imigrante e que muitos dos autores envolvidos em críticas à sua ação eram antilusitanos militantes. O memorialista Luiz Edmundo contribuiu para fomentar essa interpretação através de textos que ajudaram a criar um perfil antipático do livreiro e editor.

No entanto, outros depoimentos e registros memorialistas relativizaram esses registros negativos. No livro *Minhas memórias dos outros*, Rodrigo Octavio produz relatos que revelam outros traços de sua personalidade:

> E tratando da Academia, o nome de Francisco Alves não pode morrer numa simples referência. Ele dela tudo merece e a mim é muito grato dele me ocupar. De todos os que têm entrado nessa casa, é possível que seja eu quem tenha tido, se não mais frequente, todavia mais variado contato com Francisco Alves.[49]
> Editor de meus primeiros livros de direito e desse explosivo catecismo das *Festas nacionais*,[50] conheci-o como livreiro, tratei-o como homem de negócios, de poucas palavras, brusco, mas sincero, legal e profundamente honesto. Conheci-o também no trato pessoal, em íntimo convívio, havendo passado juntos, no delicioso confinamento da montanha aprazível, algumas estações de verão, no Hotel das Paineiras; e, advogado, tive-o como cliente, indo ouvir-me sobre circunstâncias complicadas de sua vida, pedir-me estudo de papéis para aquisição de prédio e redação das respectivas escrituras, e, certa vez, em vésperas de partida minha para Europa, conselho sobre seu testamento.[51]

Francisco Alves, com negócios em franca prosperidade, não deixou herdeiros. Decidiu-se por uma doação a uma instituição brasileira que julgava preservar todos os seus ideais: a Academia Brasileira de Letras. Desde as suas primeiras intenções consultou-se com Rodrigo Octavio:

> Francisco Alves, sem herdeiros necessários, preocupava-se com o destino de seus bens, que, aliás, a esse tempo (1904), não haviam tomado o vulto que o decênio subsequente lhes deu. De nossa conversação verifiquei que ele, vacilando ainda no que pretendia fazer, se inclinava para o benefício das letras de preferência ao da caridade pública. Sugeri-lhe, então, que constituísse um fundo para que, com as rendas, a Academia Brasileira distribuísse prêmios que estimulassem o desenvolvimento das letras nacionais. Seria um meio de perpetuar seu nome, feito nos livros, e de fazer beneficiar o livro no Brasil do que do livro tinha vindo.[52]

Francisco Alves faleceu em 1917, mas diante de suas decisões testamentais conseguiu perpetuar uma forma de contribuir para a ampliação e solidificação da cultura do livro no Brasil.

O texto apresentado pretende enfatizar a importância dos livreiros do século XIX como intermediários culturais, muito além dos "tratantes em livros" que seriam meros comerciantes, indivíduos que buscavam apenas lucrar com essa mercadoria. Os exemplos de Paula Brito, Garnier e Francisco Alves ajudam a fortalecer esse argumento, destacando-os como personagens inseridos nas questões culturais e políticas de seu tempo e ultrapassando os limites de meros comerciantes.

Notas

1. Diogo Ramada Curto. *Cultura escrita. Séculos XV a XVIII*. Lisboa: ICS, 2007, p. 13.
2. *Idem*.
3. Ver Roger Chartier. *Au bord de la falaise. L'Histoire entre certitudes et inquietude*. Paris: Albin Michel, 1998. Jean-Yves Mollier. *A leitura e seu público no mundo contemporâneo: ensaios sobre história cultural*. Belo Horizonte: Autêntica Editora, 2008, pp. 141-155. Robert Darnton. *A questão dos livros. Passado, presente e futuro*. São Paulo: Companhia das Letras, 2010 e Robert Darnton e Daniel Roche (orgs.). *Revolução Impressa — A imprensa na França 1775-1800*. São Paulo: Edusp, 1996.
4. Diogo Ramada Curto, op. cit., p. 18.
5. Ver CD-ROM de todo o conjunto digitalizado do jornal realizado pela Biblioteca Nacional, *Jornal literário*, que inclui a publicação da obra de Diana Zaidman. *O Patriota 1813-1814, Índice Histórico*. Direção e apresentação prof. José Honório Rodrigues. Coleção Mattoso Maia. Niterói: UFF/Ceuff, 1978.
6. Lúcia M. Bastos Pereira das Neves. "Comércio dos livros e censura de ideias. As atividades dos livreiros franceses no Brasil e a vigilância da Mesa do Desembargo do Paço (1795-1822)". *Ler História*, Lisboa, vol. 23, pp. 61-78, 1993, e Lúcia M. Bastos Pereira das Neves e Tânia Maria Tavares Bessone da Cruz Ferreira. "O medo dos abomináveis princípios franceses: a censura de livros no Brasil nos inícios do século *XIX*". *Acervo*, Rio de Janeiro, vol. 4, n. 1, pp. 113-119, 1989.
7. Lúcia Maria Bastos P. das Neves. *Corcundas e constitucionais: a cultura política da independência (1820-1822)*. Rio de Janeiro: Revan/Faperj, 2003. Laurence Hallewell. *O livro no Brasil: sua história*. São Paulo: T.A. Queiroz: Edusp, 1985.

8. Ronaldo Vainfas e Lúcia Maria Bastos das Neves (orgs.). *Dicionário do Brasil Imperial (1822-1889)*. Rio de Janeiro: Objetiva, 2002, verbete Livreiros, pp. 484-487.
9. Marisa Midori Daecto. *No império das letras: circulação e consumo de livros na São Paulo Oitocentista*. Tese de doutorado, FFLECH/USP, 2006.
10. Ronaldo Vainfas e Lúcia Maria Bastos das Neves (orgs.), op. cit., verbete Livreiros, pp. 484-487.
11. Marco Morel. *As transformações dos espaços públicos. Imprensa, atores políticos e sociabilidades na cidade imperial (1820-1840)*. São Paulo: Hucitec, 2005, pp. 33-35.
12. Cláudia Adriana Alves Caldeira. *Francisco de Paula Brito: tipografia, imprensa, política e sociabilidade*. Dissertação de mestrado, Universidade Federal Rural do Rio de Janeiro, 2010, anexos.
13. Jean-Yves Mollier. *O dinheiro e as letras. História do capitalismo editorial*. São Paulo: Edusp, 2010, *passim*.
14. Ver artigos dos autores em *Leitura, história e história da leitura*. Márcia Abreu (org.). Campinas: Mercado das Letras, Associação de Leitura do Brasil, 1999. R. Darnton e D. Roche (orgs.). *Revolução impressa: a imprensa na França, 1775-1800*. São Paulo: Edusp, 1996.
15. Para a expressão, ver Jurgen Habermas. *L'Espace public. Archéologie de la publicité comme dimension constitutive de la société bourgeoise*. Com prefácio inédito do autor. Paris: Payot, 1997.
16. Flora Sussekind. *O Brasil não é longe daqui*. São Paulo: Companhia das Letras, 1990, p. 35.
17. Cf. Ronaldo Vainfas e Lúcia M.B.P. Neves (orgs.), op. cit., pp. 287-289.
18. Marco Morel, op.cit., p. 33.
19. Cláudia Adriana Alves Caldeira, op. cit., pp. 83-113.
20. Eunice Ribeiro Gondin. *Vida e obra de Paula Brito*. Rio de Janeiro: Livraria Brasiliana Editora, 1965.
21. *Idem*, cf. epígrafe.
22. Cf. Ronaldo Vainfas e Lúcia M.B.P. Neves (orgs.), op. cit., p. 288, verbete Francisco de Paula Brito.
23. Cf. Laurence Hallewell, op. cit., p. 54.
24. A coleção de Charpentier pretendia organizar conjuntos temáticos pela editora, isto é, livros para o público feminino e masculino, estudantes e crianças que pudessem ser editados a bom preço e com aspecto padrão que facilitasse sua identificação pelo público em geral. Criou o chamado "formato francês" do livro.
25. Isabelle Olivero. *L'Invention de la Collection. De la diffusion de la littérature et des savoirs à la formation du citoyen au XIXe siècle*. Paris: Editions de l'Imec, 1999.
26. Cláudia Adriana Alves Caldeira, op. cit., anexos.
27. Eunice Ribeiro Gondin, op. cit., *passim*.
28. Esses versos faziam parte da epígrafe do jornal *A Mulher de Simplício*, de Paula Brito.

29. Biblioteca Nacional, Seção de Obras Raras, daqui em diante, BN, SOR. Obra publicada no Rio de Janeiro pela Tipografia Imparcial de Brito, s.d. e assinada pela redatora da *Mulher do Simplício*.
30. BN, SOR, 1 f. 88, 4, 10, n. 28. Rio de Janeiro, Tipografia Fluminense, de Brito e Cª., s.d. Assinado: "Pela Redatora da *Mulher do Simplício*".
31. BN, SOR, 1 f.Ex. 2 em: 83, 4, 4, n. 29[A] (em papel diferente). 83, 4, 4, n. 29.
32. BN, SOR, 375 p. Bibliografia Fluminense. Ex. 2 em 4b, 1, 19. 4b, 1, 18.
33. BN, SOR, 1 f. Ex. 2 em: PL, 2, 34. 88, 4, 11, n. 2.
34. BN, SOR, 1 f. letras douradas, 83, 4, 4, n. 26.
35. BN, SOR, 1 f. dupla, 88, 4, 10, n. 6.
36. BN, SOR, 1 f. dupla com letras douradas. 83, 2, 2, n. 20.
37. BN, SOR, 2 f. papel rendado, 88, 4, 10, n. 4.
38. BN, SOR, 1 f. 99A, 21, 6.
39. BN, SOR, 8 p. Ded. mms. do doutor ao sr. Manoel Duarte Moreira. Ex. 2. Col. T.C. 99a, 20, 10 e 69, 6, 24 (ex.2).
40. BN, SOR, 1 f. 83, 2, 2, n. 19.
41. Cf. Laurence Hallewell, op. cit. Ver também: Wilson Martins. *História da inteligência brasileira, 1550-1960*. São Paulo: Cultrix, 1977-1978. Carlos Rizzini. *O livro, o jornal e a tipografia no Brasil, 1500-1822*. Rio de Janeiro: Kosmos, 1946.
42. Marisa Midori Daecto. "B.L. Garnier e A.L. Garraux: destinos individuais e movimentos de conjunto nas relações editoriais entre a França e o Brasil no século XIX". *In*: Laurent Vidal e Tânia Regina de Luca (orgs.). *Franceses no Brasil. Séculos XIX-XX*. São Paulo: Editora Unesp, 2009, pp. 422-423.
43. Laurence Hallewell, op. cit., p. 125-149.
44. Luiz Edmundo *apud* Aníbal Bragança, "A política editorial de Francisco Alves e a profissionalização do escritor no Brasil". *In*: Márcia Abreu (org.). *Leitura, história e história da leitura*. Campinas: Mercado de Letras, 2000, vol. 1, pp. 451-476 e também Aníbal Bragança. "Francisco Alves e a profissionalização do escritor no Brasil". *Convergência Lusíada*, Rio de Janeiro, 2000, v. 17, pp. 44-57.
45. Aníbal Bragança, 2000, p. 45.
46. *Idem*.
47. Aníbal Bragança, 2000, p. 45.
48. *Idem*, pp. 45-46.
49. Rodrigo Octavio. *Minhas memórias dos outros*, Rio de Janeiro. Civilização Brasileira, 1979, p. 74.
50. A primeira edição foi de F. Briguiet & Cia., em 1893. Na casa Alves, o livrinho, que foi adotado para leitura em diversos estados, foi estereotipado e dele se imprimiram mais de 30 mil exemplares.
51. Rodrigo Octavio, op. cit., pp. 74-75.
52. Rodrigo Octavio, op. cit., p.75.

CAPÍTULO XIII A trajetória de José Joaquim Vieira Couto (1773-1811): cultura política, heterodoxia e crise do Império Português

Alexandre Mansur Barata*

---

*Professor do Departamento de História e do Programa de Pós-Graduação em História da Universidade Federal de Juiz de Fora (UFJF). Pesquisador do Núcleo de Estudos em História Social da Política. Bolsista do Programa Pesquisador Mineiro (Fapemig). Pesquisador colaborador do projeto de pesquisa "Dimensões e fronteiras do Estado brasileiro no século XIX" (Pronex — CNPq — Faperg). Autor dos livros: *Luzes e sombras; a ação da maçonaria brasileira, 1870-1910*; (Ed. Unicamp — CMU, 1999); *Maçonaria, sociabilidade ilustrada e independência do Brasil*. (Annablume — Ed. UFJF, 2006).

I

Ao analisar as manifestações de descontentamento que eclodiram nos últimos anos do século XVIII na América portuguesa, particularmente os casos de Minas Gerais (1789) e da Bahia (1798), Istvan Jancsó afirmou que elas apresentavam uma nítida diferença em relação àquelas que pontuaram todo o período de domínio português na América. Teria ocorrido um deslocamento das tensões que passaram de críticas a determinados aspectos relacionados à aplicação de medidas do governo metropolitano para um questionamento da própria organização do Estado, colocando em xeque a legitimidade do Trono e da Monarquia. Desse modo, no final do século XVIII a sedição, a contestação da ordem, colocava-se claramente no horizonte de diferentes setores da vida social da colônia.

> A observação atenta da emergência do desconforto político que se adensa socialmente tornando-se rebeldia organizada, e como tal irrompendo no espaço da vida pública e politizando a vida privada, revela faces surpreendentes do viver em Colônia, quer se traduza em conspiração, quer se apresente como a sua outra face: a transgressão.[1]

Dar conta desse desconforto político, às vezes sutil e de difícil percepção, nem sempre traduzido em rebeldia organizada, talvez seja um dos principais desafios dos estudiosos que se dedicam à compreensão das tensões que marcaram as práticas políticas na passagem do século XVIII para o século XIX no Império Português. Dessa forma, o objetivo deste texto é analisar a trajetória de José Joaquim Vieira Couto.[2] Natural do Arraial do

Tejuco, membro de importante família ligada aos negócios da extração de diamantes, sua trajetória é paradigmática das confluências e contradições entre interesses privados e públicos, entre poderes locais e centrais, contribuindo para o entendimento da natureza da crise que abalou a monarquia portuguesa na virada do século XVIII para o século XIX, problemática que nos últimos anos sofreu forte inflexão ao superar explicações teleológicas e/ou estruturalistas contidas na oposição metrópole-colônia.[3]

II

José Joaquim Vieira Couto nasceu em 1773, no Arraial do Tejuco, Comarca do Serro Frio, Capitania de Minas Gerais. Era filho de Manoel Vieira Couto, natural da Póvoa do Lhanozo, arcebispado de Braga, e Antônia Theresa do Prado, natural da freguesia de Nossa Senhora da Conceição da Vila do Príncipe. Teve como padrinho o sargento-mor José Gomes Ferreira e como madrinha Nossa Senhora.[4]

Membro de importante família do Distrito Diamantino, seu nascimento coincidiu com o início das reformas pombalinas em relação àquela região, expresso no fim do sistema de contratos, na criação da Real Extração dos Diamantes por decreto de 12 de julho de 1771 e na edição do Regimento Diamantino em 2 de agosto de 1771. Além de uma certa racionalização administrativa, com tais medidas buscava-se, sobretudo, evitar o contrabando e, por consequência, aumentar a arrecadação de impostos. Pelo Regimento Diamantino, a Coroa portuguesa criou uma administração própria — a Junta Diamantina — composta por um intendente, um fiscal e três caixas, subordinada a uma Administração Diamantina criada na cidade de Lisboa.[5]

José Joaquim estudou em Mariana e no Tejuco, sabia ler, escrever, contar, bem como gramática latina, ciências, filosofia e matemática. Talvez por influência de seu irmão, o naturalista José Vieira Couto,[6] foi leitor de livros considerados proibidos, tais como os de Voltaire, Mirabeau e Abade Raynal.[7]

Em 1797, através de ordem régia de d. Maria I, foi determinado que se efetivasse um levantamento das riquezas minerais existentes na comarca do Serro Frio, bem como das potencialidades de sua exploração. Medida que deve ser compreendida como parte de um esforço da monarquia portuguesa a partir da segunda metade do século XVIII, sobretudo, de reunir o maior número de informações possíveis sobre seus domínios ultramarinos com a finalidade de incrementar a economia, de promover reformas administrativas e de modernizar as atividades produtivas.[8]

Para dar conta da determinação régia, o governador da capitania de Minas Gerais, Bernardo José de Lorena, indicou, inicialmente, José Vieira Couto e José Teixeira da Fonseca Vasconcelos como responsáveis pela execução desse levantamento. Entretanto, em função do precário estado de saúde de José Teixeira, a execução da ordem régia acabou por recair sobre José Vieira Couto, que indicou seu irmão José Joaquim para auxiliá-lo.[9] Contava José Joaquim com a idade de 26 anos e ocupava até então o posto de capitão de milícias da Companhia de Ordenanças do distrito do Rio Manso, Termo da Vila do Príncipe.

A indicação dos Coutos para esse serviço régio encontrou no intendente-geral dos Diamantes, João Inácio do Amaral Silveira, forte opositor. Ao tomar conhecimento dessa indicação, João Inácio expulsou José Vieira Couto do cargo de médico do hospital; expulsou dos serviços da Real Extração todos os escravos pertencentes aos Couto; proibiu o uso de ferramentas para fazer as investigações, bem como a sua entrada na Demarcação Diamantina. Em carta dirigida ao governador da capitania, datada de 7 de setembro de 1798, o intendente João Inácio justificava tais decisões:

> [...] duvidava fosse da mente de Sua Majestade que debaixo da palavra Comarca, ficasse também compreendida a Demarcação Diamantina; porque [...] parecia que sem expressa e declarada menção, se não devia entender, que então a troco de Minas de Prata, Cobre, Estanho, Chumbo que certamente não havia, e que a troco das de ferro, que por toda a Capitania se encontravam, quisesse Sua Majestade franquear ao Doutor Couto por uma Ordem geral as ditas Terras vedadas por Leis e Ordens particulares.[10]

Por sua vez, os Vieira Couto faziam uma interpretação da referida ordem régia no sentido oposto.

> Verdade é Exmo. Snr. que o Intendente me facilita os meus escravos fora da Demarcação, porém isto mesmo é porque bem sabe que fora da dita Demarcação pouco há que ver. [...] A demarcação pelo contrário é um país verdadeiramente metálico, as muitas e numerosas lavras, e rasgões que nela há, é o que tem mais que ver, e além disso sendo a tal Demarcação o terreno hoje mais importante de toda a Comarca para as utilidades, e interesses Régios, por isso mesmo é que nela cabe bem os exames de um Mineralogista, e talvez esse fosse o principal pensamento de Sua Majestade quando me ordenou, que lhe desse uma Conta exata da Mineralogia da Comarca do Serro Frio.[11]

Ao comunicar ao governador da capitania as atitudes do intendente, José Vieira Couto informou que João Inácio havia determinado que pedestres cercassem e invadissem sua casa no sentido de obrigá-lo a assinar o termo de despejo, obrigando a fuga de um dos irmãos. Mas chama a atenção seu comentário final:

> Que o ruído, que motim não levantou ele entre este Povo no primeiro dia da minha saída! Três vezes veio o Escrivão dos Diamantes nessa tarde a minha Casa, que já me não achou; a boca da noite foi ela cercada de Pedestres, e alguns destes penetraram até o seu interior. [...] não me parece ser eu um Naturalista empregado no Serviço de Sua Majestade e que por ordem dela examino as suas Terras, em um Século de Luzes como este, mas sim que vou observar às escondidas os Domínios de algum Tártaro inimigo, e em tempos que a estúpida ignorância fazia a Guerra a Filosofia.[12]

Apesar do tom irônico, a observação de Vieira Couto aponta para a indistinção no espaço luso-brasileiro do período das Luzes entre o letrado e o funcionário do estado. Como bem ressalta Ronald Raminelli:

A patronagem régia setecentista investia inicialmente na formação de quadros, preparava os profissionais em Coimbra e inseria os doutores na administração colonial e depois metropolitana. [...] O conhecimento não promovia a reforma da sociedade de ordens, ao contrário, o saber era moeda de troca para ascensão social, para reunir privilégios e consolidar distinções sociais. Os letrados fortaleciam as malhas da centralidade estatal, disponibilizavam subsídios ao governo à distância, consolidavam enfim os tentáculos do Leviatã que se prolongavam desde o coração do reino aos mais distantes rincões do império.[13]

A despeito das perseguições e dos obstáculos impostos pelo intendente, os Vieira Couto prosseguiram suas investigações. Nas diversas cartas trocadas com o governador da Capitania de Minas Gerais constata-se a montagem de um laboratório para a realização das análises químicas, bem como diferentes remessas para o Reino do material coletado: ouro, prata, cobre, ferro, chumbo, estanho e bismuto. Os bons serviços prestados renderam inúmeros elogios do governador. "É certamente o Dr. Couto um vassalo de S. Majestade mui hábil, muito ativo, serve com o maior gosto a Mesma Senhora, e por todos estes motivos merece muito a sua Régia contemplação."[14]

De modo particular, José Joaquim foi encarregado pelo governador da capitania, Bernardo José de Lorena, de uma expedição com objetivo de procurar as minas de chumbo do Abaeté, o que acabou por descobrir.[15] Narrou José Joaquim ao governador da capitania que com recursos próprios, sem despesas para a Real Fazenda, acompanhado de um guia e de escravos de sua propriedade, depois de cinco dias de viagem, atravessando matas e rios caudalosos, encontrou dois veeiros de chumbo, dos quais retirou aproximadamente duas arrobas de material. Ao retornar ao Tejuco, depois de 25 dias de viagem, as amostras foram analisadas pelo seu irmão José, que confirmou grande quantidade de chumbo e prata.[16]

> Aqui foi que o Suplicante melhor desenvolveu a sua atividade Patriótica, marchando a pé por muitos dias com mantimentos às costas por caminhos inacessíveis, vadiando caudalosos rios, e repelindo o encontro dos Bárbaros, que frequentemente surpreendem o viageiro indagador, que afoitamente se entranha por aquela mata. Aqui foi que o suplicante acompanhado de muitos apaniguados subsidiários, que por auxílio lhe foram concedidos, se encarregou de os manter provendo-os durante a viagem, de todo o necessário, e municiando-os da força necessária para qualquer ato de repulsa, e ultimamente dirigindo os com aquela ordem social, que exige o bom êxito de uma indagação séria, como igualmente a paz e a tranquilidade pública.[17]

Entretanto, as dificuldades para a realização das investigações mineralógicas eram muitas. Em carta dirigida a d. Rodrigo de Souza Coutinho, por exemplo, em julho de 1799, seu irmão José Vieira Couto queixou-se da falta de recursos, de meios de subsistência e de equipamento para as suas experiências químicas.

> [...] estas descobertas e exames tenho-as feito todas a minha custa, e o que admira mais, até a expor-me a ser insultado e preso pelas guardas que estão por isso bem avisadas, de sorte que não posso viajar como Mineralógico, porém com um cão de caça e uma espingarda ao ombro he-me concedido observar o que eu quiser: ainda menos mau, e desta indústria me tenho valido para mostrar ao Estado as imensas riquezas que possuía, e ao mesmo tempo até hoje as ignorava. Tenho também experimentado, Exmo. Senhor grandes dificuldades em muitas experiências químicas por causa de não ter o meu laboratório munido de vasos de vidro, nem nestes sertões há por onde recorrer-se.[18]

Mas o referido conflito intensificou-se quando o intendente-geral dos diamantes tomou conhecimento de que se preparava um requerimento dirigido à rainha d. Maria I, assinado por importantes membros da sociedade tejucana, denunciando as arbitrariedades, os "despotismos" por ele cometidos. O intendente João Inácio ampliou as perseguições e determinou a saída ou despejo de várias pessoas da Demarcação Diamantina, acusadas de corrupção e contrabando de pedras preciosas. Foi em meio a esses despejos que José Joaquim Vieira Couto foi designado para partir para Lisboa e apresentar à rainha, pessoalmente, os petitórios daquela população.

Ao chegar a Lisboa, José Joaquim centrou sua ação no sentido de que o "Requerimento do Povo da Demarcação Diamantina" fosse analisado pelas autoridades do Reino. Como dito anteriormente, o cerne desse documento era a denúncia das arbitrariedades praticadas pelo intendente dos diamantes João Inácio da Silveira. Todavia, requeria também alterações no Regimento de 1771, considerado razão do "flagelo, e quase a aniquilação de todo este território".[19] Dentre as alterações propostas, defendia a necessidade de substituição da pena de dez anos de galés por castigos físicos para os escravos que incorressem nos crimes definidos pelo parágrafo 9°, isto é, estivessem envolvidos no extravio de diamantes; o fim da interdição de algumas lavras dentro da Demarcação; a revisão do poder dos intendentes dos diamantes de punir pessoas com o desterro e expulsão da Demarcação Diamantina sem a formalização de processo, apelação, agravo ou recurso. Na perspectiva dos habitantes do Arraial do Tejuco que assinaram o requerimento, com a extinção ou modificação do Regimento de 1771:

> [...] V. Maj. nos restitui[ria] uma Pátria, segurando, e protegendo as nossas pessoas, e as nossas propriedades, princípio, em que se funda o doce, e formoso amor da Pátria, cadeias, que prendem, e apertam a Sociedade, cadeias enfim quebradas, e diláceradas presentemente em Tejuco; nos restitui[ria] a nossa atividade esmorecida, e hoje quase extinta, para lavrarmos os montes, cultivarmos a terra e levantarmos os nossos edifícios, coisas todas, que tibiamente ora fazemos, por que tudo, o que possuímos, o olhamos mais como propriedades precárias, do que nossas próprias; nos restitui[ria] a paz, o riso, a alegria, e o amor a comunicação, pois entre nós presentemente reina desconfiança uns dos outros [...].[20]

José Joaquim Vieira Couto não conseguiu de imediato que o requerimento fosse analisado pelo secretário de Estado dos Negócios da Fazenda. Segundo ele,

[...] por mais que o Suplicante procure repetidas ocasiões conseguir este fim nem o de ser ouvido, não só pela multiplicidade de objetos, que o cercam, como pelo melindre de uma matéria, que é a causa de um povo, que só por si deve exigir toda a brevidade decisões, objeto incompatível com as forças de um Ministro, que ainda empregado todo o tempo em despachar, não equivale as obrigações de que se vê rodeado, acrescendo de mais para infelicidade pública o ser talvez o Suplicante americano, prevenção pela qual em vez de atrair mais facilmente a atenção, e compaixão de um Ministro, pelo contrário parece ensurdecê-lo aos clamores, não de um pretendente ativo sim de um povo deprimido e vexado.[21]

Depois de vários requerimentos no sentido de que a causa dos habitantes do Arraial do Tejuco fosse analisada, o príncipe regente, através da carta régia de 28 de abril de 1800, determinou a abertura de uma devassa para averiguar a conduta do intendente e do fiscal João da C. Sotto Maior. Para a realização da inquirição, que de fato só foi iniciada em julho de 1801, o governador da Capitania de Minas Gerais, Bernardo José Lorena, nomeou Modesto Antonio Mayer, ouvidor da Comarca de Vila Rica, para juiz e Diogo Pereira Ribeiro de Vasconcelos para o cargo de escrivão. Depois de ouvidas várias testemunhas, o intendente João Inácio acabou por ser suspenso de suas funções e substituído, de forma interina, por Modesto Antônio Mayer.[22]

No âmbito das relações de reciprocidade entre os súditos e o rei que estruturavam a monarquia portuguesa, José Joaquim Vieira Couto e seu irmão José, em função das descobertas realizadas, foram recompensados pela Coroa através da indicação pelo governador da capitania, no caso do primeiro, para o cargo de terceiro caixa da Administração Diamantina, com renda de três mil cruzados,[23] e, no caso do segundo, para o posto de coronel do Regimento de Cavalaria de Milícias da Vila do Príncipe.[24]

Em 1799, José Joaquim solicitou ser indicado para o "Ofício de Escrivão dos Diamantes de propriedade na Capitania de Minas Gerais, podendo o suplicante nomear serventuário idôneo para o exercer, visto que o suplicante se emprega pessoalmente em Serviço mais ativo de V.A. Reinante do qual pode resultar maiores utilidades ao Estado".[25] Solicitou, também, a concessão da lavra chamada Morrinhos, na Demarcação Diamantina, que se encontrava abandonada;[26] o cargo de guarda-mor substituto das Terras e Águas Minerais do Arraial do Tejuco[27] e a promoção ao posto de coronel agregado ao Segundo Regimento de Cavalaria Miliciana da Comarca do Serro Frio com os seus soldos e montadas.[28]

Apesar dos primeiros sucessos, a "Representação do Povo da Demarcação Diamantina" possuía outras reivindicações que alterariam de forma substancial o Regimento de 1771. Seu interesse em vê-las aprovadas possivelmente contribuiu para que José Joaquim permanecesse por mais tempo em Lisboa. Acrescentam-se às reivindicações iniciais outras apresentadas por José Joaquim Vieira Couto. Uma delas, datada de agosto de 1800, solicitava

> que para feliz memória da Sereníssima Princesa Reinante se digne mandar aquele Arraial do Tejuco seja erigido em Vila com a Sua respectiva câmara, com o título de Carlotina debaixo de todas as formalidades de Direito servindo-lhe de Demarcação o meio da distância em que fica o seu local entre as duas vilas do Príncipe e do Fanado.[29]

Ao ser solicitado pelo Conselho Ultramarino pronunciar-se a respeito dessa proposta, o ouvidor da Comarca do Serro Frio, Antônio de Seabra da Motta e Silva, foi de parecer contrário. Recusa que levou José Joaquim Vieira Couto a solicitar que também fossem consultados o desembargador Antônio Barroso Pereira, que tinha servido na Comarca do Serro Frio como fiscal e intendente dos diamantes, e Luiz da Cunha Menezes, que tinha sido governador da capitania de Minas Gerais. Ele considerava que o referido ouvidor era suspeito para emitir aquele parecer, pois a elevação do Arraial do Tejuco à condição de vila diminuiria seus poderes e sua jurisdição.[30]

Em outro requerimento, datado do mesmo período, José Joaquim pedia a criação de vilas ou julgados em qualquer povoação localizada a mais de 10 léguas de distância, tanto nos territórios das Ouvidorias quanto nos Juizados de Fora, das quatro comarcas da capitania de Minas Gerais.[31]

III

Em meio aos diversos petitórios e dificuldades de vê-los atendidos, José Joaquim Vieira Couto foi ainda surpreendido ao tomar conhecimento de que havia denúncias contra ele no Santo Ofício. Em novembro de 1799, por exemplo, um cadete da 2ª Companhia do Regimento de Cavalaria Regular de Minas Gerais, de nome Francisco Antônio Roquete, o denunciou por seu comportamento libertino.[32] Denúncias que o obrigaram a se apresentar em junho de 1800 à Mesa do Tribunal da Inquisição e confessar ter proferido "certas libertinagens". Depois de admoestado, José Joaquim foi liberado, mas com a obrigação de comparecer novamente ao Tribunal do Santo Ofício quando fosse notificado.[33]

Todavia, seu comportamento libertino, bem como as frequentes reuniões que aconteciam em sua casa em Lisboa, situada na Rua da Prata, acabaram por despertar a atenção das autoridades. Em março de 1803, acabou por ser preso pela Intendência Geral da Polícia e levado para a Cadeia do Limoeiro. Acusado de viver amancebado com uma mulher casada chamada Maria Madalena, sua casa foi revistada pelos oficiais da Intendência de Polícia, que acabaram por encontrar objetos e papéis maçônicos. No relatório de José Anastácio Lopes, consta a seguinte observação:

> Nesta interceptação o que acho de notável é particularmente a Biblioteca, em que o escaleto é formado dos principais livros ímpios e revolucionários; o que me confirma na minha apontada opinião. Entretanto repare V.Sa. que se notam em um fragmento de papel os nomes de quatro Réus que foram na Revolução de Minas Gerais, e hoje degradados em Angola, e Moçambique; e que se empenham muito os Maçons em espalhar a seita no Brasil. Para isso vem muito o interesse que se depreende nos Papéis apreendidos de chamar a Seita o novo Ouvidor do Serro Frio que parece a não haver fim sinistro de nada serviria a Seita em Liboa no tempo em que estiver servindo isolado no sertão do Brasil.[34]

Após quase quatro meses preso na Cadeia do Limoeiro, José Joaquim Vieira Couto foi transferido em 6 julho de 1803 para os cárceres da Santa Inquisição. Segundo o promotor do Santo Ofício, tratava-se de um "pedreiro livre convicto por documentos e sua confissão, diminuto na declaração de seus sócios e nos procedimentos da Sociedade".[35]

Quando chegou à Santa Inquisição, José Joaquim Vieira Couto confessou por escrito que fora introduzido na Maçonaria numa casa situada na Luz, em Lisboa, onde habitavam vários oficiais franceses pertencentes aos reais exércitos emigrados. Teria sido seu introdutor um piemontês de nome Maurício Ponza. Inicialmente, o colocaram por quase duas horas solitário em um dos cômodos da casa. Quando a noite chegou, entrou no quarto em que se encontrava um homem com uma espada nua na mão e colocando-a sobre o seu peito o forçou a se despojar de todos os metais que trazia consigo e o obrigou a escrever em um papel "o seu nome, a religião que professava, sua pátria e país".[36]

Vieira Couto foi então conduzido ao centro de uma assembleia. Nesse momento, foi-lhe perguntado se desejaria continuar e prestar o juramento perante a assembleia. Frente ao seu desejo de continuar, prestou o seguinte juramento:

> Cada indivíduo deve conhecer que há um Deus, que premia, e castiga e por este, e pela sua palavra de honra deve prometer fugir de todas as questões religiosas, e políticas não atacando nunca os seus Irmãos fazendo-lhes todo o bem quando precisar, a eles, suas mulheres, e filhos, serem amantes da Pátria, e Príncipe ou Soberano, fugir ao Crime e amar a Virtude, amando indiferentemente a qualquer indivíduo desta, ou daquela religião, deste ou daquele estado, não entrando estas circunstâncias nunca jamais em questão, pois que isto é reputado como um grande delito, Aborrecer o Crime, e o Vício como flagelos da Humanidade, obedecer aos seus superiores em tudo aquilo que for justo, e obedecer as Leis que regulam o comportamento, a decência, a economia, e todo o cerimonial respectivo...[37]

Feito o juramento, de joelhos e ainda com olhos vendados, em frente ao presidente da assembleia, esse lhe perguntou se "queria ver a luz":

[...] fui desvendado, e me achei entre uma multidão de Povo, todos com espadas, e punhais nus apontados para mim e o Orador disse que aquelas espadas estavam prestes a socorrer-me se eu fosse fiel às Leis, e Juramento; e se pelo contrário elas se virariam contra mim. O Presidente fez-me ir junto a si, e deu-me um avental, uma luva de Homem e outra de Mulher, e dando-me um abraço e ósculo, determinou que eu fosse de colunas, em colunas, a praticar a mesma ação com os outros, findo este cerimonial fui conduzido outra vez a sua Presença, e ele exortou-me a seguir os ditames, e máximas da Virtude, e da Razão, e fez-me uma breve explicação de várias coisas, que se tinham passado, durante a minha recepção [...][38]

Juntamente com Vieira Couto, 11 ou 13 outros indivíduos também foram recebidos como maçons. Findas as cerimônias próprias da iniciação maçônica, seguiu-se uma ceia e um concerto de música que se prolongou até a madrugada.[39]

Em seu depoimento, Vieira Couto confessou também que vivia amancebado com mulher casada, comia carne nos dias proibidos, não cumpria o preceito de ouvir missas nos dias de santificação. Por diversas vezes, reafirmou que a maçonaria não era contrária às leis do Estado e da Igreja. Entretanto, numa de suas respostas disse que na maçonaria "a circunstância da religião é coisa indiferente, e a muitos sócios ouviu declarar no ato da recepção, que não tinham religião alguma; porém como foram reconhecidos como homens morais foram admitidos".[40] Essa afirmação chocou o promotor fiscal do Santo Ofício, que resumia a posição da Inquisição numa breve anotação nas margens do processo: "Estes malvados sem religião eram admitidos como homens morais: Qual será a Moral sem Religião? E sendo todo Maçom obrigado segundo o que eles repetem a guardar a sua Religião: estes serão obrigados a ser irreligiosos para sempre." Todavia, além do "indiferentismo religioso", José Joaquim teve sua culpa agravada ao defender que o maçom é um "homem livre, fiel e amigo dos reis e dos pastores quando eles são virtuosos". O que foi considerado pelos inquisidores doutrina "perigosa, ofensiva e destrutiva de toda a ordem social, e legítimo poder espiritual, e temporal, (...) vindo por consequência a ficar dependente da inteligência do maçom, os atos de vassalagem, e obediência às Leis de um, e de outro poder, o que é, e deve ser reputar-se como tese abominável, e contrária, a Doutrina com que Jesus Cristo manda obedecer aos referidos poderes (...)".[41] Diante de tamanha culpa, os inquisidores propuseram, em março de 1804, seu desterro para a África.[42]

O que teria motivado José Joaquim Vieira Couto, quando da sua estada em Lisboa, procurar ser iniciado na Maçonaria? Embora a resposta a essa questão não seja fácil, é bem possível que ele compartilhasse da percepção de que a maçonaria pudesse ser um espaço privilegiado para sua inserção no seio das elites intelectual e política lisboetas. Seu ingresso talvez se justificasse no contato e conhecimento de pessoas influentes ou de autoridades governamentais que pudessem dar encaminhamento à representação que os habitantes do distrito diamantífero haviam lhe conferido.

Corroboram essa afirmação dois indícios encontrados na documentação consultada. O primeiro diz respeito à intenção, já referida, de iniciar o recém-nomeado ouvidor do Serro Frio na Maçonaria, encontrada em uma carta apreendida pela Intendência Geral de Polícia quando da prisão de José Joaquim Vieira Couto.[43] O segundo diz respeito à condição de maçom do referido Modesto Antônio Mayer, recém-nomeado intendente-geral dos diamantes em substituição ao principal desafeto da família Vieira Couto.

Apesar de negar seu pertencimento à Maçonaria, Modesto Mayer foi destinatário de uma carta redigida por Francisco Álvaro da Silva Freire, negociante portuense, mandado para Goa em 1799 pela Intendência Geral de Polícia em função do seu pertencimento à Maçonaria. Durante sua passagem pelo Rio de Janeiro, recomendado pelo também maçom e amigo Antônio Mendes Bordalo, advogado na Casa de Suplicação em Lisboa, Silva Freire tentou entrar em contato através de correspondências com algumas pessoas que pudessem lhe prestar ajuda e proteção. Na carta enviada a Modesto Antônio Mayer, ele fez referência a um encontro ocorrido na casa de Bordalo, onde teria ocorrido o reconhecimento mútuo do pertencimento maçônico.

[...] e não obstante o trazer também a máscara do crime, me ordenaram que armado de espada e pistolas servisse de ajudante de ordens de um dos passageiros, Capitão de Fragata, que em razão do seu posto comandava a bateria de estibordo. Este homem de idade de 24 anos, bem instruído, amigo íntimo de Folque, Stocler, e da maior parte dos nossos amigos, se chegava a mim para comentarmos tantas galanterias; e com ele, e outro passageiro filho de Moçambique que traziam imensos Livros de bom gosto, vivemos sempre em boa união [...]: estes dois que além de pensarmos do mesmo, ainda havia outro motivo que nos ligava, e muito — lembra-te daquela averiguação que me fizeste em casa de Bordalo — e logo julgarás o de que falo.[44]

De certa forma, todos já se conheciam, pois frequentaram a casa do referido Bordalo numa época em que ele advogava na defesa de sete pessoas acusadas de serem "jacobinos" e pedreiros livres. Sua casa em Lisboa teria sido um importante ponto de encontro de maçons de ambos os lados do Atlântico.[45]

De modo semelhante, a casa de José Joaquim Vieira Couto em Lisboa também foi um dos locais utilizados pelos maçons para fazerem suas reuniões. Segundo o testemunho de seu criado Manuel da Silva do Couto, essas reuniões inicialmente aconteciam à noite, de 15 em 15 dias, e duravam em média três horas. Entre os que frequentavam sua casa estavam: o marquês de Loulé; Francisco X. Noronha Torrezão; José Joaquim Vieira Cardoso, que era tenente-coronel em Minas Gerais; o padre Antônio Gomes de Carvalho; Hipólito José da Costa e seu irmão José Saturnino da Costa; Luiz José Maldonado, entre outros.[46]

IV

Embora o processo contra José Joaquim Vieira Couto no Tribunal do Santo Ofício tenha sido encerrado em 20 de outubro de 1803, ele permaneceu preso nos cárceres da Inquisição de Lisboa até dezembro de 1805, quando, através de um aviso do príncipe regente, determinou-se sua transferência ou para a Fortaleza do Bogio ou para a Fortaleza de Berlen-

gas.[47] Seu estado de saúde já se encontrava bastante precário, conforme o que se pode verificar no exame realizado em 16 de dezembro de 1805 pelos doutores Miguel Felipe Neri de Bulhões e João Borges de Góis.[48]
Durante a prisão nos cárceres do Santo Ofício, em 1804, driblando todo o aparato de segurança, Vieira Couto tentou enviar uma carta a Bernardo José de Lorena, que tinha retornado a Lisboa depois de ter sido governador da Capitania de Minas Gerais e aguardava sua indicação para o cargo de vice-rei da Índia, o que se efetivou em 1806. Como vimos, Bernardo José de Lorena era bem próximo da família Vieira Couto e foi responsável pela devassa que acabou com a destituição de João Inácio do Amaral Silveira do cargo de intendente geral dos diamantes. Nessa carta, ele relatava os motivos de sua prisão e pedia ajuda para livrá-lo:

> é verdade Senhor que eu fui sentenciado na conformidade da Lei, porém como esta não satisfazia a estes Bárbaros Sedentários não se deu a execução da sentença, visto que o Presidente tinha o projeto de me fazer arguir novos crimes, para então saciar no sangue da sua vítima o seu ódio, e a sua vingança. [...] tudo anuncia que a minha Pátria, todo o Brasil, [...] devem aprender pois por ela sofro e tenho sofrido tantos males sem que jamais haja um indivíduo que por humanidade apresente-se ao Soberano as minhas lágrimas.[49]

Porém seu destino foi trágico. Com a invasão francesa sobre o Reino de Portugal em 1807, Vieira Couto acabou por ser libertado pelas tropas de Junot. Entretanto a forma amistosa com que alguns maçons se relacionaram com os invasores franceses acabou por fortalecer a identificação deles como "colaboracionistas" com os invasores franceses, como "traidores", suspeitos de tramar a derrubada da monarquia. A partir da expulsão das tropas de Junot de Lisboa, teve início forte perseguição a todos aqueles que colaboraram com o governo intruso.

A primeira onda persecutória ocorreu entre 27 e 30 de março de 1809, resultando na prisão de 17 maçons. A segunda grande perseguição desencadeada pela Intendência Geral da Polícia ocorreu entre 10 e 13 de setembro de 1810, episódio que ficou conhecido como "Setembrizada".

Foram presas mais de cinquenta pessoas, sendo remetidas, sem processo judicial, para a Ilha Terceira, no Arquipélago dos Açores.[50]

O levantamento realizado por Lúcia Maria Pereira das Neves constatou que dos 74 indivíduos envolvidos nas prisões e encarceramentos de março de 1809 e na Setembrizada, a maioria era maçom. Em termos profissionais, havia predomínio dos clérigos, aos quais se seguiam negociantes, militares, magistrados, médicos, funcionários da administração, advogados, professores.

> O número expressivo de sacerdotes, em sua maioria regulares, associado ao dos universitários, como magistrados e professores, indica o interesse dos grupos letrados pelas novas ideias que vinham de além-Pirineus. [...] A atração que as propostas reformistas exercem sobre esse conjunto ainda pode ser confirmada pela participação, anos depois, de 15 dentre eles na Conspiração de 1817 e na Revolução de 1820, alguns dos quais foram novamente presos em 1823, quando da Vila Francada, ou após 1828, na época do Miguelismo, movimento a que somente um deles aderiu.[51]

Em carta dirigida ao príncipe-regente d. João, os governadores do Reino procuraram justificar a deportação dos "partidistas dos franceses", bem como a impossibilidade de instauração de um processo judicial. Em nome da tranquilidade pública e do bem do Estado, argumentaram:

> Os indivíduos, que em 1810 foram removidos para fora do Reino, como suspeitos de favorecerem a causa do inimigo, representam a VAR, que foram condenados, sem serem ouvidos; clamam, que se lhes faça o processo em forma legal; imploram a justiça de VAR contra o suposto despotismo dos Governadores do Reino; (...). Obrigado o Governo de tão poderosos motivos, (...) e constando-lhe, que o contágio das pérfidas máximas destes homens ia lavrando rapidamente; assentou, que era absolutamente necessário arrancar do seio da Pátria as víboras, que a queriam dilacerar. Este passo restabeleceu a tranquilidade pública, granjeou ao Governo amor, e confiança do Povo; e unido às outras providências, que ao mesmo tempo se tomaram conservou Lisboa em profundo sossego, apesar de ter o inimigo tão perto dos seus muros.

Seria portanto a restituição destes homens por meio de um processo em forma de péssimas consequências: 1º Para o Governo, cuja autoridade ficaria vilipendiada, e exposta aos insultos dos restituídos. 2º Para a opinião pública. Todos os que então foram compreendidos no extermínio, estavam já antecipadamente proscritos no juízo de toda a Nação, e quando o Governo os mandou sair do Reino, longe de fazer esta medida alguma estranheza, admirou-se o Povo, de que ela não compreendesse maior número de pessoas que considerava em iguais circunstâncias. De que resulta, que a sua restituição causaria um escândalo geral, e afrouxaria os bons cidadãos com a presença de homens, que detestam, e faria esfriar os esforços do patriotismo, sem os quais não pode ultimar-se a salvação do Reino. 3º Para os mesmos restituídos; pois que no caso de qualquer novo susto correriam o maior risco de serem sacrificados à fúria do Povo, já por efeito da antiga indisposição, já porque o mesmo Povo se persuadiria então, que eles tinham inteligências com o inimigo, e que estavam dispostos, para auxiliar os seus planos todas as vezes, que se lhes oferecesse ocasião.(...) A salvação do Reino, Alto e Poderoso Senhor, é sempre a primeira, e mais sagrada Lei; e na presente ocasião, em que ele se acha atacado por um inimigo mais terrível ainda pela intriga, do que pela força, todas as outras Leis lhe devem ceder.[52]

Todavia, alguns desses "afrancesados" (Sebastião José de Sampaio, José Diogo Mascarenhas, José Sebastião de Saldanha, Bento Dufoure, Pelegrini, Pizetti, Antônio de Almeida) conseguiram, com a ajuda do comandante da fragata inglesa *Lavínia*, lorde W. Stuart, fugir para o Reino Unido, desembarcando em Portsmouth.[53]

Porém essa não foi a sorte de José Joaquim Vieira Couto, que, segundo a Intendência Geral de Polícia, "casualmente foi preso em casa de Manoel Bernardo de Sousa Magalhães; porque este homem se achava na Inquisição por Ordem do Príncipe Regente Nosso Senhor, quando Junot entrou em Lisboa, e foi um dos que os Franceses mandaram soltar."[54]

José Joaquim Vieira Couto acabou por falecer nos Açores em 1811, o que motivou seu amigo Hipólito José da Costa a publicar no *Correio Braziliense*, número 37, de junho de 1811, a seguinte notícia na seção *Miscelânea*:

> Temos de dar ao povo de Minas Gerais a triste notícia de haver morrido preso, na ilha Terceira, José Joaquim Viera do Couto. Este honrado homem veio da Capitania de Minas Gerais, com procuração de algumas Câmaras, para requerer à Corte de Lisboa o remédio de alguns abusos, e o alívio de alguns vexames daqueles povos. Conseguiu parte do que pretendia, porque a justiça de seus petitórios bradava aos Céus; porém não obstante isto; só porque se atreveu a queixar-se; ficou marcado pelo governo para ser vítima! Infeliz homem, que se atreveu a requerer a favor dos direitos do Brasil! Procurou-se pois meio de perdê-lo, e não se achando outro, descobriu-se, que o desgraçado procurador dos povos do Brasil tinha desejado ser Framaçon, para saber o que tal sociedade era. Não foi preciso mais, foi Couto preso, e entregue ao furor da Inquisição para que esta livrasse ao Governo Português do importuno procurador dos direitos Brasilienses. (...) Deveu Couto a sua soltura aos Franceses, quando estes entraram em Lisboa; e não obstante isto, fiel ao seu Soberano, e atribuindo os seus males aos satélites da Corte, logo que os Franceses foram expulsos, requereu humildemente, que deixassem ir viver com os seus. Em vez de um despacho favorável, foi envolvido na Setembrizada dos Governadores do Reino, e mandado para a ilha Terceira, aonde morreu aos 27 de Maio de 1811; oprimido de trabalhos, depois de uma continuada perseguição de oito anos; (...) Isto basta, para explicar tudo. É morto o Couto; mas a sua memória deve ser honrada, como um dos mártires dos direitos de sua pátria.[55]

Ao anunciar a morte de José Joaquim Vieira Couto, utilizando-se de retórica inflamada, Hipólito José da Costa explicitou mais uma vez suas críticas em direção aos governadores do Reino, bem como aos ministros da Corte do Rio de Janeiro. Defensor que era da unidade da monarquia, bem como da proeminência e unidade das partes que compunham a América portuguesa no interior do Império Português, Hipólito José da Costa procurava convencer seus leitores da necessidade de reformas da Monarquia como forma de enfrentamento da crise que a atingia.[56]

V

Apesar do destino trágico, José Joaquim Vieira Couto tinha a percepção de que era necessário um novo "espaço", em separado, para o aprendizado de novas práticas políticas, de novas formas de intervenção na esfera pública. O que se traduzia na formação de uma complexa rede de amizades, forjada com base no pertencimento à Maçonaria, aproximando pessoas de diferentes e distantes regiões do Império Português.

Entretanto, sem renunciar à condição de súdito fiel, defensor do rei e da Monarquia, defensor da elevação do Arraial do Tejuco à condição de vila com o nome de Carlotina, em homenagem à princesa Carlota Joaquina, José Joaquim Vieira Couto assumiu de forma cada vez mais explícita a defesa da proeminência da América portuguesa no conjunto do Império. Posicionamento que pode ser percebido pelo aumento gradativo das críticas ao "despotismo" dos ministros e magistrados no atendimento de seus requerimentos, bem como na sua prisão e posterior degredo sem processo judicial. Além disso, se ao chegar a Lisboa José Joaquim se apresentava como "Procurador do Povo da Demarcação Diamantina", nos últimos requerimentos essa identidade se altera, ora assumindo-se como "americano" ora como "Representante da Capitania de Minas Gerais". Mudança que não passou despercebida pelos conselheiros ultramarinos responsáveis pelo despacho de seus petitórios.

Na virada do século XVIII para o século XIX, sua trajetória nos ajuda a compreender a progressiva politização de uma identidade americana,[57] a qual rejeitava qualquer tipo de ação que pudesse reforçar as diferenças entre "portugueses da América" e "portugueses da Europa". Nesse sentido, o desconforto político cada vez mais perceptível, ao contrário de se manifestar exclusivamente pela ruptura, pela quebra das estruturas dominiais, apresentava-se como desejo de reforçar a unidade das diferentes partes do império, desde que as especificidades e potencialidades locais fossem reconhecidas.

Notas

1. István Jancsó. "A sedução da liberdade: cotidiano e contestação política no final do século XVIII". In: Laura de Mello e Souza (org.). Cotidiano e vida privada na América Portuguesa. São Paulo: Companhia das Letras, 1997, p. 389. (*História da Vida Privada no Brasil*, vol. 1, direção de Fernando A. Novais.)
2. A trajetória de José Joaquim Vieira Couto também foi analisada por Maria Beatriz Nizza da Silva. "Um brasileiro nas malhas da Inquisição: o mineiro José Joaquim Vieira Couto e a Maçonaria". In: (coord.). *Cultura portuguesa na Terra de Santa Cruz*. Lisboa: Estampa, 1995; Virgínia Maria Trindade Valadares. "A sociedade dos pedreiros livres de Minas Gerais nas malhas do Santo Ofício em Lisboa". In: Ronaldo Vainfas e Rodrigo Bentes Monteiro (orgs.). *Império de várias faces: relações de poder no mundo ibérico da Época Moderna*. São Paulo: Alameda, 2009.
3. Para uma síntese do debate historiográfico, consultar Jorge Pedreira. "Economia e política na explicação da Independência do Brasil". In: Jurandir Malerba (org.). *A Independência brasileira: novas dimensões*. Rio de Janeiro: FGV, 2006.
4. Arquivo Nacional da Torre do Tombo, daqui por diante, ANTT. Inquisição de Lisboa, processo 16809.
5. Júnia Ferreira Furtado. *O Livro da Capa Verde: o regimento diamantino de 1771 e a vida no distrito diamantino no período da Real Extração*. São Paulo: Annablume, 1996, pp. 25-27.
6. Seu irmão José Vieira Couto estudou na Universidade de Coimbra, onde se formou em filosofia em 1777. Antes de retornar ao Brasil, visitou em 1780 a Alemanha e a Holanda para conhecer a atividade mineralógica realizada naqueles países. Ao estabelecer-se novamente no Arraial do Tejuco, passou a exercer o ofício da medicina, servindo como médico do hospital da Extração de Diamantes. Como um típico representante do reformismo ilustrado, possuía uma das maiores bibliotecas do período colonial, com 238 obras em 600 volumes. Embora não tenha sido processado por dificuldade de confirmação de suas culpas, José Vieira Couto, envolveu-se com os conjurados mineiros de 1789, tendo participado de diversas reuniões na casa, em Vila Rica, de José Rodrigues de Macedo, contratador de dízimos da capitania de Minas Gerais. Apesar de conseguir escapar do processo de "inconfidência", José Vieira Couto foi denunciado diversas vezes ao Santo Ofício. Em 1789, o médico Luiz José de Figueiredo o denunciou à Inquisição de Lisboa como herege, apóstata da Nossa Santa Fé, pois não ia às missas, não se confessava, dizia que não havia inferno, que tudo isso era patranha portuguesa, que a Holanda era uma boa terra para se viver. Em 1802, foi novamente denunciado por João Luiz de Souza Saião por ouvir dizer de várias pessoas que ele era um libertino: que lia livros franceses e que não se confessava. Denúncias que, depois de ouvidas algumas testemunhas,

não resultaram em condenação, mas apenas em repreensão. Ver ANTT. Inquisição de Lisboa, processo 12957; ANTT. Inquisição de Lisboa, processo 15991; Júnia Ferreira Furtado. "Estudo crítico". In: José Vieira Couto. *Memória sobre a Capitania das Minas Gerais; seu território, clima e produções metálicas*. Belo Horizonte: Fundação João Pinheiro/Centro de Estudos Históricos e Culturais, 1994.
7. ANTT. Inquisição de Lisboa, processo 16809.
8. Ronald Raminelli. *Viagens Ultramarinas: monarcas, vassalos e governo a distância*. São Paulo: Alameda, 2008.
9. Arquivo Histórico Ultramarino, daqui por diante, AHU. Brasil/Minas Gerais — Caixa 145, Documento 12.
10. AHU. Brasil/Minas Gerais — Caixa 145, Documento 46.
11. *Idem*.
12. *Idem*.
13. Ronald Raminelli. *Viagens Ultramarinas*, p. 137.
14. AHU. Brasil/Minas Gerais — Caixa 147, Documento 35.
15. *Idem*.
16. *Idem*.
17. AHU. Brasil/Minas Gerais — Caixa 156, Documento 47.
18. AHU. Brasil/Minas Gerais — Caixa 149, Documento 30.
19. AHU. Brasil/Minas Gerais — Caixa 158, Documento 06.
20. *Idem*.
21. *Idem*.
22. *Idem*.
23. AHU. Brasil/Minas Gerais — Caixa 154, Documento 45.
24. AHU. Brasil/Minas Gerais — Caixa 149, Documento 50.
25. AHU. Brasil/Minas Gerais — Caixa 160, Documento 22.
26. AHU. Brasil/Minas Gerais — Caixa 160, Documento 25.
27. AHU. Brasil/Minas Gerais — Caixa 152, Documento 17.
28. AHU. Brasil/Minas Gerais — Caixa 164, Documento 67.]
29. AHU. Brasil/Minas Gerais — Caixa 153, Documento 49.
30. AHU. Brasil/Minas Gerais — Caixa 158, Documento 28.
31. AHU. Brasil/Minas Gerais — Caixa 162, Documento 24.
32. ANTT. Inquisição de Lisboa, processo 16809.
33. *Idem*.
34. Instituto Histórico e Geográfico Brasileiro, daqui por diante, IHGB. Lata 21, documento 2: Notas, documento e relação dos pedreiros livres ou franco-maçons em Portugal. Documentos sobre o Réu José Hipólito da Costa. Lisboa, 1802-03.
35. ANTT. Inquisição de Lisboa, Ordens do Conselho Geral, Caderno 15, Livro 162.
36. ANTT. Inquisição de Lisboa, processo 16809.

37. *Idem.*
38. *Idem.*
39. Sobre a expansão da atividade maçônica na virada do século XVIII para o século XIX no espaço luso-brasileiro, consultar A.H. Oliveira Marques. *História da Maçonaria em Portugal.* Lisboa: Presença, 1990-1996, 3v.; Alexandre Mansur Barata. *Maçonaria, sociabilidade ilustrada e Independência do Brasil, 1790-1822.* São Paulo/ Juiz de Fora: Annablume/Edufjf, 2006.
40. ANTT. Inquisição de Lisboa, processo 16809.
41. *Idem.*
42. A.H. Oliveira Marques. *História da Maçonaria em Portugal*, vol. 2, p. 489.
43. Possivelmente, o ouvidor referido seja José Filipe Ferreira Cabral, provido no ofício de Ouvidor do Serro Frio em 26 de outubro de 1803. Ver ANTT. Inquisição de Lisboa, processo 16809; AHU. Brasil/Minas Gerais — Caixa 168, Documento 41.
44. Arquivo Nacional/Rio de Janeiro. Vice-Reinado. Caixa 491 — Pac. 1 (Prisão de Francisco Álvaro da Silva Freire), 1799.
45. Paulo Gomes Leite. "Vieira Couto e as ligações entre a Maçonaria do Tijuco, de Portugal e de Moçambique". *Revista Médica de Minas Gerais.* Belo Horizonte, vol. 5, n. 3, jul/set./1995.
46. IHGB. Lata 21, documento 2: Notas, documento e relação dos pedreiros livres ou franco-maçons, em Portugal. Documentos sobre o Réu José Hipólito da Costa. Lisboa, 1802-03.
47. ANTT. Conselho Geral do Santo Ofício, Ordens do Conselho Geral, Livro 358.
48. ANTT. Inquisição de Lisboa, processo 13339.
49. *Idem.*
50. A.H. de Oliveira Marques. *História da Maçonaria em Portugal*, vol. 1, p. 99.
51. L.M. Bastos Pereira das Neves. *Napoleão Bonaparte: imaginário e política em Portugal, c. 1808-1810.* São Paulo: Alameda, 2008, pp. 220-221.
52. ANTT. Ministério do Reino. Livro 315 — Carta n°. 141 — Lisboa, 25/1/1812.
53. ANTT. Ministério dos Negócios Estrangeiros. Legação de Portugal na Inglaterra, Caixa 729.
54. ANTT. Ministério do Reino. Classe 4a./Divisão 1a. — Maço 458 — Caixa 574 (Intendência Geral de Polícia — Informações).
55. *Correio Braziliense* ou *Armazém Literário.* Londres, jun. 1811, n. 37, vol. 6, pp. 705-6.
56. Istvan Jancsó e Andrea Slemian. "Um caso de patriotismo imperial". *In*: Alberto Dines (ed.). *Hipólito José da Costa e o Correio Braziliense: estudos.* São Paulo: Imprensa Oficial, 2002, vol. 30, t. 1.
57. Processo semelhante teria ocorrido na América espanhola. Ver: François Xavier-Guerra. "A nação na América espanhola: a questão das origens". *Maracanan.* Rio de Janeiro, n. 1, 1999/2000.

PARTE III Cidadania: direito e economia

CAPÍTULO XIV Questões de etiqueta jurídica:
se, como e por que a história
constitucional é uma história jurídica

António Manuel Hespanha*

Tradução de Edna Parra Cândido**

*Professor catedrático (jubilado) da Faculdade de Direito da Universidade Nova de Lisboa.
**As citações do inglês foram traduzidas pela editora. (*N. do E.*)

RECORTES DISCIPLINARES

Em um seminário de alguns anos atrás, um historiador se perguntava que sentido tinha essa preocupação dos juristas por limites disciplinares. Perguntava-nos com alguma sensatez por que tínhamos de discutir, longamente e com algum barroquismo construtivo entremeado, o objeto da história constitucional ou administrativa, antes de, pura e simplesmente, colocarmo-nos diretamente a fazer história, sobretudo, nessas áreas em que tanto há por se fazer.

Foi-lhe respondido que isso correspondia a limites disciplinares acadêmicos que teriam de ser respeitados; é claro que esse argumento tem seu peso, preponderantemente na vida universitária e em atos sagazes dos concursos públicos e exames de seleção. Contudo, de entidade teórica não há aqui muito.[1]

Também lhe disseram que a definição prévia do objeto nos permite julgar o rigor e a integridade da exposição. A questão é crítica, inclusive em termos metodológicos totalmente tradicionais, nesse caso quase contínuas, como são as histórias da constituição, da administração pública, da política.

Talvez pudesse ter sido agregado algo mais, de diferente procedência teórica: que cada campo do discurso historiográfico se caracteriza por dispositivos especializados de produção do saber, relativamente fechados ao exterior ou a discursos contíguos e dotados de protocolos discursivos — de identificação de objetos, de comprovação, de argumentação; em outras palavras, que a seleção dos fatos relevantes realizados por um historiador da administração não é a mesma que faria um cultor de história constitucional, tampouco um especialista em história social. O mesmo ocorrendo — ao menos no último caso — com as respectivas estruturas de argumentação ou com os modelos de causalidade subjacentes.[2]

Até aqui estava sendo descrito o que ocorre, sem se questionar a legitimidade de cada estilo de narrativa histórica. Porque, de fato, estão sendo consideradas as diferentes áreas historiográficas como meros estilos discursivos, não livremente escolhidos por um autor na justa medida em que esse autor respeita objetivamente a normas de determinada academia que lhe impõem temas, linguagens, universos textuais de referência etc.

Desde esse ponto de vista, os objetivos dos discursos — neste caso, os dos discursos históricos — não estão fixados de antemão, mas são construídos no ato mesmo de se discorrer sobre eles. Aproximando-nos do nosso discurso específico, são os historiadores do direito, em seu labor intelectual característico, que constroem o mundo histórico em que o "seu" direito está presente, selecionando fontes, operando distinções entre níveis da realidade, construindo esquemas explicativos nos quais os textos jurídicos — legislativos ou doutrinários — têm sua eficácia genética, conformando — como norma ou como símbolo — a realidade social. Ao contrário, o historiador social escolhe "interesses" individuais ou sociais como centro de análise,[3] conferindo-lhes um poder explicativo definitivo.

QUE PATRIMÔNIO COMUM TEM UMA HISTÓRIA CONSTITUCIONAL? TRADIÇÕES DISCIPLINARES E CONFLUÊNCIAS

Pode-se perguntar se não há nada de mais ontológico na questão. Ou seja, se além dos diferentes gêneros historiográficos não há exigências gerais de método, requeridas pelos objetos mesmos que são estudados. Se, por exemplo, o estudo da história constitucional não exige uma combinatória ajustada de atenção pelos elementos legislativos, dogmáticos, culturais, políticos, sociais. Se não se pode, para sermos mais concretos, ultrapassar a insensibilidade social dos historiadores do direito ou, ao contrário, a ignorância jurídica comum na história social adotando protocolos de observação da realidade histórica que permitam que os resultados da pesquisa sejam compartilháveis.

Essa é, de fato, uma discussão muito corrente hoje, entre os dois grupos, ao mesmo tempo sinal e fator de instauração de um novo espaço de interdisciplinaridade.[4] Por isso, o problema é, de fato, não o de estabelecer regras de uma forma correta de escrever-se história, mas o de fixar cânones de um discurso histórico que possa ser aceito pelos dois grupos historiográficos que as condições objetivas de produção de discurso aproximaram e que, portanto, têm de dialogar no âmbito de uma mesma estrutura discursiva (têm de se legitimar uns frente aos outros). Ou seja, a questão é, na realidade, de que condições depende a criação de um novo saber histórico-constitucional que possa ser compartilhado entre todas as diferentes especialidades da historiografia, de um saber histórico-constitucional não interdisciplinar, mas neodisciplinar.

De modo concreto, como podem entender-se jus-historiadores e cultores da história política ou social quando tratam da "constituição" e da sua história?

Comecemos pela escolha do objeto — constituição. Que é a constituição para uns e para outros? Que há de ser selecionado como objeto para que todos tratemos do mesmo, ao tratar de constituição?

UMA HISTÓRIA DE TEXTOS?

História constitucional pode ser — e é ainda para alguns — história de textos (*Konstitutionsgeschichte*). Foi assim, predominantemente, no período do positivismo legalista (anos 1930 a 1950). Quando muito, combinada com a história dos ingredientes político-ideológicos que tornavam claros os textos: acontecimentos político-ideológicos imediatamente "causais", influências textuais e genealogias conceituais.

Nesse âmbito, a constituição de um discurso comum com os historiadores se torna inevitavelmente muito difícil. Para eles, essa restrição a textos e a decisões constituintes corresponde a um radical formalismo que nada tem a ver com o que entendem ser a realidade das coisas. É certo que seu afã realista tampouco se detém na "realidade mesma dos textos" — no fato de que também eles existem como coisas materiais, produzidos no seio de um processo produtivo tão materialmente possível de ser descrito e tão socialmente vinculado como o processo de produção econômica; como raramente considera a capacidade política e socialmente conformadora desses textos, talvez menos como textos normativos do que como monumentos simbólicos,[5] como sedes de argumentos, arquivos de *topoi*, que podem ser mobilizados e eficazmente usados (social e politicamente apropriados) na arena político-social. É óbvio que os juristas se esquecem disso também ao depreciar o estudo de uma dinâmica prática desses textos, como se essa constatação de sua fluidez semântica, de sua permeabilidade a uma apropriação argumentativa, configurasse uma degradação (corrupção) de sua olímpica e sagrada imobilidade. Entre a intenção constitucional e os (ab)usos da constituição passaria sempre essa decisiva fronteira entre direito e fatos, entre norma e vida.

UMA HISTÓRIA DA CONSTITUIÇÃO MATERIAL? QUE FONTES, QUE MÉTODOS, QUE PERSPECTIVAS?

Para aqueles que comungam de uma antiga — embora polimórfica — tradição que identifica a constituição como algo mais substancial do que meros textos, esse objeto de história constitucional é bastante limitado. A constituição (*Verfassung*) é, antes, a ordenação, estruturação, organização fundamental da sociedade. Algo dela poderá constar do direito público (*Saatsrecht*) — por exemplo, quando define direitos e garantias (contra o Estado) e seus sistemas de proteção e atuação, quando desenha a organização suprema do poder político; outra parte no direito privado — quando delineia no Código Civil a moldura geral das liberdades civis. Outra parcela da Constituição está, inclusive, fora do direito, tal como comumente se entende. É "mão invisível"; é "espírito do povo"; é "tradição"; é "lei social" (a solidariedade do comtismo, as leis do mercado do liberalismo); é "natureza humana"; é "ordem objetiva de valores" (*materiale Wertordnung*); é "consenso social" (*idem sentire*). Em uma palavra, é "constituição material", mais ou menos juridicamente entendida.

O que incorporamos ao nosso objeto quando acolhemos esse olhar diferenciado? Incorporamos, obviamente, *outros institutos e textos de direito público*, independentemente de pertencerem formalmente ao texto constitucional. Por enquanto, aquisições triviais que nem chocam os constitucionalistas nem animam demais os historiadores. Incorporamos, naturalmente, a *história das ideias*, designadamente das ideias políticas,[6] como tesouro, não somente de fontes inspiradoras do constitucionalismo como também de textos diretamente constitucionais. Ou seja, que regulam, tanto quanto a constituição formal, os fundamentos constitucionais da sociedade.

Voltaremos ao tema. Aqui, não se pode dizer que as inovações são grandes, porque tanto os historiadores do direito frequentavam o território da história das ideias políticas quanto os historiadores das ideias consideravam seu tema a história das ideias jurídicas.

Em todo caso, sempre existia uma fronteira. Para os juristas, as ideias estavam *antes* do direito; eram fontes, mas não matéria sua. Para os historiadores, ao contrário, o direito, o verdadeiro direito, técnico, obscuro, regulamentar, era uma aplicação *menor* e puramente derivada das ideias. Isso porque seriam somente os homens, não as instituições, aqueles que pensavam. A ideia atual de que — como diremos — as menores instituições pensam[7] (e falam),[8] alternadamente, é estranha tanto para juristas quanto para historiadores das ideias. Nem uns nem outros se colocam de acordo quanto a esse descentramento do sujeito, a esse "anárquico" caráter capilar e terminal do regulamento, sobretudo do regulamento constitucional. Uns porque creem na superioridade das ideias, outros porque creem na majestade combinada da lei e da Verdade (da doutrina jurídica).

A INCORPORAÇÃO DA JURISPRUDÊNCIA

Incorporamos, ademais, jurisprudência, doutrina e dogmática. Quanto à jurisprudência, confluem, nessa junção, historiadores e juristas. Os primeiros, porque, nos casos jurisprudenciais, encontram mais "vida". Os segundos, porque essa valorização da jurisprudência corresponde à onda antilegalista.

Com isso, além de um favorável consenso, ganha-se — ganhar-se-ia, porque quase falta ao projeto a realização prática — uma dimensão nova da história constitucional.

De fato, é de se supor que nas decisões judiciais se encontre um perfil diferente da história constitucional. Por exemplo, sobre as dimensões fáticas da liberdade de imprensa ou de outros direitos individuais. Para não tratar de um problema central, o da falta de aplicação da lei pela não conformidade com a constituição, não na base hoje própria do controle judicial da constitucionalidade das leis, mas em suportes diferentes, como, por exemplo, na base de interpretação (ab-rogatória ou restritiva) da lei pela não conformidade ao sistema jurídico-constitucional — temas como os da responsabilidade do Estado, da expropriação para utilidade pública, da capacitação para exercício de direitos políticos,[9] poderão ter uma outra história, se contada no âmbito da jurisprudência.

CONDIÇÕES DE UMA ELOQUÊNCIA HISTORIOGRÁFICA DA DOGMÁTICA

Já a incorporação da dogmática constitucional à respectiva história gera mais perplexidades. Não aos juristas, que o fazem com muito gosto, ainda que bastante ingenuamente. Mas, certamente, aos historiadores.

Comecemos pelos segundos. Para esses, os juristas, quando constroem dogmaticamente o direito, criam fórmulas socialmente inertes. Não obstante as fortes crenças dos historiadores da esfera social quanto a esse ponto, equivocam-se rotundamente. De fato — tal como as ideologias políticas —, também os conceitos jurídicos são muito mais do que simples representações socialmente inócuas ou inférteis. Ao contrário, constituem uma parte importante da configuração de nossos modos de pensar e de atuar em sociedade. Guiam nosso pensamento, nossa imaginação, nossos sentimentos, nossos cálculos pragmáticos e nos dão as palavras necessárias para falar de nós e de nossas relações com os demais. Não sem razão, Pierre Legendre falou de "espaços dogmáticos industriais", identificando, mais tarde, os conceitos do direito como uma parte dessa formidável "fábrica do homem ocidental".[10] Michel Foucault não adverte outra coisa nas páginas introdutórias de seu curso de 1967 no *Collège de France*;[11] ideias que eu mesmo utilizei em um artigo em que procurava mostrar o sentido político-social de categorias dogmáticas medievais, aparentemente livrescas e fantasmagóricas.[12]

São, por paradoxo, essas as mesmas razões que impedem os juristas de fazer uma correta valorização histórica das categorias dogmáticas. Também eles pensam que as categorias jurídicas têm pouco a ver com a história. Produtos de uma razão intemporal. Manteriam sentidos permanentes, situar-se-iam nos mesmos lugares do sistema dogmático, responderiam aos mesmos problemas.

Restringindo a questão ao domínio do direito constitucional, façamos um breve inventário de resultados paradoxais.

Começando pelo mesmo conceito de direito constitucional. Antes do século XIX, a palavra não existia. O conceito — de uma matriz normativa fundamental da sociedade —, esse sim, existia. Porém seu lugar e seus parentescos teórico-dogmáticos são outros. Está incluído na teoria da ordem, e essa, por sua vez, localiza-se nas fronteiras (por serem objeto de contínuas mudanças) entre direito e teologia. Nas comarcas mais claramente jurídicas tratava-se dos problemas hoje típicos do direito constitucional no marco da teoria da jurisdição, a que hoje corresponderiam aparentemente os materiais de direito processual e de organização judiciária. Aí se definiam os poderes públicos, suas especializações, suas hierarquias e seus limites.

A dogmática da representação política tinha mais a ver com as teorias eclesiológicas dos *corpora mystica* do que com a teoria do mandato, aquela que, por sua vez, subjaz na teoria da democracia representativa. Em compensação, a dogmática mais tradicional da representação continua inspirando silenciosamente a construção do princípio monárquico.

Já a teoria da nação — ao menos da nação concebida de modo contratual — provém da dogmática "privatística" dos *collegia*.

A construção de ditadura do século XIX se vincula à teoria da separação de poderes, e não, como hoje em dia, à questão do respeito ou não às liberdades e aos direitos políticos.

Isso significa que a dogmática só pode incorporar-se a uma história constitucional com a condição de aceitar a natureza histórica das categorias com as quais lida. Se é verdade que sem a dimensão dogmática do direito ela seria incompreensível — não só para entender a constituição, mas também para entender sua "recepção" social[13] —, também é fato que a dogmática só é compreensível quando está historicamente situada, quando é entendida como local, descontínua, diversamente integrada no sistema de conceitos, respondendo a problemas diversos. Ou seja, se a história constitucional pretende ser *jurídica*, e não *social*, é necessário praticar-se uma história *social* do mesmo direito e de suas construções teóricas. Ao mesmo tempo, esse resgate historicista da dogmática é também juridicamente indispensável, como refere Michael Stolleis;[14] de fato, somente se for historicizada, ou seja, reportada ao seu contexto histórico, pode a dogmática agregar uma nova dimensão — a histórica — à compreensão das soluções jurídicas. Só o historicismo (*Historisierung*) pode conferir à história da dogmática uma dimensão *suplementar*, a de manifestar as lógicas jurídicas alternativas do passado, sem a qual ela se limitará a constituir uma simples narração confirmativa e tautológica da dogmática do presente.

ENTRE RIGOR DOGMÁTICO E DISCURSOS ECLÉTICOS

Essa questão da historicidade da dogmática nos permite transitar por um tema vizinho: o da identidade própria da dogmática jurídica.

Recordo, por um momento, as polêmicas suscitadas pela adoção — sobretudo em direito constitucional — do "método jurídico". A que se opunha o "método jurídico"? De fato, a um discurso que de agora em diante fica desqualificado como não jurídico, como não científico, como não técnico, como não puro. E que, aos nossos próprios olhos, continua merecendo tal qualificação, por sua natureza heteróclita. De fato, esse discurso incorpora, por um lado, doutrina e teoria política, outorgando-lhes uma verdadeira e própria entidade constitucional. Basta ler, por exemplo, os constitucionalistas românticos — de Savigny a Bentham ou a Guizot — para nos darmos conta do caráter propriamente jurídico-constitucional do discurso sobre a natureza do homem (ou o da mulher), da sociedade ou da nação, do mercado, da modernidade, da liberdade.

Entretanto, com esses tópicos se combinam argumentos históricos, designadamente de *topoi* greco-latinos, até considerações genéricas retiradas da biologia ou, inclusive, do comportamento animal, referências poéticas, metáforas de natureza médica, considerações do direito comparado, invocação do sentido comum, expressões de autoridades, textos legislativos. Ao contrário do que se acreditava da dogmática renovada da pandectística do direito público, aquele sincretismo argumentativo não representava uma deficiência do saber jurídico, mas sim um saber jurídico diferente do nosso. Eles queriam, ao combinar saberes diferentes, buscar uma linguagem própria das "ciências políticas e morais", cuja verdade se dava dispersa e parcialmente, necessária de ser recuperada por meio de um sincretismo metodológico, que naquele tempo se institucionalizava nas "academias de ciências políticas e morais", tão comuns no mundo hispânico, como sublinhou J.M. Scholz em estudos preliminares sobre esse mundo e que era formulado nessa retórica parlamentária exemplarmente descrita recentemente por Carlos Petit.[15] É também essa obra dogmática que tem de ser recuperada pela história, pesquisada em seus supostos filosóficos, em suas posturas metodológicas, em suas técnicas argumentativas, em seus resultados normativos e em sua eficácia social e política. Demonstrar que o estabelecimento do "método jurídico" (de Laband e Jellinek) não representou a juridificação do discurso constitucional, mas apenas uma ruptura discursiva no seio de um discurso constitucional, por já ser, por si mesmo, jurídico, ainda que de outro modo.

UM PODER SEM SUJEITO NEM CENTRO

Prosseguindo neste inventário das condições de uma história constitucional neodisciplinar, o tópico seguinte tratará da incorporação, já não de outro direito, ou de uma outra dogmática, mas sim de uma epistemologia da constituição. Chegamos agora ao "remédio mais difícil de engolir", que tem a ver com a superação de uma concepção centralizadora, estadualista e voluntarista do poder por uma concepção que privilegia o periférico, concepção atomizada, homeopática e objetivada em práticas.

Já podem imaginar que estamos chegando a essa queda fatal no vórtice Foucault. Em seu curso do *College de France*, de 1967,[16] Michel Foucault formulou, dialogando aparentemente com juristas e politólogos, uma série de *guidelines* para uma compreensão dos fenômenos do poder que, em minha opinião, tem importância singular também na definição dos mecanismos constitucionais. Para ele, não se trata de analisar o poder do ponto de vista da intenção ou da decisão [...], mas de estudar o poder nos lugares onde sua intenção — se ela existe — está inteiramente investida no interior de práticas reais e efetivas; de estudar o poder, de certa maneira, pela face externa, a que está em relação direta e imediata com o que se pode chamar, muito provisoriamente, seu objeto, sua presa, seu campo de aplicação; expressado de outra maneira, do lado em que se implantam e produzem efeitos reais.[17]

E agrega, dirigindo-se agora aparentemente aos historiadores das ideias:

Pode acontecer de os grandes mecanismos do poder virem acompanhados de produções ideológicas [...]. Mas, na base, no ponto de chegada das redes do poder, não acredito que o que se forma sejam ideologias. É muito menos e, ao mesmo tempo e segundo acredito, muito mais. São instrumentos efetivos de formação e de acumulação de saber. São métodos de observação, são técnicas de registro, processos de investigação e de busca, são instrumentos de verificação.[18]

Esse novo olhar sobre o poder é totalmente alheio aos fenômenos e processos classicamente descritos pela história jurídico-constitucional, não só porque não se interessa pelos temas mais frequentados como também — e sobretudo — porque considera agora central um outro leque de tecnologias disciplinares por meio das quais se condicionam os comportamentos (o saber, o discurso, a "organização técnica", a vigilância, o amor etc.).

Essa reformulação do conceito de poder é, de fato, anterior a Foucault:
- constatou-se, primeiro, na história e na antropologia, quando estudavam modelos não estatais-racionais (para utilizar uma cômoda etiqueta weberiana);[19]
- desenvolveu-se, depois, na sequência da introdução do conceito althusseriano de "aparelhos ideológicos do Estado";
- consumou-se, enfim, na criação (foucaultiana) do conceito de "poder pastoral".[20]

Para Foucault, estudar o poder (constituinte) não se confunde, então, com a análise das formas regulamentadas e legítimas do poder em seu centro, no que podem ser seus mecanismos gerais ou seus efeitos de conjunto. Trata-se, ao contrário, de surpreender o poder em suas extremidades, em suas últimas linhas, aí onde se torna capilar; ou seja, tomar o poder em suas formas e em suas instituições mais regionais, mais locais, aí onde o poder, ultrapassando regras de direito que o organizam e o limitam, prolonga-se e ultrapassa essas regras, investe-se nas instituições, toma corpo nas técnicas e se dá instrumentos de intervenção materiais, eventualmente, inclusive, violentos.[21]

A imagem da amplitude da ação disciplinar cresce, interessando áreas não consideradas pela concepção clássica da história da constituição ou, inclusive, do direito: escolas, hospitais, clínicas psiquiátricas, assistência social, administração cultural do lazer, partidos e clubes, os meios de massa, a própria "empresa privada", disciplina social do prazer e tecnologias de autodomínio, tudo isso está incluído agora no conceito de "governo", ainda que o Estado não constitua o sujeito formal dessas atividades.

A CONSTITUIÇÃO LIBERAL: DA DISCIPLINA À VIGILÂNCIA

É com esse critério que Foucault analisa o liberalismo. Em sua análise, a grande novidade do poder contemporâneo não tinha sido a de governar menos, mas sim a de governar de forma diferente. Substituindo — o exercício visível e ostensivo — apesar de raro — do poder físico por uma vigilância tanto mais eficaz quanto quase invisível,[22] à primeira técnica chamou de *soberania*, exercida virtualmente sobre um território; à segunda chamou de *vigilância*, dirigida ao domínio dos corpos e de sua atividade.[23] O liberalismo não corresponderia, então, à substituição do controle político pela ausência de direção. Tratar-se-ia antes de uma mudança de técnicas de direção da sociedade — de uma direção disciplinar, típica do Estado-polícia (*Polizeistaat*), a uma direção governamental, em que se combinava a vigilância (estatística, registro pessoal, cadastro territorial, refinamentos dos aparelhos administrativos) e a racionalidade político-administrativa, do lado do Estado, com uma devolução por parte desse, a favor das ciências, de importantíssima zona do governo.

Andrew Barry, em sua introdução a uma obra coletiva dedicada à análise foucaultiana da razão política, descreve muito bem a nova matriz de direção política:

o advento do liberalismo coincide com a descoberta de que o governo político pode ser a sua própria dissolução, que, ao governar demais, os governantes perverteram os próprios propósitos do governo. Portanto, o liberalismo não consiste em governar menos mas na contínua imposição de que políticos e governantes devem governar cautelosa, delicada, econômica e modestamente.[24]

Isso significa que a concessão da liberdade, a técnica do governo mínimo era, ela também, uma técnica muito efetiva e também muito econômica, de direção.

Sobre o que repousa essa esperança de governar sem dirigir? Por uma parte, sobre a ciência. Por outra, sobre a liberdade civil.

O PAPEL CONSTITUINTE DA CIÊNCIA

Sobre a ciência. A ideia tinha raízes antigas no pensamento de Adam Smith. Se o Estado não tinha que dirigir era porque a sociedade se dirigia a si mesma por meio de uma "mão invisível"; dito de outra forma, porque existiam regras sociais imanentes, cuja descoberta constituía o objeto da ciência econômica. Aqui — no campo da economia — começa o conúbio entre ciência e governo que se iria prolongar de forma duradoura, com a estatística, com a sociologia, com a economia social e, posteriormente, com a psiquiatria, a criminologia e a antropologia (essa última, sobretudo no governo colonial).

Fica então visível a continuidade entre constituição liberal e racionalidade científica, que já inspirara a Max Weber a definição do paradigma liberal como "estadual-racional". Pertence doravante à ciência o desvendar das normas de organização social e, portanto, liberar o Estado de seu papel dirigente, agora não só prejudicial como também inútil.[25] É esse o papel que terão as novas ciências sociais como instância que permite ao Estado "governar pouco":

as ciências sociais fornecem um meio de representar a dinâmica autônoma das sociedades e investigar se elas devem ou não ser objeto de regulação [...]. Longe de encarar o liberalismo como ausência de governo, ou como uma diminuição da preocupação política com a condução da conduta, histórias do presente chamam a atenção para as técnicas e invenções intelectuais e práticas por meio das quais a sociedade civil se constitui como algo distinto da intervenção política e ainda assim potencialmente "alinhável" com aspirações políticas.[26]

A ciência se completa com a disciplina jurídica das relações civis.

O PAPEL CONSTITUINTE DO DIREITO PRIVADO

Também essa se define como ciência. Não no sentido em que a tomavam os juristas do século XVIII, como uma espécie de ciência de uma artificial engenharia social, na senda aberta pela "cameralística" alemã. A leitura da crítica de Benjamin Constant ao projeto de Gaetano Filangieri de construir uma *scienza della legislazione* (que não diferia muito, posteriormente, do projeto benthamiano) é eloquente. Não o incomoda a ideia de que exista uma ordem social objetiva, nem sequer que essa ordem possa ser objeto de uma pesquisa científica. Ele próprio não funda seu sistema político sobre coisa diferente. Pretende-se, a seu modo, um cientista social. O que o incomoda é a ideia de um saber artificial, voluntário, de governo (uma "ciência das leis"), que prejudique o governo natural e autônomo da sociedade por si mesma.[27] Porque a ciência social — não a ciência das leis — recomendava justamente essa retirada do Estado do campo do regulamento autônomo.

Retirada condicional. Porque, não sendo a Verdade tão geralmente reconhecida, a Razão tão comumente compartilhada, as paixões tão universalmente educadas (dirigidas), conveniente era que o Estado, mediante códigos civis, garantisse com a majestade da Lei o império da Verdade.

É esse o papel constitucional dos códigos civis. Exprimir a constituição da sociedade civil, ratificando as normas imanentes do trato social, aquilo a que André-Jean Arnaud chamou de "regras de jogo da paz burguesa".[28]

O caráter constitucional da ordem jurídica privada — justamente aquela destinada a garantir os direitos primários, especificamente a propriedade[29] — torna-se um limite muito efetivo do governo do Estado, que se faz valer, não só como discussão política como também como plano forense, contra medidas dos poderes públicos, inclusive tomados pelos meios legislativos. Algumas das grandes reformas liberais, em Portugal e no Brasil, sofrem processos justamente com base na intangibilidade dos direitos privados, *maxime* do direito de propriedade.[30]

Voltando aos nossos temas, essas últimas considerações obrigam os que se dedicam à história constitucional a considerar também (ou sobretudo) esta "constituição negra" (essa "constituição *en creux*"), de que agora já não é o Estado o guardião direto, mas sim cientistas e técnicos tão diversos como:

- os economistas;
- os estatísticos (ou, mais próximo da etimologia, os cultores das ciências do Estado — *Statistik*);
- os peritos na ciência das finanças;
- os médicos, os cultores de "ciências políticas e morais";
- os psiquiatras e os médicos sanitaristas, os pedagogos;
- os etnólogos e antropólogos e, *the last but surely not the least*;
- os juristas, sobretudo os privatistas.

As funções constitucionais desses técnicos são de tão diversa natureza que perturbadoras questões sociais — como as do sufrágio feminino ou dos indígenas das colônias, ou ainda o conteúdo do direito de propriedade ou a hierarquia dos direitos individuais — são calma e eufemisticamente reguladas nas páginas de manuais universitários ou de revistas acadêmicas, sem necessidade de uma intervenção política[31] do Estado.

Daí que para conduzir a análise concreta de relações do poder, é necessário abandonar o modelo jurídico da soberania. De fato, esse modelo pressupõe o indivíduo como sujeito de direitos naturais ou de poderes primitivos; tem como objetivo prestar contas da gênese ideal do Estado; enfim, faz da lei a manifestação fundamental do poder. Seria necessário estudar o poder não a partir dos termos primitivos da relação, mas sim a partir da relação em si mesma, na medida em que é ela que determina os elementos sobre os quais ela mesma incide: mais do que perguntar a sujeitos ideais o que eles poderiam ceder de si mesmos ou dos seus poderes para se deixarem converter em súditos, é necessário investigar de que modo as relações de sujeição podem fabricar os súditos. Do mesmo modo, em vez de procurar a forma única, o ponto central, de onde derivariam todas as formas de poder pela via das consequências ou do desenvolvimento, é necessário, em primeiro lugar, valorizar essas formas em suas multiplicidades, em suas diferenças, em sua especialidade, em sua reversibilidade: estudá-las, pois, como relações de força que se cruzam, que se reenviam umas às outras, que convergem ou, ao contrário, que se opõem e tendem a anular-se.[32]

Poderíamos tratar — também aqui — de um *retours des pouvoirs assujettis* no sentido (i) seja de poderes dispersos e não integrados em um sistema político racional, (ii) seja de poderes desqualificados como não conceitualizados, puramente práticos, decorrentes do funcionamento de instituições ou de técnicas políticas menores de poderes locais, diferenciados, não suscetíveis de homogeneização ou de unanimidade e, portanto, de uma teoria geral.[33]

E *PUR SI MUOVE...*

E, no entanto, apesar desse pluralismo que torna o Estado problemático, temos hoje plena consciência de seu papel estruturador ao longo dos últimos séculos, quaisquer que sejam os imaginários e as ideologias políticas sobre a função do Estado na sociedade. Ettore Rotelli o destacou bastante em um texto, há mais de uma década. Segundo ele, seria absolutamente necessário analisar o tecido dos institutos oficiais organizadores da comunidade política, já que lhe conferiam "a constituição, o Governo e a administração", ou seja, os "momentos mais incisivos da organização da coletividade". Se essa perspectiva também foi proposta inclusive para uma sociedade que se dizia *stateless*, como a dos Estados Unidos, ela faz todo o sentido no mundo administrativo e político europeu, no qual o Estado criou, ao menos desde o final do século XVIII, modelos de organização, rotinas processuais, modelos linguísticos, aparelhamentos administrativos e, inclusive, equipamentos sociais e econômicos que moldavam a vida seja das organizações, seja das pessoas em particular. Não sem razão, Lucien Febvre tratou do Estado e de sua administração como "obras-primas da engenharia europeia"; de modo que Rotelli destaca como essa macroempresa organizadora deu um "impulso, uma forma e um ritmo" à sociedade contemporânea.

ORIENTAÇÕES

Que linhas de rumo nos sugere essa definição da história constitucional? Quase graficamente, poder-se-ia propor a linha seguinte de trabalho:

- superação de uma leitura dos textos constitucionais nos quais o sentido decisivo provenha unilateralmente de um "projeto constituinte":
  estudo dos contextos de recepção ou leitura dos textos constitucionais: contextos institucionais, ideológicos, metafóricos e linguísticos;[34]
  atenção à inevitável equivocidade dos textos, proveniente da acumulação de camadas históricas de sentido, que desconstrói o mito de um sentido único e, além disso, que depende de intenções de sujeitos constituintes.
- superação de uma leitura da dogmática constitucional descontextualizada de seu sistema de produção e de recepção:
  estudo das práticas de produção do discurso dogmático ("arquivos" de memória dogmática ou tesouros de referências de autoridade; redes de comunicação; proximidades e permeabilidades discursivas);
  estudo das lógicas internas do sistema jurídico-dogmático global e do lugar da dogmática constitucional nesse marco geral (taxonomias dos saberes sociais; taxonomias dos saberes jurídicos);
  estudo do impacto ou das apropriações pragmáticas do discurso dogmático.
- superação de uma concepção "estadualista" e normativa (disciplinar) da constituição:

estudo global dos mecanismos de controle social, sem privilegiar um centro relativamente às periferias;
análise dos mecanismos objetivos de instituição do poder na sociedade;
não discriminação entre técnicas de constituição do poder.

Notas

1. Sobre as estratégias classificadoras no domínio dos saberes: Pierre Bourdieu e sua teoria dos campos simbólicos, em que se analisam esses desajustes teóricos como estratégias de competição e luta pela supremacia simbólica em um espaço social de saber. Cf., recente, *Langage et pouvoir symbolique*. Paris: Points, 2001. Clássicos. *Idem*. *Ce que parler veut dire. L'economie des échanges linguistiques*. Fayard: 1982, *Homo academicus*. Paris: Minuit, 1984.
2. Referência clássica: Michel Foucault e sua análise dos discursos como produtos de arranjos socioculturais objetivos ("dispositives", "formations discursives"). *L'archéologie du savoir*. Paris: Gallimard, 1969; *L'ordre du discours*. Paris: Gallimard, 1971. Porém seria também possível uma abordagem a partir da teoria dos sistemas autopoiéticos, considerando cada saber especializado como um sistema autorreferencial, que constitua sua diferenciação de outros sistemas, selecionando seus objetos e regras de seu manuseio teórico.
3. Sobre as dificuldades de uma concepção "realista" ("naturalista") dos interesses e destacando que os interesses estão embebidos de leituras culturais sobre o conveniente e o inconveniente, cf. Lorenzo Ornaghi. *Interesse*. Bolonha: Il Mulino, 2000. Os primórdios dessa leitura histórico-culturalista do cálculo econômico estão, como se sabe, em Karl Polanyi. *The Great Transformation*, 1944, *Primitive, Archaic and Modern Economics: Essays of Karl Polanyi*, 1968; mas, e especificamente para a história, Witold Kula, *An Economic Theory of the Feudal System: Towards a Model of the Polish Economy 1500-1800*. Londres: Verso Books, 1976.
4. Um marco importante da discussão "interdisciplinar" foi o encontro *Storia sociale e dimensione giuridica*, Florença, 1985; atas: P. Grassi (ed.). *Storia sociale e dimensione giuridica. Strumenti d'indagine e ipotesi di lavoro. Atti dell'incontro internazionale di studi*. Florença: Giuffrè, 1986, pp. 313-314.
5. Cf. Austen Sarat e Thomas Kearns. *The rhetoric of Law*. Ann Arbor: The University of Michigan Press, 1994.

6. Cf. Augusto Barbera (dir.). *Le basi filosofiche del constituzionalismo*. Bari: Laterza, 1994.
7. Cf. Mary Douglas. *How Institutions Think*. Nova York: Syracuse University Press, 1986.
8. Cf. Aldo Mazzacane (dir.). *Il linguaggio delle instituzione*, op. cit.
9. Cf., para a constitucionalíssima questão do estatuto jurídico e político de escravos e libertos, os casos recolhidos por Keila Grinberg em *Liberata. A lei da ambiguidade. As ações de liberdade da Corte de Apelação do Rio de Janeiro no século XIX*. Rio de Janeiro: Relume Dumará, 1994.
10. *La fabrique de l'homme occidental*, filme documentário, 1996; realização Gérald Caillat; roteiro: Pierre Legendre, Pierre-Olivier Bardet, Gérald Caillat. Na apresentação insiste-se no tópico: *"the film strives to show how institutions, inasmuch as they are the objectification of our symbolic rapport to reality, name the inexpressible thus making the world 'inhabitable' and allowing us to deal with the fathomless enigma of life and death and provide meaning to the various moments in our process of integration (acknowledgment of origins, laws, power and values) and dissemination (acceptance of dead and individual transiense)"* ["o filme se esforça para mostrar como as instituições, ainda que sejam a objetificação de nossa compreensão simbólica da realidade, dão nome ao inexpressável, tornando assim o mundo 'habitável' e permitindo-nos lidar com o enigma insondável da vida e da morte, conferindo sentido aos vários momentos de nosso processo de integração (reconhecimento de origens, leis, poder e valores) e disseminação (aceitação da transitoriedade total e individual)"]. Anos antes, Legendre dedicara um livro ao poder disciplinador dos discursos dogmáticos (entre eles, a dogmática jurídica: *L'empire de la vérité: introduction aux espaces dogmatiques industriels*, 1983).
11. Ver M. Foucault, "Il faut défendre la société". *Cours au Collège de France*, 1976. Paris: Gallimard/Seuil, 1997.
12. "Représentation dogmatique et projets de pouvoir. Les outils conceptuels des juristes du ius commune dans le domaine de l'administrations". *In*: E.V. Heyen (ed.). *Wissenschaft und Rechet der Verwalfung seit dem Ancien Régime*. Frankfurt/Main: Vitt. Klostermann, 1984, pp. 1-28.
13. O termo "recepção" está empregado no sentido de uma recepção ativa, poética, reconstrutora, doadora de sentidos novos; cf. R. Holub. *Reception theory*. Londres: Routledge, 1990.
14. Cf., M. Stolleis, *Geschichte des Öffentlichen Rechts in Deustschland*. Munique: C.H. Beck, 1988-2000, 3 vols.
15. Carlos Petit. *Discurso sobre el discurso. Oralidad y escritura en la cultura jurídica de la España liberal. Lección Inaugural. Curso académico, 2000-2001*. Huelva: Universidad de Huelva, 2000. Sobre este riquíssimo campo da história dos estilos jurídicos: Pasquale Beneduce. *Il corpo eloquente. Identificacione del giurista nell'Italia liberale*. Bolonha: Il Munlino, 1996; Aldo Mazzacane (dir.). *Il linguaggi delle instituzioni*. Nápoles: CUE, 2001.

16. M. Foucault, "Il faut défendre la société", op. cit., 1997.
17. *Idem*, p. 25.
18. M. Foucault, op. cit., p. 30. A imagem dos utensílios dogmáticos como meios de produção industrial de poder já tinha sido utilizada por Pierre Legendre (*La fabrique de l'homme occidental*, op. cit., 1996; *L'empire de la vérité: introduction aux espaces dogmatiques industriels*, op. cit.).
19. Para uma síntese (prefácio) e textos exemplares, A.M. Hespanha (dir.). *Poder e instituições na Europa do Antigo Regime*. Lisboa: Gulbenkian, 1984.
20. Ver, *maxime*, M. Foucault, "Il faut défendre la société". In: *Cours au Collège de France*, 1976. Paris: Seuil Gallimard/Hautes Études, 1997.
21. Op. cit., p. 25
22. Obra capital: *Surveiller et punir: Naissance de la prison*. Paris: Gallimard, 1975.
23. Em todo caso, a teoria da soberania teria mantido um papel ideológico subjacente à estratégia do domínio estadual como vigilância. Primeiro, porque, ao garantir a autonomia dos sujeitos, ela os garantia (a "sociedade civil") contra a intromissão do poder central no exercício difuso do poder disciplinar periférico e capilar. Segundo, porque a teoria liberal da soberania disfarçava o poder disciplinar autônomo da sociedade sobre os indivíduos, desviando o olhar — e o protesto político libertário — para um ilusório poder estadual (p. 33). Foucault descreve também a dissolução deste par vigilância-soberania, assinalando como, no final, o discurso libertário (v. g., socialista, igualitário) capitaliza os temas da teoria da soberania: igualdade e autonomia dos indivíduos, proscrição dos poderes sociais opressores (*maxime*, econômicos). (p. 35).
24. Andrew Barry et al. (ed.). *Foucault and the political reason*. Chicago: University of Chicago Press, 1997-1997. *"The advent of liberalism coincides with the discovery that political government could be its own undoing, that by governing over-much, rulers thwarted the very ends of government. Hence liberalism is not about govering less but about the continual injunction that politicians and rulers should govern cautiously, delicately, economically, modestly."*
25. *"It seems to me that at that very moment it became apparent that if one governed too much, one did not govern at all — that one provoked results contrary to those one desired. What was discovered at that time — and this was one of the great discoveries of political thought at the end of the eighteenth century — was the idea of society. That is to say, that government not only has to deal with a territory, with a domain, and with its subjects, but that it also has to deal with a complex and independent reality that has its own laws and mechanisms of disturbance. This new reality is society. From the moment that one is to manipulate a society one cannot consider it completely penetrable by police. One must take into account what it is. It becomes necessary to reflect upon it, upon its specific characteristics, its constants and variables."* (M. Foucault, 1989. "An ethics of pleasure". In: *Foucault live*. S. Lobringer (ed.). Nova York: Semiobext(e), pp. 257-276, cit. por Barry, op. cit., p. 9.)

26. Barry, op. cit., p. 9. "*Social sciences provide a way of representing the autonomous dynamics of society and assessing whether they should or should not be an object of regulation [...]. Far from seeing liberalism as an absence of government, or of a lessening of political concern with the conduct of conduct, histories of the present draw attention to the intellectual and practical techniques and inventions via which civil society is brought into being as both distinct from political intervention and yet potentially 'alignable' with political aspirations.*" Há de recordar-se que a ciência era a parteira das invenções técnicas — como o telégrafo e, mais tarde, o telefone, responsáveis por uma aceleração colossal das comunicações, aumentando de uma forma tão eficaz quanto invisível o controle estatal (cf. Barry, op. cit., p. 14).
27. "*Filangieri, comme je l'ai dit ailleurs, est tombé dans une méprise commune à plusieurs philosophes bien intentionnés. De ce que l'autorité peut faire beaucoup de mal, il en a conclu qu'elle pouvait également faire beaucoup de bien [...] il a cru que des gouvernements qui marcheraient dans une route contraire seraient eussi favorables au bonheur et aux progrès de l'espèce humaine que les premiers lui étaient nuisibles.*" (*Commentaire sur l'ouvrage de Filangieri*. Paris: P. Dufart, 1822, p. 35-36.)
28. André-Jean Arnaud. *Essai d'analyse structurale du Code Civil Français. La règle du jeu de la paix bourgeoise*. Paris: LGDJ, 1973.
29. Cf. Bartolomé Clavero. "Origen constitucional de la codificación civil en España (entre Francia y Norteamérica". *In*: Carlos Petit (org.). *Derecho privado y revolución burguesa*. Madri: Marcial Pons, 1990, pp. 53-86; idem, "Paix et la Loi": ¿absolutismo constitucional?. *Anuario de Historia del Derecho Español*, 69 (1999), pp. 603-645; idem, "Código como fuente de derecho y desague de Constitución en Europa", 60, 2000, pp. 11-43. Por último, sobre o tema, as atas do colóquio internacional *Codici. Una riflessione di fine di Milenio*, Florença, 2001.
30. Fato que ocorre seja com a abolição dos direitos senhoriais em Portugal (cf. A.M. Hespanha. *Guiando a mão invisível. Direitos, Lei e Estado no liberalismo monárquico português*. Coimbra: Almedina, 2004, ou "Constituição e quadro legal". *In*: Pedro Lains e Álvaro Ferreira da Silva. *História econômica de Portugal, 1700-2000, II. O século XIX*, II, pp. 421-447. Lisboa: ICS, 2005, seja com a abolição da escravidão no Brasil. Em um ou em outro caso, a opinião liberal tinha uma particular ideia da hierarquia entre os direitos individuais — a propriedade preferiria tanto a igualdade quanto a liberdade pessoal.
31. Logo, arriscada, porque "voluntária", dependente da regra brutal da maioria.
32. *Ibidem*, p. 239.
33. Utilizo aqui uma transposição dos termos usados por M. Foucault sobre o "*retour des savoir assujeris*" (cf. "Il faut [...]", cit. 9).
34. Exemplar, para a recepção da constituição "tardia no século XIX", na Itália, P. Costa. *Lo Stato immaginario. Metafore e paradigmi nelle cultura giuridica italiana fra ottocento e novecento*. Milão: Giuffrè, 1986.

CAPÍTULO XV   Juízes de paz, mobilização e
interiorização da política
Adriana Pereira Campos*
Ivan Vellasco**

*Professora associada da Universidade Federal do Espírito Santo, pesquisadora do CNPq
e da Fapes. Integra o projeto "Dimensões da cidadania no século XIX" — Pronex/Faperj.
**Professor associado da Universidade Federal de São João del-Rei, bolsista de Produtividade
em Pesquisa 2 do CNPq. Realiza estágio pós-doutoral em História da Justiça com bolsa da
Capes na Universidade de Sevilha, Espanha.

1. INTRODUÇÃO

Os direitos políticos instituídos pela Constituição de 1824 possuem diversos aspectos herdados do liberalismo europeu. Nem todo brasileiro possuía o atributo da cidadania ativa, demarcando a nítida diferenciação entre direitos políticos e direitos sociais legada pelas Constituições de 1791 da França e de 1812 de Cádiz. Os cidadãos deviam possuir independência e autonomia frente às manipulações por outros. O critério de renda pareceu, naquela época, atender a esse fim. Adotava-se, assim, a distinção entre os cidadãos ativos e passivos. Apenas os cidadãos ativos participavam da assembleia primária de onde saíam os escolhidos para compor a assembleia eleitoral.

A singularidade das eleições de magistrados pelas assembleias primárias resultou do esforço do Parlamento brasileiro de dotar o país de instituições liberais capazes de regular a influência do poder central. A eleição pareceu aos parlamentares o instrumento mais adequado a esse fim. As magistraturas eleitas converteram-se, assim, em mandatos populares, cuja finalidade consistia, em princípio, na afirmação das forças locais diante do Estado.

A eleição dos juízes de paz, portanto, subvertia a exclusividade de eleição de representantes por parte das assembleias eleitorais.[1] Além dos eleitores de segundo grau, as assembleias primárias realizavam diretamente a escolha dos vereadores e das magistraturas locais. Buscaremos apresentar a mobilização política em torno das eleições de juízes de paz mesmo diante da barreira de renda para a qualificação do eleitor. Ademais, Mircea Buesco[2] concluiu ser modesta a limitação proporcionada pela restrição censitária no Brasil oitocentista. Em primeiro lugar, a escravidão retirava 18,7% dos indivíduos do processo eleitoral. Em segundo, a exclusão das mulheres dentre os livres proporcionava a queda na participação na ordem de 30%. Em terceiro lugar, a proibição do voto para homens menores de 25 anos resultava na retirada do direito de voto do contingente de 27% de pessoas. Enfim, afastavam-se 75,7% indivíduos das assembleias primárias a título de ser escravo, mulher ou menor de idade.

Em análise sobre a mesma temática, José Murilo de Carvalho[3] deduziu dos dados do censo de 1872 que 13% da população brasileira total, excluídos os escravos, votavam. A maior parte dos homens adultos, com efeito, podia participar das eleições primárias. Carvalho buscou comparar a proporção de pessoas que votavam no Brasil com a Europa na mesma época. Ele verificou ser a participação eleitoral brasileira superior aos 2% da Itália, aos 7% da Inglaterra, aos 9% de Portugal e apenas inferior aos 18% de pessoas que votaram para presidente nos Estados Unidos em 1888.[4]

Assim, neste capítulo pretende-se discutir a experiência da eleição de magistrados como elemento de mobilização e interiorização da política no Brasil Império. Duas hipóteses orientam a análise. A primeira consiste na afirmação da mobilização popular como elemento crucial na instituição da magistratura eleita, e a segunda, em que a eleição desses magistrados ter contribuído para o alargamento da sociedade política, cujas fronteiras se estendiam às localidades mais remotas, ampliando e interiorizando a participação do homem comum.

2. A IDEALIZAÇÃO DOS JUIZADOS DE PAZ

A Constituição de 1824 adotou o princípio político da separação dos poderes. Não significava, contudo, paridade entre os diferentes poderes. Cabia, por exemplo, ao imperador a indicação dos magistrados letrados[5] e a fiscalização da jurisdição,[6] funções pertencentes, em tese, ao Poder Judiciário. Apesar dessas restrições, asseguraram-se as garantias básicas da magistratura[7] e forneceram-se os princípios para a participação leiga nos tribunais por meio da instituição do juiz de paz e dos jurados.

Introduzira-se o poder político dos juízes de paz por meio dos artigos 161 e 162 da Constituição, pois se estabeleceu a obrigatoriedade da conciliação para o início de qualquer processo judicial no Brasil. Tal tarefa cabia exclusivamente aos juízes de paz, magistrados escolhidos por meio de eleições pelo mesmo tempo e pela mesma maneira que se elegiam os vereadores das câmaras. Resguardou-se, todavia, o detalhamento das funções dos juizados de paz para leis ordinárias.

Em razão de a Constituição não ter precisado a forma de eleição dos vereadores, vários processos de votação sofreram impugnação no Império.[8] Houve necessidade de a Assembleia Geral apresentar solução para o dilema. Em alguns lugares, como na Bahia, elegeram-se juízes de paz logo a seguir da Constituição. Noutras cidades, porém, a Câmara Municipal colocava em questão a indefinição constitucional em relação à eleição desses magistrados. O Rio de Janeiro não realizou as eleições de juiz de paz antes da década de 1830. A província do Espírito Santo, por outro lado, tentou realizar a eleição de vereadores e juízes de paz, na forma do projeto de lei de outubro de 1823.[9] O processo de escolha, entretanto, teve de ser interrompido porque havia denúncia que retratava nulas as eleições.[10] Enfim, notava-se interesse na consolidação dos juizados de paz, mas as imprecisões legais impediam a realização pelo menos das eleições.

A leitura dos debates da Câmara em 1826 revela o quadro de dúvidas que se espalhou no Império a respeito do processo eleitoral de juízes de paz, júri e vereadores. A Constituição de 1824, em seu capítulo VI, definiu que as nomeações dos deputados e senadores para a Assembleia Geral e dos membros dos conselhos gerais das províncias processar-se-iam por meio das eleições indiretas. Os eleitores seriam escolhidos pelos cidadãos reunidos em assembleias paroquiais. A Constituição denominou tal processo eleitoral de *eleições primárias*, porém definiu somente a eleição dos eleitores. Não estabeleceu regras a respeito dos juízes de paz e vereadores, bem como dos jurados.

A incerteza, por parte das autoridades, para colocar em prática a eleição dos magistrados trazia grave prejuízo no campo judicial. A Constituição impedia o início de qualquer processo sem a prévia conciliação, colocada ao encargo dos juízes de paz. Em novembro de 1824, o governo apresentou como solução autorizar a conciliação por outros magistrados até que se realizasse a escolha dos responsáveis pela tarefa. O decreto acendeu na Câmara, reunida em 1826, o debate acerca da constitucionalidade da medida, acusada de absurda e tirânica.[11] A partir de então, os legisladores passaram a discutir projetos para disciplinar a política local, desde os conselhos provinciais e as câmaras municipais até as magistraturas eleitas, como júri e juizados de paz. Tratava-se de processo legislativo marcado pelo ímpeto da elite brasileira em avançar em direção ao liberalismo político, que se expressou fortemente no plano institucional por meio da criação de órgãos eletivos. Em 11 de julho de 1826, o deputado Feijó apresentou extenso projeto com o regimento dos presidentes de províncias e das Câmaras Municipais.[12] Na proposta, os vereadores deviam ser eleitos da forma praticada nas eleições de eleitores e os juízes de paz, ao mesmo tempo e pela mesma forma que os vereadores e com igual duração do mandato desses.

Em 1º de outubro de 1827, três anos após a previsão constitucional, aprovou-se lei que disciplinava a eleição, em cada freguesia e capela curada, de um juiz de paz e um suplente. Não se definia, porém, a disciplina das eleições dos vereadores e, assim, em muitos lugares persistiam diversos tipos de escolha.

José Clemente Pereira, deputado e ministro da Justiça, discursou acerca das dificuldades nas eleições municipais e declarou que apenas duas freguesias no Império realizaram escolhas dentro da legalidade.[13] Não mencionava, porém, a identificação as províncias nem mesmo a forma considerada por ele legal. A Câmara dos Deputados debateu longamente a respeito dos juízes de paz e, para este capítulo, destaca-se a discussão acerca da autonomia dos juízes de paz e sua forma de eleição. A Câmara iniciou o certame com projeto enviado pelo governo e lido na sessão de 9 de julho de 1828. Repetiu-se no primeiro artigo a previsão constitucional de correspondência entre a eleição dos juízes e a eleição dos vereadores. A proposta definia que a assembleia paroquial reuniria os *homens bons*[14] do povo para a escolha da mesa eleitoral entre os cidadãos presentes à reunião anual na primeira oitava do Natal. Os *homens bons* reunidos nomeariam seis eleitores, que, por sua vez, escolheriam o juiz de paz, por meio de voto secreto, escrito ou oral.[15] Na discussão da matéria, o deputado Vasconcellos admitiu a importância do projeto, pois a lei anterior não definia a eleição dos juízes. Discordava, porém, da forma da eleição e advertia que outros projetos a respeito da escolha de vereadores já tramitavam no Senado. O deputado Custódio Dias disparou sua crítica ao emprego do termo *homens bons* no projeto. Declarou que não sabia "[...] o que sejam homens bons; a Constituição diz que para ser eleitor deve-se estar no gozo dos direitos políticos; isto é muito bastante e nada de chicana".[16] Na verdade, a manifestação representava a recusa ao antigo vocabulário político e afirmação dos conceitos liberais que nortearam boa parte desse debate parlamentar.

Com a apresentação do projeto, o governo declarava sua vontade de colocar em funcionamento os juizados de paz. Seu empenho explica-se, em parte, pelo fato, já colocado neste texto, de a conciliação se constituir na fase preliminar dos processos, sendo de responsabilidade exclusiva dos juízes de paz. O imperador considerava a conciliação um "benefício da Constituição",[17] mas a própria lei maior vinculara a conciliação aos juízes de paz. A norma aprovada em 1827 pouco adiantara no sentido de prover o Império dos procedimentos necessários à escolha dessa magistratura, cuja ausência devia criar sérias dúvidas processuais no campo judicial. O projeto proposto pelo governo, contudo, colocava a eleição dos juízes de paz sob o escrutínio dos eleitores, tornando-a indireta. Como se verá, os deputados brasileiros pretendiam avanços para as funções desses magistrados, colocando-os, até mesmo, como legítimos representantes populares.

A Câmara acolheu o projeto porque reconhecia a ineficiência da legislação de 1827 para pôr em funcionamento os juizados de paz. O debate, contudo, exibiu um parlamento oposicionista e cioso de transformar a magistratura eleita em órgãos com plena autonomia e independência, longe da influência do governo imperial. O deputado paulista Souza França discursou pela magistratura popular para substituir a intendência de polícia, abolida pela Câmara.[18]

O debate esquentou na Câmara. Em relação às eleições, o ministro da Justiça, Clemente Pereira, manifestou-se pela constitucionalidade da eleição indireta, no que foi corrigido imediatamente pelo deputado mineiro Bernardo Pereira de Vasconcellos, que acentuou ter a Constituição definido por essa forma de escolha somente os conselhos gerais de província, deputados gerais e senadores.[19] Argumentou que as eleições dos vereadores não figuravam no texto, abrindo a possibilidade de a Câmara escolher como lhe conviesse. Finalmente, os deputados Paula e Souza e Bernardo Pereira de Vasconcellos discursaram pelas eleições diretas, igualando a eleição dos juízes de paz à dos eleitores.

Outra questão relevante na formatação dada aos juízes de paz em 1828 consistiu na criação dos instrumentos processuais de controle dessa magistratura. O ministro da Justiça, José Clemente Pereira, expôs sua preocupação, pois existiam queixas contra os juízes de paz eleitos, assim como acusava a necessidade de instrumentos para inibir que pessoas desqualificadas assumissem a função.[20] Imediatamente Vasconcellos advertiu, em contraposição, que "tais questões nunca devam pertencer ao governo" e a perda do cargo somente deveria ocorrer "por sentença".[21]

O debate parlamentar de definição da eleição direta para o cargo de juiz de paz e o esboço de sua autonomia ainda no ano de 1828 traduzem, sem dúvida, a tendência dos parlamentares a votar projetos que tornassem o poder central menos concentrado, parcelando-o entre as províncias e as autoridades locais. Por outro lado, é necessário reconhecer que o próprio governo considerava a magistratura eleita importante e pensava em viabilizá-la. A divergência encontrava-se centrada no caráter popular requerido pela Câmara. Em seu ímpeto oposicionista, a Câmara pretendia fortalecer os juizados de paz como órgãos e libertá-los da influência do governo central.

Da legislação criada, dois elementos, considerados conjuntamente, podem ser vistos como contraditórios do ponto de vista político na regulamentação do juizado de paz. O primeiro é a ampliação da participação popular na escolha desses magistrados. Embora as eleições no Brasil contassem com as restrições impostas pela divisão entre eleitores e votantes, participava da escolha dos juízes de paz toda a assembleia paroquial.[22] As paróquias ou os distritos de paz concentravam a oportunidade única de os votantes escolherem diretamente os representantes locais — os vereadores e os juízes de paz, ao contrário da seleção dos deputados, provinciais e gerais, que se realizava indiretamente por meio dos eleitores. O segundo elemento afigurou-se na amputação dos poderes da Câmara Municipal que passou a contar, em tese, com atuação política mais fraca. Já se enunciava, ainda em 1827, o juizado de paz como órgão absolutamente independente da Câmara, regido apenas pela legislação do Império, sem vinculação orgânica, do ponto de vista doutrinal, com o colegiado de vereadores.

Necessário explicar que, antes da Lei Orgânica das Câmaras, tais colegiados municipais possuíam funções sem muita distinção no campo da administração, da Justiça e da legislação.[23] Dependendo da importância do lugar, elegiam-se de "dois a seis vereadores", dentre os quais se incluíam "dois juízes ordinários (magistrados ou juízes de paz sem formação em direito) e o procurador".[24] De acordo com Hespanha,[25] "a amplitude do autogoverno dos conselhos mede-se também pelo grau de autonomia do exercício das atribuições desses oficiais". Com grandes poderes, excetuados apenas aqueles relacionados a jurisdições especiais, como órfãos e sisas, de cujas sentenças cabia recurso raramente à Relação, o exercício das magistraturas demarcava a capacidade de autogoverno das localidades.

A autonomia das câmaras, no setecentos, sofreu grave cerceamento de seus poderes. O pombalismo "significou [...] a abertura — que continuará no liberalismo político — de estratégias de 'racionalização' e de disciplina da sociedade e de centralização e estadualização do poder".[26] Nas leis liberais do Império Brasileiro, a criação dos juizados de paz significou, em certa medida, a continuidade e o aceleramento do controle sobre os poderes locais. Das câmaras, transferia-se para os juízes de paz o poder de policiamento da cidade, da disciplina social local e da imposição de multas por transgressão de seus estatutos e regulamentação municipais (posturas). Sem dúvida, colocava-se a cargo desses juizados a disciplina social local, fato que decepava o poder de influência dos vereadores e consequentemente, das câmaras.

Em 1828, a legislação entregou as antigas funções jurisdicionais da Câmara para os juízes de paz, que passaram a julgar as contravenções às posturas municipais.[27] Com poder coercitivo, o juiz de paz fortalecia-se politicamente diante dos vereadores. Além disso, às câmaras, em 1828, obrigou-se a aprovação das posturas municipais pelo Conselho Geral da Província.[28] E, a partir de 1832, às assembleias legislativas provinciais cabia propor, discutir e deliberar sobre a polícia e economia municipais, precedendo propostas das câmaras.[29] Na Câmara de Vitória/ES reagiu-se contra tal centralização *provincial*, dirigindo-se o colégio de vereadores por meio de representação à Câmara de Deputados. A resposta coube justamente ao deputado e representante do Espírito Santo João Clímaco de Alvarenga Rangel, que negou o pedido e aproveitou para manifestar sua concordância com as reformas propostas. Ele assim se expressou: "Aproveito esta ocasião para, por meio dessa ilustre Câmara, dar à nossa Província os parabéns pelas reformas da Constituição do Império, que espero serão ali aceitas com os regozijos e festejos que incumbem aos brasileiros o seu patriotismo e civilização."[30]

A nova realidade política, que se estabelecia no Brasil, modificava, portanto, os arranjos institucionais. Desde os tempos coloniais, verificava-se acentuada tensão entre os dirigentes locais, sobretudo aqueles vinculados às câmaras municipais e às autoridades centrais. Boxer[31] registra que as "câmaras coloniais raramente se tornavam meros carimbos ou capachos [...], e mesmo nos casos em que os conselheiros tivessem se tornado uma espécie de 'panelinha oligárquica', em geral continuavam a representar os interesses locais de outras classes além da sua [...]". Na mesma direção, Avanete Sousa[32] assevera que as câmaras serviram às elites locais como "anteparo ao Estado absolutista" concentrando poderes nas mãos de poucos notáveis da terra. Desde Pombal, entretanto, buscava-se impor certos limites "para o enquadramento político-administrativo dos poderes locais".[33]

A organização do Estado brasileiro independente aprofundou essas reformas e transferiu o poder coercitivo das câmaras aos juizados de paz, órgão cuja eleição se realizava diretamente pelos cidadãos da paróquia ou de distrito. Não se afirma que houvesse oposição sistemática entre vereadores e juízes de paz, como se verificou em algumas ocasiões. Admite-se apenas que os cidadãos passaram a integrar o jogo político e a Câmara viu-se forçada a renovar seu diálogo com as forças locais, pois não podia mais agir como uma corporação que distribuía entre seus membros os papéis de poder sobre a população. Não se afirma igualmente a ausência, desde os tempos coloniais, de disputas internas entre as elites locais, apenas se ressalta o novo ator político dos votantes introduzidos no xadrez das relações de poder. Importa destacar que o liberalismo inverteu o processo de controle dos conselhos municipais, pois o entregou aos eleitores, e não ao Estado. Mal comparando, os juízes de fora, antes responsáveis por impor o controle sobre as forças locais representadas pelas câmaras, deram lugar aos juízes de paz.

3. A INTERIORIZAÇÃO DA PARTICIPAÇÃO POLÍTICA

A instituição dos juízes de paz recebera grande atenção dos deputados gerais e proporcionava, igualmente, vivo interesse em diversas localidades do Império. Ainda no ano de 1828, os presidentes das províncias de Minas Gerais e do Espírito Santo expediram ordens para realização das eleições dos juízes de paz. A solicitação recebeu pronta acolhida nas câmaras municipais mineiras e capixabas. Como já se informou, na província do Espírito Santo as freguesias de Vitória e Viana realizaram eleições em fevereiro de 1829.[34] Para a freguesia da Serra, na mesma província, comunicava-se que, em 8 de fevereiro de 1829, se elegeram o alferes Ignacio de Loyola, com 113 votos, e o sargento João Francisco

Pinto da Costa, com 108 votos. Infelizmente, o ofício não esclarece o número total de votantes da freguesia, permitindo supor apenas haver mais de uma centena de cidadãos habilitados a votar naquele distrito. A freguesia da Serra possuía 679 homens livres; dentre eles havia 472 brancos, 182 pardos e 25 pretos. A povoação contava com 428 fogos (residências). Considerando a proporcionalidade de 1,5 homem livre por fogo, a idade mínima de 25 anos para o exercício do voto e a limitação censitária, é razoável supor a qualificação de pouco menos de duas centenas de pessoas para o exercício do voto na assembleia paroquial. Admite-se, portanto, que o comparecimento para a eleição do alferes Ignacio de Loyola mobilizou fortemente a população local em torno da eleição do Juizado de Paz.

Em comunicação enviada sobre a eleição na freguesia de São João da Barra no mês de fevereiro de 1829, na província do Espírito Santo, verifica-se o número de 498 cédulas depositadas na escolha dos vereadores e juízes de paz da localidade. De acordo com a legislação de 1º de outubro de 1828, artigo 7º, os votantes entregavam duas cédulas, uma para o cargo de vereador e outra para o de juiz de paz e suplente. Supõe-se, então, a participação de 249 votantes no pleito de São João da Barra, o que dava ao pequeno lugarejo soma expressiva de indivíduos habilitados na votação, já que, em 1849, Carapina, freguesia adjacente a Vitória, possuía 116 pessoas qualificadas.[35]

Com o objetivo de identificar o conjunto de juízes de paz eleitos no ano de 1829 na província do Espírito Santo, encontrou-se o quadro seguinte. Coligiram-se as informações do Quadro 1 em ofícios da Câmara Municipal de Vitória, pois não se encontrou nenhum relatório do período que pudesse precisar todos os juízes eleitos no período. Das fontes reunidas, observa-se a diligência, por um lado, da autoridade provincial que, ainda no ano de 1828, exortou as câmaras municipais a participarem do processo eleitoral. Por outro lado, nota-se a prontidão da resposta, pois, no segundo mês do ano de 1829, as eleições já se realizaram e os juizados de paz já se encontravam devidamente compostos.

Quadro 1 — Juízes de paz e suplentes eleitos na província do Espírito Santo em 1829

Ano	Juiz de paz eleito	Suplente de juiz de paz	Freguesia	Informações
1829-1832	Francisco Coelho de Mello		Viana	
1829-1832	Luiz da Silva Alves d'Azambuja Suzano		Vitória	Membro da Junta do Governo Provisório (1822-1824), deputado provincial nas legislaturas de 1834-1835/ 1838-1839/ 1840-1841/ 1844-1845/ 1846-1847/ 1848-1849/ 1850-1851/ 1852-1853[36]
1829-1832		Manoel de Moraes Coutinho (Suplente)	Vitória	Membro do Conselho de Governo (1830)[37]
1829-1832	Alferes Ignacio de Loyola		Serra	Chefe da Tropa de Linha e de Milícia em 1825[38]
1829-1832		Sargento João Francisco Pinto da Costa	Serra	
1829-1832	Manoel da Cruz Costa		São João da Barra	
1829-1832		Tenente Francisco (-) Cruz	São João da Barra	

Fonte: Ofícios recebidos e enviados da Câmara Municipal de Vitória/ES.

Interessa, porém, determinar o papel dos conflitos locais no jogo político eleitoral, que passava a contar com novo ator representado por significativa parcela dos habitantes das vilas e cidades. Os primeiros juízes de paz, titular e suplente, da freguesia de Vitória têm biografias que permitem ilações acerca da importância adquirida pela função de juiz de paz na política local. Luiz Alves da Silva Azambuja Suzano e Manoel Moraes Coutinho, respectivamente, juiz de paz titular e suplente, figuravam como homens de destaque na política capixaba. Azambuja Suzano chegou ao Espírito Santo proveniente do Rio de Janeiro nos primeiros anos do século para ocupar a função de escriturário do governo. Com o decreto de 29 de setembro de 1821[39] extinguiu-se o cargo de governador de capitania e organizou-se a junta de governo provisória, para a qual Azambuja se elegeu secretário. Nesse posto, dirigiu-se à Câmara recomendando festejos por três dias em razão da decisão do príncipe de permanecer no país.[40] Passados os tempos de tumultos e oposições[41] entre os defensores da causa do Brasil e partidários de Portugal na província do Espírito Santo, assistiu-se à aglutinação do grupo de liberais moderados que requeriam, por meio de ofício expedido pela Câmara de Vitória, a permanência de representante da casa dos Bragança no Brasil, para que "reine ele a Constituição neste vasto continente".[42] Azambuja Suzano e Manoel de Morais Coutinho postaram suas assinaturas no termo enviado ao Rio de Janeiro, curiosamente, em 7 de setembro de 1822.

Por ocasião da eleição para o Juizado de Paz da Freguesia de Vitória, Azambuja Suzano e Manoel Morais concorreram e obtiveram votação majoritária para ocupar o cargo. Significa, portanto, a disputa ter alcançado repercussão suficiente para mobilizar membros da elite política provincial e, levando-se em conta as votações noutras freguesias, os cidadãos comuns também. Tratava-se de oportunidade ímpar para o exercício do voto para grande parte dos membros das freguesias das províncias no país, em vista de as eleições provinciais e gerais se decidirem com o voto apenas dos eleitores.

Na província de Minas Gerais verifica-se igual adesão popular à participação eleitoral nos processos de escolha dos juízes de paz, se tomado o exemplo de São João Del Rei. A primeira eleição de juiz de paz daquela vila ocorreu sob intensa mobilização dos eleitores e acirrada

JUÍZES DE PAZ, MOBILIZAÇÃO E INTERIORIZAÇÃO DA POLÍTICA

disputa entre os candidatos. De acordo com a portaria do presidente da província ministerial de 24 de dezembro de 1828, no mês de fevereiro de 1829 a Junta Eleitoral se reuniu para proceder às eleições

> aos quinze dias do mês de fevereiro do ano do nascimento do nosso senhor Jesus Cristo de mil oitocentos e vinte e nove, [...] desta mesma vila de São João Del Rei, [...] para o fim de se proceder a eleição dos sete vereadores que hão de formar a Câmara Municipal da sobredita vila e do Juiz de Paz e seu suplente da referida Freguesia; assim como das suas capelas filiais; a saber = Santa Rita = Piedade = Onça = Cajuru = Madre de Deos = Rijo das Mortes e São Gonçalo do Brumado, sendo Presidente o S.M. Antônio Felisberto da Costa, Juiz de Fora pela lei e depois de se formar a mesa [...], se procedeu ao recebimento das cédulas, as quais depois de entregues todas se contarão e achou se ser o numero total delas 646, e separando-se as que pertenciam a Eleição dos Vereadores das que são relativas a Eleição dos Juizes de Paz, se mandarão remeter vinte e duas para a Câmara da vila de São José e 624 para a Câmara desta vila, na conformidade do artigo décimo da lei de primeiro de outubro do sobredito ano de mil oitocentos e vinte e oito. Passando-se depois ao exame e apuração dos votos para Juizes de Paz e seus suplentes, obtendo a maioria de [...]"[43]

O detalhamento da ata dessa eleição permite aprofundar o conhecimento a respeito do grau de interesse e rivalidade pelo cargo no Brasil. Os dados apresentados no Quadro 2 foram acrescidos das informações localizadas em inventários, testamentos e listas nominativas a respeito das posses dos candidatos.

Mesmo que os inventários e testamentos retratem realidade posterior, admite-se, do ponto de vista formal, que as informações podem não refletir as riquezas no momento das eleições. Ainda assim, optou-se por considerar os dados indícios de fortuna e posição social não constituírem critérios únicos na distribuição de votos. Por consequência, enfraquecem-se as perspectivas de as disputas políticas definirem-se exclusivamente pela capacidade de mobilização dos poderes privados. Em alguns casos, parece até que o número de votos chega a ser inversamente proporcional aos indicadores de posses e fortunas.

Quadro 2 — Indicadores de posição social dos votados em 1829

Votados para juiz de paz	N° de votos	%	Posse de escravos	Monte-mor
Batista Caetano de Almeida	221	48		
Coronel Francisco Izidoro Batista da Silva	115	25,1	14	43:906$634
Capitão-mor João Pereira Pimentel	64	13,8		
Reverendo João Ferreira Leite	14	3,5		
Reverendo Custódio de Castro Moreira	6	1,3		33:639$078
Francisco de Paula de Almeida Magalhães	6	1,3	26	
João Batista Pinto de Almeida	5	1,1	4	94:302$614
Doutor Luiz José Dias Custódio	4	0,9		6:580$644
Capitão Manoel Gomes de Almeida Coelho	4	0,9		
Capitão Francisco José Alves Santiago	3	0,7	12	75:036$832
Sargento-mor Antônio Felisberto da Costa	2	0,4	5	22:866$365
Sargento-mor José Joaquim Correia	2	0,4	7	
Doutor Gomes da Silva Pereira	2	0,4		
Reverendo Francisco Antônio da Costa	1	0,2		
Augusto Leite de Faria	1	0,2	5	
Coronel Antônio Constantino de Oliveira	1	0,2		
Reverendo Antônio Joaquim de Medeiros	1	0,2		

(cont.)

JUÍZES DE PAZ, MOBILIZAÇÃO E INTERIORIZAÇÃO DA POLÍTICA

Votados para juiz de paz	N° de votos	%	Posse de escravos	Monte-mor
Joaquim Antônio de Castro Viana	1	0,2		
Capitão José Dias de Oliveira	1	0,2		
Comendador João Batista Machado	1	0,2		
Capitão Luiz Alves de Magalhães	1	0,2		
Reverendo Manoel da Paixão e Paiva	1	0,2	19	12:295$300
Martiniano Severo de Barros	1	0,2		
Capitão-mor José Fernandes Pena	1	0,2		
TOTAL	459	100		

Nas eleições para o cargo na vila de São João Del Rei, em 1829, verifica-se a distribuição de 459 votos entre 23 candidatos. A concentração entre os dois mais votados, contudo, não deixa dúvidas sobre quem eram os candidatos representativos dos grupos em disputa pelo cargo. Elegeu-se juiz de paz o cidadão Baptista Caetano de Almeida, com 221 votos contra os 115 votos do segundo colocado, o coronel Francisco Izidoro Batista da Silva, e 64 votos do terceiro colocado, o capitão-mor João Pereira Pimentel. O último, entretanto, elegeu-se suplente de juiz de paz com 127 votos. Vale explicar que, nas cédulas, os eleitores indicavam apenas um indivíduo para ocupar o cargo de juiz de paz e outro para o de suplente. A escolha dos suplentes apresentou o mesmo quadro de dispersão de votos dados ao cargo de juiz de paz. Dos 42 candidatos, houve quem recebesse de 127 a 1 voto, com os 12 candidatos mais votados dividindo 374 votos.

O juiz de paz eleito, Baptista Caetano de Almeida, era comerciante ligado ao nascente grupo dos liberais moderados. Ele participara com seus correligionários da fundação, no ano anterior à eleição, do jornal *O Astro de Minas*. Em 1830, Caetano Almeida eleger-se-ia deputado pela província de Minas Gerais. O segundo colocado, coronel Francisco Izidoro Batista da Silva, ocupou cargo na Câmara Municipal no ano de 1822 e, segundo dados do inventário, era proprietário de 13 escravos, três moradas de casas na vila urbana de São João Del Rei, além de portar o título de Cavaleiro da Ordem de Cristo. Pela descrição dos bens, o coronel Francisco Izidoro era um dos comerciantes que praticava operações de crédito na vila de São João Del Rei. O capitão-mor João Pereira Pimentel, eleito suplente de juiz de paz, possuía carreira política consolidada no lugar. No biênio 1820-1821, ele figurava entre os vereadores da Câmara, reconduzido novamente no quadriênio 1829-1832. Além disso, o capitão foi signatário, em 4 de abril de 1822, de termo de vereança dirigido ao príncipe Pedro, em que expressava a necessidade de se redigir constituição que mantivesse o poder central nas mãos do regente, mas, ao mesmo tempo, capaz de garantir maior poder para as províncias. Em maio de 1827, a Câmara o indicou para ocupar o posto de capitão-mor.

Interessa notar, em disputa paroquial de São João Del Rei, o perfilhamento de certos cidadãos que, posteriormente, se identificaram com as ideias políticas conhecidas no Império como liberalismo moderado. O grupo, liderado por Baptista Caetano, lançou vários nomes ao cargo de juiz de paz que concorreram pela mobilização massiva de eleitores. Os nomes assinalados em negrito no Anexo foram encontrados na lista da Sociedade Defensora da Liberdade e Independência Nacional de São João Del Rei de 1832, acrescidos de outros dez nomes de indivíduos votados para suplentes. Dentre esses indivíduos, o suplente de juiz de paz eleito com 127 votos, o capitão-mor João Pereira Pimentel, alcançou terceiro lugar na votação para juiz de paz. A eleição de ambos para juiz de paz e suplente de juiz de paz resultava, certamente, de composição política. Ou seja, a dupla eleita, o cidadão Baptista Caetano de Almeida e o capitão-mor João Pereira Pimentel, estava ligada ao mesmo grupo político.[44]

As informações coligidas contribuem para a identificação do perfil do eleitorado de São João Del Rei à época. Buscou-se estabelecer estimativas sobre o número de eleitores e prováveis cidadãos com a qualidade para se tornarem eleitores. Tomou-se como base o recenseamento populacional constante das listas nominativas de 1832. Contabilizaram na fonte 697 homens livres,[45] chefes de fogo ou filhos desses. Verificaram-se na listagem diversas indicações de homens libertos. Esse contingente recebia a identificação da cor, dentre os quais havia 286 brancos, 287 pardos, 109 crioulos, 13 cabras e dois pretos. Todos constavam com idades acima de 25 anos — a mínima necessária por lei para o exercício do voto. Não havia nas listas dados de renda. A Constituição de 1824 definia que para ser votante era necessário ter uma renda líquida anual de 100 mil-réis por bem de raiz, comércio e emprego. É possível, inclusive, inferir que poucas vezes se rejeitavam eleitores pelo critério censitário, pois em eleição posterior, em 1832, localizaram-se na ata apenas quatro pessoas impedidas de votar por "não ter a renda exigida pela lei". De qualquer modo, os 697 possíveis eleitores da lista nominativa em análise, mesmo superestimados pela falta de identificação da renda, aproximam-se significativamente dos 459 votos depositados na eleição para juiz de paz no ano de 1829.

Para a caracterização da trajetória dos candidatos votados na vila de São João Del Rei na primeira eleição de juiz de paz, consultaram-se várias fontes e instrumentos de pesquisa, tais como registros de batismo e casamentos, inventários, testamentos, listas nominativas, além de livros de efemérides e outras fontes secundárias (ver Anexo ao final deste capítulo). Alguns dos traços dessas trajetórias parecem fornecer elementos comuns entre os candidatos. Em primeiro lugar, grande parte compunha-se de homens ligados aos negócios e ao comércio, portanto, membros da elite de negociantes e comerciantes responsáveis pela formação do grupo de liberais moderados na região. Vale lembrar que na antiga comarca do Rio das Mortes, cuja cabeça era a vila de São João Del Rei, o período que marcou a "década liberal" e a ascensão dos liberais moderados ao poder no âmbito local[46] foi precedido de profundas mudanças estruturais na região, cuja especialização era o comércio com a Corte. Como salientou Alcir Lenharo, tratou-se de "etapa de acumulação de forças" dos representantes dos interesses da elite ligada ao abastecimento, que começava a se projetar "no nível das municipalidades e nas administrações provinciais".[47] Praticamente todos ocupavam ou viriam a ocupar cargos públicos, alguns deles, posteriormente, iniciariam, a exemplo de Baptista Caetano e Martiniano Severo de Barros, trajetórias de ascensão política na Corte. Entretanto, algumas exceções apontam que os "homens comuns", conclamados por Evaristo da Veiga para se contraporem aos grandes proprietários, buscaram atuar no processo eleitoral. É o caso de Augusto Leite de Faria, cirurgião-mor cujas posses e bens relacionados no inventário não deixam dúvidas sobre sua posição; do reverendo Manoel da Paixão e Paiva, padre e professor de gramática; do capitão-mor de Ordenanças (tropas de linha); e de José Fernandes Pena, que figura nas listas nominativas como crioulo, livre, assalariado e não proprietário de escravos. Apesar de cada um receber apenas um voto (provavelmente o próprio), eles não se somaram às redes mais amplas que favoreceram os três candidatos mais votados.

Em segundo lugar, destaca-se a baixa votação obtida por homens cujas posses e posição social os capacitaria, em tese, a mobilizar maiores apoios. O caso mais ilustrativo é o de Francisco de Paula de Almeida Magalhães, que detinha posição privilegiada na sociedade local como um dos "padrinhos" mais requisitados na vila, mas que se traduziu em apenas seis votos na eleição.[48] A esfera política não reproduzia necessariamente o poder privado e sua capacidade de gerar dependências e lealdades. A dispersão dos votos em número considerável de candidatos pode ser vista como demonstração do grau de mobilização e liberdade de escolha dos eleitores. Note-se que para suplente de juiz 457 votos se distribuem entre 42 candidatos. Chamam atenção os resultados eleitorais de alguns distritos e capelas filiais que, cruzados às trajetórias dos candidatos, apresentaram características surpreendentes. As informações em nada corroboram os reducionismos a respeito da participação eleitoral no interior das províncias, concebida, em geral, como mero reflexo da mobilização de clientelas cativas.

Na Capela do Onça havia 576 almas, a se confiar novamente nas listas nominativas resultantes do levantamento populacional em 1832. Dentre esses habitantes, encontravam-se como potenciais eleitores 108 homens livres com idade acima de 25 anos, ressalvadas novamente as superestimações pela ausência do critério de renda. Dentre eles figuravam 58 brancos, 35 pardos, 13 crioulos, um preto e um africano. É bastante provável serem libertos os listados como africanos, pretos ou crioulos se e com pouca chance de direito ao voto; o mesmo poderia se aplicar a parte da parcela dos listados como pardos. Na eleição de 1829, a ata dessa capela apresentava 49 eleitores, quase metade do que se imagina como o universo dos qualificados a votar. E aí o que chama a atenção é o resultado da eleição apresentado no Quadro 3:

Quadro 3 — Eleição para juiz de paz na Capela de São Francisco do Onça

Capela de São Francisco do Onça	Votos	Nº de escravos	Monte-mor
Capitão João Luiz França	23	11	4:955$915
Reverendo José Coelho de Souza	13	1	
Capitão Antônio dos Reis Silva	6	51	40:145$976
Reverendo Valério dos Reis Silva (Resende)	5	10	43:193$180
Capitão José Nunes Teixeira	2	35	46:160$329
Total de votos	49		

Embora não se encontrem informações que permitam traçar quadro mais preciso das características e trajetórias de cada um dos candidatos, fica evidente a ausência de relação direta entre posição e condição social, mensurável pelos dados referentes à posse de escravos e monte-mor encontrados nas listas nominativas e nos inventários e os resultados eleitorais. Tanto o candidato vencedor quanto o segundo colocado apresentam indicadores econômicos que os situam consideravelmente abaixo na escala social, ocorrendo exatamente o contrário com os candidatos derrotados.

Na Capela de Piedade do Rio Grande, por sua vez, repete-se o mesmo fenômeno. Contando com 761 almas, localizaram-se nas listas nominativas 134 homens livres maiores de 25 anos. Desses, havia 59 pardos, 55 brancos, 12 crioulos, 5 pretos, 1 cabra e 2 listados como "outros". Novamente, utilizando o mesmo raciocínio quanto aos prováveis eleitores em relação ao universo dos homens livres, poder-se-ia supor um quadro de participação eleitoral significativo. Os resultados da eleição podem ser observados no Quadro 4:

Quadro 4 — Eleição para juiz de paz na Capela de Piedade

Capela de Piedade	Votos	N° de escravos	Monte-mor
Reverendo Manoel Coelho de Souza	20		
Capitão Antônio Rodrigues da Fonseca	18	18	9:757$437
Custódio Fagundes do Nascimento	3	41	22:707$780
Capitão Jerônimo Ribeiro do Vale	3	44	60:862$383
Domingos José de Araújo	2		
Total de Votos	46		

Outra vez, a correlação entre posição econômica e votos se apresenta inversa, diminuindo o número de votos na proporção em que se elevam os indicadores de renda e propriedade. Os dados da participação eleitoral apresentados ganham mais relevância quando comparados com as notícias de eleições em outras localidades. *O Astro de Minas*, de 24 de maio de 1828, trazia a seguinte carta de um leitor de Sabará:

> *[extrato de uma Carta particular]* Em a manhã do dia 25 do p. p. de abril se procedeu aqui à eleição dos Juízes de Paz. Oitenta e seis pessoas compareceram a votar, sendo algumas moradoras à trinta e mais léguas de distância da vila [...].

E prosseguia o redator dizendo:

> Comparando o número dos cidadãos, que compareceram em Sabará para a eleição de Juízes de Paz aos da I. C. do Ouro Preto e S. Paulo, não nos podemos cansar de render à aquele os mais sinceros elogios pelos esforços que fizeram para o estabelecimento das novas instituições liberais, e intimamente sentimos não conhecer a todos os Srs. Eleitores do Sabará, que tantos sacrifícios fizeram para assistir às eleições dos Juízes de Paz, porque desejávamos apresentar seus nomes na nossa folha com os merecidos elogios.[49]

Esses resultados, brevemente apresentados, ainda não permitem conclusões e generalizações. No entanto, parecem apontar fértil campo de possibilidades de pesquisas capazes de clarear o processo de expansão e interiorização da esfera pública e, especificamente, da política e sua relativa autonomia, levada em conta a conjuntura específica das eleições relatadas. É possível que as eleições de juiz de paz representassem a materialização institucional do alargamento da sociedade política cujas fronteiras se estendiam às localidades mais remotas, ampliando e interiorizando a participação do homem comum nas freguesias e vilas. O processo eleitoral proporcionava, portanto, visível grau de participação e mobilização e influenciava diretamente as pendências cotidianas locais. Os dados parecem indicar que a vida política se interiorizava para além dos círculos mais próximos da Corte, caracterizada por certa vitalidade que está longe de convalidar as tradicionais abordagens marcadas pelo reducionismo de conceitos como mandonismo e clientelismo.[50] É interessante constatar que o mesmo paradigma se apresenta em outras historiografias.[51]

4. CONSIDERAÇÕES FINAIS

Pelo exposto, admite-se que as eleições para juiz de paz produziram a politização da justiça, que representava a face mais visível e pedagógica do poder do Estado,[52] e por meio da qual homens comuns buscavam "sua incorporação de fato na vida da comunidade respeitável, o que implicava no uso do papel das cortes como mediadoras das disputas pessoais".[53]

Por outro lado, corroborando a hipótese de Lenharo de que as elites locais ligadas ao abastecimento "somente após 1826 [...] encontrariam os canais mais apropriados de organização e prática política, para ganhar em 1831 o espaço que pretendiam", certamente o juizado de paz se constituiu num desses canais decisivos de projeção política dos homens e grupos locais que, começando como juízes de paz, construiriam mais à frente carreiras políticas na Corte. O juiz de paz somente deixou de ser ferramenta de pedagogia e luta política quando os liberais fizeram a guinada para o Regresso e passaram à defesa da ordem baseada num Estado forte sobre uma sociedade não confiável. No final dos anos 1830, o Regresso intensificou a campanha de responsabilização do juiz de paz tanto pelo desregramento da justiça quanto por sua suposta submissão aos poderes locais.

O juiz de paz perdeu parcela significativa de seu poder para os delegados, que respondiam diretamente aos chefes de polícia. É pressuposto frequentemente aceito na historiografia para o esvaziamento dos juizados de paz e a centralização do aparelho judicial a necessidade de derrotar a inoperância dos magistrados eleitos, sobretudo, devido a sua natureza localista.[54] À época, combatia-se a legitimidade do juiz de paz acusando-o de estreita ligação com o patronato local e por suas redes de clientela. É curioso Thomas Flory aceitar os argumentos propalados no oitocentos para explicar o fracasso do papel conciliador que se esperava do juiz de paz.[55] As justificativas que insistiam na incompetência e corrupção dos juízes de paz eram claramente elitistas, quando não abertamente antidemocráticas, o mesmo se aplicando ao sistema de júri e seus supostos empecilhos ao andamento da justiça.

Enfim, buscou-se evidenciar em algumas localidades mais desenvolvidas e urbanas, pelo menos até 1841, a intensa participação e mobilização nas eleições de juízes de paz. Já em lugares mais afastados, o problema era complexo. Entretanto, é notável que os ocupantes dos cargos de delegado ou subdelegado se recrutassem da mesma extração de onde provinham os indivíduos eleitos juízes de paz.[56] De fato, foram as figuras dos delegados e juízes de carreira nomeados pelo governo central que efetivamente introduziram na crônica judicial a decisiva influência dos poderosos locais na nomeação e indicação de cargos e carreiras.[57] Isso não descarta o fato de que as redes de compadrio e clientela pesavam, na medida em que mediam forças nessas circunstâncias, mas se constituía apenas em uma das variáveis e, talvez, a julgar pelos dados, não atuavam de forma decisiva. Esses grupos solidamente articulados em torno de interesses mais nítidos, inclusive econômicos, formavam o núcleo central das agremiações políticas, funcionando certamente como polos de atração e de referência dos demais setores que não se reduziam a clientelas. Tais grupos possuíam objetivos, razões e sentidos próprios para suas escolhas e ações que encontravam nesses grupos canais de expressão e mobilização, como exemplificam pardos e escravos, que entenderam diferentemente — hoje o sabemos — os sentidos da liberdade e da libertação implicadas no processo de independência e sua consolidação.

ANEXO

Dados bibliográficos dos candidatos e suas trajetórias[58]

Votados para juiz de paz	Notícias biográficas
Baptista Caetano de Almeida	Vereador em 1822, estabeleceu com seu primo Francisco de Paula Almeida Magalhães uma sociedade mercantil, que perdurou até 1828. Fundou o periódico *Astro de Minas*, que serviu à causa liberal; fundou a Biblioteca Pública de São João Del Rei; assinou em 4 de abril de 1822 um termo de vereança para o príncipe regente, no qual fala sobre uma constituição que mantenha o poder central nas mãos do príncipe mas garanta mais poder para as províncias. Era irmão de Caetano Furquim de Almeida, que era comerciante em São João Del Rei. Serviu como membro da Mesa Administrativa da Misericórdia. Comprou e doou à Câmara Municipal os terrenos em que hoje se instalam a Casa da Câmara Municipal, a Biblioteca Pública e onde funcionava a cadeia. Foi um dos 24 deputados que assinaram a representação ao imperador pedindo a demissão do Ministério e a reparação dos atentados da gente "garrafista".

(cont.)

Votados para juiz de paz	Notícias biográficas
Coronel Francisco Izidoro Batista da Silva	Chefe de fogo, casado com Audina Severina, cinco filhos e três agregados. Função pública: soldado. Vereador em 1822, foi proprietário de 13 escravos, três moradas de casas na vila urbana de São João Del Rei. Dentre seus pertences estavam um piano e vários quadros. Foi cavaleiro professo da Ordem de Cristo e, pela descrição de seus bens, é perceptível a prática de crédito na vila de São João Del Rei.
Capitão-mor João Pereira Pimentel	Vereador em 1820-1821, e entre 1829-1832, casado com Jesuína Cândida de Paula. Em seu fogo habitavam 12 indivíduos sem relação; sua ocupação era a agricultura; em 1824 substituiu um posto na Câmara após o falecimento do capitão Alexandre Pereira Pimentel. Assinou em 4 de abril de 1822 um termo de vereança para o príncipe regente, no qual fala sobre a vontade de uma constituição que mantenha o poder central nas mãos do príncipe mas garanta mais poder para as províncias. Em 5 de abril de 1808 recebeu o posto de alferes das Ordenanças do Distrito da Vila de São João Del Rei. É escolhido para o posto de capitão-mor em 14 de maio de 1827 e foi herdeiro universal de seu pai. Não consta no inventário nenhum bem avaliado, apenas uma apólice da dívida pública no valor de 1:000$000.
Reverendo João Ferreira Leite	Toma posse em 14 de setembro de 1833 como juiz de órfãos interino.
Reverendo Custódio de Castro Moreira	Padre, não possui pessoas nem escravos no seu fogo. Constavam no inventário seus herdeiros João Ignácio Dias e os dois filhos de seu irmão Antônio José de Castro Moreira.
Francisco de Paula de Almeida Magalhães	Primo de Baptista Caetano de Almeida, trabalhava na área comercial com seus irmãos e manteve uma sociedade comercial com Batista Caetano. Foi vereador e presidente da Câmara Municipal, comendador de ordem militar, casado com Ana Custódia de Magalhães. Após a morte da esposa, casou-se com sua cunhada Mariana Carolina Magalhães, com quem teve o filho Custódio de Almeida Magalhães. Ambas eram suas primas. Fundador da Sociedade Defensora da Liberdade e Independência Nacional. Membro de uma família de grande relevância

(cont.)

JUÍZES DE PAZ, MOBILIZAÇÃO E INTERIORIZAÇÃO DA POLÍTICA

Votados para juiz de paz	Notícias biográficas
	política na região, Francisco de Paula Almeida Magalhães era uma pessoa de grande destaque social em São João Del Rei. Para além de grande poderio político, ocupando os cargos de alferes e comendador, ainda era um abastado comerciante, dono de um comércio bastante variado. Apadrinhou 41 crianças, sendo que apenas uma delas era escrava. Em meio aos bens consta uma fazenda, chamada Lenheiro, avaliada em quatro contos de réis. A sociedade com seu primo foi confirmada em seu inventário, entre 1819 e 1828, e lhe rendeu 8:349$579; em seu inventário constam contas recebidas no valor de 45:338$354.
João Baptista Pinto de Almeida	Foi tenente-coronel do 1º batalhão de Guardas Nacionais do Município de São João del Rei; dedicou-se às atividades comerciais, em sociedade com seus irmãos Aureliano de Almeida Magalhães e Francisco de Paula Almeida Magalhães, com estabelecimentos em São João e São Paulo; foi tesoureiro da Fazenda de Defuntos e Ausentes da Vila de São João Del Rei.
Capitão Manoel Gomes de Almeida Coelho	Vereador em 1820 e 1821. Procurador em 1808; era português; ocupou cargos na Câmara Municipal de São João Del Rei nos anos de 1808, 1820 e 1821, além de ter sido tesoureiro do hospital; ficaram todos os seus bens arrendados; no processo constam todos os gastos: 261$684;
Capitão Francisco José Alves Santiago	Major, pai de sete filhos, entre eles Francisco José Alves Santiago e Joaquim Alves Santiago; o que chama atenção em seu inventário é o número alto de moradas que o inventariante possuía, algumas instaladas no perímetro urbano de São João Del Rei.
Sargento-Mor Antônio Felisberto da Costa	Recebe o hábito da Ordem Terceira de Nossa Senhora do Carmo de São João Del Rei; exerceu o cargo de vereador nos anos de 1811, 1817, 1823 e 1828, atuando como juiz ordinário por ser o vereador mais velho. Casado com d. Maria Joaquina de São José. Foi cirurgião-mor autorizado em 1783; na descrição de seus bens aparecem Fazendas da Loja, certamente se tratava dos bens que eram vendidos em sua casa de comércio.

(cont.)

Votados para juiz de paz	Notícias biográficas
Sargento-Mor José Joaquim Correia	Ocupou os cargos de vereador e procurador nos anos de 1787, 1789, 1818, 1820 e 1825 na Câmara Municipal de São João Del Rei. Em seu testamento constava a avaliação de três casas em 14:250$000 e alguns bens em 140$000; sua esposa era Francisca Antônia de Paula; como seu avaliador consta Martiniano Severo de Barros; como valor estipulado pelo testador para deixar para um dos herdeiros consta o valor de 1:003$620; nascido e batizado no Rio de Janeiro; posteriormente na descrição dos bens, pudemos observar a denominação de uma sociedade, que através da 10ª Urbana pudemos ter certeza ser uma sociedade comercial, entre José Joaquim Correa e João Pereira Pimentel. Além da localização da morada ser uma região onde funcionavam comércios, possuía três moradas de casas, uma de sobrado instalada na Rua Direita, onde ele morava, e possivelmente onde funcionava sua sociedade, e outras de fundo com a casa especificada, além de cinco casas muito pequenas na Rua São Miguel, que corresponde à mesma área de entorno.
Doutor Gomes da Silva Pereira	Advogado, pai de Francisco Joaquim de Araújo Pereira da Silva, que denunciou a eleição para juiz de paz ocorrida em 1829; exerceu em São João Del Rei os seguintes cargos: vereador em 1773, 1818, juiz ordinário em 1806, advogado da Coroa na vila e comarca de São João Del Rei; foi tesoureiro da Intendência da casa de Fundição de São João Del Rei.
Reverendo Francisco Antônio da Costa	Reside sozinho em seu fogo. Vereador em 1833 e vice-presidente da Sociedade Defensora da Liberdade e Independência Nacional em 1831.
Augusto Leite de Faria	Cirurgião-mor, em seu inventário consta apenas a avaliação de seus bens em 9:550$520 e as custas do processo, 22$354.
Coronel Antônio Constantino de Oliveira	Comandante do 1º Regimento.

(cont.)

JUÍZES DE PAZ, MOBILIZAÇÃO E INTERIORIZAÇÃO DA POLÍTICA

Votados para juiz de paz	Notícias biográficas
Capitão José Dias de Oliveira	Em 6 de janeiro de 1821 recebe posse como oficial da Câmara. Português, casado com Matildes Jesuína, foi capitão, secretário e ministro da Ordem de São Francisco; vereador em 1820, procurador em 1821, vereador em 1831. Exerceu a provedoria da Santa Casa e os cargos de secretário e ministro da Ordem de São Francisco. Em 1818 tomou posse do posto de capitão; comerciante de fazendas secas.
Comendador João Batista Machado	Casado com Ana Joaquina dos Santos. Tesoureiro recebedor de sisa e meia sisa da vila de São João Del Rei.
Capitão Luiz Alves de Magalhães	Negociante. Seu filho Francisco Alves de Magalhães é caixeiro. Assina em 4 de abril de 1822 um termo de vereança para o príncipe regente, no qual fala sobre a vontade de uma constituição que mantenha o poder central nas mãos do príncipe mas garanta mais poder para as províncias. Procurador do Conselho em 1822. Tesoureiro da Sociedade Defensora da Liberdade e Independência Nacional em 1831; ocupou os cargos de procurador da Câmara, alferes, tenente e capitão. Foi um dos sócios fundadores da seção de São João Del Rei da Sociedade Defensora da Liberdade e da Independência Nacional, em outubro de 1831. Para além de seus importantes cargos, pertencia a uma família de relevância na sociedade sanjoanense, sendo neto do grande proprietário escravista Bento Pinto Magalhães e de d. Maria do Rosário Acioli Albuquerque. Essa família possuía grande importância na política da região. Batizou 87 afilhados.
Reverendo Manoel da Paixão e Paiva	Exerceu funções públicas e eclesiásticas, foi padre-mestre, em seu fogo habitam seis indivíduos sem relação, sete agregados e 25 escravos; proprietário das fazendas São Gonçalo e Mundo Vira em São Gonçalo do Brumado (Caburu). Foi professor de gramática latina da vila de São João Del Rei.
Martiniano Severo de Barros	Chefe de fogo, casado com Emerenciana; em seu fogo habitavam sete filhos e sete indivíduos sem relação. Ocupava-se de negócios e comércio. Vereador em 1833.
Capitão-Mor José Fernandes Pena	Chefe de fogo, crioulo, livre, casado com Feliciana, trabalhava com jornal, era assalariado, vivia com sua esposa e três indivíduos sem relação. Em 1822 recebeu a patente de capitão-mor das Ordenanças. Vereador em 1820.

Notas

1. Consultar Pierre Rosavallon. *Le sacre du citoyen*. Paris: Gallimard, 2002, p. 245 e segs.
2. Estudo realizado em 1981 a partir de dados de paróquias do Rio de Janeiro nos anos de 1870-1875, Mircea Buesco. No centenário da Lei Saraiva. *Revista do Instituto Histórico e Geográfico Brasileiro*, n° 330, Rio de Janeiro, 1981, pp. 178-186.
3. José Murilo Carvalho. *Cidadania no Brasil: o longo caminho*. 5ª ed. Rio de Janeiro: Civilização Brasileira, 2004.
4. Não se comparou à França, pois existia sufrágio desde 1848.
5. Capítulo II, artigo 102 da Constituição brasileira de 1824.
6. Capítulo I, artigo 101 da Constituição brasileira de 1824.
7. Artigo 153 da Constituição brasileira de 1824.
8. Ver preâmbulo do projeto apresentado pelo governo à Assembleia Geral. Anais da Câmara de 9 de julho de 1828, p. 76.
9. Trata-se de proposta da Constituinte de 1823.
10. Ofício recebido da Câmara de Vitória, 30/8/1824, AV, Caixa 1.
11. Anais da Câmara. Sessão de 31 de maio de 1826, p. 195. Disponível em: http://imagem.camara.gov.br/dc_20b.asp. Acesso em 20 fev. 2010.
12. Anais da Câmara. Sessão de 11 de julho de 1826, p. 127. Disponível em: http://imagem.camara.gov.br/dc_20b.asp. Acesso em 20 fev. 2010.
13. Anais da Câmara. Sessão de 9 de julho de 1828. Disponível em: http://imagem.camara.gov.br/dc_20b.asp. Acesso em 20 fev. 2010.
14. Expressão mais comum no Antigo Regime. Ver Maria Fernanda Bicalho. "As Câmaras ultramarinas e o governo do Império". In: João Fragoso, Maria Fernanda Bicalho, Maria de Fátima Gouvêa. *O Antigo Regime nos trópicos: a dinâmica imperial portuguesa (séculos XVI-XVIII)*. Rio de Janeiro: Civilização Brasileira, 2001.
15. Artigos 2° ao 5°, cf. Anais da Câmara de 9 de julho de 1828. Disponível em: http://imagem.camara.gov.br/dc_20b.asp. Acesso em 21 fev. 2010.
16. Anais da Câmara de 23 de julho de 1828, p. 174. Disponível em: http://imagem.camara.gov.br/dc_20b.asp. Acesso em 21 fev. 2010.
17. Decreto de 17 de novembro de 1824.
18. Anais da Câmara de Deputados, 23 jul. 1828, p. 175.
19. *Idem*.
20. Anais da Câmara dos Deputados, 4 ago. 1828, p. 21.
21. *Idem*.
22. Assembleia de votantes da paróquia ou distrito.
23. Raymundo Faoro. *Os donos do poder: formação do patronato político brasileiro*. Porto Alegre: Globo, 1985, vol. 1, p. 184.
24. Charles Boxer. *O império marítimo português, 1415-1825*. São Paulo: Companhia das Letras, 2002, p. 287.

25. António Manuel Hespanha. *História de Portugal moderno: político e institucional.* Lisboa: Universidade Aberta, 1995, p. 166.
26. *Idem.*
27. Artigo 88 da Lei de 1º/10/1828 e §7º do artigo 12 do Código de Processo Criminal de 1832.
28. Artigo 39 da Lei de 1º/10/1828: "Art. 39. As Câmaras, na sua primeira reunião, examinarão os provimentos, e posturas actuaes, para propor ao Conselho Geral o que melhor convier aos interesses do município; ficando, depois de approvados, sem vigor todos os mais."
29. Item 4 do artigo 10 da Lei nº 16, de 12 de agosto de 1834.
30. Documento constante dos Ofícios Recebidos pela Câmara de Vitória em 2/8/1834 — Arquivo Municipal de Vitória.
31. Charles Boxer, op. cit., p. 298.
32. A. Sousa. Poder local e autonomia camarária no Antigo Regime: o Senado da Câmara da Bahia (século XVIII). *In*: Maria Fernanda Bicalho e Vera Lúcia Amaral Ferlini. *Modos de governar: ideias e práticas políticas no Império Português, séculos XVI-XIX.* São Paulo: Alameda, 2005, p. 137.
33. Maria Fernanda Bicalho. "As Câmaras ultramarinas e o governo do Império". *In*: João Fragoso; Maria Fernanda Bicalho; Maria de Fátima Gouvêa. *O Antigo Regime nos trópicos: a dinâmica imperial portuguesa (séculos XVI-XVIII).* Rio de Janeiro: Civilização Brasileira, 2001, p. 200.
34. Ofícios recebidos da Câmara de Vitória/ES. Caixa 1.
35. *Livro de Atas de Formação da Mesa Eleitoral de Qualificação de Carapina, 1849.* Arquivo da Câmara Municipal de Vitória.
36. Em 1834, Luiz Azambuja Susano foi eleito deputado com maior número de votos para a Assembleia Legislativa Provincial (Rodrigo da Silva Goulart. *Figurões da terra: trajetórias e projetos públicos no Espírito Santo do oitocentos.* Dissertação de mestrado, Programa de Pós-graduação em História da UFES, Vitória, 2008).
37. Bazílio Carvalho Daemon, 1879.
38. Bazílio Carvalho Daemon, 1879.
39. Ata das Cortes Gerais e Extraordinárias da Nação Portugueza, 1/6/1822, p. 342. Disponível em <http://debates.parlamento.pt/page.aspx?cid=mc.c1821>. Acesso em 15 fev. 2010.
40. Ofícios Expedidos da Câmara de Vitória, Caixa 1; conferir em Adriana Pereira Campos. "A Independência e o Espírito Santo". *Revista do Instituto Histórico e Geográfico do Espírito Santo*, Vitória/ES, vol. 59, n. 59, pp. 75-84, 2005.
41. Conferir em Rodrigo da Silva Goularte, p. 36 e segs.
42. *Apud* Adriana Pereira Campos, op. cit.
43. Atas da Câmara de São João Del Rei, Biblioteca Municipal Baptista Caetano.

44. Dezesseis dos votados nas eleições de 1829 viriam a ser membros da Sociedade Defensora posteriormente criada e nas eleições de 1832, novamente 16 dos nomes, mas não os mesmos, figuram na lista da Sociedade em São João do mesmo ano. Sociedade Defensora da Liberdade e Independência Nacional de São João Del Rei, Livro de Conta corrente dos Sócios da SDLIN criada na vila de SJDR 1831-1832 — assinado por Francisco José de Alvarenga. Documentação da Câmara de São João Del Rei (microfilme), Série 38, SOC 203, rolo 62.
45. Para determinadas pessoas não se registrava sua condição social, que se consideraram livres para efeito da pesquisa realizada.
46. Ver Wlamir Silva. *Liberais e povo: a construção da hegemonia liberal-moderada na província de Minas Gerais (1830-1834)*. São Paulo: Hucitec, 2009.
47. Alcir Lenharo. *As tropas da moderação: o abastecimento da Corte na formação política do Brasil, 1808-1842*. São Paulo: Símbolo, 1979, p. 70.
48. A documentação paroquial referente aos registros de batismos e casamentos encontra-se totalmente indexada num banco de dados disponível para pesquisas, construído pela Profª. Sílvia Brugger. Os registros de batismo da Matriz de Nossa Senhora do Pilar cobrem o período de 1736 a 1850, num total de 45.433 fichas, contendo todos os dados informativos a respeito dos envolvidos.
49. *O Astro de Minas* de 24 de maio de 1828.
50. Para uma análise prototípica nessa direção, ver Maria Isaura Pereira Queiróz. *Mandonismo local na vida brasileira e outros ensaios*. São Paulo: Alfa-Ômega, 1976.
51. Para uma discussão a respeito das interpretações do Brasil, ver Ivan de A. Vellasco. "Clientelismo, ordem privada e Estado no Brasil oitocentista: notas para um debate". In: José Murilo de Carvalho e Lúcia Bastos Pereira das Neves (orgs.). *Repensando o Brasil dos oitocentos: cidadania, política e liberdade*. Rio de Janeiro: Civilização Brasileira, 2009.
52. Ivan de A. Vellasco. *As seduções da ordem: violência, criminalidade e administração da justiça de Minas Gerais, século 19*. Bauru: Edusc/Anpocs, 2004.
53. Patricia Ann Aufderheide. *Order and Violence: social deviance and social control in Brazil, 1780-1840*. Dissertação (Ph.D.), University of Minnesota, 1976, p. 203.
54. Ivan de A. Vellasco, op. cit., 2004.
55. Thomas Flory. *El Juez de Paz y el Jurado en el Brasil Imperial 1808-1871. Control social y estabilidad política en el nuevo estado*. México: Fondo de Cultura Económica, 1986.
56. Ivan de A. Vellasco, op. cit., 2004.
57. Ver Mônica Duarte Dantas. "Para além de centros e periferias: autoridades locais, poder judiciário e arranjos políticos no Império do Brasil". *Seminário Internacional: Brasil de um Império a outro (1750-1850)*. São Paulo, 2005.
58. Esses dados apresentados foram coletados e organizados por Maria Elisa Ribeiro Delfim, sem cujo auxílio teria sido impossível a mobilização de tantas fontes e a obtenção das informações disponíveis.

CAPÍTULO XVI Política sem cidadania: eleições nas irmandades de homens pretos, século XVIII

Mariza de Carvalho Soares*

*Professora do Programa de Pós-Graduação em História da UFF. Esta pesquisa integra a temática do meu projeto de produtividade em pesquisa do CNPq.

INTRODUÇÃO

A vida dos escravos que circulavam pela cidade do Rio de Janeiro no século XVIII era marcada por uma constante atenção a todas as situações nas quais pudessem desfrutar de algum tempo e espaço de liberdade; não a liberdade do direito universal, mas uma outra, bem mais acanhada e difícil de ser definida, entendida como um privilégio. Do ponto de vista jurídico, o que esses escravos almejavam era a alforria, um estado que resultava da combinação de uma conquista do escravo com uma dádiva do senhor. Como já vem sendo fartamente destacado pela historiografia, a alforria podia ser obtida através de mecanismos de reconhecimento pessoal ou mesmo pagamento em dinheiro por parte do escravo, mas era sempre fruto de longas negociações que davam ao senhor o direito de abrir mão, ou não, de seu escravo. Quando a alforria se mostrava impossível, restava ao escravo combinar sua escravidão com esferas de liberdade em sua vida cotidiana: trabalhar por conta própria, morar fora da casa de seu senhor, acumular um pequeno pecúlio, escolher seu cônjuge, frequentar batuques, filiar-se a uma irmandade, fugir. Assim sendo, enquanto a alforria era um estado juridicamente definido, a liberdade era algo que o escravo conquistava no seu dia a dia.

As irmandades eram, portanto, um dos poucos espaços institucionais de acesso à liberdade. A prática de votações para eleição das mesas diretoras das "irmandades de homens pretos" (escravos, forros e livres) deve ser vista como uma das expressões dessa liberdade, e não daquela a que estamos acostumados no discurso iluminista. A essa noção de liberdade se agregava uma outra, de representatividade, que sustentava o reconhecimento das práticas eleitorais então vigentes. A representatividade, por sua vez, trazia embutido o reconhecimento das esferas hierárquicas de poder no interior da irmandade e uma noção de autoridade fortemente concentrada, ambas características das sociedades de antigo regime. Esse binômio, liberdade como privilégio e representatividade como expressão de autoridade centralizada, marcou as práticas eleitorais no interior das irmandades quando ainda não estava em jogo o debate sobre as dimensões e as fronteiras da cidadania que caracterizam os estudos sobre as práticas eleitorais no século XIX.[1]

A temática das práticas eleitorais tem sido pouco abordada pela literatura referente ao período colonial. Um breve levantamento permitiu identificar alguns trabalhos recentes que abordam a questão das eleições no século XVIII, mas o tema aparece sempre de modo tangencial, não como foco da atenção dos autores. A análise aqui apresentada tem como diferencial explorar as práticas eleitorais no interior de um pequeno grupo, no caso, uma irmandade, o que se apresenta como uma abordagem bem diversa daquelas que trabalham a dinâmica das relações entre "dominantes e dominados".[2] Neste capítulo, discuto as eleições para escolha da mesa diretora da Irmandade de Santo Elesbão e Santa Efigênia, uma "irmandade de homens pretos" fundada em 1740 na cidade do Rio de Janeiro. Essa irmandade concentrou um importante segmento dos escravos africanos, em especial os chamados "minas", vindos da Costa da Mina. A igreja da irmandade foi inaugurada em 1754, na Rua da Alfândega, onde se encontra até hoje.[3] Perto dali se reuniam africanos vindos da costa centro-ocidental, usualmente conhecidos como "angolas", devotos de Nossa Senhora do Rosário.[4] Por abarcarem uns poucos homens e mulheres livres (fossem eles "homens brancos" ou "de cor"), os membros de tais agremiações estavam, na sua quase totalidade, excluídos das práticas eleitorais do sistema político eleitoral vigente na segunda metade do século XVIII.[5]

A REGULAMENTAÇÃO DAS ELEIÇÕES NAS IRMANDADES DE HOMENS PRETOS

Até o século XX, as eleições realizadas no âmbito eclesiástico eram regulamentadas por um conjunto de normas dispersas, com frequência ainda referidas às determinações do Concílio de Trento (1545-1563). Em Portugal, sob a vigência do Padroado, foram redigidas várias *constituições*, todas elas restritas à autoridade de cada bispado ou arcebispado. No caso do Brasil, a primeira regulamentação eclesiástica foi fruto de um sínodo realizado na Bahia em 1707 e deu origem às *Constituições Primeiras do Arcebispado da Bahia*,[6] depois adotadas por outros bispados do Brasil. A primeira consolidação-geral da Igreja surgiu em 1917 com a aprovação do primeiro *Código de Direito Canônico* (*Codex Iuris Canonici* — CIC), que substituiu todas as demais regulamentações locais anteriores, passando ele a regulamentar o conjunto das práticas eclesiásticas, inclusive os processos eleitorais.[7] Como o tema aqui tratado analisa documentação entre 1740 e 1910, vou me restringir às determinações das *Constituições Primeiras do Arcebispado da Bahia*, nas quais a prática de eleições aparece em três diferentes ocasiões.

A eleição pelos vigários e curas de pessoa para o ofício que substitui o meirinho na sua ausência:

> 388 E por quanto o nosso Meirinho geral nao póde saber os que trabalhão aos Domingos, e dias Santos na Comarca desta Cidade, nem os ditos Meirinhos em seus districtos, mandamos a todos os Vigários, e Curas *elejão cada anno por votos da sua Freguezia* uma, ou duas pessoas tementes a Deos, de sã consciência, que seja Juiz, ou Procurador da Igreja, em que não houver Meirinho, ao qual poderão obrigar, que aceite o dito officio, pois é ordenado ao serviço de Deos [...][8]

A eleição da abadessa dos mosteiros:

> 630 O Mosteiro das freiras desta Cidade pelo breve de sua creação é sugeito á nossa jurisdição Ordinária, e assim o podemos, e devemos visitar quando acharmos que assim convêm, e na fórma e tempo que dispoem o Sagrado Concilio de Trento. E presidiremos em suas *eleições de Abbadeça, para as quaes não entraremos dentro na clausura, senão no postigo da grade da Igreja tomaremos os votos,* como manda o mesmo Concilio [...]⁹

E, por fim, a eleição para a escolha da mesa diretora das irmandades leigas:

> 872 Para melhor administração das Confrarias de nossa jurisdição, ordenamos, que em cada um ano, até quinze dias depois da festa principal da Confraria, em um Domingo, ou dia Santo se *elejão novos Officiais*, sendo presentes os que acabarão de o ser, e as pessoas, a quem pertence; e *farão votar todos os Officiais com muita ordem, e quietação, escrevendo fielmente os votos, e nem um Official do anno passado será reeleito, e se o for não será sem licença nossa, ou de nosso Provisor. Os Officiais eleitos por mais votos serão obrigados a servir,* tomando primeiro o juramento da mão dos Officiais passados, de que se fará termo no livro da Confraria, por todos assignado [...]¹⁰

Em nenhum dos casos é esclarecido quem são os eleitores ou os elegíveis, havendo apenas a indicação de que são eleições restritas à jurisdição das freguesias no primeiro caso; dos mosteiros no segundo; e das confrarias no terceiro. Deixando de lado as duas primeiras, vou me concentrar nas eleições da mesa diretora das irmandades leigas para chegar ao caso da Irmandade de Santo Elesbão e Santa Efigênia dos Homens Pretos.

Desde as primeiras irmandades destinadas a africanos e seus descendentes na Península Ibérica, e depois nas Américas espanhola e portuguesa, essas agremiações tinham como regra a votação plenária para eleição da mesa diretora. Tal afirmação resulta da leitura de um conjunto de "compromissos" (nome dado aos estatutos das irmandades) ainda hoje disponíveis, nos quais sempre consta a realização de eleições para a escolha dos membros da mesa diretora. Nesses compromissos é feita referência explícita a eleições plenárias, das quais participavam "todos" os "irmãos" (ou filiados), desde que em dia com o pagamento das taxas previstas. O que não fica claro em nenhum desses compromissos é a definição de quem são irmãos considerados "todos": não há menção ao voto de mulheres, mas por outro lado há indicação de que mulheres eram eleitas para vários cargos; não parece haver qualquer impedimento ao voto de analfabetos. Assim sendo, "todos" poderia significar todos os homens, inclusive os analfabetos, ou todos os homens e mulheres eleitores e, por fim, todos incluindo as mulheres como elegíveis e não eleitoras.

A primeira irmandade de homens pretos de que tenho notícias é a Confraria de Cristãos Negros de Barcelona, de 20 de março de 1455, cujas "ordenanças" (compromisso) já faziam menção à eleição de seus oficiais:

> E per co que les coses dessus dites e altres en apres deidores mils pusquen venir a bon acabament et perfeccio suppliquen *los dits negres* a elles esser atorgat que cascun any en lo dia de mossen sent Jaume apostol tots los dits negres et altres que sien o seran de la dita confraria se pusquem et hagen aplegar en un loch aquell quis volran e *aqui elegesquen et deguen elegir dos homens que sien de la dita confraria los quals sien per tot un any* continuu appelats prohomens los quals hagen carrech per tot aquell any en dar compliment a totes les coses dessus dites et pertanyents fer la dita confraria segons serie et forma de la present ordinacio. Item que *apres al cap del altre any et axi successivament fetal a dita eleccio dels dits prohomens* que aquells que seran stats.[11]

Apesar da dificuldade de leitura do texto, fica clara a prática anual de eleições para direção da confraria, em época que remonta provavelmente a anos anteriores a 1455, data da aprovação das ordenanças e, portanto, anteriores mesmo ao já mencionado Concílio de Trento. No que diz respeito às irmandades de Portugal, as eleições provavelmente já eram também realizadas na Irmandade de Nossa Senhora do Rosário dos

Homens Pretos de Lisboa, desde a fundação em 1460.[12] O compromisso conhecido dessa irmandade, datado de 1565, diz:

> Acordarão que aja nadita confraria e irmandade hum juiz, e dous mordomos e hum escrivão o qual será branco e hum homem nobre e pessoa de que se tenha respeito que chame os irmãos quando ouver de fazer alguma cousa *e ajuntarseão para emlegerem os ditos officiais por dia de Nossa Senhora Rosário* que vem no mes de julho pela visitação de Sancta Isabel; e logo ao Domingo seguinte depois da visitação, os quais officiais tantoque elegidos forem assi os irmãos como os mordomos e juiz, e escrivão, e andador servirão na mesa da dita confraria e seu ano de dia a dia [...][13]

Portanto, nos dois casos citados, a prática de eleições para a escolha da mesa diretora data do século XV-XVI. Como explicitado no compromisso de Lisboa, a votação acontecia por ocasião da festa de Nossa Senhora do Rosário, orago da irmandade, quando eram eleitos os juízes e demais "oficiais da mesa". Por fim, não há qualquer indicação de restrição para os eleitores, que, ao que tudo indica, eram "os irmãos", sem qualquer restrição. Os eleitos na votação de 1565, por sua vez, eram todos pessoas de alguma distinção, reconhecidos por suas profissões: um bordador, um alfaiate, um calafate (pardo), um pedreiro, três mareantes e quatro trabalhadores.[14] É possível dizer que o compromisso de Nossa Senhora do Rosário de Lisboa serviu de modelo a outros compromissos de irmandades de homens pretos escritos no Brasil.

Na cidade do Rio de Janeiro, pela documentação disponível, foi possível descrever o modo como os irmãos de Santo Elesbão e Santa Efigênia interpretaram e reelaboraram as normas dessa antiga instituição católica leiga.[15] Em meados do século XVIII, essa irmandade abrigava várias agremiações menores, como a Congregação Mina e a Congregação Mahi, cada uma delas com devoções particulares e hierarquicamente inferiores às dos dois oragos principais. A hierarquia dos santos vinha acompanhada da hierarquia entre as diversas agremiações e também da hierarquia entre os irmãos. A hierarquia tinha, segundo eles, a finalidade de "distinguir o maior do menor, do fidalgo ao mecânico; e haver respeito entre uns e outros".[16] Essas pequenas agremiações se articulavam formando uma teia de relações socioeconômicas, étnicas e religiosas, todas elas manifestadas no complicado jogo político que elegia a mesa diretora e as "folias" (ou reinados) da irmandade.

A análise que se segue está assentada na documentação da irmandade que está dispersa em diferentes arquivos, sendo o principal documento o compromisso da irmandade, datado de 1740-1767, no qual constam 32 capítulos numerados, um acrescentamento e mais cinco capítulos adicionais para a criação de uma folia. Os três outros documentos analisados pertencem à mesma irmandade e complementam a análise.[17]

PRÁTICAS ELEITORAIS E RESTRIÇÕES PARTICIPATIVAS: MULHERES E ANALFABETOS

Oficialmente datado de 1767, o compromisso da Irmandade de Santo Elesbão e Santa Efigênia da cidade do Rio de Janeiro foi sendo composto ao longo de 27 anos, entre 1740, data de fundação da irmandade, e 1764, quando sua última reformulação é enviada à Mesa de Consciência e Ordens em Lisboa, de onde volta aprovada, em 1767. Sua leitura permite conhecer não apenas a norma pronta, mas o modo como ela foi sendo elaborada e também um pouco da informalidade da convivência dos irmãos e dos grupos que partilhavam suas devoções e disputavam os recursos econômicos, sociais e religiosos no interior da irmandade. Através do compromisso foi também possível compreender a dificuldade de fazer cumprir essa norma e os embates que, ao longo do tempo, alteraram os ditames estabelecidos. A possibilidade de acompanhamento dessas mudanças resulta do costume da época de anexar novos capítulos sem eliminar do texto os anteriores, de modo que os novos capítulos faziam sempre menção aos antigos por eles alterados ou excluídos.[18] Essa modalidade de reformulação dos compromissos permite uma análise apurada das mudanças que ocorreram ao longo do tempo e muitas vezes dos motivos que levaram a tais reformulações. Assim, um documento normalmente visto como produto cristalizado no tempo e distante das práticas cotidianas pode ser lido como fonte preciosa justamente para entender a construção dessa norma, as práticas políticas a ela associadas e as tensões para sua escrita e para a execução de suas alterações ao longo do tempo.[19]

Os capítulos do compromisso que interessam ao presente texto dizem respeito às eleições e ao modo como elas foram estabelecidas e alteradas. As eleições da mesa eram realizadas anualmente, por ocasião da grande festa dos oragos da Igreja: "Haverá n'esta Santa Irmandade um Juiz que será eleito por votos de todos os Irmãos na forma que adiante se dirá".[20] Seguindo o costume de outras irmandades, desde o início ficou estipulado que na véspera do dia principal da festa o juiz da irmandade, o escrivão, o procurador e o capelão deviam convocar "todos" os irmãos para a eleição. Os oficiais da mesa deviam então apresentar uma lista com três nomes para serem votados. A votação era feita na presença de "todos": "em segredo irá o juiz perguntando a cada um dos irmãos, qual os três sujeitos propostos elegem".[21] Em caso de empate, o juiz apontava o candidato mais conveniente para a irmandade. A leitura da sequência dos capítulos do compromisso permite perceber que inicialmente a mesa era formada por 12 membros masculinos, todos eleitos pelo conjunto da agremiação, ao pé do ouvido. Dentre os "irmãos da mesa", cinco eram chamados de "oficiais da mesa": o juiz, o procurador, o escrivão, o tesoureiro e o andador. A atribuição dos cargos estava prevista no compromisso e o modo como essas investiduras foram alteradas pelos irmãos de Santo Elesbão mostra como se desenrolaram as disputas políticas no interior da irmandade. As alterações sofridas pelo compromisso entre os anos de 1740 e 1764 afetaram diretamente o sistema eleitoral da irmandade e as relações de poder no interior de grupo.

Em todas as chamadas irmandades de homens brancos, aí incluída a Santa Casa de Misericórdia, somente homens eram filiados como irmãos, sendo as mulheres aceitas apenas como esposas e filhas dos congregados.[22] Na irmandade de Santo Elesbão mulheres podiam se filiar independentemente de seus esposos, mesmo as solteiras, desde que contribuíssem para a irmandade com as taxas estipuladas, na mesma proporção que os homens.[23] Suas "esmolas avantajadas" permitiram não só ingressarem como irmãs, mas serem elegíveis e constituírem mesa própria. Pouco mencionadas nos capítulos iniciais do compromisso, as mulheres fizeram crescer sua participação na hierarquia da Irmandade ao longo do tempo. Nos vinte primeiros capítulos do compromisso as mulheres são mencionadas apenas no capítulo 10, que trata do impedimento da entrada de crioulas, cabras e "pretas d'Angola". Ali se alegava que só eram permitidas juízas e irmãs de mesa naturais da Costa da Mina, de Cabo Verde, da Ilha de São Tomé e de Moçambique: "Da mesma nação é que se hão de eleger o Juiz escrivão Procurador e Juíza e Irmãos e Irmãs de Mesa."[24] Tal determinação indica que as mulheres tinham participação efetiva na hierarquia da irmandade, podendo ser eleitas como juízas e irmãs de mesa. Entretanto, uma mesa de mulheres só foi regulamentada no capítulo 22, por ocasião da primeira reformulação do compromisso, quando ficou estabelecido que a irmandade teria duas mesas, compostas cada uma por 12 homens e 12 mulheres. Não fica claro no compromisso quem elegia a mesa feminina, se todos os irmãos (homens e mulheres), se as próprias mulheres ou se os homens.[25]

A ampliação da participação das mulheres na vida da irmandade através da eleição de uma mesa de mulheres é importante para entender sua importância na eleição das folias ou reinados, nas quais eram eleitas rainhas, ao lado dos reis e outros cargos e títulos de nobreza. Na reforma do compromisso de 1764, ficou estabelecido que a irmandade deveria passar a eleger também um imperador e uma imperatriz e que os reis fariam parte de sua corte, podendo-se chegar à eleição de até sete reis, cada um deles com sua rainha.[26] A criação do Império e a regulamentação das folias que já existiam na irmandade desde sua fundação foram uma estratégia para distribuição de novos cargos e organização de novas esferas de poder no interior da irmandade. Segundo o compromisso, o imperador e os reis (todos eleitos!) tomavam posse no dia determinado pela mesa "nos trajes que requer as suas pessoas e figuras", com manto, coroa e cetro. Embora não participasse da mesa da irmandade, o imperador devia ser tratado com respeito e veneração pelos irmãos e quando chamado à presença do juiz devia receber o melhor lugar. Por fim, a Folia podia fazer uso das dependências da igreja, especialmente do consistório, onde o imperador e os reis reuniam seus súditos. Ao contrário dos juízes e da Mesa da irmandade, que eram eleitos anualmente, o imperador e sua corte eram eleitos por três anos. A regra da extensão dos cargos para além dos prazos estipulados valia para todos (imperadores, reis e juízes): mostrar interesse em permanecer mediante a oferta de "esmola avantajada". Essa era a brecha para que os mais ricos e poderosos permanecessem nos cargos ao longo de muitos anos, até mesmo décadas.

Quando da fundação da irmandade de Santo Elesbão, constituída por um grupo de africanos forros vindos da Costa da Mina, de Cabo Verde, São Tomé e Moçambique, os chamados "minas" eram o grupo coeso. Em data desconhecida, antes de 1748, se reuniram numa congregação criada no interior da irmandade chamada Congregação dos Pretos Minas, que elegeu Pedro Costa Mimozo[27] como rei, mostrando que os reinados já eram organizações informais antes de serem formalizadas no compromisso de 1764. A congregação reunia membros vindos de diferentes lugares da Costa da Mina, sabidamente os daomeanos, chamados "dagomés", do reino antigo do Daomé, e pessoas vindas do que chama outras "terras", como Savalu, Mahi, Agonli, todos ditos "minas". O grupo se manteve unido após o segundo processo sucessório que elegeu Clemente Proença, mas já então se acirraram os conflitos no interior da Congregação. Em 1762, uma dessas desavenças levou a um cisma no interior da Congregação Mina, dando origem à criação da Congregação Mahi. O rei da nova congregação era o capitão Ignácio Gonçalves Monte, dito um "verdadeiro maquino", que tinha nos daomeanos seus maiores inimigos no interior da Congregação Mina. Esses acontecimentos mostram que desde a fundação da irmandade em 1740 vários grupos disputavam poder no interior da irmandade. Sua sucessiva segmentação permite perceber que as eleições de juízes e reis foram, ano a ano, reconfigurando as relações de poder entre os grupos no interior da irmandade.[28] Foi justamente diante da necessidade de oferecer a esses pequenos grupos alguma esfera de participação política que a mesa da irmandade criou o Estado Imperial. Os reis já eram eleitos e a formalização dos reinados dá à mesa da irmandade uma autoridade formal sobre eles e seus súditos. A análise do papel do Império permite entender que o exercício do poder está diretamente ligado à capacidade de administrar as tensões e disputas entre pequenos grupos no interior da irmandade. Através dos sete reis a irmandade procura de um lado dispersar as tensões políticas e de outro ampliar a arrecadação de recursos para o sustento da agremiação, contando com as sempre lembradas "esmolas avantajadas". Mas para isso se reforçavam as antigas práticas eleitorais da irmandade. Em 1740 a irmandade era composta por cerca de setenta membros. Em 1764, a eleição de um imperador e até sete reis, fora a Mesa da irmandade, composta por 12 homens e 12 mulheres, todos com suas esmolas, indica que o número de membros da irmandade deve ter aumentado substancialmente, assim como o de seus eleitores.

O acompanhamento do modo como esses reinados efetivamente se organizavam e elegiam seus reis e rainhas foi possível através da documentação que resultou da disputa para a sucessão de Ignácio Monte, o rei Mahi eleito em 1762 e falecido em 1783. Sua morte desencadeou um grande conflito sucessório no interior da irmandade, envolvendo em especial os membros da Congregação. Divulgada a morte do rei, um sucessor deveria ser indicado para que se fizesse nova eleição. Mas na ocasião a viúva do rei morto não aceitou sua dispensa e decidiu permanecer no cargo, à revelia daqueles que articulavam a eleição do novo rei com sua nova rainha. A análise do conflito que se seguiu permite levantar questões curiosas no que diz respeito ao uso das eleições e à participação de mulheres e analfabetos nesses processos eleitorais tão díspares em relação ao que acontecia nos demais processos eleitorais da época, já que envolveu de modo direto e determinante a participação de mulheres e analfabetos.

As eleições não eram apenas momentos importantes para a renovação dos dirigentes da irmandade, mas também momentos de eclosão de conflitos. Por ocasião da morte de Ignácio Monte, sua viúva Victoria da Conceição enfrentou Francisco Alves dos Santos, candidato à sucessão do marido, para impedir sua posse.[29] Um dos aliados do novo rei se manifestou em ata contra a rainha dizendo:

> [...] se ela fez essa coisa, não foi por vontade de todos, pois vossa mercê bem sabe que esse nosso adjunto consta de mais de 200 pessoas, entre homens e mulheres. Não me consta que se fizesse a ela regenta porque havia de ser por eleição e vontade de todos [...][30]

Essa declaração contém informações preciosas sobre o sistema de sucessão no interior da congregação e da irmandade como um todo: "200 pessoas, entre homens e mulheres" participaram do processo sucessório, "por eleição e vontade de todos".[31] Tal afirmação aponta diretamente para a participação das mulheres no processo eleitoral, mostrando que, mesmo se concretizando a hipótese de que elas não votavam, não resta dúvida de que estavam presentes e influenciavam diretamente o resultado das eleições.

A ata da Congregação Mahi traz o resultado dessas eleições para a sucessão do rei falecido e lista os nomes e cargos dos irmãos eleitos para a nova corte. Segundo é dito, os títulos são dados "como se dá cá na terra dos brancos", ou seja, duques, condes, marqueses. Os postos e nomes são dados em língua geral da Mina, ou seja, "à imitação dos fidalgos de nosso reino de Mahi". A combinação de cargos, títulos e nomes leva a uma intrincada hierarquia e não é difícil imaginar os conflitos que daí decorrem:[32]

1 Francisco Alves de Souza	regente (rei)
2 Rita Sebastiana	regenta (rainha)
3 João Figueiredo	vice-regente
4 Antônio da Costa Falcão	2º vice-regente
5 Gonçalo Cordeiro	secretário
6 Boaventura Braga	2º secretário
7 Luiz Rodrigues Silva	procurador
	aggau (general)
8 José da Silva	aggau (general)
9 José Antônio dos Santos	1º do conselho
	1ª chave
10 Alexandre de Carvalho	2º do conselho
	2ª chave
	eiçuûm valûm (duque)
11 Marçal Soares	3º do conselho
	3ª chave
	alolû belppôn lifoto (duque)
12 Boaventura Braga	4º do conselho
	chave de dentro
	aeolû cocoti de daçâ (duque)
13 José Luiz	5º do conselho
	tjacôto chaul de za (marquês)
14 Luiz da Silva	6º do conselho
	ledô (conde)[33]

Acertada a nova hierarquia, a 13 de março de 1786, Francisco Alves de Souza (regente) foi levado ao consistório da Igreja de Santo Elesbão e Santa Efigênia, para tomar posse como novo rei. O termo de posse foi assinado por mais quarenta congregados ali presentes.[34] A cópia consultada não traz as assinaturas, por isso não foi possível verificar quantos deles escreviam o próprio nome. Pela leitura de outro estatuto enviado à Mesa de Consciência e Ordens pelo mesmo grupo em 1788 vê-se que o documento vem assinado pelos irmãos, sendo que vários deles não assinam o nome, registrando sua presença por meio de "seu sinal", geralmente uma cruz feita ao lado do nome.[35] Essas assinaturas correspondem sempre à lista dos eleitos, e não dos eleitores, que votam "ao pé do ouvido", sem registro escrito, sendo os votos contados pelos componentes da mesa eleitoral. Entre os eleitores, a taxa de analfabetismo deveria ser bem mais elevada do que entre os eleitos, mas esse cálculo não pode ser feito por falta de dados.

A documentação da irmandade referente ao século XVIII permite perceber que a presença das mulheres e dos analfabetos nos processos eleitorais é diferenciada e merece estudo mais aprofundado. No caso das mulheres, elas eram indiscutivelmente eleitas para vários cargos, mas não fica claro em que medida participavam efetivamente das eleições enquanto eleitoras nem se o voto feminino se constituía como uma força política no interior da agremiação. Em nenhum momento a documentação trata do voto feminino. Embora hoje possa parecer um paradoxo, poder ser eleito sem ser eleitor é um aspecto a ser explorado, já que, na atualidade, nessa mesma irmandade existem ainda juízas, mas, como fui informada depois de consultar a irmandade sobre o tema, apenas os homens votam. No que diz respeito ao voto dos analfabetos, já não parece existir uma diferença entre eleitores e elegíveis. Dada a alta taxa de analfabetismo entre os irmãos no século XVIII, os analfabetos eram eleitores e também elegíveis. Ser letrado não era, na época, condição para ocupar cargos no interior da irmandade, embora ser letrado fosse um elemento de distinção importante no interior do grupo.[36]

PRÁTICAS ELEITORAIS E CIDADANIA

A descrição e análise das práticas eleitorais no interior da Irmandade de Santo Elesbão e Santa Efigênia, dirigida no século XVIII por um grupo de africanos alforriados, são um caso interessante para pensar a diversidade das práticas eleitorais existentes na época e para o conhecimento de seu funcionamento, sem dúvida muito mais amplo do que o inicialmente pensado, se considerado apenas o pequeno grupo de eleitores habilitados para as eleições mais conhecidas, que eram aquelas para as câmaras municipais. Isso significa que um segmento muito mais amplo do que o desses eleitores, mesmo considerados os votantes, poderia estar a par da existência e dos procedimentos envolvidos nos processos eleitorais e opinar sobre eles. As irmandades e seus processos eleitorais, fossem elas de homens brancos ou pretos, ampliavam esse universo político, servindo de espaço para o exercício de uma prática eleitoral anterior às práticas eleitorais cidadãs e que se prolongou ao longo do século XIX, ultrapassando os marcos da Abolição e da República. Isso significa que o debate sobre eleições e cidadania se fazia perante uma população que, mesmo estando fora dos colégios eleitorais, tinha a experiência da prática do voto em outras esferas de representação, como as irmandades. Nesse sentido, segmentos mais amplos da população podiam estar familiarizados com as regras dos processos eleitorais calcados no binômio liberdade-representação mencionado anteriormente.

Na Irmandade de Santo Elesbão e Santa Efigênia, as práticas eleitorais do século XVIII abriram a possibilidade de participação das mulheres em algumas esferas de poder, assim como permitiam o voto dos analfabetos e sua eleição. Em algum momento ao longo do século XIX essas regras foram alteradas. No compromisso aprovado em 1910 na irmandade já não há a mesa das mulheres e analfabetos não votam. Seguindo o texto do compromisso de 1910 é possível perceber que, no que diz respeito às eleições, foram reiterados os ritos e o *modus operandi* dos séculos anteriores:

> Art. 22. Na véspera do dia que se festejar os nossos Santos padroeiros reunida a Meza administrativa e os irmãos que forem convidados, dar-se-há principio a eleição.
> § 1º O irmão Juiz apresentará uma lista com os nomes dos irmãos que deverão ser eleitos.
> § 2º Esta lista será lida pelo escrivão e examinada pelos irmãos presentes.
> § 3º Se os irmãos concordarem com a lista apresentada pelo irmão Juiz este mandará o escrivão ler de novo a lista, declarando o nome dos irmãos e os cargos que devem exercer.
> § 4º Os irmãos poderão votar por cédulas ou nominalmente, assim como poderão alterar a lista apresentada pelo Juiz, e apresentar outra, sendo válida a que for mais votada.
> § 5º Em caso de empate o Juiz resolverá com o seu voto.
> § 6º No dia da festa antes do sermão será lido no púlpito pelo pregador a nominata dos irmãos eleitos, e se não houver festa, na occasião da missa compromissal pelo Revd. Capellão.

> § 7º O escrivão fará immediatamente participações aos eleitos por cartas, convidando-os para tomar posse no dia fixado.
> Art. 23. O escrivão de todos os eleitos procurará saber resposta a tempo de providenciar sobre qualquer vaga, e se algum recusar officiará aos immediatos em votos segundo a ordem da votação.
> Art. 24. Se não houver immediatos em votos ou supplentes o Juiz nomeará outros irmãos, dando sciencia na primeira Mesa.
> Art. 25. Os cargos dos irmãos serão também por lista apresentada pelo Juiz e lida depois da lista dos irmãos.
> Art. 26. Apurada a eleição o irmão escrivão lançará no livro especial de actas os nomes dos irmãos e irmãs eleitos, e o que occorrer durante a eleição e depois de lida fechará assignando os Juizes, Escrivão, Thesoureiro, Procuradores e Mesarios.

Por outro lado, foram profundas as mudanças no "espírito" dessas eleições, com a exclusão de dois segmentos que até então haviam exercido papel fundamental na vida da irmandade: as mulheres e os analfabetos. O capítulo referente à administração e composição da direção da irmandade (Capítulo IV — Da Administração) diz:

> Art. 5º O destino desta Irmandade será dirigido por uma administração composta de vinte e tres (23) membros, a saber: dois (2) Juizes; um (1) Escrivão; um (1) Thesoureiro; dois (2) Procuradores, (um Geral, e um da Caridade); dezessete (17) mesarios; um (1) Vigario do Culto; e cinco (5) capellas.
> Art. 6º Haverá também *duas Juízas, uma de Santo Elesbão e outra de Santa Ephigenia*, que serão nomeadas por uma lista no dia da eleição pela administração.
> § 1º As irmãs para estes cargos serão aquellas que com mais assiduidade frequentem e prestem serviços a nossa Irmandade.
> § 2º *Serão tambem nomeadas quinze (15) irmãs para os cargos de Zeladoras.*
> § 3º As irmãs não poderão fazer parte nas solemnidades de nossa Irmandade sem estarem revestidas de suas capas.
> § 4º As irmãs não tomarão parte nas reuniões da mesa. (grifo meu)

Em algum momento, que não pude precisar, ficou extinta a antiga mesa das mulheres, restando apenas os cargos de juíza (duas) e de "zeladoras" (quinze). A extinção da mesa afastou as mulheres da gestão da irmandade, relegando-as ao âmbito da devoção.[37]

Também em data que não pude precisar, criou-se um critério que distingue eleitores de elegíveis com base no letramento. O parágrafo "Os Protestos", que vem a seguir, diz:

> § 6° Todos os irmãos poderão votar e ser votados; *exceptuando-se, porém, os que não souberem ler nem escrever, que poderão votar e não serem votados.* (grifo meu)

Assim como no século XVIII, a distinção continua a ser estabelecida separando os já mencionados "maiores" e "menores". A mudança é que, segundo as novas regras, o letramento passou a ser o critério demarcador da diferença entre uns e outros.

No interior da irmandade é impossível falar em manipulação das eleições em favor de um poder político imposto a uma população destituída de controle dos mecanismos de exercício do poder no interior de um único segmento social. Até 1888, a irmandade era composta por escravos e forros e seus descendentes; depois disso, por ex-escravos e seus descendentes. Em sua maioria eram analfabetos e excluídos de qualquer esfera de poder e representatividade, fosse no Império ou posteriormente na República. Não estava em jogo a reiteração do poder de outrem, mas do poder no interior do próprio grupo. O interessante é notar que em 1910, quando provavelmente se alteraram as regras eleitorais da República, o tema chegou às práticas eleitorais da irmandade. Já habituados a um processo eleitoral que distinguia os maiores dos menores, os irmãos de Santo Elesbão absorveram novos parâmetros para a restrição da representatividade. A novidade foi que em 1910 a restrição foi feita com base no letramento dos irmãos: as eleições deixaram de ser plenárias, os analfabetos (provavelmente uma ampla parcela dos irmãos) deixaram de ser elegíveis; e extinguiu-se a mesa das mulheres. A forte hierarquização e a concentração de poder nas mãos de uma pequena elite no interior da irmandade — que foram sempre a meta dos juízes e reis do século XVIII — acabaram por se aprofundar na República, com o aumento da restrição aos analfabetos.

Em 1910, a questão do analfabetismo tornou-se um critério compromissal explícito.[38] Ao que tudo indica, nesse aspecto a restrição do voto seguiu a tendência das eleições republicanas, que também restringiram o voto dos analfabetos. Naquele ano, as eleições no Rio de Janeiro levaram às urnas 0,9% da população, menos do que a média nacional, segundo cálculos de José Murilo de Carvalho.[39] O ano de 1910 é, portanto, chave para uma formalização de novos critérios de pertença e participação no interior das irmandades leigas da Igreja Católica e mereceria um estudo mais sistemático. Essa nova orientação no interior de uma irmandade de homens pretos deve ser um indicativo de mudanças nas diretrizes da própria Igreja, na medida em que esses compromissos continuavam a ser aprovados pelos seus respectivos bispos. Certamente não à toa o compromisso de 1910 vai ao encontro de outras mudanças identificadas no âmbito mais amplo das normas eleitorais da República.

A restrição à eleição de uma mesa feminina e à eleição de analfabetos parece seguir de perto as novas tendências da Igreja. Data de 1910 a *Pastoral Coletiva* que atualizou as determinações das antigas *Constituições Primeiras do Arcebispado da Bahia* aos novos tempos. A *Pastoral Coletiva de 1910* foi aprovada pelos arcebispos e bispos das províncias eclesiásticas do Rio de Janeiro, de Mariana, São Paulo, Cuiabá e Porto Alegre (que correspondiam na época às cinco províncias meridionais) para comunicação ao "clero" e aos "fiéis" dos resultados das conferências realizadas na cidade de São Paulo de 25 de setembro a 10 de outubro de 1910.[40] O texto principal da pastoral trata a todos como "fiéis", mas o "Appendice XI" estabelece a seguinte orientação:

> Modo pratico de receber a Profissão de Fé catholica dos hereges e schismaticos que se convertem e de reconcilial-os no Fôro Externo com a Santa Madre Egreja.
> 7º Dizem Kenrick e Konings que, por *epicheia*, poder-se-á, provavelmente, omitir a formula da profissão de fé, em se tratando de *pessôas de côr ou de outras tão rudes, que sejam incapazes de a entender e repetir*. Dizem ainda os dois auctores que o Sacerdote mesmo poderá recitar a formula, quando se tratar de *mulheres ou de pessôas de indole timida*, as quaes darão, então, no fim o seu assentimento.[41]

Em tema tão importante como o da profissão de fé — e passados oito séculos desde a formulação da ideia de consciência — as mulheres, as "pessoas de cor" e aquelas ditas "tão rudes" ficavam dispensadas da profissão de fé, bastando-lhes apenas o "assentimento". Trata-se de um apêndice, e não do corpo do texto, mas nitidamente a *Pastoral* adota a interpretação dos autores citados e deixa o comentário como uma recomendação ao clero sobre o modo de fazer cumprir as normas da profissão de fé.[42]

Não foi apenas no interior da irmandade de Santo Elesbão que o ano de 1910 foi decisivo. Esse marco se estendeu ao conjunto da Igreja Católica no Brasil, em particular no que diz respeito à participação dos leigos no universo eclesiástico, assim como no modo como a Igreja passou a se inserir no novo quadro político republicano, tema que foge aos limites deste texto.

CONCLUSÃO

Voltando ao argumento inicial, no interior das irmandades de homens pretos tanto as mulheres quanto os analfabetos tiveram, ao longo do século XVIII, uma participação muito mais ampla do que a identificada posteriormente, participação essa que foi sendo reduzida ao longo do tempo, até sua exclusão formal no compromisso publicado em 1910. Essas normas foram progressivamente alteradas em diferentes momentos que, nos limites deste texto, não foi possível melhor identificar. Um estudo mais aprofundado das práticas eleitorais nas irmandades católicas, sejam elas de homens pretos ou não, mostra-se, portanto, como um importante caminho para uma melhor compreensão das práticas eleitorais que se instalaram no Brasil ao longo do tempo e que precisam ser mais bem entendidas, para permitir uma compreensão mais adequada do significado dessas práticas junto à população, com o advento da República. Dessa forma será possível melhor delinear a real compreensão que a população não votante e não eleitora tinha dessas práticas, o interesse com que acompanhavam seus desdobramentos e, em última instância, o modo como diferentes esferas da sociedade participavam e eram afetadas por elas.

Notas

1. Para uma abordagem do debate sobre cidadania e práticas eleitorais, ver José Murilo de Carvalho. *Cidadania no Brasil: o longo caminho*. 4ª ed. Rio de Janeiro: Civilização Brasileira, 2003. Quero registrar que este capítulo foi motivado por minha participação no Projeto Pronex/Faperj/CNPq 2006 Dimensões da Cidadania no século XIX, dirigido pelo Prof. José Murilo de Carvalho, a quem agradeço os comentários sobre o texto por ocasião de sua apresentação no seminário interno do projeto. Para o debate sobre escravidão e cidadania, ver Hebe Mattos. *Escravidão e cidadania no Brasil Monárquico*. Rio de Janeiro: Jorge Zahar Editor, 2004.
2. Uma discussão sobre cultura política e estudos dessas relações entre "dominantes e dominados" está em Ângela de Castro Gomes. "História, historiografia e cultura política no Brasil: algumas reflexões". In: Rachel Soihet e outros (orgs.). *Culturas políticas. Ensaios de história cultural, história política e ensino de história*. Rio de Janeiro: Mauad, 2005, pp. 21-44. Para uma análise sobre as relações de poder envolvendo as irmandades e o Estado no Brasil no século XVIII, ver Caio César Boschi. *Os leigos e o poder: irmandades leigas e política em Minas Gerais*. São Paulo: Ática, 1986.
3. A documentação utilizada foi recolhida em arquivos diversos e complementada com documentos transcritos e publicados, todos citados ao longo do texto.
4. As irmandades de homens pretos começaram a ser criadas nos primórdios dos tempos coloniais e algumas delas existem até hoje, como é o caso da Irmandade de Santo Elesbão. Para informações mais detalhadas, ver: Mariza de Carvalho Soares. *Devotos da cor. Identidade étnica, religiosidade e escravidão no Rio de Janeiro, século XVIII*. Rio de Janeiro: Civilização Brasileira, 2000.
5. Sobre eleições, ver Fagner Torres de França. "O processo eleitoral no Brasil-colônia (1500-1822)". *Mneme — Revista de Humanidades*. Anais do II Encontro Internacional de História Colonial, vol. 9, n° 24, set./out. 2008. Disponível em www.cerescaico.ufrn.br/mneme/anais, acessado em 15/9/2010. Os Anais do (I e II) Encontro de História Colonial dão um panorama dos estudos recentes. A maioria deles não trata das práticas eleitorais e os que o fazem abordam o tema lateralmente.
6. Sebastião Monteiro da Vide. *Constituições Primeiras do Arcebispado da Bahia. Feitas e Ordenadas pelo Illustrissimo e Reverendissimo Senhor D. Sebastião Monteiro da Vide, 5° Arcebispo do dito Arcebispado, e do Conselho de sua Magestade: Propostas, e Aceitas em o Sinodo Diocesano, que o dito senhor celebrou em 12 de junho do anno 1707*. São Paulo: Typographia 2 de Dezembro, de Antonio Louzada Antunes, 1853.
7. No atual CIC (1983) o Livro 1, que trata das normas gerais, determina as regras para realização de eleições que aparecem no Título IX, Capítulo 1, artigo 3 (no original em latim: Titulus IX, Caput I, Art. 3 — De electione (Cann. 164 — 179). Sobre o CIC de 1983 ver página do Vaticano: www.vatican.va/archive/cod-iuris-canonici/

POLÍTICA SEM CIDADANIA: ELEIÇÕES NAS IRMANDADES DE HOMENS PRETOS..

cic_index_lt.html acessada em 2/9/2010. Uma versão em português está disponível em www.estig.ipbeja.pt/~ac_direito/CodigodeDireitoCanonico.pdf, acessada em 7/9/2010.
8. Vide *Constituições Primeiras do Arcebispado da Bahia. Feitas e Ordenadas pelo Illustrissimo, e Reverendissimo Senhor D. Sebastião Monteiro da Vide.* Brasília: Senado Federal, 2007. Trata-se de edição recente editada a partir da primeira edição brasileira, op. cit., p. 154. As citações que se seguem incluem o número do parágrafo, a nota de rodapé indica a página da edição de 2007.
9. Vide *Constituições Primeiras do Arcebispado da Bahia*, p. 233.
10. Ver *Constituições Primeiras do Arcebispado da Bahia*, pp. 305-306.
11. Ordenanzas de la Confradia de los Cristianos Negros de Barcelona, *apud* Patricia Ann Mulvey. *The Black Lay Brotherhoods of Colonial Brazil: A History.* Ph.D. diss., City University of New York, 1976, p. 257. O Apêndice B transcreve na íntegra o mencionado compromisso, pp. 251-254.
12. Para os arquivos portugueses, ver Alfredo Mendes de Gouveia. "Relação dos Compromissos de Irmandades, Confrarias e Misericórdias do Brasil Existentes no Arquivo Histórico Colonial de Lisboa que Pertenceram ao Cartório do Extinto Conselho Ultramarino 1716-1807". *Anais do IV Congresso de História Nacional.* Vol. 7, pp. 201-238, 1949. Dois outros trabalhos fornecem extensa documentação para as irmandades do Brasil: Patrícia Ann Mulvey. *The Black Lay Brotherhoods of Colonial Brazil: A History.* Tese de Doutorado, Nova York, City University of New York, 1976. Sergio Chahon. *Aos pés do altar e do trono: as irmandades e o poder régio no Brasil (1808-1822).* Dissertação de mestrado em História, São Paulo, Universidade de São Paulo, 1996.
13. Compromisso da Irmandade de Nossa Senhora do Rosário do Convento de São Domingos de Lisboa, capítulo 2, *apud* Mulvey. *The Black Lay Brotherhoods of Colonial Brazil,* Apêndice B, pp. 255-263.
14. Ibidem, p. 256. Para mais detalhes sobre as irmandades de homens pretos de Lisboa, ver Dider Lahon. *Esclavage et Confréries Noires au Portugal durant l'Ancien Régime (1441-1830),* vol. 1: *Formes et diversités des rapports esclavagistes,* vol. II: *Les Confréries Noires de Lisbonne: De l'Utopie à l'ambiguïté.* Tese de doutorado em antropologia, École des Hautes Études en Sciences Sociales, Paris, 2001.
15. A devoção a Santo Elesbão e Santa Efigênia, ambos santos africanos, ganhou numerosos adeptos no Brasil ao longo do século XVIII. Para um estudo sobre a devoção a esses santos, ver Anderson J.M. Oliveira. *Devoção Negra: santos pretos e catequese no Brasil Colonial.* Rio de Janeiro: Quartet/Faperj, 2008.
16. Há aqui uma nítida referência à hierarquia de postos da Misericórdia, onde os cargos estavam divididos entre os "irmãos de maior condição" (em Portugal todos nobres) e "irmãos de menor condição", também chamados "oficiais mecânicos". A.J.R. Russell-Wood. *Fidalgos e filantropos. A Santa Casa de Misericórdia da Bahia, 1550-1755.* Brasília: EdUnB, 1981, p. 15. Para consulta ao documento, trata-se de um manuscrito

da Biblioteca Nacional do Rio de Janeiro (doravante BN-RJ). "Regra ou estatutos pormodo de hûm dialogo onde, sedá notiçias das Caridades e Sufragaçoens das Almas que uzam osprettos Minnas, comseus Nancionaes no Estado do Brazil, expecialmente no Rio de Janeiro, por onde se hao de regerem egôvernarem fora detodo oabuzo gentilico e supersticiozo; composto por Françîsco Alvês de Souza pretto enatural do Reino deMakim, hûm dos mais exçelentes e potentados daqûela ôriunda Costa daMinna".

17. 1) Arquivo da Irmandade de Santo Elesbão e Santa Efigênia (doravante Aisese), *Compromisso da Irmandade de Santo Elesbão e Santa Efigênia*, 1740-1767 (manuscrito); 2) BN-RJ, "Regra ou estatutos (...)" que incluem uma proposta de Estatuto da Devoção das Almas, 1776 (manuscrito); 3) Arquivo Histórico Ultramarino, proposta de Estatuto da Devoção de Nossa Senhora dos Remédios, 1788 (manuscrito consultado em microfilme cedido pela Biblioteca Nacional de Lisboa); 4) Aisese, *Regimento compromissal da Irmandade de Santo Elesbão e Santa Efigênia*, 1910 (impresso).

18. O processo eclesiástico para ereção da Irmandade de Santo Elesbão e Santa Efigênia começou a tramitar em 1740 através de uma petição feita por um grupo de devotos ao bispo do Rio de Janeiro. Seguindo as normas eclesiásticas, já na ocasião foi enviada a primeira versão do compromisso, então composto por vinte capítulos. O acréscimo dos capítulos 21 a 24 foi anterior à entrega do documento ao bispo do Rio de Janeiro, já que sua primeira aprovação, em 1740, indicava a apreciação de 24 capítulos. Desses, 23 foram aprovados pela Mesa de Consciência e Ordens em Lisboa e um rejeitado. Foram ainda aprovados mais oito capítulos incluídos posteriormente, compondo um total de 32 capítulos. Por fim, foram enviados mais cinco capítulos numerados em separado, para a criação de uma Folia. Em 11 de março de 1767 d. José, rei de Portugal, assinou a provisão que confirmava a ereção da irmandade e revalidava sua licença.

19. Sobre a questão das normas e suas aplicações, faço referência a Simona Cerutti. "Processo e experiência: indivíduos, grupos e identidades". *In*: Jacques Revel (org.). *Jogos de escala. A experiência da microanálise*. Rio de Janeiro: FGV, 1998, pp. 173-202.

20. Compromisso da Irmandade de Santo Elesbão e Santa Efigênia, cap. 3.

21. Compromisso da Irmandade de Santo Elesbão e Santa Efigênia, cap. 4. Não posso aqui deixar de associar a eleição "em segredo" (ou "ao pé do ouvido") à confissão auricular individual anual que data do quarto Concílio de Latrão (1215). Como mostra Le Goff esse concílio instalou a prática do exame de consciência que, segundo ele, tornou-se o "novo centro de gravidade da penitência". Le Goff recorre a Marcel Mauss para afirmar que embora não se pensasse como indivíduo São Luís teria tido o "sentido do eu" que aparece na mesma época, justamente associado à ideia de consciência. Jacques Le Goff. *São Luís. Biografia*. Rio de Janeiro: Record, 1999, p. 27, 60.

22. Na Irmandade de Nossa Senhora do Rosário do Mosteiro de São Domingos de Lisboa apenas as mulheres casadas com membros da irmandade eram aceitas, não fica claro em que condições. Cf. Patrícia Ann Mulvey, op. cit., p. 27.

23. Lembro que muitas dessas pretas minas forras reuniram um patrimônio considerável. Ver Sheila de Castro Faria. *Sinhás pretas, damas mercadoras. As pretas minas nas cidades do Rio de Janeiro e de São João Del Rey (1700-1850)*. Tese para concurso de titularidade, Departamento de História da UFF, Niterói, Universidade Federal Fluminense, 2004.
24. Aisese, *Compromisso da Irmandade de Santo Elesbão e Santa Efigênia*, cap. 10.
25. "Haverá n'esta Irmandade uma Juiza a qual será eleita por votos como o Juiz que são 12$800 réis. que é só a obrigação que se lhe impoem em razão deve ser a dita esmolla vantajada e haverá também douze Irmães de Meza eleitas na mesma forma que darão de esmolla 2.000 réis." Aisese, *Compromisso da Irmandade de Santo Elesbão e Santa Efigênia*, cap. 22.
26. Aisese, *Compromisso da Irmandade de Santo Elesbão e Santa Efigênia*, caps. 1-5 da Folia.
27. Conforme consta no assento de batismo de Pedro Mina, depois Pedro Costa, seu senhor é o desembargador, depois ouvidor-geral, Manoel da Costa Mimozo. Arquivo da Cúria Metropolitana do Rio de Janeiro. *Livro de Batismo de Escravos*, Freguesia da Sé, 1726-1733, p. 38.
28. BN-RJ, "Regra ou estatutos (...)". A palavra "maquino" se refere a pessoa oriunda da "terra" dos maquis ou makis, segundo a escrita da época. A escrita moderna usual na historiografia é mahi.
29. Para uma biografia de Ignácio Monte, ver Mariza de Carvalho Soares. "A biografia de Ignácio Monte, o escravo que virou rei". *In*: Ronaldo Vainfas *et alii* (orgs.). *Retratos do Império. Trajetórias individuais no mundo português nos séculos XVI a XIX*. Niterói: Eduff, 2006, pp. 47-68.
30. BN-RJ, "Regra ou estatutos(...)".
31. O viés de gênero na crítica fica por conta do fato de a viúva querer ser eleita em lugar do rei, e não a seu lado. Para uma análise mais detalhada das relações de gênero e da presença feminina, ver Mariza de Carvalho Soares, "Can Women Guide and Govern Men? Gendering Politics among African Catholics in Colonial Brazil". *In*: Gwyn Campbell, Suzanne Miers e Joseph C. Miller (eds.). *Women and Slavery. Volume II — Americas*. Ohio: Ohio University Press, 2007, pp. 79-99.
32. BN-RJ, Regra ou estatutos(...)".
33. BN-RJ, "Regra ou estatutos(...)". Pode haver erros de ortografia decorrentes da transcrição de palavras não portuguesas.
34. Quarenta foi o número estimado de devotos que fundaram a irmandade em 1740, o que indica o grande crescimento do grupo.
35. Arquivo Histórico Ultramarino, Estatuto da Confraria de N.S. dos Remédios, 1788. O estatuto da Confraria de Nossa Senhora dos Remédios, também criada no âmbito da Congregação Mahi, mostra a lista de assinaturas, na qual vários irmãos assinam "com seu signal", geralmente uma cruz.

36. Para uma discussão sobre o letramento no interior da irmandade, ver Mariza de Carvalho Soares. "Apreço e imitação no diálogo do gentio convertido". *Ipotesi*. Revista de Estudos Literários. Departamento de Letras da Universidade Federal de Juiz de Fora, vol. 4, n. 1, jan./jun., 2000, pp. 111-123.
37. Segundo o compromisso de 1910: "Capítulo XIII — Deveres da irmã Juiza de Santo Elesbão (...) Art. 16. Seus deveres e attribuições: Promover pelos meios a seu alcance o augmento e lustre da nossa irmandade, exercendo pela sua parte toda a caridade em favor dos nossos irmãos necessitados e procurando excitar o mesmo sentimento em nossas irmãs abastadas, bem como obter, admittir o maior numero possivel de irmãs"; "Capítulo XV — Deveres da irmã Juiza de Santa Ephigenia (...) Art. 17. Compete-lhe exercer os mesmos deveres que ficam indicados a irmã Juiza de Santo Elesbão, sempre que tiver de fazer as vezes desta, por impedimento que lhe sobrevenha e do que deverá ser avisada pelo irmão Escrivão por participação"; "Capítulo XVI — Deveres das irmãs Zeladoras (...) Art. 18. Compete-lhe: § 1º Distribuir entre si todos os trabalhos que estiverem em suas forças para augmento e brilhantismo da nossa Irmandade; § 2º Coadjuvar as irmãs Juizas em tudo o que diz respeito a esta, bem como as esmolas para as missas e festas dos nossos Padroeiros". Aisese, *Norma compromissal*, 1910.
38. Na Constituição do Império a proibição do voto dos analfabetos foi aprovada pela lei de 1881 que introduzia o voto direto, aumentava a exigência de renda para 200 mil-réis, proibia o voto dos analfabetos e tornava o voto facultativo. As novas regras provocaram uma redução de 90% no número de eleitores, principalmente em função da proibição de voto aos analfabetos. Continuavam alijadas do processo eleitoral as mulheres, tivessem elas renda ou não, fossem elas ou não alfabetizadas. José Murilo de Carvalho, op. cit., p. 39.
39. *Ibidem*, p. 40.
40. Episcopado Brasileiro. *Pastoral Coletiva de 1910*. Rio de Janeiro: Typografia Leuzinger, 1911.
41. *Idem*.
42. Sobre os autores citados, Francis Patrick Kenrick foi o mais renomado bispo americano, autor do primeiro manual americano de teologia moral publicado em 1841-43 (3 volumes); Anthony Konings foi também autor de um manual sobre teologia moral publicado nos Estados Unidos em 1847. Charles E. Curran. *The Origins of Moral Theology in the United States: Three Different Approaches*. Washington: Georgetown University Press, 1997.

CAPÍTULO XVII # Um jovem negro no pós-abolição: do Ventre Livre à Marinha de Guerra*

Álvaro Pereira do Nascimento**

---

*Agradeço à bolsista Pibic-CNPq-UFRRJ Rita de Cássia Ribeiro, que, através do Procad-Capes, realizou o levantamento e a pesquisa iniciais das fontes utilizadas neste trabalho. Gostaria de agradecer ainda o apoio de colegas e estudantes do Rio Grande do Sul, em especial a Helen Osório, Sílvia Petersen, Benito Schimdt, Luciano Costa Gomes, Karl Monsma, Melina Kleinert Perussatto e Jônatas Marques Carrati. Ainda devo agradecer a João Cândido de Oliveira, Vinicius Pereira de Oliveira e Maria Luci Corrêa Ferreira a visita e troca de ideias e fontes sobre a região da fazenda onde nasceu João Cândido. Em agosto de 2010, os colegas do Centro de Estudos do Oitocentos, durante nosso Seminário Interno, permitiram fechar algumas lacunas ainda em aberto. Entre eles, agradeço especialmente a José Murilo de Carvalho, Lúcia Bastos Neves, Lúcia Paschoal Guimarães, Adriana Barreto, Gladys Sabina Ribeiro, Carlos Gabriel e Mariza Soares.
**Pesquisador produtividade do CNPq, professor dos programas de graduação e pós-graduação em História da UFRRJ, membro permanente do Ceo/Pronex e Procad/Capes.

O final do Império carregou as últimas experiências de vida escrava nas Américas. Milhares de pessoas ainda estavam nessa condição quando a Abolição foi assinada. Esses homens e mulheres e outros milhões de negros já livres participaram de um processo marcante na história do país, que experimentava o mesmo impacto social e econômico das demais nações escravistas.[1] Eram as negociações conflituosas com antigos senhores e mesmo com o Estado em torno das novas formas de trabalho e direitos de cidadania que surgiram com o fim gradativo da escravidão, nas últimas décadas do século XIX.

Havia no Brasil formas múltiplas de contratos de trabalho entre patrões e empregados nesse período, sem uma legislação estatal específica que organizasse, fiscalizasse e garantisse direitos e deveres na relação capital-trabalho. Afora os nacionais de todas as cores e origens regionais e étnicas, havia a constante chegada de imigrantes, sobretudo portugueses, italianos e alemães. Esses cidadãos eram agentes de pouca atuação pelas vias legais e clássicas de participação nos desígnios da nação,[2] que negociavam diretamente com os patrões a extensão dos seus direitos trabalhistas e articulavam formas alternativas ou associativas para enfrentar as dificuldades com a habitação, a saúde, a educação e o lazer.[3]

Aqueles que viveram o período entre 1850 e 1930 tiveram de enfrentar todos esses problemas sem o apoio do Estado. Antigos senhores de escravos se viram forçados a dialogar, a negociar ou a forçar mesmo indivíduos nacionais e estrangeiros a trabalharem em suas fazendas, pelo menor custo possível de mão de obra. Nas áreas urbanas, por outro lado, a diversidade de atividades econômicas ampliava as possibilidades de emprego, só quebrada por motivos ligados, sobretudo, ao racismo, ao machismo, ao analfabetismo e à falta de qualificação. Para muitos desses homens e mulheres a vida era uma aventura diária, em busca do alimento, da cura das epidemias e doenças cotidianas e do pagamento do aluguel.

Histórias individuais e coletivas têm nos revelado esse cotidiano de trabalho e vida nesse longo processo que marca o que chamamos de pós-abolição no Brasil.[4] Através dos registros de imigrantes e nacionais pobres, a historiografia tem lançado luz sobre a existência dessas pessoas entre as últimas quatro décadas do Império e as primeiras quatro republicanas. Foram oitenta anos de transformação de uma sociedade hegemonicamente escravista para outra, cuja liberdade de mudar de emprego e patrão tornava-se realidade cada vez mais presente e única, teoricamente, após 1888.

A vida de João Cândido Felisberto é uma dessas histórias singulares que nos ajudam a iluminar esse período da história. Ele nasceu em 1880, migrou para a capital da República seis anos após a queda do Império e sacudiu a República 15 anos após a sua chegada. Explicar os primeiros momentos da vida desse filho de escravos, nascido do Ventre Livre, no então município de Rio Pardo, Rio Grande do Sul, é a razão deste texto.

COMO JOÃO CÂNDIDO FICOU FAMOSO

Até 22 de novembro de 1910, ele era mais um marinheiro da Armada nacional. A diferença era ser ele bem mais antigo do que os demais, contando já 15 anos de serviço e às vésperas de pedir desligamento ou reengajamento. Viajara por diversas partes do mundo a bordo dos navios e tornou-se timoneiro, o responsável por guiar a embarcação no mar e na chegada e partida dos ancoradouros. Mas, naquela noite de 22 de novembro, João Cândido foi arvorado a líder de centenas de marinheiros revoltados contra as péssimas condições de trabalho na Armada. A partir desse momento, seu nome passou a frequentar as principais páginas de jornais e revistas do Brasil e exterior. Até sua morte, em 1969, sua vida nunca mais foi a mesma.

Seus colegas eram negros em sua imensa maioria, segundo a descrição de um jovem oficial contemporâneo da revolta. Dizia ele que nas guarnições, 50% são negros, 30% mulatos, 10% caboclos, 10% brancos ou quase brancos.[5] Embora os dados não sejam precisos, podemos notar a existência de uma marinha que, naquele momento, recrutava uma quantidade imensa de rapazes que havia tido contato direto com a escravidão, tendo sido filhos ou netos de escravos.

Esses recrutas nasceram, suponho, nas décadas de 1880 e 1890, em meio ao período em que seus pais, se escravos, negociavam novas relações de trabalho com os senhores. Experiências delicadas viveram aqueles homens e mulheres nesse período, obrigando muitos a migrações forçadas, a enfrentar dificuldades derivadas do racismo e aceitação de condições de trabalho desvantajosas.[6]

O futuro dos seus filhos era uma questão importante. A Marinha de Guerra, embora fosse malvista por utilizar castigos corporais em marinheiros, permitia a realização de viagens, alguma profissionalização, emprego, salário, mesmo que baixo, lugar para dormir e alimentação Dependendo da condição dos pais, a Marinha poderia se um bom lugar para enviar seus filhos e foi esse o caminho seguido pelo garoto de 15 anos chamado João Cândido Felisberto em 1895. Por intermédio de um oficial da Marinha, parente da senhora da escrava Ignácia, mãe do líder da Revolta da Chibata, foi que esse chegou à Escola de Aprendizes Marinheiros.

JOÃO CÂNDIDO, ARGENTINO?

Essa discussão surgiu à época da revolta e questionava se João Cândido era ou não brasileiro. No interrogatório feito ao marinheiro no processo criminal militar, aberto logo após a segunda revolta, lê-se que ele se diz argentino, o que lhe causou vários embaraços ao longo da vida, tendo de reafirmar a cidadania brasileira inúmeras vezes. Naquele dia 12 de junho de 1911, o interrogador lhe perguntou:

Qual seu nome, naturalidade, idade, filiação, estado, praça e ano a que pertence? Respondeu se chamar João Cândido, nasceu na província de Corrientes, na República Argentina, com 29 anos de idade, filho de João Cândido Velho Felisberto, solteiro, praça do Corpo de Marinheiros Nacionais de dezembro de mil novecentos (sic) e noventa e cinco.[7]

Mais de um ano depois, no interrogatório de 18 de novembro de 1912, João Cândido parece mudar a versão sobre sua naturalidade e diz ter nascido no "estado do Rio Grande do Sul" e ser filho de "João Cândido Velho". Quanto à mudança do sobrenome do pai, é compreensível, pois ex-escravos constituíam novos nomes após a alforria e poderiam modificá-los ao longo do tempo. E João Cândido deve ter se confundido entre as formas pelas quais seu pai era chamado no Rio Grande do Sul, nos dois interrogatórios. Mas a naturalidade é uma questão complicada. Qual a razão de aparecer Corrientes no primeiro interrogatório e Rio Grande do Sul no segundo?

Edmar Morel aumenta ainda mais as dúvidas sobre essa imprecisão gerada pelo primeiro depoimento de João Cândido. O brilhante autor, ao narrar esse último interrogatório, em seu livro *A revolta da Chibata*, diz que o mesmo foi no dia 29 de novembro e que o marinheiro pedira, inclusive, uma retificação em relação ao redigido no primeiro interrogatório, de que era natural de Corrientes, Argentina. No entanto, essa retificação não está redigida no processo. Há o interrogatório a João Cândido, mas no dia 18 de novembro. No dia 29 existe, sim, a defesa redigida pelos advogados, mas nenhuma retificação sobre a naturalidade é solicitada pelos defensores de João Cândido. Ou seja, Edmar Morel teria posto algo que não está na fonte, resultado possível de uma mistura entre o lido no processo e o ouvido por João Cândido nas tantas entrevistas para a produção do livro. Mas isso não responde a nossa pergunta.

Naqueles dias da revolta e mesmo nos dois anos que se seguiram ao evento, João Cândido aparecia nos jornais como um fantasma na vida da Marinha de Guerra e seus oficiais. Aquela história não era silenciada ou esquecida e voltava às páginas da imprensa de formas diversas. O incômodo já ultrapassara todos os limites da paciência dos oficiais.

Será que os oficiais que compunham o Conselho de Guerra trocaram intencionalmente a naturalidade e nacionalidade do marinheiro nos autos do processo?

Os oficiais já detestavam o marinheiro e seus camaradas pela revolta, que expusera um lado contraditório à face garbosa e elitista apresentada pelas mais altas patentes da Marinha de Guerra. Se João Cândido fosse argentino, seria mais um elemento para ser explorado contra o líder da revolta. A possibilidade de tal argumento, contudo, parece-me pouco provável. Nos inúmeros processos criminais encontrei sempre uma preocupação na redação com o dito por testemunhas e réus durante os interrogatórios. Digo "pouco provável" porque sempre há uma possibilidade. Aquele Conselho de Guerra contra João Cândido já era algo absurdo, não havia provas para incriminar os réus, que não estavam envolvidos diretamente na segunda revolta.[8] Algo muito bem explorado pelos advogados de defesa de João Cândido, Manuel Gregório do Nascimento, Deusdeditt Telles e mais sete envolvidos. Ora, por que então incriminá-los, mantendo-os dois anos na cadeia, incomunicáveis?

A solução para a origem de João Cândido teria de ser buscada em outras fontes. A razão de aparecer Corrientes em vez de Rio Grande do Sul ainda está mais no campo das suposições. Parti, assim, para Porto Alegre a fim de encontrar dados mais sólidos sobre o nascimento de João Cândido.

Havia duas pistas a seguir. A primeira foi levantada por Fernando Granato, em biografia sobre João Cândido, segundo o qual o senhor dos pais do marinheiro havia sido João Felippe Corrêa, de Rio Pardo.[9] A outra pista foi a descrita pelo almirante Luís Alves de Oliveira Bello, para quem João Cândido nascera na fazenda Coxilha Bonita, de propriedade da família de Gaspar Simões Pires, também da então Rio Pardo.[10]

Minha dúvida entre quais caminhos optar não durou muito tempo: as pistas levantadas pelo primeiro autor não faziam o menor sentido, assim como diversas passagens da biografia por ele escrita — não se sabe a origem das suas fontes nem quanto sua imaginação excedeu os limites do aceitável. Bello, embora tecesse os piores adjetivos para o marinheiro, foi a pista mais precisa a seguir.

Nos arquivos de Porto Alegre busquei inventários, testamentos, registros de batismo, casamento e óbito. Percebi que os nomes dos escravos procurados e aqueles descritos por João Cândido faziam mais sentido na documentação da fazenda Coxilha Bonita, da família Pires. Embora tivesse algumas surpresas, como uma nova data para o aniversário de João Cândido, os resultados da pesquisa me ajudaram a ver os laços familiares que transformaram um filho de tropeiro em marinheiro nacional.

Poderia chegar mais próximo do cotidiano de trabalho dos pais de João Cândido, caso um tipo de censo pecuário, de 1858, fosse mais bem aplicado na região do atual município de Dom Feliciano, onde se localizava a fazenda Coxilha Bonita. Tal documentação, chamada *Relações de pecuaristas*, relaciona "os criadores de gado locais" e, para cada um deles, "a quantidade de gado que possuía, o número de reses marcadas no ano anterior e os trabalhadores livres e escravos que empregava no cuidado da criação".

Parte dessas informações até poderia ser buscada nos inventários e testamentos, mas as *Relações* vão além e descrevem as atividades de cada um trabalhador, fosse livre ou escravo ("roceiros", "campeiros", "de todo o serviço" etc.).[11] Luís Augusto Farinatti observou o caso de duas outras regiões e que nos ajudam a compreender um pouco da realidade de Encruzilhada. Segundo o autor, havia três formas de mão de obra empregadas na criação de animais: a dos filhos, a dos escravos e a dos peões livres. A fatia reservada a cada um desses grupos nas atividades pastoris poderia variar de acordo com o poder aquisitivo do estancieiro e a quantidade de reses.

Os mais poderosos, com mais de 1.000 cabeças, utilizavam 40% de mão de obra escrava, 57% de peões livres e somente 3% dos filhos. A situação mudava entre os que possuíam de 501 a 1.000 cabeças, sendo que os filhos ocupavam 17% das atividades, os peões livres, 43%, e os escravos mantinham a mesma porcentagem. Na terceira condição, entre 101 e 500 reses, os escravos eram 39%, contra 27% dos filhos e 34% dos peões livres. Na última categoria, de até 100 cabeças, o número de escravos decaía muito, para 18%, contra 67% dos filhos e 15% dos peões livres.[12] Há como se notar, assim, a grande participação de escravos nas atividades das maiores estâncias, tal qual a Coxilha Bonita, onde trabalhavam os pais de João Cândido, que haviam sido escravos da família por muito tempo.

A província do Rio Grande do Sul possuía população escrava considerável exercendo diversas atividades. Segundo Paulo Zarth, as pesquisas recentes demonstraram que a historiografia errou ao defender que a ausência de *plantations* no Rio Grande do Sul desestimulara o emprego de mão de obra escrava, como ocorria nas demais áreas cafeeiras e açucareiras brasileiras.[13] Outro equívoco foi relacioná-los somente ao trabalho na indústria do charque. Em 1874, seis anos antes do nascimento de João Cândido, havia 98.450 escravos contra pouco mais de 364.000 livres no Rio Grande do Sul. Pensando em termos comparativos, a província apresentava um elevado "índice de concentração relativa" de cativos, em torno de 21,3%, a terceira do país, estando à frente de Minas Gerais (1.642.449 livres e 311.304 escravos) e São Paulo (680.742 livres e 174.622 escravos).[14] Isso revela a imensa participação da mão de obra escrava na região em relação à mão de obra livre.

A pesquisa na documentação cartorial e paroquial permitiu uma avaliação mais precisa do trabalho escravo do que nas pesquisas anteriores, baseadas em relatos de viajantes e cronistas do século XIX. Entre os grandes estancieiros, os escravos somavam 6,5 em média por senhor, algo somente ultrapassado em regiões de forte economia pastoril ou com charqueada. Um exemplo era o do visconde de Pelotas, que possuía 13 escravos para cuidar de quase 3 mil animais, sendo que quatro desses homens foram identificados como "campeiros".[15] As atividades mais comuns nas estâncias eram as de roceiro, campeiro e doméstico.

> Os primeiros [roceiros] eram lavradores encarregados do abastecimento de produtos agrícolas para o pessoal da estância. Os campeiros eram encarregados do trabalho pastoril propriamente dito e eram considerados melhores qualitativamente. No caso dos escravos domésticos, predominavam as mulheres e tratavam dos serviços rotineiros ligados à casa.[16]

As pesquisas recentes corroboram essa hipótese. A ideia de que a "pecuária era incompatível com a escravidão, pois o trabalho a cavalo em propriedades sem cercas tornaria impossível o controle dos cativos, não pode mais ser sustentada".[17] Mesmo em regiões como São Borja, os pecuaristas não deixavam de investir em escravos, mas com mais "parcimônia" do que em outras regiões.[18] Um dos elementos que ainda está sendo investigado sobre a escravidão na região é justamente as negociações e estratégias de senhores e escravos no cotidiano dessas estâncias. No entanto, algumas realidades já levantadas revelam um "núcleo de mão de obra estável" que poderia ser importante elemento na relação entre senhor e escravo.

Esses cativos muitas vezes "formavam uma ou mais famílias". Esse dado, para o caso do Rio Grande do Sul, abre outras possibilidades para interpretarmos o cotidiano dessas estâncias. A presença de famílias escravas diminuía o temor da fuga entre os senhores e abria a possibilidade de manutenção de laços familiares para os cativos. Essas famílias também ajudavam na reprodução e formação de futuros campeiros para as estâncias. Nelas encontram-se poucos indivíduos, com idades variando entre 15 e 40 anos, e a presença marcante de crianças.[19]

> De um lado, a presença dessas famílias implicava que a reprodução desses plantéis se faria, ao menos em parte, sem recorrer ao mercado. De outro, elas propiciavam a reprodução de escravos crioulos, parte deles iniciados desde jovens nas lides pecuárias.[20]

João Cândido nasceu junto a uma dessas famílias, e é desse cotidiano que trataremos daqui por diante.

A FAMÍLIA DE GASPAR SIMÕES PIRES E A ESTÂNCIA COXILHA BONITA

A história dos Simões Pires teve início com o desembarque no Brasil do açoriano Matheus Simões Pires, em 1755, e sua mulher, também açoriana, Catarina Inácia da Purificação. Ele era um influente comerciante, rico proprietário de terras, escravos e gado. Negociava secos e molhados com São Paulo e a rica província do Rio de Janeiro. Seu patrimônio cresceu, em parte, pelo momento vivido pelo Rio Grande do Sul no período, num processo conflituoso entre as Coroas ibéricas, que resultou, inclusive, na prisão de Matheus por parte dos espanhóis. No entanto, mais à frente, ele se beneficiou da distribuição de sesmarias na região de Rio Pardo, uma estratégia militar portuguesa utilizada para ocupar o vasto território. Nesse processo, adquiriu as estâncias de Capivari e São João — a primeira sediava o "oratório particular" no qual João Cândido foi batizado quase um século depois.[21]

Gaspar Simões Pires foi um dos netos de Matheus e era muito bem estabelecido financeiramente na região. Podemos perceber sua influência pelo seu poder político, sendo "major" e um dos "fazendeiros votantes" da Vila de Encruzilhada.[22] Não teve 62 escravos como o avô, mas possuía quantidade imensa de bens, garantindo herança considerável para cada um dos seus filhos. As terras ocupavam regiões em municípios diferentes e todas elas com algum tipo de criação. Eram elas: Capivari (no "segundo distrito da vila"), com uma "légua e meia" e avaliada em 18:000$000; Irapuá (Caçapava), com "meia légua de campo" no valor de 6:000$000, "umas partes de campo" em Camaquã (Distrito de São José do Patrocínio), custando 2:600$000; Além dessas terras, deixou duas casas, sendo que a do casal, avaliada em 2:000$000, localizava-se no campo de Capivari, tinha benfeitorias e era de telha.

Na maior propriedade, a de Capivari, Gaspar Simões Pires tinha 3.760 reses de criar no valor de 15 contos de réis, 32 bois mansos, 250 novilhas, 270 éguas xucras, 550 ovelhas e 113 cavalos. Ele também deixou, nessa mesma propriedade, 9 escravas e 12 escravos. Uma delas era Ignácia, com 30 anos, que viria a ser mãe de João Cândido. Com a morte de Gaspar, em 1863, seus filhos passaram a receber suas partes.

Entre os parentes de Gaspar Simões Pires, daremos atenção especial a sua esposa e a uma das suas filhas. Vamos começar por essa última, Maria do Carmo Simões Pires, que já era casada com Firmino José Moreira quando seu pai morreu. Gaspar já havia ajudado alguns dos seus filhos, permitindo que usufruíssem e até começassem suas vidas com aproximadamente 100 cabeças de gado cada um e mais escravos. E no caso de Maria do Carmo não foi diferente, ela tinha em seu poder duas escravas e um escravo pertencentes a seu pai: Caetana, 250$000 réis;[23] Narciso, 100$000 réis; sendo Ignácia, a futura mãe de João Cândido, a mais bem avaliada, em 750$000. Seu preço correspondia exatamente à metade do valor das terras que Gaspar Simões Pires deixara nas "partes do campo de Camaquã" para Maria do Carmo. Da listagem dos bens, Ignácia era a segunda em valor.[24]

Em 1876, morreu a viúva de Gaspar Simões Pires, d. Florinda Cândida de Lima. Seu testamento nos traz a segunda pessoa que mais nos interessa: o pai de João Cândido.[25] Foi a primeira vez que encontrei o seu nome escrito na documentação: João Felisberto. Ele ampliara seu nome com mais sobrenomes e os alternara nas demais fontes assim como ocorrera a Ignácia, que também incluíra novos sobrenomes. Algo muito comum entre ex-escravos, como veremos.

D. Florinda Cândida de Lima, em seu testamento, declarou o seguinte: "Deixo libertos por meu falecimento os meus escravos José Thomé e João Felisberto, no valor de 50$000 réis cada um." Seus nomes não aparecem no inventário *post mortem* de Gaspar Simões Pires. Existem até dois indivíduos, com nomes de "Thomé" (46 anos) e "João Gago" (53 anos), que valiam pouco em 1863 devido às suas idades, mas essas informações são frágeis para arriscarmos que fossem os mesmos que apareceram no testamento de Florinda Cândido Lima, aproximadamente treze anos depois.

Pelo valor estipulado para cada um, cinquenta mil-réis, imagino que tinham problemas de saúde ou eram velhos. O mais interessante aqui é que João Felisberto atendia por "João Cândido Velho" ou "João Cândido Felisberto Velho", como vimos no próprio depoimento do seu filho João Cândido no Conselho de Guerra, em 1912. Podemos encontrar diversos livros sobre o assunto. Possivelmente esse sobrenome veio como apelido e se tornou usual com o passar do tempo.

CASAMENTO E LIBERDADE NA VIDA DOS PAIS DE JOÃO CÂNDIDO

Não temos clara dimensão de que forma e quando os pais de João Cândido se encontraram e constituíram família. Ignácia mantinha-se escrava de Maria do Carmo Simões Pires. João Felisberto, livre em 1876, pode ter seguido para qualquer lugar. Imagino, contudo, que ele tenha permanecido próximo aos Simões Pires. As terras da família ficavam não muito distantes umas das outras. Baseando-me nas denominações dos atuais municípios, nota-se que ficavam num raio entre 50 e 60 quilômetros em média.

João Felisberto trabalhava para d. Florinda, na fazenda Coxilha Bonita, campos de Capivari, onde a quantidade de reses, demais animais de criação e a extensão das terras exigiam mão de obra experiente, conhecida e especializada. Sendo alguém de confiança e já acostumado à lida na fazenda, possivelmente deve ter negociado uma forma de remuneração pelos serviços e garantia de hospedagem naquelas terras. João Cândido dizia que seu pai fora "tropeiro", ou seja, aquele que viaja comandando gado rumo aos abatedouros e compradores. Diferentemente do "campeiro", responsável pelo "rodeio" — reunião do gado em certo lugar [26] — para cuidar, separar, contar, castrar e mais ofícios junto aos animais, João Felisberto tinha uma vida mais ligada às distâncias a percorrer, o que talvez facilitasse seu contato com as demais fazendas da família Simões Pires. Segundo o cronista da vida gaúcha João Cezimbra Jacques, se o gado de uma determinada estância não bastasse

> para preencher o número da tropa, que às vezes é de 400, 500, 600, 700 rezes, toca-se os novilhos e vacas apartados, vai-se a outra estância, onde se apartam o gado que falta; assim preenchendo o número, tocam as tropas para charqueadas de Pelotas ou de Paissandu e de outros pontos, conforme a distância.[27]

Isso nos ajuda a imaginar que o gado das fazendas dos Simões Pires fosse recolhido de igual forma, ou seja, até "preencherem o número" de cabeças para formar uma tropa. João Felisberto, nesse caso, poderia ainda circular por todas as propriedades da família antes de seguir para o lugar de venda e abate dos animais. Esse fato pode nos ajudar a postular uma hipótese para o encontro entre ele e sua futura mulher.

No inventário de Gaspar Simões Pires e mesmo no testamento de sua esposa, Florinda Cândida de Lima, não há menção às atividades desenvolvidas pelos pais de João Cândido. Pelo dito por João Cândido a Edmar Morel, o pai do famoso marinheiro era mesmo tropeiro, em uma rotina cheia de aventuras, disciplina e trabalho desgastante.[28] No caso da mãe, Ignácia, seguindo as indicações de Paulo Zarth, ela possivelmente trabalhava no serviço doméstico. Não sei se realmente foi esse o processo, mas há uma grande possibilidade de João Felisberto ter encontrado Ignácia quando juntava o gado a ser transportado das fazendas dos Simões Pires para o destino de venda.

Seja como for, a realidade é que ambos se casaram em 28 de junho de 1879, aproximadamente três anos após a morte da última senhora de João Felisberto, liberto em 1876.

> No dia vinte e oito de Junho de mil oitocentos e setenta e nove, nesta paróquia de Santa Barbara de Encruzilhada, feitas as diligências do estilo, e não aparecendo impedimento algum, perante mim e as testemunhas Januário Teixeira de Oliveira e Fortunata Barreto, se receberam em matrimônio, na forma do Sagrado Concílio de Trento, João Felisberto, preto liberto e Ignacia preta escrava de Firmino José Moreira, naturais e moradores desta paróquia, e logo lhes conferi as bênçãos nupciais e para constar fiz este assento e o assino.[29]

Esse foi o início da vida de ambos. Ele livre e ela escrava. Não temos informações exatas sobre a casa onde moraram e o cotidiano deles. Um descendente direto de Maria do Carmo Simões Pires, em entrevista a Maria Luci Corrêa Ferreira, dizia que "o marido era tropeiro, e ela, muito ginete, domava, carreteava, caçava tatu, como bem poucos cativos executavam".[30]

Os filhos logo começaram a surgir. Consegui encontrar apenas dois registros de batismo, embora historiadores digam ter João Cândido feito parte de uma família numerosa.[31] Os registros encontrados demonstram também que o casal assumiu um novo sobrenome após o casamento. Ele passou a se identificar por "João Felisberto Pires" e a esposa por "Ignácia Cândido Pires". Pires refere-se ao sobrenome da família que fora senhora de João e ainda era de Ignácia. O Cândido possivelmente proceda de d. Florinda Cândido Lima, esposa do falecido Gaspar Simões Pires, uma forma talvez de reconhecimento pelo ato da antiga senhora, que passou a liberdade a João Felisberto quando da sua morte.

João Cândido pode ter tido uma irmã bem mais velha do que ele, chamada Caetana. Ela já aparece no inventário de Gaspar Simões Pires, em 1863, ou seja, 17 anos antes do nascimento de João Cândido. Esse inventário apresenta falhas que, num primeiro momento, dificultaram minha percepção sobre esse parentesco. O tabelião não redigiu quais crianças eram "crias" de uma ou outra escrava. Caso isso ocorresse, saberia que Caetana era filha de Ignácia na primeira vez que li o inventário de Gaspar Simões Pires.

O tabelião também redigiu uma idade aproximada dos cativos. Os avaliadores, contratados pelos tabeliães, certificavam-se do valor dos bens. No caso dos escravos, a idade que aparentavam era fundamental para lhes atribuir valor. Ignácia, possivelmente, tinha uma aparência envelhecida para a idade que tinha, haja vista o avaliador dar a ela 30 anos, em 1863. Número redondo, aproximado, como era muito comum entre os avaliadores.

João Cândido nasceu aproximadamente sete meses após o casamento dos pais. Não há notícias se ele nasceu prematuramente ou se já havia sido gerado antes da oficialização do casamento — o que reforça a ideia de que João Felisberto e Ignácia já tinham relacionamento anterior, quem sabe desde a época de Caetana. O casamento não era algo barato de ser realizado e muitos casais pobres — livres e escravos — viviam em concubinato.[32] No caso dos escravos, senhores resistiam a permitir casamentos entre eles, sob o risco de serem impedidos de separar o casal, pelo Concílio de Trento, quando decidissem vender seus cativos.[33] Talvez, após a liberdade e com algum dinheiro recebido através do trabalho livre, João Felisberto possa ter conseguido dinheiro para casar-se com

Ignácia e com o consentimento do senhor da esposa, já que o matrimônio foi com um homem livre, que poderia segui-la caso fosse vendida. Mas vamos analisar o registro de batismo de João Cândido Felisberto, que nos traz algumas surpresas.

> Aos vinte de Janeiro de mil oitocentos oitenta e dois, n'esta Freguezia de Rio Pardo, em oratório particular no districto de Capivary, batizei solenemente e puz os Santos Oleos à João, nascido à quinze de Janeiro de mil oitocentos e oitenta, filho legítimo de João Felisberto Pires e Ignacia Candida Pires, escrava de Firmino José Moreira. Foram padrinhos José Antonio da Silveira Franco e Eugenia Amalia de Souza Franco. Do que, para constar, mandei fazer este assentamento que assigno.[34]

Como se pode ver, ele foi batizado em "oratório particular", no distrito de Capivari, onde ficavam as terras do falecido Gaspar Simões Pires e sua esposa, cujo nome era Coxilha Bonita. Finalmente aqui está uma evidência clara do seu lugar de nascimento: o marinheiro era gaúcho e, obviamente, brasileiro. Outro ponto de destaque é a data do seu nascimento: 15 de janeiro de 1880. O próprio João Cândido reconhecia o dia 24 de junho como o do seu aniversário. No entanto, a documentação mostra outra data, algo bastante comum naquele período. Muitas pessoas não sabiam exatamente a data do nascimento; o registro de batismo não emitia uma certidão de nascimento como os cartórios o fazem. O registro de batismo nos livros da igreja ficava sob os cuidados únicos da própria instituição, na paróquia da cidade. Se os pais esquecessem a data exata, em meio a tantos filhos, a solução era pedir ao padre uma consulta aos livros de batismo ou até — quem sabe? — dar como data o dia de aniversário do santo que deu nome ao filho: 24 de junho é dia de São João.[35]

Um terceiro elemento nesse registro é o casamento entre um homem livre, João Felisberto, e uma escrava, Ignácia, propriedade de Firmino José Moreira e sua esposa Maria do Carmo Simões Pires. João Cândido então era um "ingênuo", nascido de Ventre Livre, emancipado da escravidão, em respeito à lei de 28 de setembro de 1871.[36] Antes dessa lei, casamentos desse tipo exigiam do homem livre uma preocupação a mais: seus filhos nasceriam escravos, algo não enfrentado por João Felisberto quando decidiu casar-se com Ignácia.[37] Ela foi alforriada em 9 de fevereiro de 1881, quando João Cândido já estava com pouco mais de um ano de idade.

> Lançamento de uma carta de liberdade passada por Firmino José Moreira e sua mulher Maria do Carmo Pires Moreira a sua escrava Ignacia. Nós abaixo assinados Firmino José Moreira e sua mulher D. Maria do Carmo Pires Moreira, atendendo aos serviços que nos tem prestado nossa escrava crioula de nome Ignacia, de idade quarenta anos, a qual temos possuído até hoje e livre e desembaraçada de qualquer ônus, resolvemos conceder-lhe a liberdade para que se goze de assim para sempre como se livre tivesse nascido. Em firmeza dessa resolução passamos a presente carta de liberdade, escrita por nosso genro doutor Florencio Carlos de Abreu e Silva, e por nós assinado perante as testemunhas que a viram passar e também assinam. Capivari, segundo distrito de Encruzilhada, nove de fevereiro de mil oitocentos e oitenta e um. A rogo do meu pai por não poder escrever Gaspar Pires Moreira, Firmino José Moreira, Maria do Carmo Pires Moreira, Vicente Simões Pires Moreira, Antonio José da Silveira Franco. Nada mais se continha em dita carta de liberdade e ao original me reporto em mão do marido da liberta a quem a entreguei o qual não assina por não saber escrever. Encruzilhada 4 de junho de 1883. Eu Joaquim Antonio de Borba Netto, tabelião interino que escrevi, conferi e assinei.[38]

A alforria pode ter sido uma forma de reconhecimento, como diz o teor do registro acima. Ignácia trabalhava para a família havia décadas, desde os tempos dos pais de Maria do Carmo. Sua mãe, d. Florinda Cândido de Lima, havia alforriado João Felisberto ao morrer. Tanto João quanto Ignácia parecem ter exercido muito bem suas funções enquanto escravos, fosse no trabalho doméstico voltado para as mulheres escravas, fosse como tropeiro, função possivelmente exercida pelos homens da fazenda Coxilha Bonita. Além disso, se a escrava Caetana fosse realmente filha de Ignácia, essa já estava forte e adulta para assumir o lugar da mãe, e mesmo já tinha filhos, chamados de "crias", que ajudariam nos afazeres da fazenda.

Quando morreu seu marido Firmino José Moreira, em 1887, ou seja, seis anos após alforriar Ignácia, Maria do Carmo ainda tinha Caetana, classificada como preta, com 30 anos, e suas "três crias ingênuas de nomes Marcos, João e Odorico".[39] Além dessa, Maria do Carmo ainda contava com mais duas escravas: Narcisa, preta, 27 anos, "com uma cria ingênua de nome Ambrosina", e Damiana, parda, 21 anos, com uma cria chamada José. Quando Maria do Carmo herdou Caetana e Ignácia, elas já trabalhavam em sua fazenda, possivelmente mãe e filha. O quadro se repetiu no caso de Caetana, que já contava com três filhos, e na mesma propriedade. A diferença é que os filhos dessa última nasceram livres, por intermédio da lei, mas essas crianças trabalhariam na fazenda sabe-se lá com qual remuneração, se houvesse.

É interessante notar finalmente como os senhores não tinham controle ou conhecimento das idades de seus escravos e suas escravas. Ignácia, em 1863, aparece no inventário de Gaspar Simões Pires classificada com 30 anos. No documento que lhe dá a liberdade, em 1883, ou seja, 20 anos depois, ela tinha 40 anos. Aqueles proprietários de escravos e, principalmente, os avaliadores de bens que trabalhavam nos cartórios, parece que seguiam o desgaste físico dos corpos e faces dos escravos para classificar e redigir a idade do indivíduo entre os bens. Isso era fundamental para avaliar também o preço: não fazia muita diferença se criança e velho, desses poderia se estipular até a idade correta, mas no caso dos adultos a aparência da vitalidade tinha efeito sobre o preço de compra e venda do escravo. Não interessava a idade de fato, esse era um cuidado próprio para pessoas livres. No caso dos escravos, importava uma idade aproximada, 20, 30, 40 anos, como ocorreu com Ignácia, tanto que nas duas vezes anteriores que encontramos seus rastros ela valia 750$000 réis.

INFÂNCIA, AVENTURAS E MARINHA DE GUERRA: CAMINHOS EM ABERTO

É extremamente difícil recuperar a infância de João Cândido. Segui, então, algumas pistas que ajudaram a criar hipóteses sobre essa nossa lacuna. Quando registrou seu filho Dorílio, João Felisberto disse ser "criador". Esse dado abre espaço para imaginarmos a experiência da família após a alforria — como se mantiveram, as atividades exercidas e até a infância dos seus filhos. Segundo Farinatti, ao analisar as Relações de Pecuaristas da região de Santa Maria e São Borja, havia centenas de criadores naquela região. Como vimos em outra parte deste texto, encontramos pelo menos quatro categorias de criadores, classificados a partir da quantidade de reses que possuíam. Se João Felisberto tornou-se "criador", deveria ser um "pequeno criador" pelo pouco tempo que o afastava do cativeiro.

Caso esteja correto em minhas tentativas de iluminar o passado distante de um ex-escravo, João Felisberto deveria ter algumas poucas cabeças de gado — no máximo 100 —, obrigando-o a desenvolver outras atividades para complementar a renda familiar. Esses criadores poderiam ser proprietários, arrendatários de terras ou eram até agregados de outros criadores, mostrando a diversidade de formas de acesso à terra.[40] Sem ela, o trabalho e a produção dos gêneros seriam impossíveis, inviabilizando a reprodução da vida material dos criadores e de suas famílias.

No caso dos egressos do cativeiro, as pesquisas ligadas às famílias de ex-escravos dos atuais estados do Paraná e do Rio Grande do Sul têm mostrado uma diversidade de situações geradas pelas alforrias. Senhores poderiam doar parte de suas terras ou permitir a exploração de campos menores por décadas aos seus ex-escravos. Outros tiveram de migrar para diferentes regiões, a fim de comprar terras mais baratas ou pela simples necessidade de encontrar trabalho.[41]

No que tange ao trabalho do pequeno criador, Farinatti defendeu que a grande maioria deles "cuidava sozinho de suas poucas rezes ou com a ajuda de algum filho. Apenas em raros casos os encontramos utilizando escravos ou peões livres".[42] Esse é um dado que nos ajuda a pensar nas atividades de João Cândido e Dorílio quando tinham 8 ou 10 anos, caso o pai tenha se mantido na função de "criador". Resta saber em que terras e como João Felisberto as conseguiu.

Imaginamos que a família como um todo se manteve nas terras de Maria do Carmo Simões Pires e Firmino José Moreira por um bom tempo; pelo menos até o alistamento de João Cândido na Escola de Aprendizes Marinheiros, em 1895. Nesse caso, acreditamos que João Felisberto e Ignácia tenham arrendado parte das terras dos seus antigos senhores e que ali produziram as condições para a manutenção da família, estando próximos à filha Caetana, ainda escrava, e aos netos, desenvolvendo uma agricultura de subsistência e criando uma quantidade de cabeças de gado que não ultrapassava 100 unidades.

Corrobora isso o depoimento de dois descendentes da família de Maria do Carmo Simões Pires e Firmino José Moreira, que foram entrevistados por Maria Luci Corrêa Ferreira. Vicente Moreira de Almeida guardou em sua memória as histórias contadas pelos seus antigos parentes, cujas passagens dialogam em boa sintonia com o passado que estamos buscando. Segundo ele, "não longe da casa grande ficava um serro onde estava a choupana da Ignácia, como era conhecido o lugar, pelo jeito às 'avessas' que ela demonstrava, fazendo as lidas de homem".[43] A tal choupana ficava perto da casa-grande, numa pequena colina — o tal "serro" — ainda na Coxilha Bonita. O segundo depoimento, que aproxima o que imagino ser o espaço no qual João Cândido viveu sua infância, foi o de Orípes Simões Pires, que aos 8 anos chegou a ver João Cândido, após 1910, quando o líder da revolta retornou a Encruzilhada para ver sua irmã Caetana.

> Também fui tropeiro como o João Cândido Velho [nome dado por João Cândido no Conselho de Guerra], porém meu conhecimento desta família cativa está relacionado com os "casos" da irmã mais velha do militar, a Caetana, ou Candora, para os irmãos de cor. Caetana trabalhava na Coxilha Bonita e veio para a casa de vó Bimba já casada. Recordo até hoje, e me causava arrepios, quando ela me contava que teve um filho, o mais moço dos três, o negrinho cada dia ficava mais magrinho [...][44]

Essas informações são valiosíssimas. A Caetana que vimos nos inventários deveria ter entre 50 e 60 anos quando João Cândido retornou para visitar a irmã "mais velha" — como vimos na documentação, ela nascera antes da Lei do Ventre Livre e ainda era escrava em 1887, como atesta o inventário *post mortem* de Firmino. Documento esse que traz mais um dado que respalda o depoimento do senhor Orípes: ela tinha três filhos. Como vimos no inventário de Firmino José Moreira, eles eram Marcos, João e Odorico. Não há muita dúvida de que a família viveu esse processo da escravidão à liberdade mantendo-se em atividades ligadas ao gado, na mesma fazenda em que eram escravos, trabalhando para seus antigos senhores e/ou desenvolvendo as próprias criação e roça em terras arrendadas dos seus antigos senhores. Repetiram um padrão presente em diversas áreas rurais que perderam a mão de obra escrava nas últimas décadas do século XIX.[45]

João Cândido seguiu caminho diferente do velho pai. Deixou a família e a vida de tropeiro para se mudar para o Rio de Janeiro, a Capital Federal da República, onde jurou bandeira e prometeu defender a pátria e a Marinha de Guerra, assumindo o posto de grumete. Conheceu boa parte do Brasil e do mundo, através de diversas aventuras. Gostou tanto de lá estar que pediu engajamento no serviço militar após 10 anos de trabalho. Não há um consenso acerca da razão que o levou à Marinha de Guerra. O comportamento de João Cândido parece ter contribuído para isso, ele pode ter sido mesmo um "faísca", como disse o Vicente Moreira Leite.[46] A possibilidade é no mínimo razoável, já que muitos meninos foram levados pelos pais para as Forças Armadas com o objetivo de melhorar a disciplina e o comportamento irrequieto e travesso. Vicente Moreira Leite ainda tem na memória o caso que deve ter irritado os pais de João Cândido ou os donos da terra cuja sentença foi a Marinha de Guerra:

> Quando contrariado, sempre tinha uma resposta atrevida, afiada na ponta da língua. Um dia, ameaçado pelas diabruras que havia feito, fugiu para outra fazenda onde o Sr. José Felipe Corrêa era o responsável. Escondeu-se numa gruta de pedra [...]. Passou uns três dias, ele voltou desconfiado. Foi nessa ocasião que a Antônia Almeida Lima, professora das primeiras letras do moleque, com a autorização dos pais, entregou-o para o genro: almirante Floriano de Abreu. Como a propriedade do meu avô ficava próxima da fazenda do almirante Alexandrino de Alencar, amigo da família, e o mesmo recrutava jovens para a Marinha, foi ele quem recebeu o "Candinho" [como João Cândido era chamado].[47]

Não foi possível conseguir informações sobre o primeiro almirante, mas sabe-se bem quem foi o segundo e da importância dele na vida de João Cândido, mesmo após os eventos de novembro e dezembro de 1910. Além de levá-lo para a Marinha de Guerra, Alexandrino foi ministro daquela força armada e procurou até defender João Cândido da ira dos oficiais, que ameaçavam todos os patrões do ex-líder da revolta. Mas Alexandrino também era trineto do açoriano Matheus Simões Pires e esposa.

A irmã de Gaspar Simões Pires era Maria Esméria de Vasconcelos, que teria quatro filhos, sendo que a terceira, Ana Ubaldina de Faria, nascida em 15 de março de 1818, casou-se com o capitão Alexandrino de Melo Alencar. Desse casamento nasceram três filhos, sendo que o único menino foi Alexandrino Faria de Alencar, futuro ministro da Marinha. Como se vê, a relação familiar era muito próxima. A mãe de Alexandrino era sobrinha de Gaspar Simões Pires e prima direta de Maria do Carmo Simões Pires, que, com o marido, herdou Ignácia.

Para finalizar esta nossa história, percebe-se que toda a família de João Cândido deixou a Coxilha Bonita por volta da década de 1890: Caetana vai para a casa de parentes de Maria do Carmo e Firmino: o casal Gaspar Simões Fontoura e Gomercinda Dorneles Fontoura, conhecida como Vó Bimba. Os pais de João Cândido seguem para outra cidade, São Jerônimo.

Daí por diante, há um longo percurso a ser percorrido atrás dos passos dessa família de ex-escravos, que até hoje existe. Continuarei a segui-los, mas o resultado da nova jornada ficará para outra oportunidade...

Notas

1. Frederick Cooper, Rebecca Scott e Thomas Holt. *Além da escravidão*. Rio de Janeiro: Civilização Brasileira, 2005. Thomas Holt. *The problem of Freedom: Race, Labor, and Politics. in Jamaica and Britain, 1832-1938*. Baltimore: The Johns Hopkins University Press, 1991; Frank McGlynn e Seymour Drescher (eds.). *The Meaning of Freedom. Economis, Politics, and Culture After Slavery*. Pittsburgh/Londres: University ou Pittsburgh Press, 1992.

2. José Murilo de Carvalho. *Os bestializados*. São Paulo: Companhia das Letras, 1987.
3. Refiro-me aqui às associações de trabalhadores, sobretudo o mutualismo. Para o assunto, ver Marcelo Badaró Mattos. *Escravizados e livres*. Rio de Janeiro: Bom Texto, 2008, e Cláudio H. de M. Batalha. "Sociedades de trabalhadores no Rio de Janeiro: algumas reflexões em torno da formação da classe operária". *Cadernos AEL*. Campinas, Unicamp/IFCH, vol. 6, n.º 10/11, 1999. Destaca-se também o papel da mulher negra que garantiu boa parte da sobrevivência de suas famílias com seu trabalho. George Reid Andrews. *Negros e brancos em São Paulo (1888-1988)*. Bauru: Edusc, 1998.
4. Hebe Mattos e Ana Lugão Rios. *Memórias do cativeiro: família, trabalho e cidadania no pós-abolição*. Rio de Janeiro: Civilização Brasileira, 2005; Gladys Sabina Ribeiro. *Mata galegos. Os portugueses e os conflitos de trabalho na República Velha*. São Paulo: Brasiliense, 1990; Sidney Chalhoub. *Trabalho, lar e botequim. O cotidiano dos trabalhadores no Rio de Janeiro da belle époque*. Campinas: Unicamp, 2001; Lúcio Kovarick. *Trabalho e vadiagem: a origem do trabalho livre no Brasil*. 2ª ed. Rio de Janeiro: Paz e Terra, 1994; Walter Fraga Filho. *Encruzilhadas da liberdade: histórias de escravos e libertos na Bahia (1870-1910)*. Campinas: Unicamp, 2006; Wlamyra Albuquerque. *O jogo da dissimulação: abolição e cidadania negra no Brasil*. São Paulo: Companhia das Letras, 2009; João José Reis. *Domingos Sodré, um sacerdote africano: escravidão, liberdade e candomblé na Bahia do século XIX*. São Paulo: Companhia das Letras, 2008.
5. Um oficial da Armada (José Eduardo de Macedo Soares). *Política versus Marinha*. S/l; s/ed.; (1911?), p. 85, nota 1.
6. George Reid Andrews.
7. Processo João Cândido e outros (1910-1912), Arquivo Nacional: STMJ, n.º 565, f. 239v.
8. Marco Morel. "A vida de João Cândido ou o sonho da liberdade". *In*: Edmar Morel. *A Revolta da Chibata* (5ª ed.) Rio de Janeiro: Paz e Terra, 2009, p. 288.
9. Fernando Granato. *O negro da chibata. O marinheiro que colocou a República na mira dos canhões*. São Paulo: Objetiva, 2000, p. 7. João Felippe Corrêa era filho de Hilário Corrêa Garcia e Joaquina Borges Corrêa, dos quais analisei o testamento do próprio, que já se passa após a abolição, do pai, não localizado, e da mãe, que deixa para ele um escravo de "menor idade" de nome Arão. Esse testamento foi redigido no Distrito de São José do Patrocínio, atual Amaral Ferrador, já mais distante de Encruzilhada do Sul, onde se localizava a estância Coxilha Bonita. Ainda que não constem os nomes de todos os escravos que receberam cartas de liberdade, consultei a listagem dos alforriados e também não encontrei vinculação entre João Felippe Corrêa e os pais de João Cândido. Veja tal listagem em Rio Grande do Sul. Secretaria de Administração e dos Recursos Humanos. Departamento de Arquivo

Público. *Documentos da escravidão. Catálogo Seletivo de Cartas de Liberdade.* Porto Alegre: Corag, 2006.
10. Maria Luci Corrêa Ferreira. *Tributo a João Cândido: o rei do farol da liberdade.* Encruzilhada do Sul: s/ed. 2002, p. 46. Rio Pardo era um enorme município ao final do século XIX, dando origem a outros nas décadas seguintes. Segundo Maria Luci Corrêa Ferreira, com a emancipação de Encruzilhada do Sul, a Coxilha Bonita passou a não mais pertencer a Rio Pardo, como geralmente João Cândido referia-se a sua cidade natal. Em 1963, o município de Dom Feliciano emancipou-se de Encruzilhada do Sul, passando a sediar a Coxilha Bonita a partir daí. No inventário de Gaspar Simões Pires e de seu genro Firmino José Moreira também há referência a uma área, denominada Serra do Herval, na qual ficava a fazenda Coxilha Bonita. Veja: Inventário, Gaspar Simões Pires, Arquivo Público do Estado do Rio Grande do Sul (doravante Apers), Encruzilhada, Autos 185, Maço 7, estante 21, 1863.
11. Luís Augusto Farinatti. "Um campo de possibilidades: notas sobre as formas de mão de obra na pecuária (Rio Grande do Sul, século XIX)". *História Unisinos.* São Leopoldo, n.º 8, vol. 7, 2008, pp. 255-256.
12. *Idem*, pp. 262-263.
13. Paulo Afonso Zarth. *Do arcaico ao moderno: o Rio Grande do Sul agrário do século XIX.* Ijuí: Unijuí, 2002, pp. 106-107.
14. *Idem*, pp. 108-109.
15. *Idem*, p. 112.
16. Paulo Afonso Zarth, op. cit., p. 114.
17. Luis Augusto Farinatti, op. cit., p. 270.
18. *Idem*, p. 266.
19. *Idem*, p. 272.
20. *Idem*, op. cit., p. 273.
21. Silmei de Sant'Anna Petiz. "A reconstituição de famílias escravas: parentesco e famílias entre os cativos de Matheus Simões Pires Rio Grande de São Pedro, 1750-1835". *Anais do XVI Encontro Nacional de Estudos Populacionais,* Caxambu, 2008, p. 5. Disponível em http://www.abep.nepo.unicamp.br/encontro2008/docsPDF/ABEP2008_1219.pdf, acessado em 20 de setembro de 2010.
22. Ver Lista geral dos cidadãos qualificados votantes pela junta de Revisão, na reunião que teve lugar no dia 19 de janeiro de 1851. Apers. Câmara Municipal de Encruzilhada (1850-1853). Notação: A.MU-67. À época da emancipação do município de Rio Pardo, em 1851, Gaspar Simões Pires, com 61 anos, tomou parte daquele processo e apareceu como um dos poucos "fazendeiros" na lista geral dos cidadãos qualificados votantes pela junta de Revisão.
23. Maria Luci Corrêa Ferreira, op. cit., pp. 55-57. Há uma grande possibilidade de Caetana ter sido a primeira filha de Ignácia, como veremos.

24. Inventário *post mortem*, Gaspar Simões Pires. Apers: Encruzilhada, Autos 185, Maço 7, estante 21, 1863, f. 23v.
25. Apers, Testamento, Florinda Cândida de Lima, Encruzilhada, Autos 84, Maço 2, estante 121, 1876, f. 1v.
26. João Cezimbra Jacques. *Ensaio sobre os costumes do Rio Grande do Sul*, (1ª ed. 1883). Santa Maria: UFSM, 2000, p. 81.
27. *Idem*, pp. 86-87.
28. Edmar Morel, op. cit., p. 79.
29. Livro de registro de casamentos, Encruzilhada. Arquivo Histórico da Cúria Metropolitana de Porto Alegre, 1871 a 1888, Livro 3, folha 91v.
30. Maria Luci Corrêa Ferreira, op. cit., p. 53.
31. A falta de evidências das demais crianças talvez seja devido à posterior migração da família para outra cidade, levando os pais a os batizarem na igreja da freguesia local, registrando em outro livro que não encontramos.
32. Cacilda Machado. "Casamento de escravos e negros livres e a produção da hierarquia social em uma área distinta do tráfico atlântico (São José dos Pinhais — PR, passagem do XVIII para o XIX)". *In*: João Fragoso; Antonio Carlos Jucá; Adriana Campos (orgs.) *Nas rotas do Império: eixos mercantis, tráfico e relações sociais no mundo português*. Vitória: Edufes/Lisboa: IICT, 2006, p. 499.
33. Maria Beatriz Nizza da Silva. *Cultura no Brasil Colonial*. Petrópolis: Vozes, 1981. *Apud* Cacilda Machado, op. cit., pp. 497-498.
34. Livro de Registro de Batismo, Rio Pardo. Arquivo Histórico da Cúria Metropolitana de Porto Alegre, Livro nº 24, 1881 a 1882, folha 61.
35. Agradeço a Lúcia Pascoal Guimarães a sugestão para essa afirmação.
36. Brasil, Leis, decretos: Lei n° 2.040 de 28 de setembro de 1871: Declara de condição livre os filhos de mulher escrava, que nascerem desde a data desta lei, libertos os escravos da nação e outros, e providencia sobre a criação e tratamento daqueles filhos menores e sobre a libertação anual de escravos. Decreto n° 4.835 de 1° de dezembro de 1891: Aprova o regulamento para a matrícula especial dos escravos e dos filhos livres de mulher escrava. Regulamento a que se refere o decreto n° 4.835 desta data, para a execução do art. 8° da lei n° 2.040 de 8 de setembro de 1871. Decreto n° 5.135 de 13 de novembro de 1872: Aprova o regulamento geral para a execução da lei n° 2.040 de 28 de setembro de 1871. http://www.brasiliana.usp.br/bbd/handle/1918/00846400?show=full. Acesso em 23 de setembro de 2010.
37. Encontrei ainda mais um registro da família de João Cândido. Dorílio nasceu em 1884.
38. Arquivo Histórico da Cúria Metropolitana de Porto Alegre: Livro de Notas do Tabelião Joaquim Antônio de Borba Junior, Encruzilhada, livro 7, 1882-1885.
39. Inventário de Firmino José Moreira. Encruzilhada. Apers: Autos 380, Maço 15, estante 121, 1887, f. 27.

40. Luís Augusto Farinatti, op. cit., pp. 260-161.
41. Leonardo Marques. *Por aí e por muito longe: dívidas, migrações e os libertos de 1888*. Rio de Janeiro: Apicuri, 2009, p. 66.
42. Luís Augusto Farinatti, op. cit., p. 265.
43. Maria Luci Corrêa Ferreira, op. cit., p. 53.
44. *Idem*, pp. 55-56. Disse Caetana a ele que uma cobra sugava seu leite no lugar do filho, quando ela dormia. Daí a lembrança dos "casos" contados pela ex-escrava e o registro desses na memória de quando o senhor Orípes ainda era uma criança.
45. Ver, por exemplo, Hebe Mattos e Ana Lugão Rios, op. cit., e Leonardo Marques, op. cit.
46. Maria Luci Corrêa Ferreira, op. cit., p. 53.
47. Maria Luci Corrêa Ferreira, op. cit., p. 54.

CAPÍTULO XVIII **Finanças e comércio no Brasil da primeira metade do século XIX: a atuação da firma inglesa Samuel Phillips & Co., 1808-1831***

Carlos Gabriel Guimarães**

---

*Uma primeira versão foi apresentada no II Congreso Latino-Americano de Historia Económica (II CLDHE). Cidade do México, Unam, 2010. É importante destacar o trabalho realizado nos arquivos pelo bolsista Alan Ribeiro dos Santos.
**Professor do Departamento de História e Pós-Graduação em História da UFF e pesquisador do CNPq. cgg@uol.com.br

O objetivo deste trabalho consiste em analisar a atuação da firma inglesa e judia Samuel & Phillips, depois Samuel Phillips & Co., no Brasil, desde o período joanino até o ano de 1831. Organizada pelos primos Denis Moses Samuel e Alfred Phillips, o primeiro era filho do negociante inglês-judeu Moses Samuel e irmão mais novo de Samuel Moses Samuel, sócio da firma londrina com negócios na África — Samuel Brothers African's Merchant — e concunhado de Nathan Meyer Rothschild, criador do banco mercantil N.M. Rothschild & Sons. A Samuel & Phillips & Co. teve negócios tanto no comércio de importação e de pólvora e armas para a Guerra da Cisplatina quanto nas finanças, sendo credora do Erário Régio do Império Luso-Brasileiro e agente do Banco Mercantil inglês N.M. Rothschild & Sons no Brasil. Na década de 1830, com a abdicação de d. Pedro I, a Samuel Phillips & Co. se tornou procuradora do ex-imperador no Brasil e, no final da referida década, financiadora do empréstimo de 1838. Porém essa é outra história.

1. A PRESENÇA INGLESA NA PRIMEIRA METADE DO SÉCULO XIX: UMA DISCUSSÃO BIBLIOGRÁFICA

A questão referente à predominância inglesa no Brasil e no mercado latino-americano na primeira metade do século XIX provocou uma polarização entre os historiadores e cientistas sociais latino-americanos, norte-americanos e ingleses. De um lado estão os que enfatizam a predominância; do outro, os que negam ou relativizam tal dominação. No primeiro grupo podemos citar, entre vários autores, Eugene Ridings e

Eduardo Cavieres Figueroa. O primeiro autor, num artigo publicado no *Journal of Latin American Studies*, chamou atenção para o fato de que nos países latino-americanos a presença do comerciante estrangeiro no comércio exportador-importador significou não só a exclusão dos negociantes nacionais como também afetou o desenvolvimento econômico da região, em virtude da "pouca identificação do negociante estrangeiro com a nação em que ele operava".[1] Concordando com a visão de Ridings, Eduardo Cavieres Figueroa enfatizou que no caso da economia e do comércio do Chile os britânicos, desde os anos 1820, "tiveram uma significativa influência na modernização da economia chilena — influência que de pronto foi convertendo-se em participação e controle efetivo de vários setores da vida econômica nacional".[2]

Diferentemente de Ridings e Figueroa, D.C.M. Platt destaca que antes de 1860 a influência britânica não era significativa, em virtude dos problemas internos da América Latina (guerra civil e outros) e, principalmente, em face das limitações dos mercados dessa região. Segundo D.C.M. Platt,

> Quaisquer que fossem as circunstâncias locais na América Latina — a destruição provocada pela guerra civil, a diminuição da população, a evasão de capital, o abandono e a inundação das minas —, o progresso no comércio internacional estava limitado acima de tudo pela natureza do consumidor e de suas necessidades. A riqueza estava concentrada nas mãos de poucos.[3]

Concordando com a visão de D.C.M. Platt, Robert Greenhill enfatiza as limitações do mercado latino-americano nas primeiras décadas do século XIX para a atuação das firmas inglesas. Embora destaque que a independência dos países latino-americanos ampliou seu mercado, abolindo as restrições coloniais, para Robert Greenhill,

> a América Latina no início do século XIX não foi de fato um paraíso mercantil, pois ofereceu simplesmente uma solução temporária para o problema de curto prazo da restrição dos mercados europeus. [...] O mercado da América Latina era ainda muito pequeno. A população era

pequena, dispersa, o poder de compra era baixo, o que limitava o crescimento econômico; a população vivia em nível de subsistência e [...] a independência não acelerou o aumento da população, nem redistribuiu renda ou aumentou a demanda.[4]

O artigo de Eugene Ridings sofreu pesadas críticas do referido D.C.M. Platt e do historiador mexicano Carlos Marichall. Questionando as argumentações de Eugene Ridings sobre a predominância britânica desde o início, D.C.M. Platt chamou a atenção para a sua conclusão generalizada, fazendo as seguintes perguntas:

> Quando, onde e como surgiu um comércio ultramarítimo latino-americano? Quanto foi importante a escala da pequena e limitada economia local? Ainda que o comércio ultramarítimo estava nas mãos estrangeiras, como foi que se converteu na atividade econômica urbana mais importante no século XIX? Dentre as atividades econômicas urbanas, foi o comércio internacional tão central para toda a economia?[5]

Leslie Bethell, ao discutir a participação dos britânicos na Guerra do Paraguai, relativiza a preponderância inglesa na primeira metade do século XIX, criticando a leitura que relaciona a guerra com o *imperialismo formal* britânico. Para Bethell, a presença e atuação britânica na América Latina, particularmente no Brasil, pode ser caracterizada como a de um *imperialismo informal*, pois, mesmo se constituindo no "principal parceiro comercial, principal investidor e principal detentor do débito público da América Latina", a Grã-Bretanha "nunca se mostrou propensa a assumir as obrigações políticas e militares de um império na América Latina".[6]

A questão envolvendo os negócios dos negociantes ingleses foi ampliada quando os historiadores passaram a analisar a interação entre a firma e o mercado de atuação. Através do estudo das mudanças institucionais e da sua relação com a forma de organização, de atuação e os negócios desenvolvidos (as estratégias) pela firma, historiadores vêm questionando uma visão generalista sobre as firmas comerciais inglesas.

Charles Jones, analisando o caso argentino, denominou essas firmas de *empresas comerciais*, ou seja, uma *empresa comercial descentralizada e não subordinada administrativa e financeiramente* à *City inglesa (Londres)*. Para Charles Jones, a empresa inglesa da época era uma típica empresa de uma burguesia comercial cosmopolita.[7]

Outro historiador que discorda da visão generalista é Stanley D. Chapman. Para esse autor, se no século XVIII os negociantes ingleses tinham uma diversidade de negócios, no século XIX, principalmente após as Guerras Napoleônicas e com a expansão da Revolução Industrial, emergiu

> uma nova geração de especialistas, comissários residentes nos centros comerciais estrangeiros (mas geralmente com um sócio ou agente na Grã-Bretanha) e um punhado de ricos comerciantes que tinham se formado para financiar e prover os créditos para que os fabricantes enviassem seus produtos para os agentes no exterior.[8]

Outros autores, como Giovanni Arrigh, Keneth Barr e Shuji Hisaeda, influenciados pelo trabalho de Fernand Braudel, atrelam a atuação e a organização das firmas inglesas ao modelo organizacional do capitalismo inglês do período, ou seja, do capitalismo mercantil, denominando-as de *sistema de empresas comerciais familiares*.[9]

Uma leitura que enfatizou a atividade comercial para a compreensão do expansionismo inglês foi a de J.P. Cain e G.A. Hopkins. Para esses autores, a firma comercial inglesa, principalmente ligada ao setor de serviços,[10] era a empresa inglesa que se expandiu no período e constituiu-se num lócus de investimento por parte dos *gentlemainly capitalism*, *capitalistas fidalgos*.[11] No entendimento de Caim e Hopkins, esses capitalistas se constituíram numa "nova aristocracia, resultante da fusão entre seu legado pré-capitalista (conduta nobiliárquica e círculos de amizade) e os rendimentos provenientes do mercado, inicialmente por meio da agricultura comercial e depois pelo florescimento dos serviços financeiros da City e também no sul da Inglaterra".[12] Em outras palavras, um capitalismo situado num momento histórico da "predominância política dos mercadores e da aristocracia inglesa no governo do Estado britânico do período".[13]

A predominância das famílias nos negócios de comércio vem sendo objeto de estudos recentes por historiadores e outros cientistas sociais. Autores como Marc Casson, Mary B. Rose, S.D. Smith e outros vêm destacando a importância das firmas familiares nos vários setores da economia, seja nos momentos históricos do *gentlemainly capitalism*, seja no capitalismo industrial,[14] repensando a importância da família nos custos de transação e informação dos negócios. Os laços familiares e a confiança entre os membros de uma sociedade comercial eram fundamentais para as incertezas e os riscos do mercado.[15]

A historiografia brasileira sobre a presença inglesa no Brasil do século XIX tem enfatizado a associação dessa presença com a modernização, ou seja, com o capitalismo moderno, e o controle do comércio exportador e importador brasileiro pelos ingleses em detrimento da forma arcaica dos negociantes portugueses e da sociedade escravista brasileira. Embora seu trabalho seja pioneiro e original no tocante às fontes trabalhadas — os anúncios dos comerciantes ingleses no *Jornal do Commercio* —, Gilberto Freire reforçou a dicotomia entre o negociante inglês moderno e o português arcaico, indo de encontro ao trabalho da preeminência inglesa no Brasil de Alan K. Manchester.[16]

Outro trabalho que enfatizou a presença inglesa foi o de Olga Pantaleão. Com pouca documentação primária, baseando-se principalmente no relato do negociante e viajante inglês John Luccock, que esteve no Rio de Janeiro no período 1808-1818,[17] e no trabalho de D.C.M. Platt, Olga Pantaleão destacou que com toda a limitação do mercado, no século XIX, a penetração inglesa no comércio brasileiro foi de forma intensa e especializada. Segundo a autora, em 1810 havia 100 firmas inglesas somente no Rio de Janeiro, compostas tanto por aventureiros como por filiais de firmas tradicionais inglesas, tais como Robert Kirwan & Cia., Valentin Chaplin & Cia. e muitas outras.[18]

Riva Gorestein, embora tendo como problemática a interiorização dos interesses mercantis portugueses e a construção do Estado Imperial, tese essa defendida por Maria Odila Dias Silva,[19] ao tratar da presença inglesa corrobora a tese do impacto provocado no mercado da cidade do Rio de Janeiro com os "modernos" ingleses, forçando a modificação dos negócios e das atividades dos negociantes portugueses e nacionais.[20] Nessa mesma linha de análise, porém associando esse processo interno de interiorização com uma leitura estrutural oriunda de Caio Prado Jr., João Manuel Cardoso de Mello e Fernando Antonio Novais, que associa a presença inglesa no Brasil do século XIX com um novo sistema econômico, o capitalismo industrial, temos a análise de Ilmar de Mattos. Na visão desse autor, a consolidação do projeto de Estado Imperial brasileiro, sob hegemonia conservadora, ou melhor, saquarema, estava relacionado com a forma da sua inserção no novo sistema econômico e político internacional. Em outras palavras, o Império escravista brasileiro do século XIX só foi possível em face do consenso de um projeto político interno sob hegemonia saquarema, que possibilitou a pacificação política no interior da classe dominante senhorial, como também na inserção como uma economia exportadora primária num capitalismo industrial sob hegemonia britânica.[21] Ainda com relação à modernização dos ingleses, temos o trabalho do historiador norte-americano Richard Grahan, que defende a referida tese, principalmente para o período pós-1850, com as ferrovias e os bancos ingleses no Brasil.[22]

Recentemente, novos trabalhos ampliaram os estudos sobre a forma de atuação e inserção dos ingleses no Brasil. Através da interdisciplinaridade da história com outras ciências sociais, como a antropologia, Louise Guenther procurou analisar a identidade, a cultura e os negócios desenvolvidos pelos ingleses na Bahia da primeira metade do século XIX. Embora a inserção dos ingleses fosse bastante conflituosa, em face das diferenças culturais, sua atuação comercial foi crescente tanto no comércio exportador baiano, tendo como principal produto o açúcar, e no comércio importador como no financiamento junto aos comerciantes de escravos.[23]

Portanto, ao estudar as *American Houses*,[24] como as firmas inglesas ficaram conhecidas, que controlaram o comércio de exportação e importação das *commodities* no decorrer do século XIX, como foi o caso do café e do açúcar brasileiro,[25] temos de estudá-las de forma integrada com a política e a sociedade nas quais atuaram. Somente dessa maneira poderemos analisar as estratégias políticas e econômicas dos negociantes ingleses e a reação dos negociantes nacionais que, após os tratados comerciais, reforçaram suas posições em outras atividades, como, por exemplo, monopolizando o comércio de cabotagem, da corretagem e o comércio negreiro.[26] É importante ressaltar que com toda a proibição do comércio de escravos pós-1831, os negociantes ingleses no Rio de Janeiro, como também na Bahia, tiveram importante participação junto aos traficantes brasileiros e portugueses.[27]

Em face do que foi dito, algumas questões se apresentam: a Samuel Phillips & Co. constituiu-se num novo tipo de firma inglesa? A forma de atuação da firma dependeu do mercado marcado por relações escravistas? Que tipo de negócios a firma desenvolveu no Brasil?

2. A ORGANIZAÇÃO DA FIRMA INGLESA SAMUEL PHILLIPS & CO. E SEUS NEGÓCIOS NO BRASIL NO IMPÉRIO LUSO-BRASILEIRO

> Com a Abertura dos Portos, em 1808, e a liberdade de religião já garantida, chegaram também os primeiros judeus ao Brasil, tais como ingleses e, após, pessoas de outras nacionalidades, incluindo franceses, depois da derrota de Napoleão. Interessante é mencionar que uma das firmas inglesas, Samuel & Philips, alugou, em dezembro de 1808, uma casa no Rio de janeiro. Os nomes dos sócios foram citados como D.M. Samuel — este agraciado mais tarde com a Ordem da Rosa pelos relevantes serviços prestados ao Governo Brasileiro — e Mr. Philips, este sem primeiro nome.[28]

Uma das maiores especialistas na presença dos judeus no Brasil, a historiadora Frieda Wolff, ao tratar da presença da Samuel Philips & Co., destaca que a firma inglesa e judia estava no Rio de Janeiro desde 1808, com a chegada da Corte, e tinha como sócios D.M. Samuel e Phillips. No entanto, surge uma questão: quem eram D.M. Samuel e Phillips?

A resposta veio com um trabalho de Roderick Barman publicado no *The Rothschild Archive Trust*.²⁹ D.M. Samuel era Denis (David) Moses Samuel e Phillips era Alfred (Abraham) Phillips. O primeiro era filho de Moshe ben Zavil Pulvermacher, mais conhecido como Moses Samuel, que fez fortuna no comércio quando migrou da Polônia para a Inglaterra (chegou no início da década de 1760) e foi uma das lideranças da grande Sinagoga de Londres, sendo escolhido Parnas (Warden) no ano de 1795.³⁰

Moses Samuel casou com Rachel Phillips e tiveram dez filhos.³¹ O mais velho foi Samuel Moses Samuel, que, assim como o pai e seus quatro irmãos, era negociante.³² Samuel Moses Samuel foi casado com Esther Cohen, cujas irmãs, Hannah e Judith, casaram-se com Nathan Mayer Rothschild e Moses Montefiore. Esther, Hannah e Judith eram filhas do banqueiro holandês naturalizado inglês Levi Barent Cohen.³³ Portanto, Samuel Moses Samuel era concunhado do futuro barão Nathan Mayer Rothschild, o mais poderoso banqueiro mercantil do século XIX e que se constitui no principal credor do Império brasileiro do século XIX e as famílias Cohen, Salomon, Samuel, Montefiore, Goldsmid e Rothschild constituíram-se nas principais famílias da elite judia *ashkenazi* na Inglaterra.

Quando Moses Samuel retirou-se dos negócios em 1805, seus filhos continuaram com a firma "Samuel Brothers, African Merchants", localizada na 1 Hammet Street, em Minories, Tower Hill. O filho mais velho, Samuel Moses Samuel também tinha os próprios negócios.³⁴ Um desses era o comércio de escravos da África Ocidental para as Índias Ocidentais inglesas. Analisando os dados retirados do site *The Trans-Atlantic Slave Trade Database*,³⁵ de 1795 até 1804 foram 13 viagens de navios pertencentes a Samuel Moses Samuel ligando a África Ocidental (Costa do Ouro, Baía do Benin e Golfo da Guiné) à região do Caribe (Jamaica, Barbados, São Vicente, São Domingos) e Guianas Inglesa e Holandesa.³⁶

O bloqueio de Napoleão Bonaparte na Europa e a saída da Corte portuguesa em direção ao Brasil fizeram com que Denis (David) Moses Samuel e Alfred (Abrahan) Phillips viessem para o Brasil. Segundo Barman, a firma dos irmãos Samuel na Inglaterra já realizava comércio com Portugal e suas colônias, importando vinhos do Porto e outros produtos, o que demonstrava que a criação da Samuel & Phillips no Rio de Janeiro não foi uma aventura.[37]

Embora historiadores como Barman e Wolf afirmem que a Samuel & Phillips foi criada em 1808, ainda não encontrei documentos que comprovem tal afirmação. No tocante à localização da firma no Rio de Janeiro, nos *Almanachs do Rio de Janeiro anos de 1816 e 1817, Negociantes Inglezes Residentes nesta Corte* aparece a Samuel & Phillips, localizada na Rua da Direita, n° 42.

Em 1812, um terceiro irmão, James Samuel, veio para o Rio de Janeiro trabalhar na Samuel & Phillips e os laços com Rothschild estreitavam-se. Em outubro de 1812, a firma Samuel & Phillips comprou 133 "ports", moedas de ouro, no valor de £ 303, e despachou para Londres em uma vasilha de estanho por *"Acct and Risk of Mr. N.M. Rothschild"*.[38]

As operações envolvendo remessas de moedas de ouro para N.M. Rothschild & Sons foram uma constante no período e as contrapartidas eram feitas através do envio de letras de câmbio por parte de N.M. Rothschild para serem sacadas por negociantes ingleses e portugueses no Rio de Janeiro. Numa fatura enviada por Samuel & Phillips no paquete *Diana* em 1815 e nas letras sacadas (abaixo), vê-se claramente como eram feitas as transações entre as partes.[39]

Nas leituras das cartas trocadas entre Samuel & Phillips e Rothschild, concordamos com Roderick Barman quando afirma que a figura central da firma no Brasil era Denis Samuel. Segundo Barman, ele cultivou importantes relações com membros do governo (não diz quem) e, numa carta para Rothschild em fevereiro de 1816, Denis Samuel comenta: *"Our Govt business which in great measure is our hands."*[40]

Em 1818, com a chegada de James (Diogo) Samuel, irmão de Alfred, e sendo admitido como sócio, mudou de nome, passando a se chamar Samuel Phillips & Co., conforme anúncio na *Gazeta do Rio de Janeiro*: "Fazem sciente Samuel & Phillips, rua da Direita, n° 42, que do primeiro do presente mês, 1/6/1818, em diante ofício firmando Samuel Phillips & Co. por terem interessado seu irmão Diogo Samuel, residente nesta Corte."[41]

No mesmo ano, Alfred Phillips retornou para Londres e se casou com a prima Rebecca, irmã de Denis e James Samuel, "uma das filhas de Moses Samuel".[42] Foi nesse momento que em Londres foi criada uma nova firma Samuel & Phillips, localizada na 8 South Street, Finsbury. Portanto, os sócios no Brasil eram sócios da firma inglesa e um ponto chama atenção: o irmão mais velho, e mais conhecido na praça de Londres, Samuel Moses Samuel, não era sócio das firmas Samuel & Phillips e Samuel Phillips & Co. Segundo Barman, os irmãos mantiveram contatos comerciais tanto com Samuel Moses Samuel quanto com a firma Samuel Brothers.[43]

Além do ouro, a firma participou ativamente do comércio de diamantes, que, além de mercadoria para joalherias, se transformou em moeda e atividade dos banqueiros privados e bancos mercantis.[44] Segundo Harry Berstein, a firma Samuel Phillips & Co. vendia diamantes frequentemente para Rothschild e, numa breve carta de 31/7/1820, agradecia ao banqueiro inglês: "*We thank you for attaching the Diamonds at the Bank (of England?).*"[45]

É importante destacar que, além dos negócios envolvendo ouro e diamantes, no período de 1817 a 1820 a firma Samuel Phillips & Co. fez 14 carregações, importando de Londres, Portsmouth e Liverpool produtos como fazendas secas (tecidos e fios), munição, pólvora e balas. Esses últimos produtos, vindos principalmente de Londres, se destacaram e no nosso entendimento estavam relacionados com os conflitos no sul do Brasil.[46]

Outro importante negócio, de que Nathan Rothschild não participou, em face do risco de não pagamento dos empréstimos devido à crise política iniciada em 1820 com as Cortes de Lisboa, foi o crédito concedido ao Erário Régio do governo do Estado do Brasil. No ano de 1821, a Samuel Phillips & Co., assim como as firmas inglesas May & Lukin, Guilhmer Young, Dison & Irmãos, e Finnie, e também negociantes e firmas portuguesas, como a Joaquim Pereira de Almeida & Co. e Amaro Velho da Silva apareceram como credoras do Erário Régio.[47]

A participação da Samuel Phillips & Co. no socorro às finanças do Estado do Brasil, independente de Portugal após 7 de setembro de 1822, reforçou mais ainda os laços da firma inglesa com d. Pedro I e com o governo. Numa carta para Rothschild em 1824, a firma Samuel Phillips & Co., ao tratar da chegada ao Rio de Janeiro de Woodbine Parish, primeiro "embaixador" inglês na Argentina, dizia o seguinte: "*Mr. Parrish handed us also kind introductions and we tendered him our services and table* with invitation to meet the minister of state with some o four particular friends" [grifo nosso].[48]

3. A SAMUEL PHILLIPS & CO. E SEUS NEGÓCIOS NO PRIMEIRO REINADO DO ESTADO IMPERIAL BRASILEIRO, 1822-1831

Proclamada a Independência,[49] uma situação pendente desde o período anterior se agravava: o financiamento do Estado em virtude dos déficits orçamentários e dos problemas relativos ao Banco do Brasil.[50] Embora seja um tema pouco trabalhado pelos historiadores, existe uma bibliografia sobre os problemas dos déficits do orçamento e as dívidas interna e externa na formação do Estado Imperial brasileiro e não cabe aqui discuti-la.[51] O mais importante foi a participação da firma Samuel Phillips & Co. nos empréstimos concedidos pelo banco N.M. Rothschild ao Estado Imperial em janeiro de 1825, já que o banco não participou diretamente do primeiro empréstimo em agosto de 1824, que coube às firmas inglesas Bazeth, Farquhar, Crawford & Co., Fletcher, Alexander & Co. e Thomaz Wilson & Co. (Tabela 1).

É importante chamar atenção para o fato de que no primeiro empréstimo brasileiro de 1824, cujo valor era de £ 2.500.000 a juros de 6%, existiu uma dúvida na City de Londres e, principalmente, na Bolsa de Valores, em relação aos "rumores de uma tentativa conjunta portuguesa e francesa de subjugar a nova nação novamente à autoridade europeia".[52] Diante disso, o valor levantado foi de "£ 1 milhão, com juros de 5%, e não 6%, e estava assegurado pela receita alfandegária".[53] Essa apreensão com Portugal e seus desdobramentos no Brasil estava presente numa carta enviada pela Samuel Phillips & Co., em 17 de julho de 1824, para N.M. Rothschild em que dizia: *"All is quite here of the apprehensions in fact (...) the dangers of the Lisbon expedition..."*[54]

A questão envolvendo a não participação direta dos Rothschild, e sim de agentes de câmbio e comerciantes como os citados anteriormente, não significou para Frank Griffith Dawson um afastamento. Segundo o autor, tudo leva a crer que os Rothschild "devem ter patrocinado discretamente pequenos contratantes para testar o apetite do mercado por novos papéis".[55] Corroborando a leitura de Dawson, numa carta para N.M. Rothschild, de 18/11/1824, a firma Samuel Phillips & Co., além de enviar araras (desejo de N.M. Rothchild), destacava a dificuldade do primeiro empréstimo:

> *Dear Sr.*
> *The return of Mr. Cattie? Curty allows me pleasure to comply with your wish for Birds of this Country — three of which called Arraras. Captain? will be the bearer of? may safely and that they may be acceptable to Mr. Rothschild.*
> *The Loan having been made for One million at 75 p. Cent (tipo %) and having bee at a discount of 3 pCt (%) is uch liked here, the contractors taking the option within 4 months to take million more 83 & four months after that period the remaining Milion 87 but as its most likely they will not fulfil the first part of this agreement it tbecomes annulled & (and) in that event perhaps you may be induced to arranged with Brant & Gameiro to retrieve their credit and that of their Government by contracting for the remainder.*[56]

Mesmo com os empréstimos de 1824, a situação financeira do Império se complicou em 1825, com o tratado celebrado entre Portugal e o Brasil em "que o Governo imperial assumiu a responsabilidade pelo empréstimo de £ 1.400.000 contraído por Portugal em Londres, em outubro de 1823, devendo ainda pagar mais uma quantia de £ 600.000, em espécie, ao soberano português". Segundo Paulo Roberto de Almeida, "as obrigações externas do Brasil elevaram-se a mais de 5 milhões de esterlinos em 1825".[57]

Tabela 1 — Contratação de empréstimos externos pelo Brasil, 1824-1829

Ano	Valor (£)	Tipo(%)	Juros %	Prazo (anos)	Finalidades principais do empréstimo
1824	3.686.200	75 e 85	5	30	Financiamento de missões diplomáticas; "resgate" da independência
1825	1.400.000	100	5	30	Empréstimo português de 1823, segundo a Convenção de 25/8/1825
1829	769.200	52	5	30	Cobertura de déficits do Tesouro, pagamento de juros e amortização do empréstimo

Fonte: Almeida, op. cit, p. 196

Em 1825, ocorreu uma reorganização na firma. Denis Moses Samuel retornou para a Inglaterra e, em Londres, assumiu a direção da Samuel Phillips & Co. Segundo Barman, para assessorar Joshua Samuel e seu irmão James (Diogo) Samuel, veio para o Brasil John Samuel, filho de Phineas Moses Samuel, outro irmão Samuel.[58]

Além de agente financeiro e informante de Rothschild no Brasil, a firma Samuel Phillips & Co. continuou exercendo atividade comercial. Em 1826, por exemplo, apareceu o seguinte anúncio:

> 28/7/1826
> Entrarão hontem o Bergantim Inglez David Riehard [deve ser 'Richard'], de Londres em 61 dias (a);...
> Alviçareiro-Mór
> Partes dadas no dia 27
> amarras, cobre em barris, e folhas, a Samuel Philipe...[59]

Em outro anúncio, no mesmo ano de 1826, a firma fez leilão de armas, em face da avaria do bergantim. Dizia o anúncio:

> Leilões
> 25. Leilão que fazem Samuel Phillipe & Comp., Terça feira 5 do corrente, pelas 10 horas da manhã, na porta da alfândega, por conta do seguro, de huma porção de armamento todo avariado com agoa salgada, vinda de Londres no Bergantim David Ricardo, o qual será feito pelo Porteiro do Commercio Alexandre José Rodrigues, as condições serão declaradas no acto do leilão.[60]

No final da década de 1820, as relações entre a firma Samuel Philips & Co. e N.M. Rothschild começaram a "azedar". As cartas começaram a ser bastante sucintas, como a reproduzida a seguir, sem maiores detalhes sobre os negócios.

A tensão entre a Samuel Phillips & Co. e N.M. Rothschild cresceu com as dificuldades do Estado Imperial em pagar os dividendos e juros dos empréstimos. Mesmo com o empréstimo de N.M. Rothschild em 1829, relacionado com os referidos pagamentos de juros e dividendos anteriores,[61] a crescente tensão política interna e externa, essa última relacionada com Portugal, preocupava a firma no Brasil. Numa carta de 11 de julho de 1829, a firma Samuel Phillips & Co. destacava a importância da normalidade em Portugal e as expectativas para a grande safra de café e açúcar, importantes itens da exportação do Brasil (e para as contas externas do Império):

> *We are very ansious for news of the conclusion of differences with Portugal & hope our new Empress (D. Maria II) will soon arrive, we are daily expecting large crop coffee and sugar, assuring you of our attention to your order will much repect [...]."*[62]

A piora das relações entre a firma Samuel Phillips & Co. com N.M. Rothschild possibilitou compreender a crescente relação e importância da firma Leuzinger & Co. como agente de Rothschild.[63] Com a abdicação de d. Pedro I em 1831, a Samuel Phillips & Co. se tornou procuradora dos interesses do ex-imperador no Brasil, conforme carta: "D. Pedro de Alcantara, ex-Imperador do Brasil e a Imperatriz pelo vosso presente Alvará de Procuração constituímos nossos bastantes procuradores aos Srs. Samuel, Phillips & Co. para assinarem as escrituras de doação...".[64]

Entretanto, a procuração de d. Pedro I à firma inglesa não fora bem vista por José Bonifácio, que tinha sido nomeado pelo ex-imperador tutor do príncipe regente. Numa carta endereçada a d. Pedro I, José Bonifácio reclamava da aproximação desse com negociantes "inescrupulosos", como José Buschental, um negociante alsaciano, casado com a filha do barão de Sorocaba,[65] e que quebrou em 1832 na praça do Rio de Janeiro.[66] Na carta, dizia José Bonifácio:

> Folgarei infinito que V.M. e toda a sua Augusta Família passem bem a noite. Senhor Samuel Fillipe me mostrou a procuração que V.M. lhe passou, que achei muito em regra, mas deu-me uma notícia que me afligiu. É que o célebre Buschental entra também neste negócio como Pilatos no credo. Como? E quer fiar-se V.M. em um maroto como tal reconhecido, amigo de seu maior inimigo? Pensa V.M. no que faz e não vá entregar nas mãos de um traste os seus interesses pecuniários. Beijo as mãos de V.M.[67]

Afastado José Bonifácio pela Regência, a firma Samuel Phillips & Co. aproximou-se de Diogo Pereira de Vasconcelos, ministro da Fazenda em julho de 1831 e irmão do liberal moderado Bernardo Pereira de Vasconcelos. Tal ligação política e de negócios fez com que a Samuel & Phillips substituísse a N.M. Rothschild como principal agente financeiro do governo brasileiro em Londres e credor do empréstimo de 1838. Do gabinete ministerial (*Ministério da Capacidade*) fazia parte Bernardo Pereira de Vasconcelos, como o todo-poderoso ministro da Justiça e interino do Império.

4. CONSIDERAÇÕES FINAIS PROVISÓRIAS

Retornando às perguntas iniciais, em face do andamento da pesquisa, podemos afirmar que a Samuel Phillips & Co. constituiu-se numa *sociedade comercial familiar* que lembra outras firmas comerciais do período, no qual a *família* era fundamental.[68] Não é a minha intenção, neste momento, definir antropologicamente o conceito de família, muito menos discutir "cultura de negócios". Porém, concordamos com a definição de Michel Bertrand quando concebe a família *"como un vasto sistema de relaciones constrido según una doble lógica de linaje e de parentesco se impone como un marco dentro de lo qual se desarollan las relaciones sociales"*.[69]

Entretanto, como também destaca o próprio Bertrand, se a família não se constitui no único instrumento operativo de uma determinada sociedade, o que possibilita a estruturação social? Para o autor é a *rede de sociabilidade*, na qual indivíduos e grupos sociais interagem, possibilitando identificar uma estrutura relacional.[70]

No caso específico da firma Samuel Phillips & Co., a etnia judaica *ashkenazi* é o que *estrutura a família e os negócios*. Os casamentos entre as famílias judaicas inglesas, no caso entre as famílias Samuel e Phillips, como também dos Samuel com Cohen, fortaleceu a firma dos irmãos perante outras famílias, como foi o caso da Rothschild (Nathan Rothschild casou com a filha de Levi Barent Cohen e foi ajudado por esse). Nesse sentido, concordamos com Frederick Barth quando destaca que "os grupos étnicos são categorias atributivas e identificadoras empregadas pelos próprios atores; consequentemente, têm como característica organizar as interações entre as pessoas com toda divergência que possa existir".[71]

A autoafirmação de ser judeu fortaleceu a firma comercial e seus negócios, mesmo atuando num mercado hegemonicamente católico e socialmente escravista, como era o Império Luso-brasileiro, e depois o Império do Brasil. Com toda a crítica à atuação das firmas no mundo financeiro, associando-a à usura, a firma comercial Samuel Phillips & Co. era reconhecida na praça mercantil do Rio de Janeiro e de Londres como um agente financeiro. Foi nesse setor, mais do que na venda de *commodities*, que ela se destacou. Além dos negócios, os laços políticos com figuras importantes do governo, como a do próprio imperador d. Pedro I, permitiram compreender o destaque da Samuel Phillips & Co. durante o Primeiro Reinado, como também após 1831. A nomeação da firma como procuradora de d. Pedro I constituiu-se numa amostra dessa relação.

Notas

1. Eugene Ridings. Foreign Predominance among Overseas Traders in Nineteenth Century Latin America. *Latin American Research Review*, vol. 20, n° 2, 1985, p. 4. Num trabalho posterior, Eugene Ridings reforçava a sua análise a partir da organização e defesa dos interesses dos negociantes enquanto participantes de uma Corporação, o *Corpo do Comércio*, daí o conceito de classe corporativa do autor. Theo Lobarinhas Piñeiro tem outra leitura, defende a ideia de que os negociantes tiveram um projeto político e analisa o Corpo do Comércio como uma associação de classe (no sentido marxista). Ver: Eugene Ridings. *Business interest Groups in Nineteenth-century. Brazil*. Cambridge: Cambridge University Press, 1994; Theo Lobarinhas Piñeiro. *Os simples comissários: negócios e política no Brasil Império*. Tese de doutorado, Niterói, UFF/PPGH, 2002.
2. Eduardo Cavieres Figueroa. *Comercio chileno y comerciantes ingleses, 1820-1880: um ciclo de historia económicá*. Valparaíso: Instituto de Historia/Universidad Catolica de Valparaíso, 1988, p. 13.
3. "*Whatever the local circumstances in Latin American — the ravages of civil war, depopulation, the flight of capital, the abandonment and flooding of the mines — further progress in international trade was limited above all by nature of the consumer and of his needs. Wealth was concentrated in the hands of the few.*" D.C.M. Platt. *Latin America and Business Trade, 1806-1914*. Londres: A. & C. Limited, 1972, p. 7. Para além das divergências, é importante destacar que esse trabalho constituiu-se num dos primeiros trabalhos de referência acerca do comércio inglês na América Latina. Foi muito citado no texto de Olga Pantaleão e outros autores.
4. Robert Greenhill. "Merchants and the Latin American Trades: an Introduction". *In*: D.C.M Platt (ed.). *Business Imperialism, 1840-1930. An Inquiry Based on British Experiense in Latin America*. Oxford: Oxford University Press, 1977, p. 4.
5. D.C.M Platt. "Wicked Foreign Merchants and Macho Entrepreneurs: Shall We Grow Up Now?". *Latin American Research Review*, vol. 21, n° 3, 1986, p. 152; Carlos Maichal. "Foreign Predominance Among Overseas Traders in Nineteenth-century Latin America: a Comment". *Latin American Research Review*, vol. 21, n° 3, 1986,

p. 145-150. A réplica de Ridings está na mesma revista. Conferir Eugene Ridings. "Reply". *Latin American Research Review*, vol. 21, n° 3, 1986, pp. 154-156.
6. Leslie Bethell. "O imperialismo britânico e a Guerra do Paraguai". *In*: Maria Eduarda C.M. Marques (org.). *A Guerra do Paraguai: 130 anos depois*. Rio de Janeiro: Relume Dumará, 1995, pp. 136-137.
7. Charles Jones. *International Business in the Nineteenth Century: the Rise and Fall of a Cosmopolitan Bourgeoisie*. Londres: Wheatsheaf Books Ltd., 1987.
8. Stanley Chapman. *Merchant Enterprise in Britain. From the Industrial Revolution to World War I*. Cambridge: Cambridge University Press, 1993 (cap. 3 "Merchants in the Atlantic Trade"), p. 69.
9. Giovanni Arrighi, Kenneth Barr e Shuji Hisaeda. "A transformação da empresa capitalista". *In*: Giovanni Arrighi e Beverly J. Silver (orgs.). *Caos e governabilidade no moderno sistema mundial*. Tradução de Vera Ribeiro. Rio de Janeiro: Contraponto/ UFRJ, 2001, pp. 107-159.
10. A respeito dessa questão, cf. Gabriel Rossini e William Nosaki. "O imperialismo de livre-comércio britânico: considerações teóricas e históricas". *Anais do XIV Encontro Nacional de Economia-Anpec, 2008*. Disponível em: www.sep.org.br/ artigo/1499.doc?PHPSESSID.
11. J.P. Cain e A.G. Hopkins. "Gentlemanly Capitalism and British Expansion Overseas in the Old Colonial System, 1688-1850". *The Economic History Review*, 2nd ser. XXXIX, 4 -1986, p. 501-525.
12. Gabriel Rossini e William Nosaki, op. cit., p. 20.
13. A respeito da política econômica inglesa e a controvérsia sobre quem a dirigia, conferir o trabalho de Anthony Webster. "The London East India Agency Houses, Industrialization and the Rise of Free Trade: Adaptation, Survival, and Demise c. 1800-1850". *Business History Conference*, Minneapolis, 19-21 maio, 2005.
14. No sentido marxista, seriam as etapas da acumulação primitiva de capital-antigo sistema colonial e do capitalismo-sistema industrial.
15. Andrea Colli, Mary B. Rose e Paloma Fernandez Pérez. "National Determinants of Family Firm Development. Family Firms in Britain, Spain, and Italy in the 19th and 20th Centuries". *Enterprise and Society*, 4.1, 2003, pp. 28-64; Andrea Colli, Mary B. Rose. "Family Firms and Comparative Perpective". *In*: Geoffrey Jones e Franco Amatori (eds.). *Business History Around the World*. Cambridge: Cambridge University Press, 2003, pp. 339-352; S.D. Smith. *Slavery, Family and Gentry Capitalism in the British Atlantic: the World of the Lasceles, 1648-1834*. Cambridge: Cambridge University Press, 2006.
16. Gilberto Freyre. *Ingleses no Brasil. Aspectos da influência britânica sobre a vida, a paisagem e a cultura do Brasil*. 3ª ed. Rio de Janeiro: Topbooks, 2000 (1ª ed. 1948); Alan K. Manchester. *Preeminência inglesa no Brasil*. Tradução de Janaína Amado. São Paulo: Brasiliense, 1973 (1ª ed., 1933).

17. John Luccok. *Notas sobre o Rio de Janeiro e partes meridionais do Brasil (1808-1818)*. Belo Horizonte: Itatiaia, 1975. A respeito da trajetória do mercador inglês e suas atividades no Brasil, verificar Herbert Heaton. "A Merchant Adventurer in Brazil, 1808 1816". *The Journal of Economic History*, vol. 6, n° 1, maio, 1946, pp. 1-23.
18. Olga Pantaleão. "A presença inglesa". *In*: Sergio Buarque de Holanda (org.). *História geral da civilização brasileira, Tomo II — O Brasil Monárquico, 1° vol. O progresso de emancipação*. 4ª ed. São Paulo: Difel, 1976, p. 73. D.C.M. Platt estimou mais de 60 firmas comerciais inglesas em 1820. Cf. D.C.M. Platt, 1972, p. 42.
19. Maria Odila da Silva Dias. "A interiorização da metrópole (1808-1822)". *In*: Carlos Guilherme Mota (org.). *1822. Dimensões*. 2ª ed. São Paulo: Perspectiva, 1986.
20. Riva Gorestein e Lenira Meneses Martinho. *Negociantes e caixeiros na sociedade da independência*. Rio de Janeiro: Secretaria Municipal de Cultura, 1993 (Coleção Biblioteca Carioca, vol. 24). A orientação da dissertação de mestrado de Riva Gorestein coube a Maria Odila Silva Dias.
21. Ilmar Rohlof de Mattos. *O tempo saquarema*. São Paulo: Hucitec, 1986 (particularmente no capítulo "A recunhagem da moeda colonial"). No dizer de João Manuel Cardoso de Mello, com a produção e exportação de café pós-1820-30, baseada no trabalho escravo, o Brasil se inseriu na economia internacional do século XIX como uma *economia nacional, mercantil e escravista*. Ver João Manuel Cardoso de Mello. *O capitalismo tardio*. 3ª ed. São Paulo: Brasiliense, 1983.
22. Richard Grahan. *Grã-Bretanha e o início da modernização no Brasil*. Tradução de Roberto Machado de Almeida. São Paulo: Brasiliense, 1973.
23. Louise H. Guenther. "British Merchants in 19th Century Brazil: Business, Culture, and Identity in Bahia, 1808-1850". Oxford: Centre for Brazilian Studies, 2004.
24. Stanley Chapman, op. cit., cap. 3 ("Merchants in the Atlantic Trade").
25. Assim como ocorreu no Brasil, no México, na Argentina e no Chile as firmas inglesas concentraram-se no comércio exportador-importador. Cf. Robert Greenhill. "The Brazilian Coffee Trade". *In*: D.C.M Platt. (ed.). *Business Imperialism, 1840-1930. An Inquiry Based on British Experiense in Latin America*. Oxford: Oxford University Press, 1977, p. 230; Hilarie J. Heath. "British Merchant Houses in Mexico, 1821-1860: Conforming Business Practices and Ethics". *Hispanic American Historical Review*, 73:2, 1993, pp. 261-290; Colin M. Lewis. *British Business in Argentina*. Londres: LSE, 1995. (*Working Paper in Economic History*, n.° 26, 1995); Eduardo Cavieres Figueroa, op. cit.
26. A respeito do poder econômico e político dos negociantes portugueses, além dos já citados, verificar os trabalhos de: Eulália M.L. Lobo. *História do Rio de Janeiro (do capital comercial ao capital industrial e financeiro)*. Rio de Janeiro: Ibmec, 1978; Riva Gorestein e Lenira Meneses Martinho, op. cit.; João Luís Ribeiro Fragoso. *Homens de grossa aventura: acumulação e hierarquia na praça mercantil do Rio de Janeiro*

(1790-1830). Rio de Janeiro: Arquivo Nacional, 1992; Manolo Florentino. *Em costas negras: uma história do tráfico atlântico de escravos entre a África e o Rio de Janeiro (séculos XVIII e XIX)*. Rio de Janeiro: Arquivo Nacional, 1995; Cecília Helena L. Oliveira de Salles. *A astúcia liberal: relações de mercado e projetos políticos na Corte do Rio de Janeiro, 1820/1824*. 1ª ed. Bragança Paulista: Ícone/Universidade São Francisco, 1999; Jurandir Malerba. *A Corte no exílio: civilização e poder no Brasil às vésperas da Independência*. São Paulo: Companhia das Letras, 2000.

27. Além dos trabalhos de Robert Conrad e de Leslie Bethell, destacamos o do professor Luís Henrique Dias Tavares e, mais recentemente, os de Marika Sherrwood. Cf. Leslie Bethell. *A abolição do comércio brasileiro de escravos: a Grã-Bretanha, o Brasil e a questão do comércio de escravos, 1807-1869*. 2ª ed. Tradução de Luiz A.P. Souto Maior. Brasília: Senado Federal, 2002; Robert Edgard Conrad. *Tumbeiros: o tráfico de escravos para o Brasil*. Tradução de Elvira Serapicos. São Paulo: Brasiliense, 1983; Luís Henrique Dias Tavares. *O comércio proibido de escravos*. São Paulo: Ática, 1988; Marika Sherrwood. "Britains, the Slave Trade and Slavery, 1807-1843". *Race & Class*, vol. 46 (2), 2004, pp. 54-77. Disponível em http://rac.sagepub.com Acesso em 12 jan. 2010. Marika Sherwood. "British Illegal Slave Trade, 1807-1830". *Journal of Eighteenth-Century Studies*, vol. 31, n° 2, 2008, pp. 295-305.

28. Frieda Wolff. "Cooperação judaica na formação do Brasil". *Revista Magis. Cadernos de Fé e Cultura*. Judeus e cristãos em diálogos, n° 33, 2000, p. 3.

29. Roderick J. Barman. "Nathan Mayer Rothschild and Brazil: the role of Samuel Phillips & Co." *The Rothschild Archive Trust*. www.rothschildarchive.org/ib/articles/AR2003.pdf

30. *Idem*, pp. 38-39. Parnas é um título dado aos líderes leigos das comunidades e congregações desde o início dos tempos rabínicos.

31. Herbert H. Kaplan. *Nathan Mayer Rothschild and the Creation of a Dynasty. The Critical Years, 1806-1816*. Stanford: Stanford University Press, 2006, p. 17. Alfred Phillips era sobrinho de Rachel Phillips e primo de Denis Samuel.

32. Roderick J. Barman, op. cit., p. 38.

33. http://www.jewishencyclopedia.com/view.jsp?artid=615&letter=C. A respeito da importância de Levi Baren Cohen na carreira de Nathan Meyer Rothschild e na migração e fortalecimento da comunidade Ashkenazi na Inglaterra no século XVIII, cf. Albert M. Hyamson. *A History of Jews in England*. 2ª ed. revista e ampliada. Londres: Methuen & Co. Ltd., 1928. (Chapter XXIX, The Ashkenazin Again, 1765-1797); Margrit Schulte Beerbuhl. "Crossing the channel: Nathan Mayer Rothschild and his Trade With the Continent During the Early Years of the Blockades (1803-1808)". http://www.rothschildarchive.org/ib/articles/AR2008Blockade.pdf; Neil Fergunson. *The House of Rothschild. Money' Profhets 1798-1848*. Nova York: Penguim Books, 1999.

34. Roderick Barman (op. cit., p. 38) chama atenção que, em 1805, no London Post Office Directory, a firma Moses Samuel & Sons estava localizada na 1 Hammet Street. Na lista dos subscritores do livro de James Henderson, *History of Brazil*, editado em 1821, aparecem Samuel Moses como cavalheiro (esquire) com firma na 1 Hammet Street, e Samuel & Phillips, localizada na 8 South Street, Finsbury Square. James Henderson. *History of Brazil, Comprising its Geography, Commerce, Colonization and Aboriginal Inhabitants*. Londres: Longman, Hurst, Ress, Orme and Brown, 1821, p. XXI.
35. Disponível em: http://www.slavevoyages.org/tast/database/search.faces
36. The Trans-Atlantic Slave Trade Database. Disponível em: http://www.slavevoyages.org/tast/database/search.faces.
37. Roderick J. Barman, op. cit., p. 38.
38. *Idem*, p. 39.
39. *Invoice ... The Rothschild Archive*. XI/38/215 Box A, Samuel Phillips & Co.
40. Roderick J. Barman, op. cit., p. 39. Essa leitura é corroborada por Harry Bernstein. Cf. Harry Bersntein. *The Brazilian Diamond in Contracts, Contraband, and Capital*. Boston: University Press of America, 1986.
41. Avisos, p. 4. *Gazeta do Rio de Janeiro*, 13/6/1818. Barman destaca que o nome verdadeiro do sócio era James Samuel. Roderick J. Barman, op. cit., p. 40. Harry Bernteisn também confirma o nome de James (Diogo). Em várias obras aparece o nome Diogo.
42. Roderick J. Barman, op. cit., p. 40.
43. *Idem*.
44. Harry Bernstein, op. cit., capítulo 3 ("Brazilian Diamonds, Portuguese Loans, and Anglo-Dutch Bankers").
45. Harry Bernstein, op. cit., p. 92.
46. Notícias Marítimas. Entradas. *Gazeta do Rio de Janeiro*, 1817, 1818, 1819 e 1820.
47. Balanço da Receita e Despeza do Thesouro Publico do Rio de Janeiro em todo o mez de Junho de 1821. *Gazeta do Rio de Janeiro*, n° 68, 7/8/1821, pp. 6-8; Balanço da Receita e Despeza do Thesouro Publico do Rio de Janeiro em todo o mez de Novembro de 1821. *Gazeta do Rio de Janeiro*, 17/1/1822, pp. 2-4.
48. Roderick J. Barman, op. cit., p. 40.
49. A respeito da Independência e seus desdobramentos na formação do Estado Imperial brasileiro, existem diferentes interpretações. Cf. Emília Viotti da Costa. "Introdução ao estudo da emancipação política". *In*: Carlos Guilherme Mota (org.). *Brasil em perspectiva*. 19ª ed. São Paulo: Bertrand, 1990; Maria Odila da Silva Dias, 1986; Roderick J. Barman. *Brazil, The Forging the Nation, 1798-1852*. Stanford: Stanford University Press, 1988; Ilmar Rohlof de Mattos, op. cit.; José Murilo de Carvalho. *A Construção da ordem e teatro das sombras*. Rio de Janeiro: Edufrj/Relume Dumará,

1996. Iara Lis Carvalho Souza. "A adesão das câmaras e a figura do imperador". *Revista Brasileira de História*, vol. 18, n° 36, 1998, pp. 367-394. Istvàn Jancsó (org.). *Independência: história e historiografia*. São Paulo: Hucitec, 2005.

50 A respeito do Banco do Brasil, cf. Afonso Arinos de Mello Franco. *História do Banco do Brasil (primeira fase: 1808-1835)*. 1° vol. Rio de Janeiro: Artenova, 1973.

51 Cf. Liberato de Castro Carreira. *História financeira e orçamentária do Império do Brasil*. Introdução de Washington Luís Neto. Apresentação de Luiz Viana Filho. Brasília/Rio de Janeiro: Senado Federal Fundação Casa de Rui Barbosa, 1980, 2 vols.; Dênio Nogueira. *Raízes de uma nação*. Rio de Janeiro: Forense Universitária, 1988; Adalton Francioso Diniz. "Centralização política e concentração de riqueza: as finanças do Império brasileiro no período de 1830-1889". *História e Economia: Revista Interdisciplinar*, vol. 1, n° 1, 2005, pp. 47-66

52. Frank Griffith Dawson. *A primeira crise da dívida latino-americana: a City de Londres e a Bolha Especulativa de 1822-25*. Tradução de Irene Hirsch. São Paulo: Editora 34, 1998, p. 112.

53. Frank Griffith Dawson, op. cit., p. 112.

54. *Rothschil Archive*. XI/38215 Boxe A. XI/38/215a/119002.

55. Frank Griffith Dawson, op. cit., p. 113.

56. Rothschild Archive. XI/38215 Boxe A. XI/38/215a/127001. Robert Greenhill, op. cit., p. 41. Brant e Gameiro eram, respectivamente, Felisberto Caldeira Brant Pontes Oliveira e Horta (futuro marquês de Barbacena) e o conselheiro Manoel Rodrigues Gameiro Pessoa (visconde de Itabaiana). Segundo Paulo Roberto de Almeida, ambos "tinham sido designados por José Bonifácio de Andrade, em setembro de 1822, encarregados dos negócios estrangeiros do Brasil junto aos Reinos da Grã-Bretanha e França." Paulo Roberto Almeida. *Formação da diplomacia econômica no Brasil: as relações econômicas, internacionais no Império*. São Paulo: Senac, 2001, p. 181 (nota 12).

57. Paulo Roberto Almeida, op. cit., p. 181. Sobre os empréstimos, a dívida e os debates políticos, cf. Liberato de Castro Carreira, op. cit., pp. 119-132/165-17. Marcelo de Paiva Abreu. "A dívida pública externa do Brasil, 1824-1931". *Estudos Econômicos*. IPE-USP, 15, 2, mai.-ago., 1985, pp. 167-189.

58. Roderick J. Barman, op. cit., p. 41. Muito jovem, John Samuel recebeu a função de caixeiro em julho de 1826.

59. Alviçareiro-mor. *Diário do Rio de Janeiro*, 20/7/1826.

60. Leilões, p. 11. *Diário do Rio de Janeiro*, 4/9/1826.

61. Liberato de Castro Carreira, op. cit., p. 167-171.

62. Rothschil Archive. XI/38215 Boxe B. XI/38/215b/034, p. 002.

63. Roderick J. Barman, op. cit., p. 42.

64. Documento pertencente a Luiz Benyorsef, diretor do Arquivo Histórico Judaico Brasileiro.

65. Boaventura Delfin Moreira, o barão de Sorocaba, era veador da Casa Imperial e cunhado de Domitília de Castro e Canto Melo, a marquesa de Santos, a amante mais famosa de d. Pedro I.
66. Vinte anos mais tarde, o mesmo José Buschental estava no Uruguai e se constituiu num dos personagens mais importantes para a presença brasileira no Uruguai após 1850. Teve negócios com Irineu Evangelista de Souza, o barão de Mauá, tanto no Uruguai como na Argentina.
67. Arquivo Histórico do Museu Imperial códice II POB 8.4.1831, Sil.c.1-2. *Apud*: Fania Friedman. "Judeus franceses no Rio de Janeiro oitocentista". *In*: Laurent Vidal e Tania Regina de Luca (orgs.). *Franceses no Brasil. Séculos XIX-XX*. São Paulo: Unesp, 2009, pp. 175-190. Agradeço à professora Fania Friedman a informação.
68. Carlos Gabriel Guimarães. *De negociante e contratador a barão de Ubá: a trajetória de João Rodrigues Pereira de Almeida e da firma Joaquim Pereira de Almeida & Co., 1793-1830*. Texto inédito.
69. Michel Bertrand. "De la família a la red de sociabilidad". *Revista Mexicana de Sociologia*, vol. 61, n° 2, abril-junho, 1999, p. 118.
70. *Idem*, p. 124.
71. Frederick Barth. "Grupos étnicos e suas fronteiras". *In*: Frederick Barth. *O guru, o iniciador e outras variações antropológicas* (organização de Tomke Lask). Rio de Janeiro: Contra Capa Livraria, 2000, p. 27.

CAPÍTULO XIX *Fogo!... fogo!... fogo!: incêndio,*
vida urbana e serviço público no
Rio de Janeiro oitocentista*

Anita Correia Lima de Almeida**

---

*Pesquisa realizada com a colaboração das bolsistas de iniciação científica da Unirio Jaqueline Neves da Silva e Bruna Caroline Silvestre de Jesus. Sou grata ao Centro Histórico e Cultural do Corpo de Bombeiros Militar do Estado do Rio de Janeiro e ao historiador Subtenente BM Antônio Mattos. Além disso, agradeço a Augusto Nascimento (IICT) toda a ajuda com a documentação da Biblioteca Nacional de Lisboa.
**Professora do Departamento de História da Unirio. Pesquisadora colaboradora do Pronex/Faperg/CNPq: Dimensões e fronteiras do Estado brasileiro no século XIX/Centro de Estudos do Oitocentos (CEO).

É certo que não há edifícios mais expostos a incêndios do que os teatros, como se vê pela estatística dos teatros incendiados desde 1840:
De 1840 a 1860, 130.
De 1860 a 1880, 272.
De 1880 para cá, cerca de 180. O que dá uma média de 10 teatros incendiados por ano.*

Às 13h15 do dia 20 de junho de 1864, segundo o que ficou registrado no relatório do Corpo de Bombeiros daquele ano, começou um pequeno incêndio num prédio assobradado na Rua de D. Luiza. "O fogo teve lugar na sala da frente, numa porção de cavacos que ali se achavam, por estar a casa em obra, originando-se necessariamente de alguma ponta de charuto lançada impensadamente por algum trabalhador sobre os cavacos."[1] Alguns meses mais tarde, em 22 de outubro, era a vez do sobrado nº 257 da Rua de São Pedro: também extinto sem deixar prejuízo, "o fogo teve lugar em uma das prateleiras da despensa" e "originou-se do descuido de uma preta, que deixou na prateleira uma vela acesa, junto a uma porção de roupa".[2] Dias antes, na Rua do Lavradio, outro incêndio:

> Vicente Álvares de Andrade, homem de quarenta anos de idade, pouco mais ou menos [...], depois de ter lançado fogo no quarto à esquerda da entrada da sala de visitas, recolheu-se ao aposento em que pernoitava e aí deitando-se em sua cama suicidou-se com uma pistola de dois canos [...]. Um pardinho que dormia no mesmo quarto em que Vicente

---

*H. Lima e Cunha. *O perigo dos incêndios nos teatros: meios de prevenção e salvação.* Lisboa: Tipografia Matos Moreira, 1888, p. 7.

suicidara-se, tendo despertado em virtude da fumaça produzida pelo fogo, acordou toda a família e foi imediatamente dar parte do incêndio à Repartição da Polícia, ignorando completamente o que se tinha passado com Vicente [...].[3]

Surgido de um ato de desespero, da vela acesa esquecida próxima à roupa ou talvez da ponta de um charuto jogada ao acaso, o incêndio pode nascer em contextos muito diferentes. O Corpo de Bombeiros da Corte, criado como corpo provisório em 1856,[4] usava diversos critérios de classificação dos incêndios. Um deles era a origem, "suposta ou averiguada", conforme se lê, por exemplo, no relatório de 1881. O documento traz a estatística dos últimos seis anos, com os casos classificados entre "casuais" ("imprudência" e "descuido") e "propositais" ("especulação" e "maldade").[5] Há naturalmente uma gama variada de causas e de classificações. E se o incêndio assume aspectos diversos de acordo com os casos, assume também de acordo com a época. Com a introdução da energia elétrica, o perigo da vela fica muito afastado, mas surge o do curto-circuito. O madeiramento dos telhados, os candeeiros de querosene, as cortinas de damasco, as fronhas com babados de cambraia, os baús com vestidos de seda. Há uma infinidade de usos da vida cotidiana a ser considerada, para além da própria história das técnicas de extinção. O que nos interessa discutir aqui, no entanto, é a questão da especificidade que o incêndio assume no contexto urbano, com centenas de edifícios construídos lado a lado, e nesse contexto, a especificidade do incêndio nos espaços de uso público: clubes, cafés, teatros com mais de mil lugares, frequentados nos dias de festa, nos bailes de carnaval, nas noites de espetáculo. Se o mundo urbano inaugura uma experiência singular, que junta e que põe em confronto as pessoas, fazer parte da multidão de espectadores, unidos num espaço fechado, é uma experiência que só as cidades grandes no século XIX oferecem. Com as novas configurações, perigos antigos assumem outras proporções. A ideia, então, é examinar alguns aspectos de como o incêndio — esse perigo velho de cara nova — foi tratado na corte do Império pelo governo e pela imprensa.

INCÊNDIOS URBANOS

O perigo do fogo na mata ou na plantação sempre existiu, e Antonil, em *Cultura e opulência no Brasil* (1711), falando das obrigações do feitor de engenho, diz: "Esteja muito atento que se não pegue o fogo nos canaviais por descuido dos negros boçais, que às vezes deixam ao vento o tição de fogo que levam consigo para usarem do cachimbo." E acrescenta: "Em vendo qualquer lavareda, acuda-lhe logo com toda a gente e corte com foices o caminho à chama que vai crescendo, com grande perigo de se perderem em meia-hora muitas tarefas de cana."[6]

Um século mais tarde, a imagem do incêndio no canavial continua presente, como em *Til*, o romance de José de Alencar cuja trama desenvolve-se numa fazenda do interior paulista por volta de 1846:

> — Fogo!... fogo!... fogo!... [...]./ Debruçando-se no peitoril e descobrindo o foco do incêndio que vomitava labaredas, como a cratera de um vulcão, o fazendeiro compenetrou-se imediatamente da realidade./ — O que é? — perguntou D. Ermelinda, que parara aterrada no meio do aposento./ — Fogo no canavial.[7]

Embora um incêndio na mata[8] ou na plantação represente uma ameaça e possa assumir proporções catastróficas, na cidade o perigo dos incêndios assume outra dimensão. O fogo, para uso culinário ou para aquecimento, sempre esteve ligado à casa. "Lar, a pedra onde se acendia o lume desde tempos romanos, passou, em sentido figurativo, a significar a própria moradia",[9] como nos lembra o historiador da arquitetura Carlos Lemos, observando, ainda, que em Portugal e no Brasil do século XIX os recenseamentos contavam a população em número de habitantes por *fogos*. De sinônimo de casa, o fogo da cozinha ou da lareira passou a sinônimo de cidade.

O francês Hercule Florence, referindo-se em 1827 a Cuiabá, onde esteve como desenhista e cartógrafo da Expedição Langsdorff, comentou: "Do rochedo de Mônaco, trasladei-me para Cuiabá, cidade cercada de ilimitados desertos, que a separam do mundo quase que do próprio Brasil, cidade situada em plena América do Sul, tão distante do Atlântico e do mar austral quanto do Panamá e do cabo Horn."[10] Procurando descrever o que considera os *costumes do interior*, de uma cidade isolada, disse: "Não há uma só casa que tenha chaminé; a cozinha faz-se no jardim debaixo de um telheiro."[11] Florence sente falta do que julga ser um elemento *verdadeiramente* urbano, ou seja, a presença de um cômodo com fogão e chaminé — a cozinha — dentro das casas.

No Brasil, diferentemente do que era comum em Portugal e nas outras regiões europeias, onde o centro da casa era o fogão, irradiador de calor, os estudos sobre o tema têm apontado para o afastamento do fogão para "áreas de servir apartadas o quanto possível da área de viver",[12] ligando-o a uma extensa área de trabalho, com "tanque, bica, cisterna, paiol, despensa, curral e pomar",[13] numa configuração que durou até o século XIX. Rugendas, descrevendo uma casa abastada, na década de 1820, diz: "Entra-se, primeiramente, em uma grande peça que serve, em geral, de sala de jantar [...]. Atrás dessa sala acha-se a cozinha, verdadeira habitação dos escravos domésticos que se reúnem em torno de um fogão muito baixo."[14]

O viajante alemão Oscar Canstatt, referindo-se às casas do Rio de Janeiro, onde esteve por volta de 1870, observou no universo urbano o mesmo afastamento do fogão: "O estilo das casas particulares é muito simples [...]. Em regra são muito estreitas, mas extremamente fundas [...]. Com frente para a rua, no primeiro andar só tem dois compartimentos [...]. Os demais cômodos estendem-se como num saco por trás dos da frente." Com relação à cozinha, diz: "O corredor estreito, onde primeiro se entra vindo da rua leva em geral diretamente à cozinha isolada no quintal estreito." E acrescenta: "Essa separação da cozinha do corpo da casa tem a grande vantagem de sentir-se menos o cheiro da comida e o perigo de incêndio."[15]

Sendo o fogão um elemento essencial da casa, o perigo que representa sempre esteve presente e já Vitrúvio, em seu *Tratado de Arquitetura*, referindo-se às *vilas*, as construções rurais, recomenda: "Convém que os celeiros, depósito de feno, silos de trigo e fornos de cozer pão sejam colocados fora das vilas, para que estas fiquem mais protegidas do perigo do fogo."[16]

Outro elemento importante nos países frios era a lareira e os vários sistemas de aquecimento, que no Rio de Janeiro naturalmente não existiam, a não ser para outros usos, como o da criação de espaços à moda europeia em residência de gente rica. Na descrição do quarto de Aurélia, a personagem de José de Alencar, lê-se: "Há uma lareira, não de fogo, que dispensa nosso ameno clima fluminense, ainda na maior força do inverno. Essa chaminé de mármore cor-de-rosa é meramente pretexto para o cantinho de conversação [...]."[17]

Se o fogo da ladeira não existia, o do fogão representava um perigo real, ainda que afastado do corpo da casa, quando a situação permitia. John Luccock, que morou no Rio de Janeiro entre 1808 e 1818, descrevendo as casas da cidade, diz: "As cozinhas em geral possuem uma vasta chaminé aberta e um forno; o fogão tem cerca de dez pés de comprimento, cinco de largo e três de alto [...]."[18] As chaminés dos fogões, mencionadas por Luccock, constituíram verdadeiro problema para o Corpo de Bombeiros. Ao longo de 22 anos, entre 1859 e 1881, segundo dados do Ministério da Agricultura, Comércio e Obras Públicas, órgão a que o Corpo de Bombeiros da Corte estava subordinado, ocorreram 943 incêndios na cidade, 169 deles causados por chaminés.[19]

O relatório do Corpo de Bombeiros para o ano de 1873 traz um mapa detalhado dos casos "ocorridos desde 2 de abril ao fim de janeiro de 1874",[20] com 37 incêndios listados. O documento informa, além da data e do endereço do edifício incendiado, o nome do proprietário e do inquilino, a forma de ocupação (moradia ou negócio) e a causa do incêndio.

Descontando um incêndio ocorrido num capinzal no distrito de Inhaúma, seis causados por problemas na chaminé, provavelmente em áreas residenciais, dois em navios (na barca inglesa *Chammel Light* e na galera americana *Moon Light*), três relacionados a explosão de pólvora e fogos de artifício (numa "fábrica de foguetes", num "negócio de vidros e fogos artificiais" e na Imperial Quinta da Boa Vista, por explosão de pólvora), todos os demais ocorreram em áreas comerciais, fábricas, lojas ou pequenos negócios: um numa tipografia, dois em "lojas de alfaiate", quatro em fábricas (de chapéus, de torrar café, de vinho e de "vinagre e espíritos"), um numa oficina de fundição de ferro, seis em tavernas e casas de pasto, um numa confeitaria (esse, também, por problemas na chaminé), um num açougue, dois em depósitos (de vasilhame e de papel), um num armazém de café, um num "negócio de carvão" e, finalmente, um num "negócio de livros velhos".[21]

Na verdade, no centro antigo, e antes da especialização comercial dessas áreas, as edificações muitas vezes eram mistas, com um mesmo edifício agregando usos comerciais e residenciais. Luccock mencionou a existência de sobrados em "que o pavimento térreo é ocupado, na frente, pela loja, atrás por um grande cômodo servindo de depósito para toda sorte de trastes [...]";[22] e, no andar de cima, por moradia. O centro da cidade, que ao longo do oitocentos sofre um processo acelerado de adensamento populacional,[23] é um aglomerado de residências, lojas, pequenos negócios, depósitos, armazéns e tascas.

No dia 25 de dezembro de 1856, o capitão ajudante do Corpo de Bombeiros Francisco Egydio Moreira de São Pedro, escrevendo ao chefe de Polícia da Corte para informar das ocorrências do dia, diz:

> Devo comunicar a V. Exa. que pouco antes das 2 horas da madrugada de hoje fui chamado para um incêndio na Rua D. Manuel. Chegando ali achei o fogo extinto não sendo preciso empregar as bombas que prontamente acudiram. A casa era uma tasca [...] onde havia pipas com aguardente, uma das quais tendo a torneira aberta começou a vazar, e no líquido entornado é que se comunicou o fogo [...]. A gente que acudiu prontamente pôde salvar o edifício da completa ruína, por ser um casebre dos que formam o pequeno quarteirão onde ele está muito velho como todos os outros, pessimamente construído, e cheio de bebidas alcoólicas, o que de certo põe em muito risco todos os vizinhos.[24]

E, segundo o relato do capitão ajudante, a tragédia poderia ter sido bem maior, não fosse o fato de que "entre as pessoas que acudiram distinguiu-se um pardo de nome Manoel Clemente, morador da Rua da

Boa Morte, n° 3, trabalhador da Alfândega", que "teve a coragem de ir tapar o lugar da torneira por onde corria a aguardente antes que uma explosão tivesse lugar, sofrendo por isso uma queimadura não pequena no braço direito".[25]

Olhando novamente para o ano de 1864, o mesmo do incêndio da vela, do charuto e do suicídio, ficamos sabendo que os vizinhos de um negócio de casa de pasto e café torrado no Largo da Sé não tiveram a mesma sorte dos moradores da Rua D. Manuel. Numa madrugada de novembro, o fogo começou numa porção de aguardente do estabelecimento, cresceu rapidamente e passou para os prédios vizinhos. Quando o pessoal do Corpo de Bombeiros chegou, em função do aviso dado pela Polícia, já "o fogo era geral" e as chamas saíam pela cobertura de cinco prédios. Os edifícios incendiados eram todos térreos e, segundo o relatório, de duas portas e velhos. O fogo estava extinto às 6h30, "não se dando desgraça alguma",[26] ou seja, sem vítimas. Restavam em pé as paredes da frente e a maior parte das paredes internas.

INCÊNDIO NOS ESPAÇOS DE USO PÚBLICO

Ocorrendo dentro das casas, na chaminé da cozinha, no fundo das lojas, no mais recôndito canto de telhado, o incêndio tem uma dimensão privada. Esse universo privado surge nos textos dos relatórios internos e diários do Corpo de Bombeiros, em que eram registradas informações sobre quem era o proprietário ou morador, se o edifício estava no seguro — e havia companhias especializadas, como a Phenix e a Argos Fluminense, entre várias outras[27] —, quem estava presente quando o fogo começou, quais as causas do incêndio, quem chegou primeiro, quem ajudou a combater o fogo. E existiam até alguns conselhos sobre como lidar com o fogo nessa esfera privada antes que ele ganhasse proporções maiores. O *Jornal das Famílias* de 1866 reproduzia recomendações do *Chernoviz,* o famoso dicionário de medicina popular:

Meio de evitar queimaduras quando o fogo pega nos vestidos
Este meio é muito simples. Logo que alguém se apercebe que lhe pegou fogo nos vestidos, deve correr para a cama e cobrir-se com cobertores, o mais completamente possível, de maneira a isolar-se inteiramente do contato do ar, ou então meter-se entre dois colchões.

Nada aproveita o correr para fora de casa; antes, pelo contrário, é esse o meio de excitar o incêndio e de se expor à morte: pouco serve também chamar socorro.

A mulher de um químico salvou-se em França por um meio análogo. Seu marido tinha posto perto do fogo, e sem preveni-la, um garrafão cheio de álcool, que continha uma substância em maceração. Por descuido, quebrou-se o garrafão, o álcool inflamou-se e pegou o fogo nos vestidos da senhora. Não havia cama no quarto, achava-se ali uma mesa coberta com um grande tapete. A senhora puxou imediatamente pelo tapete, embrulhou-se nele e rebolcou-se no chão. D'este modo apagou o fogo e livrou-se das queimaduras.[28]

Mas o fogo, propagando-se de uma casa a outra ou de um quarteirão a outro, rapidamente ultrapassa essa dimensão do dia a dia da moradia, do armarinho, da padaria, da casa de pastos, para uma relação de vizinhança, de freguesia e até da cidade como um todo, como nos grandes incêndios urbanos do século XIX.[29] Ao lado disso, mas como problema específico, existia a questão do incêndio nas áreas de uso público. O perigo de incêndio nos edifícios de uso público acompanhou, como não poderia deixar de ser, o crescimento desses espaços na cidade.

Michelle Perrot abre seu artigo "Maneiras de morar" tratando do processo através do qual, ao longo do século XIX, pequenos grupos recortam no espaço público lugares "destinados a seus folguedos e conciliábulos", ou seja, lugares quase *íntimos,* embora públicos; "clubes, círculos aristocráticos e burgueses, câmaras e camarotes, gabinetes particulares alugados pelo período de uma noite para uma diversão galante, cafés, cabarés e bistrôs [...] quadriculam a cidade". E nesses espaços intermediários as classes dominantes, "que têm ojeriza à plebe bronca e suja, acomodam-se nos locais públicos [...] em nichos protetores".[30] Para

Richard Sennett, com a cisão do público e do político na modernidade, a tirania da intimidade vai prevalecer sobre o homem público.[31]

A discussão sobre espaços públicos urbanos no sentido de espaços da política constitui-se em tema clássico e em debate já bastante longo. Para tomar como exemplo um estudo voltado para a cidade do Rio de Janeiro no pós-independência, em *As transformações dos espaços públicos: imprensa, atores políticos e sociabilidades na cidade imperial (1820-1840)*, Marco Morel apontou para o papel do teatro, que, de tradicional palco para a consagração da autoridade monárquica, teria passado a "lugar privilegiado de debate e disputa política".[32]

Seja como for, não é ainda no sentido de cena política que se quer tratar dos espaços públicos.[33] O objetivo aqui é apontar para a questão do uso público de um edifício, ou seja, para a noção de uso coletivo do espaço, e dos direitos que o usuário, o espectador ou o frequentador possam ter em relação aos serviços urbanos.

A ideia da extinção de incêndios como um serviço público a ser garantido diretamente pelo Estado está presente na própria organização do Corpo de Bombeiros da Corte, embora o termo *serviço público* não apareça ainda. Ligado inicialmente ao Ministério da Justiça, o órgão foi criado como corpo provisório pelo Decreto nº 1.775, de 2 de julho de 1856, do governo imperial, e recebeu regulamento definitivo em 1860. Com a criação do órgão, o governo pretendia atender à necessidade de organizar os trabalhos das bombas de extinção de incêndio que a cidade já possuía.[34] O serviço passa a ser executado pelos *operários* dos Arsenais de Guerra e Marinha e das Obras Públicas e pelos africanos livres da Casa de Correção, sob a coordenação por um diretor-geral, oficial superior do Corpo de Engenheiros.

As repercussões de um incêndio num quarteirão do centro da cidade um ano antes da criação do órgão remetem para essa necessidade de coordenação. Numa noite no princípio de maio de 1855 começou um incêndio nos fundos da fábrica de velas dos Srs. Neves e Rodriguez, na Rua da Vala. Nos dias que se seguiram, o incêndio esteve nas páginas dos jornais. O *Jornal do Commercio* noticiava: depois de dado o sinal, "compareceram grande número de bombas e as autoridades".[35]

Mas a fábrica armazenava material combustível e rapidamente o fogo cresceu, ameaçando todo o quarteirão. Para dominar o incêndio, foi preciso demolir as casas vizinhas. O jornal seguia informando que "compareceram as bombas de todos os estabelecimentos públicos" e que estiveram presentes, além do chefe de Polícia, delegados de freguesia, inspetores de quarteirão, forças dos navios de guerra e dos arsenais, oficiais do Exército e até o contra-almirante inglês Johnston, com 200 homens da fragata *Indefatigable*, do brigue *Express* e de duas corvetas francesas. Para, afinal, concluir que: "Muito se trabalhou, muito se conseguiu, todos foram dignos do perigo e não se acovardaram ante ele",[36] no entanto, "seja-nos lícito perguntar: [...] Quando haverá, em tais ocasiões, uma voz que comande, uma autoridade que seja responsável pelo bom ou mau emprego das forças que concorrem e que, sem ordem, sem disciplina, ariscam suas vidas, sem vantagem da propriedade?".[37]

A destruição de todo o quarteirão no incêndio da fábrica de velas da Rua da Vala foi tema de José de Alencar no folhetim semanal que escrevia no *Correio Mercantil*. Alencar começou assim sua crônica:

> Domingo passado havia espetáculo no Teatro de São Pedro e no Ginásio Dramático.
> Mais longe, n'um pequeno salão todo elegante, dançava-se [...].
> Seriam dez horas da noite.
> Neste mesmo momento, e no meio desta alegria geral, uma grande catástrofe se consumava.[38]

O autor segue tratando do assunto em termos semelhantes aos do *Jornal do Commercio* e exigindo das autoridades o bom desempenho do serviço de extinção. Fazendo referência aos comentários surgidos depois do incêndio — de que "as bombas do arsenal estavam desmanteladas, e que depois de chegarem ao local do incêndio descobrira-se que não tinham chaves, e portanto fora necessário esperar uma hora para que elas pudessem prestar serviço"[39] — encerra sua crônica com ironia:

Não sei até que ponto chega a verdade deste fato; mas para mim ele nada tem de novo.
Se se tratasse de uma regata, de algum passeio de ministro a bordo dos navios de guerra, naturalmente tudo havia de estar pronto, as ordens seriam dadas a tempo, e se desenvolveria um luxo de atividade e de zelo como não há exemplo, nem mesmo na Inglaterra, o país clássico da rapidez.
Tratava-se porém de um incêndio apenas, de cinco casas reduzidas a cinzas, e por isso não é de estranhar que não houvesse a mesma azáfama que costuma aparecer naqueles outros ramos mais importantes do serviço público.[40]

Menos de um ano mais tarde, em 26 de janeiro de 1856, era a vez de arder o próprio Teatro de São Pedro, que serviu de mote para o início da crônica de José de Alencar sobre o incêndio da Rua da Vala. Na verdade, ninguém estava seguro, nem "num salão todo elegante", nem no mais importante teatro da cidade.

O incêndio do Teatro de São Pedro foi noticiado pelos jornais com grande interesse. Alguns incêndios tinham ficado na memória da cidade,[41] como os já antigos do casarão entre as ruas de S. José, dos Ourives e da Cadeia, que abrigava o Recolhimento de Nossa Senhora do Parto, em 23 de agosto de 1789, e do sobrado dos Telles, no Largo do Paço, onde funcionava a Câmara, na madrugada do dia 20 de julho de 1790, mas nada se comparava à história do teatro, que pegava fogo pela terceira vez, como noticiava a primeira página do *Jornal do Commercio* no dia seguinte ao incêndio:

Pela terceira vez acaba de ser consumido pelas chamas o teatro de S. Pedro de Alcântara. Esse lindo teatro [...] quase por milagre renascido como a Fênix do incêndio que o devorara em agosto de 1851 [...] foi de novo vítima de igual fatalidade. Dele existem apenas duas denegridas paredes.[42]

Construído na altura da chegada de d. João, quando o Rossio era ainda uma região pouco urbanizada da cidade, chamou-se Real Teatro de São João e foi inaugurado em 1813. Com traçado neoclássico e mantendo grande semelhança com o projeto do Teatro São Carlos, em Lisboa, transformou-se em uma das mais significativas e centrais edificações da cidade.[43] Foi palco de muitas apresentações, até que, na noite de 25 de março de 1824, depois de encerrado o espetáculo de gala, ainda em meio às comemorações do juramento da Constituição, um acidente deu início às chamas do que seria o primeiro incêndio do teatro. Segundo o que noticiou a *Gazeta de Lisboa*, transcrevendo o periódico da corte *Estrella Brazileira*, "5 a 6 minutos depois de ter saído o Senhor Príncipe D. Pedro e Sua Augusta Esposa, se declarou o fogo no fundo do cenário".[44] O incêndio teria começado no momento de descer o pano, quando se levantou a máquina — cercada de nuvens transparentes — em que se representava o drama sacro *A vida de São Hermenegildo*:

> Contam alguns, que quando o comediante, que representava o papel deste Santo, chegou a certa altura, houve uma espécie de galhofa entre ele e os que levantavam a máquina, que para se divertirem o ameaçavam de assim o deixar suspenso entre o Céu e a Terra. Impaciente, o suposto Santo, agitando-se na sua *glória*, fez tombar uma vela de encontro a um dos transparentes, que ainda úmido de espírito de terebentina, se inflamou instantaneamente, comunicando o fogo às peças imediatas, donde se elevou às decorações que ficavam superiores.[45]

A notícia segue informando que não houve vítimas. Alerta, no entanto, para o perigo que se correu. Como o fogo só começou depois que o pano já tinha descido, não foi logo notado pela plateia, por isso os primeiros que deixaram o teatro o fizeram com calma, mas havendo poucas "saídas da Sala, os que ficaram últimos na plateia e nos camarotes, perceberam de repente, por entre o pano, um horrível clarão, e ouvindo os gritos de *fogo, fogo*, se aterrorizaram, e precipitando-se cada um para a saída, houve afinal bastante desordem e confusão".[46] Afinal, "ninguém morreu", mas o jornal adverte: "Pode-se fazer ideia do que seria, se esta catástrofe acontecera em algum dos entreatos, com a casa atulhada de gente e poucas saídas."[47]

Segundo a narrativa da *Gazeta*, d. Pedro recebeu a notícia do incêndio no caminho para São Cristóvão, voltou a cavalo para a Praça do Rossio e "sendo o primeiro em afrontar os perigos, e para animar os trabalhadores, que manifestavam repugnância em se empregarem na rua por trás do Teatro, passou a cavalo muito a sangue-frio, ao longo da muralha que ameaçava ruína, seguido de sua Guarda de Honra".[48] Lamenta ainda a *Gazeta* que a cidade do Rio de Janeiro tenha perdido um de seus mais famosos edifícios, capaz de "fazer recordar a liberalidade e a munificência da Era de felicidade em que residiu ali El Rei Nosso Senhor".[49]

Debelado o terrível incêndio, restavam apenas as paredes do edifício. Segundo Moreira de Azevedo, houve quem atribuísse o desastre a castigo divino, por terem sido aproveitadas pedras retiradas da obra inacabada da catedral, no Largo de São Francisco, na construção do edifício, dando-se, assim, um uso nada religioso às pedras da igreja.[50] Reinaugurado com o nome de Imperial Teatro de São Pedro de Alcântara, ardeu novamente, como já se viu, em 1851 e 1855. E todas as vezes foi integralmente reconstruído.

O incêndio das grandes casas de espetáculo ou das sedes de clubes, grêmios ou sociedades carnavalescas foi um perigo que espreitou durante todo o século. A *Revista Ilustrada* de 19 de janeiro de 1889, naqueles que seriam os últimos meses do império, informava: "Pavoroso incêndio devorou sábado último a brilhante sede dos Tenentes do Diabo, a simpática sociedade, que durante tantos anos concorreu para as grandes festas do carnaval, na corte [...]. Tudo ficou reduzido a cinzas."[51] Na própria notícia do acontecimento funesto a ideia de reconstrução — sempre com direito à imagem da Fênix — já estava presente: "Como a Fênix da fábula, porém, estamos certos, que a simpática associação — que ainda há poucos anos aureolava as suas festas libertando escravos, renascerá, mais viva e brilhante, das próprias cinzas."[52] E parecia não estar errada a *Revista*, que, duas semanas mais tarde, informava a seus leitores:

Sábado último realizaram os *Tenentes do Diabo* um ofuscante baile, na sua nova sede, em frente ao jardim da Praça da Constituição.
Como era de se esperar, a festa correu animadíssima e cheia de deslumbramentos.
Sendo o primeiro baile que os invictos *Tenentes* davam depois do terrível incêndio de seu edifício, dir-se-ia que todos sentiam o desejo de levar-lhes animação.
A concorrência, além de brilhante, era numerosíssima.[53]

Em meio às várias ideias sobre a destruição causada pelo fogo,[54] assim como ocorria na percepção sobre outras tragédias, existia uma dimensão em que o incêndio era entendido como desastre, infelicidade ou infortúnio contra o qual não era possível fazer quase nada. Isso quando a aniquilação pelo fogo não guardava a conotação de castigo divino, ainda mais inelutável. A notícia da inauguração da nova sede dos Tenentes comemora a numerosa afluência do público na festa, saudando assim a natural e desejada reconstrução depois do infortúnio.

Mas no vaivém dos incêndios e das reconstruções, sobretudo a partir de meados do século XIX, a questão da necessidade de um cuidado especial com a segurança nos espaços frequentados pelo público vai surgindo nas grandes cidades.[55] Na França, o debate é acompanhado pela produção de obras especializadas. No acervo da Biblioteca Nacional do Rio de Janeiro há duas dessas obras: um manual escrito por um ex-comandante dos Bombeiros, Gustave Paulin, o *Nouveau manuel complet du sapeur-pompier ou théorie sur l'extinction des incendies*, editado em 1845, acrescido de um histórico dos teatros de Paris com o relato dos incêndios sofridos por cada um deles; e o ainda mais especializado *Des incendies et des moyens de les prévenir et de les combattre dans les théâtres, les édifices publics, les établissements privés et sur les personnes, par un ancien fonctionnaire,* editado em 1869.

O tema da segurança do público surge também na corte do Império. A fiscalização das casas de espetáculo era de competência da Polícia da Corte, mas com a criação do Corpo de Bombeiros o órgão assume pouco a pouco funções em relação à segurança das casas de espetáculo e de outros espaços de uso público. O Relatório das atividades realizadas pelo órgão no ano de 1864 diz: "[A 1ª seção], no decorrer do ano que findou, deu guardas para algumas igrejas por ocasião de suas festividades, e para alguns dos teatros desta cidade nas noites em que neles se deram bailes mascarados."[56] Mais tarde, a ronda aos teatros e a presença nas aglomerações públicas serão atividades regulares do órgão.

O tema da segurança do público, que de alguma forma sempre vinha à baila a cada novo incêndio, ressurgiu com força e tomou um rumo mais firme no sentido de se transformar em debate público com o grande incêndio do Teatro Baquet, no Porto, na noite de 20 de março de 1888. Ocorrida em dia de espetáculo, com a casa lotada, a tragédia deixou um rastro avaliado em uma centena de mortos. E virou notícia mundo afora, inclusive no Brasil. A *Revista Illustrada* noticiava alguns dias mais tarde:

> Mais uma tremenda catástrofe vem juntar-se à longa e pavorosa história dos incêndios em teatros!
> Calcula-se que mais de cem vítimas pereceram no incêndio, havido há dias, no teatro Baquet, do Porto!
> [...]
> Ontem era o Rink, de Viena, dando centenas de vítimas ao fogo; depois a Ópera Cômica de Paris; agora o Baquet, do Porto!
> [...]
> Não chegará o dia, em que os governos cumpram o dever de obrigar os proprietários de teatros a fazerem as obras necessárias para garantir a vida dos espectadores, em caso de incêndio?
> Provavelmente, não!
> O teatro Baquet, do Porto, era, para a lamentável hipótese de que tratamos, o que se pode chamar de ratoeira de vidas [...]. A sua construção era das mais perigosas. Entrando-se, pela porta principal, vai-se ter aos camarotes de 1ª ordem, que ficavam no nível da rua. Para atingir a plateia, que ficava muito abaixo, n'uma espécie de subterrâneo, tinha-se de descer, à direita ou à esquerda, por uma longa escada que dava para diversos corredores. N'um momento de pânico como esse, em que as labaredas de um incêndio irrompem n'uma sala de espetáculo [...], pode-se calcular que a multidão, dentro de tal recinto, está votada à mais terrível das mortes.

O momento é oportuno para, também, chamar a atenção de quem compete, para os nossos teatros. Quase todos eles, sabemos que têm feito obras, que diminuem, um pouco, os riscos de um incêndio. Mas, isso não basta [...].[57]

O incêndio da sala de espetáculos portuguesa teve intensa repercussão e gerou uma campanha de amparo às vítimas, órfãos e viúvas, em vários países e inclusive no Brasil. No sermão das exéquias para a alma das vítimas, celebrado no trigésimo dia depois da tragédia, o pregador mencionou os socorros enviados do estrangeiro e os valiosos donativos que "os nossos irmãos d'além mar mandam-nos do Brasil".[58]

No cemitério do Agramonte, conhecido como o cemitério ocidental da cidade do Porto, e para onde os corpos foram levados para sepultamento, foi erguido um monumento à memória dos mortos. Da campanha de amparo aos atingidos pela tragédia, a Biblioteca Nacional de Lisboa conserva os *Estatutos da Comissão de Socorro às Vítimas Sobreviventes do Incêndio do Theatro Baquet*, aprovados pela municipalidade no princípio de 1890, assim como o *Évora-Porto, jornal publicado em benefício das victimas sobreviventes do incêndio do Theatro Baquet pelos jornalistas eborenses*[59] e o *Álbum de lágrimas e dores à memoria das victimas do pavoroso incêndio do Theatro Baquet no dia 21 de março de 1888,*[60] ambos editados logo depois da tragédia. Foi comum na época a publicação de pequenos opúsculos, chamados "números-únicos", cuja receita das vendas era revertida para a causa dos necessitados nas tragédias de comoção pública.[61]

A comissão de socorro às vítimas do Baquet, formada pelo prelado da diocese do Porto e um provedor e por delegados da Câmara, da Santa Casa de Misericórdia e das Juntas de Paróquias, teve como missão arrecadar e administrar o produto das subscrições recolhidas na cidade, fazendo-o render em títulos da dívida pública, para empregá-lo no amparo àqueles que pelo incêndio ficaram órfãos ou viúvas, ou incapacitados de "obter pelo seu trabalho a necessária subsistência".[62] O amparo compunha-se de pensões vitalícias para os adultos e de auxílios para o sustento e a educação, no caso de órfãos, a serem transformados em capital para o estabelecimento de um negócio, para os homens, e em dote de casamento,

no caso das mulheres. Segundo o estatuto, no futuro, e já na falta das vítimas do teatro, os fundos deveriam ser destinados ao socorro de "sobreviventes de naufrágios, incêndios ou outras calamidades semelhantes".[63]
Estudando os terremotos que devastaram a Andaluzia, em dezembro de 1884 e janeiro de 1885, e a campanha de amparo às vítimas movida pela imprensa portuguesa para o país vizinho, Maria da Conceição Meireles Pereira concluiu que havia duas ideias centrais sustentadas pelas publicações portuguesas: a de caridade e a de filantropia. Para a autora, as publicações portuguesas acompanham um movimento mais geral no qual, ao longo do oitocentos, e por herança das mudanças operadas pelas Luzes, o sentimento tradicional da caridade assume novas formas e se laiciza, transformando-se na filantropia, que por sua vez se liga às ideias de fraternidade universal e de cosmopolitismo. Na verdade, durante algum tempo, os dois modelos, o da caridade cristão e o da filantropia laica, convivem.

O exame dos números-únicos dedicados às vítimas do Baquet, o jornal *Évora-Porto* e o álbum *Lágrimas e Dores* — ambos formados por uma série de pequenos textos, em prosa e em verso, com mais ou menos quarenta colaboradores cada um —, revela que a ideia de caridade cristã domina a ampla maioria dos escritos. As publicações estão mesmo recheadas com a palavra *caridade,* laço que liga "os homens consigo e com Deus", seguida de *esmola* e *fatalidade*. O *Évora-Porto* abre com o texto "Dois fogos", uma colaboração de d. Augusto, arcebispo e doutor em teologia:

> O deplorabilíssimo incêndio que encheu de pavor e lágrimas a segunda cidade do Reino ateou nos corações portugueses o benditíssimo incêndio da caridade fraterna.
> [...] Feliz desastre, que tais prodígios de generosíssima caridade têm à conta produzido, e tais tesouros de solidariedade fraternal têm revelado nos peitos lusos![64]

Já na quarta colaboração do mesmo jornal, são ideias laicas de aperfeiçoamento da humanidade que surgem, quando o autor escreve: "A afirmativa de Kant de que a educação converte a animalidade em humanidade explica todas as manifestações altruístas da sociedade moderna."[65] Mas o que interessa ressaltar é que nas duas publicações para as vítimas do incêndio do teatro português estão presentes, ainda que com muito menos peso, e convivendo com a noção de caridade cristã, ideias de serviço público, de direito à segurança e de deveres do Estado.

No *Évora-Porto*, um dos escritos conclama: "É belo ver erguer-se um povo inteiro sobre a mais horrível hecatombe [...] a procurar o possível lenitivo para o infortúnio [...]. Cumprido, porém, este dever, não esqueça outro não menos sagrado, qual é o de exigir, severa e insistentemente dos poderes do Estado que não tornem a deixar-se adormecer [...]."[66] No mesmo jornal, outro escrito diz: "Agora [...] esperamos que todos os poderes públicos, volvendo os olhos para essa medonha hecatombe [...] cumpram o seu dever a fim de se obter nas casas d'espetáculos os indispensáveis melhoramentos tendentes a garantir a vida e a segurança dos espectadores."[67] Os apontamentos assinados por um *delegado de saúde* recomendam: "A construção dum teatro não deve ser definitivamente autorizada sem que o local e a planta sejam ciente e conscientemente aprovados pelas autoridades técnicas e administrativas a quem incumba a fiscalização d'este ramo complexo de serviço público."[68] Finalmente, comparando o incêndio do Baquet com o da Ópera Cômica de Paris — ocorrido um ano antes, com a casa igualmente lotada e com o mesmo saldo de uma centena de vítimas — no álbum *Lágrimas e Dores*, escreveu um dos colaboradores, em tom de crítica mordaz:

> A Ópera Cômica, teatro francês, em Paris, o grande centro da civilização do mundo, imperfeitíssimo, acusando um desleixo deplorável da autoridade pela segurança da vida dos espectadores. O teatro Baquet do Porto [...], servindo igualmente à representação de óperas cômicas, acusando o mesmo desleixo e imprevidência das autoridades, no tocante às condições de segurança indispensáveis em estabelecimentos daquela natureza. [...] Se temos a vaidade de seguir e imitar a França em tudo, devemos ficar satisfeitos, porque o incêndio do Baquet veio demonstrar que, se lhe ficamos inferiores no adiantamento moral e material, a igualamos, se é que não a ultrapassamos, na grandeza da desgraça.[69]

No Rio de Janeiro de 1888, o relatório do ministro da Agricultura, Comércio e Obras Públicas, Rodrigo Augusto da Silva, a quem estava subordinado o Corpo de Bombeiros na altura, trata expressamente das medidas de prevenção em locais públicos e mais especialmente em teatros, ecoando as repercussões do incêndio do teatro português e os debates que a tragédia gerou na imprensa local:

> O incêndio do teatro Baquet, na cidade do Porto, produziu grande consternação nos habitantes deste império.
>
> A imprensa, as sociedades científicas e as pessoas competentes têm-se ocupado do assunto, tratando-se das medidas a adotar-se para premunir, o quanto possível, os nossos teatros de desastres semelhantes.
>
> O governo por sua vez se preocupa do assunto, nomeando comissões que estudem, de acordo com os progressos da ciência, os meios mais seguros a adotar-se, para prevenir os incêndios, fácil e prontamente extingui-los, caso se manifestem, e finalmente dar maior garantia ao público na retirada em conjuntura tão difícil quão penosa.[70]

O relatório ampara-se na ideia de que há uma série de medidas preventivas, de segurança, que devem ser postas em prática. E, nesse sentido, se aproxima das concepções presentes na imprensa quando, por exemplo, a *Revista Illustrada*, na reportagem já citada sobre o Baquet, pergunta: "Não chegará o dia, em que os governos cumpram o dever de obrigar os proprietários de teatros a fazerem as obras necessárias para garantir a vida dos espectadores, em caso de incêndio?."[71] Ambos, imprensa e ministro, entendem que é *dever do governo* exigir que os proprietários de teatros façam as obras necessárias; que esse é um *direito do público* que frequenta os teatros, o direito à vida, e que deve ser, portanto, garantido pelo Estado.

Com o intuito de relacionar as medidas indispensáveis para a segurança dos espectadores — do ponto de vista técnico do órgão responsável pela extinção dos incêndios — o ministro fez reproduzir em seu relatório o ofício que recebeu do comandante do Corpo de Bombeiros respondendo a seu pedido de se pronunciar sobre a questão dos incêndios nos teatros. No ofício, o comandante do Corpo enumera as medidas que julga apropriadas para a proteção dos edifícios teatrais, não sem antes dizer que deixará de esmiuçar a questão, "aliás bastante complexa, pela urgência de se levar a efeito, no momento atual, as medidas cuja adoção dispensem a reforma completa dos nossos teatros, como seria imprescindível se tivéssemos que atender a todos os melhoramentos lembrados por comissões de homens notáveis incumbidos de resolver o problema".[72] A partir daí, segue com a lista das medidas: a primeira e mais importante deve ser "a substituição [...] do gás corrente, de óleos minerais ou outras substâncias" pela luz elétrica, já que essa "se obtém hoje com facilidade e despesa relativamente pequena, e, sendo isenta de chama, não produzirá incêndio".[73] A próxima medida, eliminado o grande perigo da chama do gás, deve ser "submeter tais edifícios a severo policiamento para evitar que se fumem ou acendam fósforos, sem ser nos lugares expressamente reservados a esse mister".[74] Além disso, o comandante do Corpo aponta para a importância do isolamento dos teatros de qualquer outra edificação, para evitar que um incêndio na vizinhança possa se propagar, atingindo-os, e para possibilitar a construção de escadas para a "salvação dos frequentadores da 3ª e 4ª ordem, especialmente";[75] e lembra a necessidade de as portas abrirem de dentro para fora, cedendo, "por disposições de alavancas combinadas, ao peso de quatro pessoas que a elas se encostem".[76] Discute a possibilidade da instalação de alguns mecanismos, como o uso de uma tela metálica em substituição ao pano de boca, e a imersão num banho de fosfato de amônio de todo material cênico produzido com tintas, óleos, vernizes, sarrafos de madeira, cordas etc., método de cuja eficiência informa ter obtido excelentes provas em experiências realizadas a seu pedido por um professor da Escola Politécnica.

O comandante do Corpo esclarece que, na verdade, o que espera dessas medidas é que elas diminuam a velocidade de propagação do incêndio, criando a possibilidade de evacuar o teatro "sem as desastrosas consequências provenientes do susto que se apodera de cada espectador quando veem as chamas e a fumaça espessa, ameaçando tornar impossível uma retirada prudente".[77] Para além das medidas preventivas, ou voltadas para a evacuação do edifício já em chamas, lembra que para a extinção do incêndio o elemento essencial continua a ser a água com pressão e propõe a instalação de um sistema ligado aos encanamentos do reservatório da Tijuca:

> passando um desses encanamentos pela Rua do Riachuelo, fácil e pouco dispendioso será derivar um ramal que, passando pela Rua do Lavradio ou Inválidos, venha à do Senado para seguir pela do Espírito Santo, Praça da Constituição, Rua do Sacramento a entroncar com o encanamento direto que do mesmo reservatório circula o Tesouro Nacional. Outra ramificação do ponto do entroncamento se tirará para seguir a Rua Luís de Camões, Largo de São Francisco de Paula a terminar no encanamento da Rua do Ouvidor.
> Deste modo ficarão protegidos os teatros, o Monte Pio, a Escola Politécnica, o Gabinete Real Português de Leitura e as outras edificações das ruas acima citadas.[78]

Encerrado o ofício do comandante do Corpo de Bombeiros, o relatório ministerial segue informando que, além das providências que tomou em relação ao encanamento, expediu ao ministro da Justiça aviso mencionando a tragédia do teatro do Porto e alertando para o igual perigo que se corre no Brasil "pela defeituosa construção dos edifícios destinados a espetáculos públicos", para, afinal, lamentar que nem todos os teatros da corte tenham guarda de bombeiros nas noites de espetáculo e que apenas o de S. Pedro de Alcântara esteja ligado ao quartel do Corpo de Bombeiros por meio de telefone. E aproveita para esclarecer que embora a inspeção dos teatros públicos seja da competência das autoridades de que trata o Regulamento nº 120 de 31 de janeiro de 1842,[79] ou seja, da Polícia, "no que diz respeito à segurança devida e prometida aos espectadores, depende, em parte, do auxílio do Corpo de Bombeiros",[80] órgão subordinado ao ministério de sua competência, daí sua ingerência no assunto.

A leitura da revista *Fritzmac* de 1888, de Artur e Aluísio Azevedo, mostra que o meio teatral, como era de se esperar, não ficou de fora do debate sobre os incêndios, inclusive porque as medidas de segurança exigiam obras custosas e algumas vezes quase impossíveis de realizar, ferindo interesses de proprietários e empresários. No terceiro ato, ouve-se o diálogo de dois engenheiros:

> PRIMEIRO ENGENHEIRO — Olhe, colega, neste teatro é preciso abrir cem portas!
> SEGUNDO ENGENHEIRO — Ficará um Teatro Tebas!
> PRIMEIRO ENGENHEIRO — No Recreio por-se-ão cinco escadas.
> SEGUNDO ENGENHEIRO — No Santana umas poucas de saídas.
> PRIMEIRO ENGENHEIRO — Que, sendo preciso, poderão também servir de entradas...
> SEGUNDO ENGENHEIRO — O Pedro II é o que de mais reformas precisa!
> PRIMEIRO ENGENHEIRO — Passará por uma transformação completa!
> SEGUNDO ENGENHEIRO — O mesmo acontecerá à Fênix.
> PRIMEIRO ENGENHEIRO — Ora, o mesmo acontecerá a todos os outros!
> SEGUNDO ENGENHEIRO — Talvez fosse mais curial propor o arrasamento dos teatros existentes e a edificação de novos.
> PRIMEIRO ENGENHEIRO — Pelo menos a economia seria maior...
> SEGUNDO ENGENHEIRO — Vamos estudar?
> PRIMEIRO ENGENHEIRO — Estudemos! *(Saem ambos)*
> O BARÃO — Os proprietários dos nossos teatros podem considerar-se também vítimas do incêndio do Baquet.[81]

A luta contra o fogo e as medidas de prevenção estão entre os serviços públicos de infraestrutura urbana, ao lado do abastecimento de água, do saneamento, da iluminação, dos transportes, criados na cidade e implantados em muitos casos por companhias concessionárias. O debate sobre os incêndios e a maneira de contê-los está por toda parte no século XIX, nos jornais, nas crônicas, no teatro, nos relatórios do Corpo de Bombeiros.

CONSIDERAÇÕES FINAIS

O que se pretendeu foi apontar, como uma primeira aproximação, para a questão dos serviços públicos e dos direitos e para o interesse que o estudo dos incêndios possa ter para a análise do tema na sociedade do Brasil oitocentista.

A legislação portuguesa mais antiga que se conhece sobre incêndios é uma carta régia de d. João I, de 25 de agosto de 1395, que em atenção a solicitações do Senado da Câmara de Lisboa estabeleceu medidas de prevenção e combate ao fogo. Para o Brasil, as primeiras medidas conhecidas são de meados do século XVII. Embora a organização do combate ao fogo remonte, portanto, a épocas longínquas, ela se manteve em geral, quer em Portugal, quer no Brasil colonial, no âmbito da municipalidade, organizado pelas câmaras. Em Portugal, a história dos serviços de incêndio foi sempre local e está marcada pelo associativismo. Em 1868, foi criada em Lisboa a Companhia de Voluntários Bombeiros, que em 1880 se transformou na Associação de Bombeiros Voluntários de Lisboa. E, daí em diante, toda a história dos bombeiros portugueses pautou-se, e é assim até hoje, pelas associações de voluntários.[82]

O Corpo de Bombeiros no Brasil imperial, cuja criação teria sido inspirada nos "Sapeurs-Pompiers" de Napoleão (1811),[83] já nasceu como instituição do Estado. Paralelamente, a luta contra o incêndio, como atividade organizada, é considerada "um dos primeiro serviços públicos"[84] implantados na Europa. Na França, a noção de "serviço público" vai se consolidar ao longo do século XIX, para alcançar, com a obra de Léon Duguit *Transformações do direito público* (1913), o centro da teoria do Estado, substituindo o conceito de soberania. Em Duguit, o Estado existe para que existam os serviços públicos.[85]

As notícias sobre os incêndios nos jornais do Rio de Janeiro oitocentista, os debates sobre as medidas de prevenção nos espaços frequentados pelo público ou a documentação administrativa do Corpo de Bombeiros da Corte, todos consideram a extinção de incêndio como um serviço público, que precisa ser garantido aos habitantes da cidade. Mas quais são as concepções de serviço público, de deveres do Estado e de direitos que estão embutidas nessas falas? Os proprietários devem ser obrigados a respeitar as medidas de segurança como uma garantia do *direito à vida*, no campo dos direitos civis? O que quer dizer *direitos do morador* numa cidade como o Rio de Janeiro, em que, de acordo com o recenseamento de 1872, contando apenas as freguesias urbanas, 16,42% dos seus moradores,[86] ou seja, 37.567 habitantes, eram escravos? Alguns eram escravos domésticos, que moravam com seus senhores, mas muitos "viviam sobre si", moravam por conta própria, e eram, então, inquilinos. Como se ligam os poderes do governo imperial aos da esfera municipal, com as posturas e a legislação edilícia, na questão dos incêndios? E como serão tratadas essas questões no contexto das reformas urbanas que virão em breve? Segundo estudos de história do direito, "no Brasil do século XIX a doutrina brasileira pouco se referiu à noção de serviço público"[87] e, assim, parece que esse caminho não vai nos trazer muitas pistas. Talvez possamos colhê-las noutras fontes. Por ora, vamos ter de ficar apenas com as perguntas.

Notas

1. Mapa sinóptico e cronológico dos incêndios e fogos de chaminé que se manifestaram na Cidade do Rio de Janeiro durante o ano de 1864, Relatório do Corpo de Bombeiros, Anexo nº 2. In: Brasil. *Relatório do ano de 1864 da Repartição dos Negócios da Agricultura, Comércio e Obras Públicas*. Rio de Janeiro: Tipografia Universal de Laemmert, 1865.
2. Idem.
3. Idem.
4. Para a história do Corpo de Bombeiros da Corte, ver *Corpo de Bombeiros: 150 anos salvando vidas e bens*. Rio de Janeiro: Corpo de Bombeiros Militar do Estado do Rio de Janeiro (Cbmerj), 2006, e Renata Santos e Nireu Cavalcanti. *Casarão vermelho: centenário da construção do quartel do Comando Geral do Corpo de Bombeiros, 1908-2008*. Fotografias de César Duarte. Rio de Janeiro: Casa da Palavra, Cbmerj, 2008.
5. Brasil. *Relatório do ano de 1881 do Ministério dos Negócios da Agricultura, comércio e Obras Públicas*. Rio de Janeiro: Tipografia Nacional, 1882.

on origine jusqu'à nos jours: d'apres des documents inédits reposant aux
générales du royaume. Buxelas: Bibliolife, 2009 [1878], p. 132.
elatório do ano de 1864 do Ministério da Agricultura, Comércio e Obras
. Rio de Janeiro: Tipografia Universal de Laemmert, 1865, Anexo, p. 3.
Illustrada, 31 de março de 1888.
o José Patrício [pregador régio]. *Sermão pregado nas exéquias com que a
Câmara Municipal do Porto suffragou na Real Capela da Lapa a alma das
do incêndio do Theatro Baquet no dia 20 d'abril de 1888 (trigesimo depois
e catastrophe)*. Porto: Typographia Occidental, 1888.
único, impresso na Minerva Eborense de J.J. Batista, em abril de 1888.
ypographia Occidental, 1888.
a Conceição Meireles Pereira. Caridade *versus* filantropia — Sentimento e
a a propósito dos terremotos da Andaluzia (1885). Estudos em homenagem
ntónio de Oliveira Ramos. Faculdade de Letras da Universidade do Porto,
p. 829-841. Disponível em: ler.letrasup.pt/uploads/ficheiros/5016.pdf.
s da Comissão de Socorro às Vítimas Sobreviventes do Incêndio do Theatro
Foz do Douro: Typographia Martins, 1909, p. 8.
*orto, jornal publicado em benefício das victimas sobreviventes do incêndio
tro Baquet pelos jornalistas eborenses*. Évora: Minerva Eborense de J.J.
1888, p. 1.
Texto de Tibúrcio de Vasconcelos.
orto, p. 7. Texto de João de Chaby.
. 1. Texto de João Gomes.
. 6. Texto de J.L. Marçal.
de lágrimas e dores á memoria das victimas do pavoroso incêndio do Theatro
no dia 21 de março de 1888. Porto: Tipografia Ocidental, 1888, p. 6. Texto
Albergaria.
Relatório do ano de 1887 do Ministério da Agricultura, Comércio e Obras
. Rio de Janeiro: Imprensa Nacional, 1888, p. 116. Os relatórios apresen-
assembleia eram redigidos no ano corrente, com as atividades realizadas
gão no ano anterior. Assim, quando elaborou o relatório do ano de 1887,
tro já pôde tratar da tragédia do teatro português, ocorrida em março de
das providências que havia tomado.
Illustrada, 31 de março de 1888.
Relatório do ano de 1887 do Ministério da Agricultura, Comércio e Obras
, p. 116.
o da luz elétrica ainda não era conhecido. A revista ilustrada *Sciencia para*
dita em Lisboa, noticiava em 1882: "Causou admiração no mundo científico

6. André João Antonil. *Cultura e opulência do Brasil*. Salvador: Livraria Progresso Editora, 1950, p. 40.
7. José de Alencar. *Til*. Rio de Janeiro: José Olympio, 1967, p. 129. [1872]
8. O Relatório do Corpo de Bombeiros relativo ao ano de 1870 lista 57 casos de incêndio, desses "manifestando-se os de mais intensidade em oito prédios e nas matas nacionais do morro do Inglês". Brasil. *Relatório do ano de 1870 do Ministério dos Negócios da Agricultura, Comércio e Obras Públicas*. Rio de Janeiro: Tipografia Universal de E. & H. Laemmert, 1871, p. 173.
9. Carlos Lemos. *História da casa brasileira*. São Paulo: Contexto/Edusp, 1989, p. 11.
10. Cf. Francisco Foot Hardman e Lorelai Kury. "Nos confins da civilização: Algumas histórias brasileiras de Hercule Florence". *História, Ciência, Saúde-Manguinhos*. Rio de Janeiro, v. 11, n. 2, maio/ago. 2004.
11. Hercule Florence. *Viagem fluvial do Tietê ao Amazonas de 1825 a 1829*. São Paulo: Cultrix/Edusp, 1977, p. 142.
12. Carlos Lemos, 1989, p. 13.
13. Carlos Lemos. *Cozinhas etc.: um estudo sobre as zonas de serviço da casa paulistana*. São Paulo: Perspectiva, 1978, p. 65, citado em João Luiz Máximo da Silva. *Cozinha modelo: o impacto do gás e da eletricidade na casa paulistana (1870-1930)*. São Paulo: Edusp, 2008, p. 105.
14. João Maurício Rugendas. *Viagem pitoresca através do Brasil (1825-1830)*. São Paulo: Edusp/Martins Fontes, 1972, p. 113.
15. Oscar Canstatt. *Brasil: terra e gente (1871)*. Rio de Janeiro: Irmãos Pongetti Editores, 1954, p. 276.
16. Vitrúvio. *Tratado de arquitetura*. Tradução do latim, introdução e notas por M. Justino Maciel. Lisboa: IST Press, 2006, p. 235.
17. José de Alencar. *Senhora*. São Paulo: Ática, 1971, p. 71. [1875]
18. John Luccock. *Notas sobre o Rio de Janeiro e partes meridionais do Brasil*. São Paulo/Belo Horizonte: Edusp/Itatiaia, 1975, p. 82.
19. Dados extraídos do "Quadro sinótico dos incêndios ocorridos na corte do Império, de 1º de novembro de 1856 a 31 de dezembro de 1881". In: Brasil. *Relatório do ano de 1881 do Ministério da Agricultura, Comércio e Obras Públicas*. Rio de Janeiro: Tipografia Nacional, 1882, Anexo n. 2.
20. Brasil. *Relatório do ano de 1873 do Ministério da Agricultura, Comércio e Obras Públicas*. Rio de Janeiro: Tipografia Americana, 1874.
21. *Idem*.
22. John Luccock, op. cit., p. 80.
23. Para dados gerais de crescimento populacional, e dados específicos do adensamento nas freguesias urbanas da cidade, em que o número de habitantes cresce mais do que o de moradias, ver Eulália Maria Lahmeyer Lobo. *História do Rio de Janeiro: do*

capital comercial ao capital industrial e financeiro. Rio de Janeiro: Ibmec, 1978, v. 1; e Luiz Cesar de Queiroz Ribeiro. *Dos cortiços aos condomínios fechados: as formas de produção da moradia na cidade do Rio de Janeiro*. Rio de Janeiro: Civilização Brasileira/IppuR/UFRJ/Fase, 1997.

24. Correspondência do Corpo Provisório de Bombeiros ao Chefe de Polícia da Corte, de 25 de dezembro de 1856. Livro de correspondência do Corpo Provisório de Bombeiros (1856), Arquivo Geral do Centro Histórico e Cultural do Corpo de Bombeiros Militar do Estado do Rio de Janeiro.
25. *Idem*.
26. Brasil. *Relatório do ano de 1864 da Repartição dos Negócios da Agricultura, Comércio e Obras Públicas*. Rio de Janeiro: Tipografia Universal de Laemmert, 1865.
27. Em meados do século XIX, havia duas companhias especializadas em seguro contra fogo na cidade, a Phenix Fluminense e a Argos Fluminense. No final do século, em 1888, há uma dúzia de companhias listadas no Almanak Laemmert.
28. *Jornal das Famílias*. Rio de Janeiro: Garnier, 1866.
29. Tratando apenas das cidades americanas, Witold Rybczynski oferece alguns dados: "Os incêndios catastróficos eram comuns no século XIX e destruíram grandes áreas de Nova York (1835), Pittsburgh (1845), San Francisco (1851), Saint Louis (1851), Washington, D.C. (1851), Troy, no estado de Nova York (1862), Portland, no Maine (1866), Boston (1872) e Seattle (1889) [..]. O incêndio de Chicago, que durou três dias, em 1871, destruiu mais de oito milhões de metros quadrados, arrasou 18 mil prédios e deixou noventa mil desabrigados. Quase um terço da cidade estava no chão." Witold Rybczynski. *A vida nas cidades: expectativas urbanas no Novo Mundo*. Rio de Janeiro: Record, 1996, pp. 104-5.
30. Michelle Perrot. "Maneiras de morar". In: Philippe Áries e Georges Duby (dir.). *História da vida privada*, vol. 4: *da Revolução Francesa à Primeira Guerra*. São Paulo: Companhia das Letras, 2009 [1ª edição 1987].
31. Ver Richard Sennett. *O declínio do homem público: as tiranias da intimidade*. São Paulo: Companhia das Letras, 1989 [1ª edição 1974]; e, do mesmo autor, *Carne e pedra: o corpo e a cidade na civilização ocidental*. Rio de Janeiro: Record, 1997.
32. Marco Morel. *As transformações dos espaços públicos: imprensa, atores políticos e sociabilidades na cidade imperial (1820-1840)*. São Paulo: Hucitec, 2005, p. 235. Ver também, sobre o tema do teatro e da vida pública, Evelyn Furquim Werneck Lima (org.). *Espaço e teatro: do edifício teatral à cidade como palco*. Rio de Janeiro: 7Letras, 2008. E para o estudo do teatro e do público que frequentava os teatros no Rio de Janeiro oitocentista, ver Andréa Marzano. "A magia dos palcos: o teatro no Rio de Janeiro do século XIX". In: Andréa Marzano e Victor Andrade de Melo (orgs.). *Vida divertida: histórias do lazer no Rio de Janeiro (1830-1930)*. Rio de Janeiro: Apicuri, 2010.
33. Para um estudo recente sobre cidade, espaço público e experiência p[...] Olivier Mongin. *A condição urbana: a cidade na era da globalização*. Estação Liberdade, 2009.
34. Ver Antônio Mattos. "Adendo histórico". In: *Corpo de Bombeiros: 1[...] vando vidas*. Rio de Janeiro: Cbmerj, 2006.
35. *Jornal do Commercio*, 14 de maio de 1855.
36. *Jornal do Commercio*, 15 de maio de 1855.
37. *Idem*.
38. José de Alencar. *Ao correr da pena*. São Paulo: Tipografia Alemã, 18[...]
39. *Idem, ibidem*.
40. *Idem*, p. 244.
41. Ver para o tema da cidade, da memória e do incêndio nos dias atuais, "A cidade como sentimento: história e memória de um acontecime[...] poraneidade — O incêndio do Gran Circus Norte-Americano em [...] *Revista Brasileira de História*, Rio de Janeiro, v. 27, nº 53, jan.-jun., [...]
42. *Jornal do Commercio*, 27 de janeiro de 1856, p. 1.
43. Evelyn Furquim Werneck Lima. *Arquitetura do espetáculo: teat[...] formação da Praça Tiradentes e da Cinelândia*. Rio de Janeiro: U[...]
44. *Gazeta de Lisboa*, 22 de julho de 1824.
45. *Idem*.
46. *Gazeta de Lisboa*, 22 de julho de 1824.
47. *Idem*.
48. *Idem*.
49. *Idem*.
50. Moreira de Azevedo. *O Rio de Janeiro: sua história, monumento[...] usos e curiosidades*. Rio de Janeiro: Livraria Brasiliana Editora[...]
51. *Revista Illustrada*, 19 de janeiro de 1889.
52. *Idem*.
53. *Revista Illustrada*, 2 de fevereiro de 1889.
54. Ver Gastón Bachelar. *A psicanálise do fogo*. São Paulo: Marti[...] também François Vion-Delphin e François Lassus (orgs.). *Le[...] l'Antiquité à nos jours: du feu mythique et bienfaiteur au feu[...] colloque de l'Association Interuniversitaire de l'Est*. Besanç[...] 2003. Besançon: Press Universitaire Franche-Comté, 2007.
55. Na França, há uma norma do Diretório (de 21 de março de [...] para prevenir os incêndios nas salas de espetáculo. Ver *Coll[...] décrets, arrêtés, sénatus-consultes, avis du Conseil D'État [...] tration, publiés depuis 1789 jusqu'au 1er avril 1814*. Paris[...] 1818, p. 302. Citado em Fréderic Jules Faber. *Histoire du thé[...]*

o incêndio produzido por um fio elétrico no teatro de Ópera de Paris, incêndio que se tem cuidadosamente ocultado ao público". Citado por Luís Miguel Bernardo. *Histórias da luz e das cores*. Porto: Editora da Universidade do Porto, 2007, vol. 2, p. 170.
74. Brasil. *Relatório do ano de 1887 do Ministério da Agricultura, Comércio e Obras Públicas*, p. 116.
75. *Idem*.
76. *Idem*.
77. Brasil. *Relatório do ano de 1887 do Ministério da Agricultura, Comércio e Obras Públicas*, p. 117.
78. *Idem*.
79. A legislação de 31 de janeiro de 1842, a que se referiu o ministro, incidiu sobre a parte policial e criminal da Lei nº 261 de 3 de dezembro de 1841, que modificou o Código Criminal de 1832, e continha uma seção "Da inspeção dos teatros e espetáculos públicos", em que se lê: "Nenhum teatro, casa de espetáculo, circo, anfiteatro, ou qualquer outra armação permanente, ou temporária, para representações de peças dramáticas, ou mímicas, jogos, cavalhadas, danças, e outros quaisquer divertimentos lícitos, poderá ser patente ao público, sem que primeiramente tenha sido inspecionado pelo Chefe de Polícia."
80. Brasil. *Relatório do ano de 1887 do Ministério da Agricultura, Comércio e Obras Públicas*, p. 117.
81. Artur Azevedo e Aluísio Azevedo. *Fritzmac, revista fluminense de 1888*. Rio de Janeiro: Luís Braga Jr., 1888. Ato terceiro, quadro 15, cena III.
82. Ver José Amado Mendes. "História e cultura das organizações: associações e corpos de bombeiros". *In*: *História dos bombeiros portugueses — Actas do I Encontro Nacional sobre a história dos bombeiros portugueses*. Sintra: Associação dos Bombeiros Voluntários de Sintra, 1999; e F. Hermínio Santos (coord.). *Bombeiros portugueses: seis séculos de história, 1395-1995*. [Sintra]: Serviço Nacional de Bombeiros/Liga dos Bombeiros Portugueses, 1995.
83. *Corpo de Bombeiros: 150 anos salvando vidas e bens*. Rio de Janeiro: Cbmerj, 2006, p. 30.
84. Marc Genovese. *Droit appliqué aux services d'incendie et de secours*. Montreuil: Editions du Papyrus, 2007, p. 15.
85. Ver Mônica Spezia Justen. *A noção de serviço público no direito europeu*. São Paulo: Dialética, 2003.
86. Dados do censo de 1872. Ver também Luiz Carlos Soares. *O "povo de Cam" na capital do Brasil: escravidão urbana no Rio de Janeiro do século XIX*. Rio de Janeiro: Fperj, Letras, 2007, p. 36.
87. Fernanda Schuhli Bourges. "Aspectos da noção de serviço público no contexto brasileiro". *In*: Ângela Cássia Costaldello (org.). *Serviço público: direitos fundamentais, formas organizacionais e cidadania*. Curitiba: Juruá, 2005, p. 52.

*O texto deste livro foi composto em Sabon,
desenho tipográfico de Jan Tschichold de 1964
baseado nos estudos de Claude Garamond e
Jacques Sabon no século XVI, em corpo 11/15.
Para títulos e destaques, foi utilizada a tipografia
Frutiger, desenhada por Adrian Frutiger em 1975.*

*A impressão se deu sobre papel off-white 80g/m²
pelo Sistema Cameron da Divisão Gráfica
da Distribuidora Record.*